신체 없는 기관

Organs without Bodies: Deleuze and Consequences
by Slavoj Žižek

Copyright ⓒ 2004 by TAYLOR & FRANCIS BOOKS INC.
Korean translation copyright ⓒ 2006 by b-Books.
Authorized translation from English language edition
published by Routledge, part of Taylor & Francis Books, INC.

This Korean edition is published by arrangement with
TAYLOR & FRANCIS BOOKS INC. through GUY HONG AGENCY.
All rights reserved.

이 책의 한국어판 저작권은 GUY HONG AGENCY를 통해
TAYLOR & FRANCIS BOOKS INC. 와의 독점계약으로 도서출판 b에 있습니다.
저작권법에 의해 한국 내에서 보호를 받는 저작물이므로
무단 전재와 복제를 금합니다.

신체 없는 기관

―들뢰즈와 결과들

슬라보예 지젝
김지훈/박제철/이성민 옮김

도서출판 b

진정한 우정의 냉정함과 잔인함으로, 조운 콥젝에게

차례

서론] 대화가 아닌, 조우_____7

1부 들뢰즈

잠재적인 것의 실재성_____17
생성 대 역사_____29
"기계-되기"_____40
언젠가, 아마도 경험일원론의 세기가 될 것인가?_____47
준-원인_____59
스피노자를 사랑하지 않는 것이 가능한가?_____72
칸트, 헤겔_____88
헤겔 1: 들뢰즈 뒤에 달라붙기_____97
헤겔 2: 인식론에서 존재론으로…… 그리고 되돌아가기_____114
헤겔 3: 최소 차이_____123
의미의 비틀림_____148
희극적인 헤겔적 막간극: 덤 앤 더머_____154
들뢰즈의 오이디푸스-되기_____160
남근_____172
환상_____184
RIS_____199

2부 결과들

1장 과학: 인지주의를 프로이트와 더불어____213
"자기형성"____213
밈들, 모든 곳에 밈들____226
하이픈-윤리에 반대하여____236
인지적 폐쇄____256
"한 모금의 향유"____268

2장 예술: 말하는 머리들____281
영화-눈____285
반-플라톤으로서의 히치콕____296
응시의 절단____308
환상이 붕괴될 때____317
"나, 진리가 말하고 있다"____320
도덕을 넘어서____332

3장 정치: 문화혁명을 위한 항변____345
들뢰즈를 읽는 여피족____345
미시파시즘들____353
네트사회?____362
제국에 대항한 타격들____368
마오쩌둥 주석의 "프롤레타리아 문화대혁명이여 영원하라!"라는 슬로건의, 혁명적 문화정치를 위한, 영구적 현실성에 대하여____381

옮긴이 후기____401
색 인____407

서 론
대화가 아닌, 조우

질 들뢰즈는 논쟁을 혐오하는 것으로 유명했다. 언젠가 들뢰즈는 이렇게 썼다. 진정한 철학자는 카페에 앉아 누군가가 "이 점에 대해 좀 논쟁합시다"라고 말하는 걸 들을 때 자리를 박차고 일어나 최대한 빨리 달아난다고 말이다. 그는 자신의 태도에 대한 증명으로 어쩌면 철학사 전체를 인용할 수도 있었을 것이다. 최초의 진정한 형이상학자 플라톤이 대화편을 쓴 것은 아마도 철학사 최대의 아이러니일 것인데, 왜냐하면 그의 대화편은 논증의 대칭적 교환을 전혀 포함하지 않기 때문이다. 초기 대화편에서 소크라테스는 "아무것도 알지 못함을 아는" 자의 위치를 차지하고 바로 이 위치에서 상대방이 상정한 앎을 무너뜨린다. 후기 대화편에서 주인공은 모든 이야기를 다 하고 상대방의 기여는 이따금씩 내뱉는 "그렇습니다!", "제우스에 맹세코 당신이 옳습니다!" 등등의 감탄에 국한된다. 우리는 이 사실을 한탄하는 대신 온전히 인정하고 받아들여야 한다. 알랭 바디우가 말했듯이, 철학이란 본래 공리적이며, 근본적 통찰의 결과적 전개이다. 그러므로 철학사의 모든 위대한 "대화들"은 같은 수의 오해의 사례들이었다. 아리스토텔레스는 플라톤을 오해했고, 토마스 아퀴나스는 아리스토텔레스를 오해했고, 헤겔은 칸트와 셸링을 오해했고, 마르크스는 헤겔을 오해했고, 니체는 예수를 오해했고, 하이데거는 헤겔을 오해했고, 등등이다. 한 철학자가 또 다른 철학자에게 결정적 영향을 끼쳤던 정확히 그때, 이 영향력은 예외 없이 생산적 오해에 기초하고 있었다. 분석철학 전체는 초기 비트겐슈타인에 대한 오독으로부터 출현하지 않았는가?

철학의 또 다른 복잡성은 종종 다른 분과들이 철학의 "정상적" 역할(의 적어도 일부분)을 떠맡는다는 사실과 관련된다. 헝가리나 폴란드 같은 몇몇 19세기 민족국가에서 철학의 역할(민족국가가 온전히 구성되는 과정에서 민족국가의 궁극적 의미 지평을 표명한 역할)을 떠맡은 것은 문학이었다. 오늘날 (인지주의와 뇌연구가 철학과에서 우세한 상황에 있는) 미국에서 "대륙 철학" 대부분은 비교문학, 문화연구, 영문학, 불문학, 독문학 등의 학과에 자리하고 있다(오늘날 그들이 말하고 있듯이, 만일 당신이 쥐의 척추를 분석한다면 당신은 철학을 하고 있는 것이다. 그리고 헤겔을 분석한다면 비교문학과에 속한 것이다). 1970년대 슬로베니아에서는 "반체제" 철학이 사회학 학과 및 연구소에 자리하고 있었다. 또한 반대편 극단도 있다. 즉 철학 자신이 여타의 학문적(혹은 심지어 비학문적) 실천과 분야의 과제들을 떠맡는 경우도 있다. 구 유고와 그 밖의 몇몇 사회주의 국가에서 철학은 "반체제적" 정치 기획들이 처음으로 표명되는 공간들 중 하나였다. 철학은 사실상 (알튀세르가 레닌과 관련해 말했듯이) "다른 수단을 가지고 추구된 정치"였던 셈이다. 그렇다면 철학은 어디에서 자신의 "정상적 역할"을 맡았는가? 우리는 보통 독일을 떠올린다. 하지만 독일 역사에서 철학의 비상한 역할이 독일의 민족국가적 정치 기획의 실현이 뒤늦었던 데 근거했다는 점은 이미 진부한 사실 아닌가? 마르크스가 이미 (하이네로부터 실마리를 얻어) 말했듯이, 독일인들은 (프랑스에서 일어난) 정치적 혁명을 놓쳤기 때문에 철학적 혁명(독일 관념론)을 할 수 있었다. 그렇다면 도대체 정상규범norm이 있기는 한 것인가? 백 년 전 독일의 신칸트주의나 20세기 전반부 프랑스의 데카르트적 인식론(레옹 브룅슈비크 등) 같은 빈혈증적인 기성 강단 철학을 보면 거기에 가장 가까울 것이다. 이러한 철학은, 정확히, 가장 케케묵고 강단적이고 적실성이 없고 "죽어 있는" 철학이었다. (2002년 신칸트주의자 뤽 페리가 신 중도우파 프랑스 정부에서 교육부장관으로 지명된 것은 놀랄 일이 아니다.) 그렇다면 그 어떤 "정상적 역할"도 없는 것이라면 어찌하겠는가? 예외들 자체가 그것들이 위반한다고 하는 "정상규범"의 환영을 소급적으로 창조하는 것이라면? 철학에서 예외가 규칙일 뿐 아니라 사회 체계의 (다른) 부분들-구성요소들이 그 "고유의 역할"을 할 수 없는 바로 그 순간 철학—진정한 철학적 사유의 필요성—이 생겨나는 것이라면? 철학 "고유의" 공간은 사회 체계 안에 "병리적" 전치들이 열어놓은 바로 이러한 간극들과 틈새들이라면 어찌하겠는가?

이런 (그리고 다른) 이유들로, 바디우가 라캉의 "반-철학"을 거부한 것은 옳다. 어떻게 철학이 (가령 자기의식의 전적인 자기투명성을 가지고) "구멍을 메우고자", 우주에 대한 총체적 관점을 제시하고자, 간극과 파열과 비일관성을 전부 덮어버리고자 하는가—그리고 어떻게 철학에 맞서 정신분석학이 구성적 간극/파열/비일관성을 단언하는가—라는 모티브를 라캉이 끊임없이 변주할 때, 사실 그는 가장 근본적인 철학적 제스처가 무엇인지에 관한 요점을 그저 놓치고 있는 것이다. 그것은 간극을 닫는 것이 아니라 반대로 우주의 체계 바로 그 안에 있는 근본적 간극을 열어놓는 것이다. 그것은 "존재론적 차이"이며, 경험적인 것과 초월적인 것 사이의 간극인바, 두 층위의 어느 하나도 다른 하나로 환원될 수 없다(칸트를 통해 알고 있듯이, 초월적 구성은 우리—인간—의 유한성을 가리키는 표시이며 "현실의 창조"와는 무관하다. 그리고 다른 한편으로 현실은 초월적 지평 내에서만 우리에게 나타나며, 따라서 우리는 현실의 존재적ontic 자기전개로부터 초월적 지평이 출현하도록 만들 수 없다).[1]

들뢰즈를 다루는 라캉주의적 책은 이 모든 사실들을 무시할 수 없다. 결과적으로, 『신체 없는 기관』은 이 두 이론 사이의 "대화"가 아니라 이와 상당히 다른 어떤 것이다. 즉 두 양립불가능한

---

[1] 어쩌면 이런 취지에서 우리는 정신분석—주체가 자신의 가장 깊은 환상적 중핵과 대면하는 것—이 더 이상 주체적 진정성의 궁극적 제스처로 받아들여질 수 없다고 위험을 무릅쓰고 제안해야 하는 것일지도 모른다.

영역의 조우의 윤곽을 그리려는 시도다. 조우는 상징적 교환으로 환원될 수 없다. 상징적 교환이 아닌, 조우에서 공명하는 그 무엇은 외상적 충격의 메아리이다. 대화가 혼해빠진 것이라면, 조우는 드물다.

그렇다면 왜 들뢰즈인가? 최근 10년간 들뢰즈는 현대 철학의 중심적 준거점으로 출현했다. "저항하는 다중", "유목적 주체성", 정신분석에 대한 "반-오이디푸스적" 비판 등의 개념들은 오늘날의 학계에서 공통 통화이다. 들뢰즈가 오늘날의 반-세계주의 좌파 및 자본주의에 대한 이들의 저항을 위한 이론적 근거로 점점 더 많은 기여를 하고 있음은 말할 것도 없이 말이다. 이와 관련해 『신체 없는 기관』은 "시류에 역행한다". 이 책의 출발 전제는 이러한 들뢰즈(펠릭스 가타리와 함께 저술한 책들의 독서에 기초한 유행하는 들뢰즈 이미지) 이면에 또 다른 들뢰즈가 있다는 것이다. 이 또 다른 들뢰즈는 정신분석과 헤겔에 훨씬 가까운 들뢰즈이며, 이 들뢰즈의 결과들은 훨씬 더 파열적이다. 그러므로 이 책은 『안티-오이디푸스』와 『의미의 논리』 사이에서—즉 존재의 물화된 질서에 맞서 생성의 생산적 다수성을 찬미한 들뢰즈와 의미-사건의 비물체적 생성의 불모성과 관련된 들뢰즈 사이에서—들뢰즈 사유의 내적 긴장을 식별하는 데서 시작한다. 그리고 나서 이러한 긴장의 결과들은 과학, 예술(영화), 정치라는 세 가지 주요 영역들과 관련하여 전개된다(이 세 영역에서 진-미-선이라는 좋았던 옛날의 삼항조를 식별하는 것은 어렵지 않다).[2] 과학과 관련해서는

---

[2] 특히 이 책의 철학적인 측면과 관련해서, 도움이 되는 많은 비판적 제안을 해 준 애드리언 존스턴에게 감사한다.

정신분석과 인지주의/뇌과학 사이의 가능한 연결고리들이 탐구된다. 영화와 관련해서는 고전 할리우드와 현대 할리우드 영화(히치콕부터 <파이트 클럽>까지)에 나타나는 일련의 형식적 절차들에 대한 분석을 이용해서 어떻게 (기관 없는 신체라는 들뢰즈적 개념을 역전시킨) "신체 없는 기관"이라는 개념이 형식적 분석에서만이 아니라 혁명적 주체성의 새로운 형상들과 관련해서도 핵심적 역할을 하는가를 전개한다. 마지막으로 정치와 관련해서는 유행하는 "들뢰즈적 정치"의 곤궁과 불능을 드러내고, 어떤 다른 "들뢰즈적 정치"의 윤곽을 그린다. 여기서 비판의 표적은 급진적인 스타일로 가장하면서 들뢰즈를 사실상 오늘날의 "디지털 자본주의" 이데올로그로 탈바꿈시키는 들뢰즈주의의 양상들을 포함한다.

*

1964년 마드리드 교외에서 데이빗 린의 <닥터 지바고> 촬영 도중 엑스트라로 출연한 일단의 스페인 국가주의자들은 집단시위 장면에서 "인터내셔널가"를 불러야 했다. 영화 제작진은 그들 모두가 이 노래를 알고 있으며 프랑코 정권 경찰이 진짜 정치 시위를 하고 있다고 생각하여 개입할 정도로 열정적으로 이 노래를 부르고 있는 것을 보고는 경악했다. 설상가상으로 늦은 저녁(이 장면은 야간 장면이었다) 인근에 사는 사람들은 이 노래의 메아리를 듣고는, 프랑코가 죽고 사회주의자들이 권력을 쟁취했다고 잘못 여긴 나머지 술병을 따고 거리에서 춤을 추기 시작했다.

그러한 환영적인 (하지만 어떤 면에서는 정확히 말해 단순히 환영적이지만은 않았던) 자유의 마법적 순간들과 "정상적" 현실로의 복귀로 인해 좌절된 희망들에 이 책을 바친다.

1부 들뢰즈

잠재적인 것의 실재성

한 철학자에 대한 참된 사랑의 척도는 우리의 일상생활 도처에서 그의 개념들의 흔적을 알아보는 데 있다. 최근에 세르게이 에이젠슈테인의 <이반 대제>를 다시 보면서 나는 제1부 도입부의 대관식 장면에 있는 멋진 디테일을 발견했다. 이반과 (당분간은) 제일 절친한 사이인 두 친구가 새로 기름을 부은 그의 머리 위로 커다란 접시들에 담긴 금화를 쏟아붓는다. 이때 관객들은 이 말 그대로의 금화 세례가 지닌 마술처럼 과도한 특성 때문에 놀라지 않을 수 없게 된다. 접시 두 개가 거의 비어 있는 것을 본 이후임에도 우리는 다음 장면에서 이반의 머리에 금화가 계속해서 "비현실적으로" 중단 없는 흐름으로 쏟아지는 것을 본다. 이러한 과잉은 몹시 "들뢰즈적"이지 않은가? 그것은 물체적 원인을 넘어서는 생성의 순수 흐름의 과잉, 현행적인 것the actual을 넘어서는 잠재적인 것의 과잉이지 않은가?

들뢰즈에 관해 떠오르는 첫 번째 규정은 잠재적인 것의 철학자라는 것이다. 또한 이에 따른 첫 번째 반응은 아마도 들뢰즈의 잠재적인 것the virtual이라는 개념을 가상현실virtual reality이라는 어디에나 유포된 주제와 대립시키는 것일 터이다. 들뢰즈에게 중요한 것은 가상현실이 아니라 **잠재적인 것의 실재성**(라캉의 용어로는, 실재)이다. 가상현실 그 자체는 다소 초라한 관념이다. 현실을 모방한다는, 인공적 매체 속에서 현실의 경험을 재생한다는 관념. 반면 잠재적인 것의 실재성은 잠재적인 것 그 자체의 실재성을, 그것의 실재적 효과와 결과들을 나타낸다. 수학에서 끝개를 예로 들어보자. 끌개의 끌어당김 권역 안에 있는 모든 실정적인 점이나 선들은 오직 무한한 방식으로만 그것에 접근하며, 결코 그것의 형形에 도달하지는 못한다. 그 형의 존재는 순전히 잠재적이며, 선들과 점들이 지향해 가는 형태 이상의 그 무엇도 아니다. 그렇지만 바로 그러한 것으로 잠재적인 것은 이러한 장의 실재이다. 즉 그것은 모든 요소들이 그 둘레로 선회하는 부동의 초점이다. 이 잠재적인 것은 궁극적으로 상징적인 것 그 자체 아닌가? 상징적 권위를 예로 들어보자. 그것은, 유효한 권위로 기능하기 위해서는, 완전히-현행화되지-않은 것으로, 영원한 위협으로 남아 있어야 한다.

아마도 잠재적인 것과 현행적인 것의 존재론적 차이는, 양자물리학이 입자와 입자상호작용 사이의 관계를 파악하는 방식의 전환을 통해 가장 잘 포착될 수 있을 것이다. 첫 단계에서는, 파동이나 진동 등의 양태로 상호작용하는 입자들이 (적어도, 존재론적으로는) 우선적으로 존재하는 것처럼 보인다. 이후 두 번째 단계에서 우리는 관섬을 근본석으로 전환하지 않을 수 없게 된다. 즉 원조적인 존재론적 사실은 파동 그 자체(궤적, 진동)이며 입자들은 상이한 파동들이 교차하는 결절점일 뿐이다.1) 이로써 우리는 현행적

---

1) 들뢰즈의 개념들의 계보에는 기이하고도 예상치 못한 것들이 자주 눈에 띈다. 예컨대 앵글로색슨 철학의 외재적 관계 개념에 대한 그의 주장은 분명 은총이라는 종교적 문제틀에 빚지고 있다. 여기서 잃어버린 고리는 영국 가톨릭교도인 알프레드 히치콕이다. 그의 영화에서 (인물들의 성격에서 전혀 유래하지 않으며 인물들에게 전적으로 외재적인) 인물들 간의 관계에서 발생한 변화는 모든 것을 바꾸어놓고 그들을 깊숙하게 변용시킨다(예컨대 <북북서로 진로를 돌려라>의 도입부에서 로저 손힐이 카플란으로 오인될 때가 그렇다). 클로드 샤브롤과 에릭 로메르의 히치콕 독해(1954년에 간행된 『히치콕』)는 들뢰즈에게 커다란 영향을 미쳤다. 이는 그 저작이, 얀센주의적 전통에서, 변용되는 인물들의 타고난 미덕이나 품성과는 아무런 관계도

인 것과 잠재적인 것의 관계에 내포된 구성적 애매성에 이르게 된다. (1) 인간의 눈은 빛의 지각을 환원시킨다. 그것은 빛을 일정한 방식으로(일정한 색채를 지각하는 것 등등으로) 현행화하며, 장미를 어떤 다른 방식으로, 박쥐를 어떤 다른 방식으로 현행화하고, 기타 등등이다. 빛의 흐름 "자체"는 현행적인 것이 아니다. 차라리 그것은 수많은 방식으로 현행화되는 무한한 가능성들의 순수 잠재성이다. (2) 다른 한편으로 인간의 눈은 지각을 확장한다. 인간의 눈은 (마들렌의 맛을 본 프루스트에서처럼) 눈이 "실제로 보는" 것을 기억과 기대의 복잡한 그물망 속에 기입하며, 또한 새로운 지각을 발전시킬 수 있으며, 기타 등등이다.[2)

들뢰즈의 천재성은 그의 "초월적 경험론"이라는 개념에 있다. 초월적인 것을 경험적 자료의 풍부한 흐름을 구조화하는 형식적 개념적 그물망으로 여기는 표준적인 개념과는 대조적으로, 들뢰즈의 "초월적인 것"은 현실보다 무한하게 "더 풍부하다". 그것은 잠재성들의 무한 퍼텐셜의 장인바, 이 장으로부터 현실이 현행화되어 나온다. 여기서 "초월적"이라는 용어는 구성된 현실에 대한 우리 경험의 가능성의 선험적 조건들이라는 엄밀한 철학적 의미로 사용된다. 대립물들의 역설적인 짝짓기(초월적+경험적)는, 구성된 혹은 지각된 현실의 경험 너머(또는 차라리 아래)에 있는

없는 어떤 우발적인 신의 개입으로서의 "은총"에 정확히 초점을 맞추고 있기 때문이다.
2) 그리고 이러한 애매성은 양자물리학의 존재론적 역설과 동형적이지 않은가? 파동함수의 붕괴를 통해 요동상태에서 출현하는 "견고한 현실hard reality" 그 자체는 관찰의 결과, 즉 의식의 개입의 결과다. 따라서 의식은, 견고한 단일 현실에 대립되는 바로서의 잠재성과 다중적 선택 등의 영역이 아니다. 지각 이전의 현실은 유동적-다중적-개방적이며, 의식적 지각은 이 유령적 전존재론적 다양체를 하나의 존재론적으로 온전하게 구성된 현실로 환원한다.

경험의 장을 가리킨다. 여기서 우리는 의식의 장 내부에 머문다. 들뢰즈는 초월적 경험론의 장을 "순수하고 비-주체적인 의식의 흐름, 비인격적인 선반성적 의식, 자기 없는 의식의 질적 지속"3)으로 정의한다. 여기서 그의 준거점(들 중 한 명)이 후기 피히테라는 것은 놀랄 일이 아니다. 피히테는 자기정립의 절대적 과정을 주체와 객체의 대립들을 넘어서는 삶의 흐름으로 사유하고자 했다. "삶은 내재성의 내재성, 절대적인 내재성이다. 그것은 순전한 힘, 전적인 지복至福이다. 주체와 객체의 아포리아들을 극복하는 한에서 피히테는 자신의 후기 철학에서 존재에 의존하지 않고 행위에도 종속되지 않는, 삶으로서의 초월적 장을 제시한다. 그것은 절대적, 직접적 의식인바, 그것의 바로 그 활동성은 더 이상 존재를 소급 참조하지 않으며 끊임없이 삶 속에서 스스로를 정립한다."4)

아마도 잭슨 폴록은 궁극적인 "들뢰즈적 화가"일 것이다. 그의 액션페인팅은 이 순수 생성의 흐름, 비인격적-무의식적 삶의 에너지를 직접적으로 묘사하지 않는가? 그것은 규정적 회화들이 현행화되어 나올 수 있는 잠재성의 포괄적인 장, 해석을 통해 발굴되어야 할 그 어떤 의미도 없는 이 순수 강도들intensities의 장을 묘사하지 않는가? 폴록의 개성(술주정뱅이 미국인 마초)에 대한 숭배는 이러한 근본적인 특징에 비하면 부차적이다. 그의 작품은 그의 개성을 "표현"하기는커녕 오히려 "지양"하거나 말소한다.5) 영화

---

3) Gilles Deleuze, "Immanence: une vie", John Marks, *Gilles Deleuze* (London: Pluto Press, 1998), p. 29에서 인용.
4) Deleuze, 같은 글, p. 30. 우리는 前주체적 의식으로서의 이와 같은 들뢰즈적 삶의 흐름의 절대적 내재성에 죽음충동의 작인으로서의 프로이트-라캉적 무의식적 주체(/)를 대립시키고만 싶다.

영역에서 떠오르는 첫 번째 예는 에이젠슈테인이다. 그의 초기 무성영화가 일차적으로 다양한 형태의—"견인 몽타주"에서 (컷을 강조하는) "지적 몽타주"까지—실천 때문에 기억된다면, 그의 "성숙기" 발성영화는 라캉이 증환*sinthome*이라 불렀던 것의, 즉 정서적 강도들의 자취의 끊임없는 증식으로 초점을 전환한다. <이반 대제> 1부와 2부를 통틀어 나타나는 청천벽력 같은 분노의 폭발이라는 모티브를 떠올려 보자. 분노는 끊임없이 그 형태가 변형되고 그리하여 다름 아닌 뇌우雷雨 그 자체부터 무절제한 격노의 폭발에 이르는 다양한 모습을 띤다. 분노는 얼핏 이반의 심리에 대한 표현으로 보이지만, 그 음향은 이반으로부터 떨어져 나와 떠돌아다니기 시작한다. 한 인물에서 다른 인물로, 또는 [한 인물에서] 그 어떤 디에게시스적 인물에도 속하지 않는 상태로 이동하면서 말이다. 이 모티브는 고정된 "심층적 의미"를 띤 "알레고리"로서가 아니라 의미를 넘어선 순수한 "기계적"[6] 강도로 해석되어야 한다 (이는 에이젠슈테인이 "조작적operational"이라는 용어를 그만의 특유한 방식으로 사용하면서 목표한 것이다). 다른 이와 같은 모티브들은 서로를 반향하고 역전시키며, 혹은 에이젠슈테인이 말한 "나체 전송"을 통해서 하나의 표현적 매체에서 또 다른 매체로 도약한다(예컨대 하나의 강도가 순전한 형태들의 시각적 매체 속에서 너무나 강해질 때, 그것은 운동 속에서—그리고는 음향 속에서,

---

5) 그렇다면 폴록-로트코의 대립은 어떤가? 이는 들뢰즈 대 프로이드/라캉의 대립에, 즉 퍼텐셜들의 잠재적 장 대 최소 차이(배경과 형상의 간극)의 대립에 상응하지 않는가?
6) [원문에는 "mechanic"인데, 문맥상 "machinic"인 것이 합당하여 "기계적"으로 옮긴다. 들뢰즈적 맥락에서 이 책에서 전자는 "기계론적"으로, 후자는 "기계적"으로 번역되었음을 첨언한다.]

혹은 색채 속에서, 혹은 기타 등등에서—도약하고 폭발한다). 예를 들어 크리스틴 톰슨은 <이반 대제>에서 어떻게 외눈이라는 모티브가 "유동적 모티브"인지를 지적한다. "유동적 모티브"란 그 자체로는 엄밀히 무의미하지만 맥락에 따라 일정 범위의 표현적 함의(기쁨, 의혹, 감시, 신과 유사한 전지전능함)를 획득할 수 있는 반복적 요소이다.[7] <이반 대제>에서 가장 흥미로운 순간은 그러한 모티브들이 예정된 자기 공간을 폭발시키는 것처럼 보일 때다. 이러한 모티브들은 포괄적인 주제상의 예정표나 이데올로기적 예정표로는 더 이상 감당할 수 없는 수많은 애매한 의미들을 획득할 뿐만 아니라, 또한 가장 과잉된 순간에는 심지어 아무런 의미도 없는 것처럼 보이며, 그 대신 하나의 도발로서, 그것의 그 순전한 도발적 힘을 길들일 의미를 찾으라는 도전으로서 거기서 유동하고 있을 뿐이다.

현대 영화감독 중에서 들뢰즈적 독해에 이상적으로 부합하는 이는 로버트 알트만이다. 알트만의 세계는 그의 걸작인 <숏 컷>에서 가장 잘 드러나듯, 사실상 수많은 계열들 사이의 우발적 조우들의 세계이며, 알트만 자신이 "식역하의 현실"이라고 부르는 것(무의미한 기계적 충격들, 조우들, 사회적 의미의 층위보다 앞서는 비인격적 강도들)의 층위에서 서로 다른 계열들이 소통하고 공명하는 세계다.[8] 따라서 <내쉬빌>의 결말부에서 폭력이 외파할 때

---

[7] Kristin Thomson, *Eisenstein's "Ivan the Terrible": A Neoformalist Analysis* (Princeton, N.J.: Princeton University Press, 1981) 참조.

[8] Robert T. Self, *Robert Altman's Subliminal Reality* (Minneapolis: University of Minnesota Press, 2002) 참조.

(콘서트장에서 바바라 진의 살해), 이러한 외파는 명시적인 서사 라인의 층위에서는 설명할 수 없는 예측불허의 것임에도 불구하고 충분히 정당한 것으로 경험되는데, 왜냐하면 그것을 위한 근거가 영화의 "식역하의 현실"에서 순환하는 기호들의 층위에 놓여져 있었기 때문이다. 우리가 <내쉬빌>에 나오는 노래들을 들을 때 알트만은 브라이언 마수미가 말하는 "정서의 자율성"[9]을 직접적으로 동원하고 있지 않은가? 다시 말해서 이 노래들을 미국 컨트리 음악 세계의 공허함과 의례화된 상업적 소외에 대한 반어적-비판적 묘사라는 범역적 지평 내부에 위치시킨다면 <내쉬빌>을 완전히 잘못 읽는 것이다. 이와 반대로 우리는 알트만의 명백한 이데올로기비판적 기획과는 별개로 그 음악을 그 자체로, 그것의 정서적 강도 속에서 온전히 즐길 수 있다(심지어 그렇게 하도록 유혹받는다). (덧붙이자면 이는 브레히트의 위대한 작품들 속에 포함된 노래들에도 적용된다. 이 노래들의 음악적 쾌락은 그것들의 이데올로기적 메시지와는 별개다.) 이것은 또한 알트만을 일상생활의 소리 없는 절망을 표현하는 미국적 소외를 노래한 시인으로 환원하려는 유혹을 피해야 함을 뜻한다. 또 다른 알트만, 즉 즐거운 우발적 조우들에 자기를 열어놓는 것을 노래하는 알트만이 있는 것이다. 들뢰즈와 가타리가 접근할 수도 없고 잡히지도 않는 초재적 중심(성, 법정, 신)이 "부재"하는 카프카의 우주를 다수의 이행들과 변형들의 "현존"으로 읽은 것과 동일한 노선에서, 우리는 알트만적인 "절망과 불안"을 수많은 식역하의 강도들 속

---

[9] Brian Massumi, "The Autonomy of Affect", in *Deleuze: A Critical Reader*, edited by Paul Patton (Oxford: Blackwell, 1996) 참조.

으로의 보다 긍정적인 몰입의 기만적 이면으로 읽고 싶은 유혹을 느낀다. 물론 이 기저에 있는 평면은 "공식적인" 이데올로기적 메시지의 외설적인 초자아적 서브텍스트를 포함할 수도 있다. 악명 높은 미 육군 "엉클 샘" 모병 포스터를 떠올려 보자.

절대적으로 분명해 보이는 (욕망은 아니더라도) 요구를 담은 이 이미지는 어떤 특정한 대상에 초점을 맞춘다. 그것은 "당신"을, 즉 군복무에 적합한 나이의 젊은이를 원한다. 이 그림의 직접적 목표는 메두사 효과의 한 판본처럼 보인다. 즉 이 그림은 보는 이를 말 그대로 "부르며", 직접적인 응시와 (가장 경이로운 그림 특징인) 원근을 넣은 손과 손가락의 가리킴으로 그를 꼼짝 못하게 만들려고 한다. 그러한 가리킴은, 보는 이를 나무라고 지칭하고 제어하면서, 보는 이를 선발해낸다. 그러나 꼼짝 못하게 만들려는 욕망은 일시적이고 순간적인 목표일 뿐이다. 좀더 장기적인 동기는 보는 이를 움직여 동원하는 것이며, 구경꾼을 "가장 가까운 모병소"로 보내고 궁극적으로는 해외로 보내어 국가를 위해 죽음을 무릅쓰고 싸우게 하는 것이다.

(…) 여기서 독일이나 이탈리아의 포스터와 대조해보면 문제가 명료해진다. 이 두 나라의 포스터에서는 젊은 군인들이 자신들의 형제들을 부르며, 전장에서 명예로운 죽음을 불사하는 형제애를 나누자고 부른다. "엉클" 샘은, 그 이름이 가리키듯이, 잠재적 신병들과 좀더 빈약하고도 간접적인 관계를 맺는다. 엉클 샘은 전장에서 싸울 젊은 혈기가 결여된 나이든 남자이며, 아마 이보다 훨씬 중요한 점일 텐데, 조국을 나타내는 인물이 환기시킬 직접적인 혈

연을 결여하고 있다. 엉클 샘은 그 자신은 물론 그의 아들도 참여하지 않을 전쟁에 참전하여 싸우다 죽을 것을 젊은이들에게 요청한다. 엉클 샘의 "아들"이라는 건 없다. (…) 엉클 샘 자신은 불모적인 인물이며, 몸도 피도 없는 일종의 추상적인 모조 인물이지만 국가를 인격화하여 다른 사람의 아들에게 몸과 피를 기증하라고 요구한다.

그렇다면 이 그림은 무엇을 원하는가? 충분한 분석을 통한다면 우리는 한 국가의 정치적 무의식 속으로 깊숙이 들어가게 될 것인데, 이 국가는 명목상으로는 탈구체화된 추상물로서, 즉 인간이 아닌 법, 혈연이 아닌 원칙의 계몽적 정체政體로서 상상되지만 실제로는 나이든 백인들이 자신들의 전쟁을 위해 모든 인종의 (하지만 유색인종 비율이 지나치게 높은) 젊은 남녀들을 전장에 내보내는 어떤 장소로서 구체화되는 국가이다. 이 실제적이고도 상상적인 국가에 결여된 것은 살―몸과 피―이며, 이 국가가 그것들을 얻기 위해 보내는 이는 공동空洞의 인간hollow man, 살 공급자, 또는 어쩌면 단지 예술가일 것이다.10)

여기서 우선적으로 해야 할 것은 이 계열에 그 유명한 소련 포스터 "모국이 당신을 부른다"를 덧붙이는 것인데, 이 포스터에서 호명자는 원숙하고 강인한 여성이다. 이로써 우리는 미 제국주의의 아저씨에서 유럽의 형제들을 거쳐 공산주의의 어머니로 나아가게 된다. 여기서 우리는 호명에 대해 구성적인, 법과 초자아 사이의

---

10) Tom Mitchell, "What do Pictures Really Want", October, no. 77 (Summer 1996): 64-66.

(또는 원함과 욕망함 사이의) 분열을 얻게 된다. 이와 같은 그림이 원하는 것은 그것이 욕망하는 것과 동일하지 않다. 그것은 우리가 자유를 위한 고결한 투쟁에 참여하기를 원한다. 하지만 또한 그것은 피를, 그 유명한 한 파운드의 우리 살을 욕망한다(늙고 메마른 "엉클(아버지가 아닌) 샘"을 유대인 형상으로 해독할 수 있는 것도 놀랄 일이 아닌데, 이는 미국의 군사적 개입에 대한 다음과 같은 나치의 해석과 유사하다: "유대인 부호 계급은 그들의 이익을 살찌울 무구한 미국인들의 피를 원한다.") 요컨대 "엉클 샘은 당신을 욕망한다"고 말한다면 우스꽝스러울 것이다. 엉클 샘은 당신을 원한다, 하지만 그는 당신 안의 부분 대상, 한 파운드의 당신 살을 욕망한다. 초자아의 부름이 당신이 그것을 하기를, 힘을 내서 성공하기를 원할(그리고 명할) 때, 욕망의 은밀한 메시지는 "나는 당신이 그것을 성취할 수 없다는 것을 알고 있다. 그래서 나는 당신이 실패하기를, 당신의 실패를 흡족하게 바라보기를 욕망한다!"이다. 양키 두들 연상(초자아적 형상들이 외설스러운 광포함과 어릿광대 같은 코미디를 뒤엉켜놓는다는 사실을 상기하라)을 통해 확인되는 이러한 초자아 특성은 초자아의 부름의 모순적 특성에 의해 더욱 지탱된다. 그것은 우선 우리의 움직임을 잡아두고 우리의 응시를 고정시키기를 원하는데, 이로 말미암아 우리는 놀라서 그것을 쳐다보게 된다. 그리고 그 다음에 그것은 우리가 그것의 부름을 따라 가장 가까운 모병소로 가기를 원한다. 마치 우리를 멈추게 한 연후에 그것이 우리에게 조롱하듯 이렇게 말하는 것 같다: "왜 그렇게 바보처럼 날 쳐다보지? 내 말을 모르겠어? 가장 가까운 모병소로 가라고!" 초자아의 조롱적인 특성들을 보여주는 전형적

인 교만한 제스처로 그것은 첫 번째 부름을 심각하게 받아들이는 우리의 바로 그 행위를 비웃는다.11)

에릭 샌트너는 꼬마 아이였을 때 그의 아버지가 그를 데리고 했던 어떤 게임에 대해 내게 말해주었다(아버지는 손바닥을 그 앞에 펼쳐 보여주었다. 거기에는 12개 남짓의 다양한 동전들이 있었다. 그러고 나서 몇 초 후 아버지는 손바닥을 접고 아이에게 손 안에 얼마의 돈이 있냐고 물었다. 꼬마 에릭이 정확한 합을 알아맞히면 아버지가 그에게 그 돈을 주었다). 이 일화는 내게 열광적인 웃음으로 표현된 뿌리 깊고도 억제하기 어려운 반-유대적 만족감의 폭발을 불러일으켰다. "어때, 이게 유대인들이 실제로 자기들 자식을 교육시키는 방식이지! 그건 명시적인 상징적 역사에 동반하는 원-역사에 대한 당신 자신의 이론의 완벽한 사례 아닌가? 명시적 역사의 층위에서 당신 아버지는 아마도 당신에게 유대인의 고난과 인류의 보편적 지평에 대한 고귀한 이야기를 들려주고 있었을 테지. 하지만 진짜 은밀한 가르침은 돈을 어떻게 신속하게 다루는가에 대한 저 실용적인 농담들 속에 포함되어 있었어." 반-유대주의는 사실상 우리 대부분의 이데올로기적 외설적 이면의 일부이다.

그리고 우리는 이와 유사한 외설적 서브텍스트를 예기치 못할 곳에서도 발견한다. 여성주의적이라 보통 여겨지는 몇몇 텍스트

---

11) 그렇다면 보다 일반적으로 그림은 무엇을 원하는가? 여기서 우리는 ISR이라는 좋았던 옛날의 라캉적 삼항조를 적용하고만 싶다. 상상계의 차원에서 그림은 우리를 미적 쾌락 속으로 유혹하는 미끼이다. 상징계의 차원에서 그림은 그에 대한 해석을 요청한다. 실재의 차원에서 그림은 우리에게 충격을 주고자 하며, 우리의 눈을 돌리게 하려고 하거나 우리의 응시를 고정시키려고 한다.

들에서도 말이다. 가장 근본적인 "식역하의 현실"의 층위에 존속하는 이 외설적인 "환상의 돌림병"에 직면하기 위해서는 마가렛 애트우드의 『시녀 이야기』를 (다시) 읽는 것으로 충분하다. 이 소설은 도덕적 다수파가 장악했을 때 출현한 미국 동부의 새로운 국가 "질리드 공화국"에 대한 디스토피아다. 이 소설의 애매성은 근본적이다. 작품의 "공식적" 목표는 물론 기독교 근본주의의 위협을 경고하기 위해 가장 음험한 보수주의적 경향들이 실제로 실현된 것처럼 보여주는 것이다. 그것이 환기시키는 비전은 우리에게 혐오감을 자아낼 것으로 기대되어진다. 그러나 우리 눈을 사로잡는 것은 이 상상 속의 세계와 그 속에서 창안된 규칙들의 전적인 매혹이다. 소설에서 임신 가능한 여자는, 부인에게 아이가 생길 수 없는 신특권계급 구성원들에게 할당된다. 이렇게 할당된 여자들은 읽는 것이 금지되고 이름마저도 박탈당한 채(그들은 자신들을 소유한 남자의 이름을 따서 불린다. 여주인공인 오프레드Offred는 "프레드의of Fred"라는 뜻이다) 씨받이로서 봉사한다. 이 소설을 읽어갈수록 우리가 읽고 있는 이 환상이 도덕적 다수파의 것이 아니라 여성주의적 자유주의 자신의 것임이 분명해진다. 즉 도덕적 다수파 회원들의 뇌리를 떠나지 않는 거대도시에서의 성적 타락에 관한 환상들의 정확한 거울 이미지. 따라서 이 소설이 보여주는 것은 욕망이다. 도덕적 다수파의 욕망이 아닌, 여성주의적 자유주의 자신의 숨겨진 욕망.

생성 대 역사

들뢰즈의 잠재적인 것이라는 개념을 지탱해주는 존재와 생성의 존재론적 대립은 그 궁극적 준거점이 (생성 없는 순수 존재라는 형이상학적 개념과 대립되는) **존재 없는 순수 생성**이라는 점에서 근본적 대립이다. 이 순수 생성은 어떤 물체적 존재자의 특수한 생성[되기], 즉 이 물체적 존재자가 한 상태에서 다른 상태로 이행하는 것이 아니라, 그것의 물체적 기반으로부터 완전히 추출된 생성 그 자체이다. 존재의 지배적 시간성이 현재의 시간성이므로, 존재 없는 순수 생성이 의미하는 바는, 우리가 현재는 비켜가야 한다는 것이다. 그것은 결코 "현행적으로 일어나지 않는다", 그것은 "항상 도래할 그리고 이미 지나간" 것이다.[12] 이처럼 순수 생성은 순차성과 방향성을 중지시킨다. 예컨대 생성의 현행적인 과정에서 온도의 임계점(섭씨 0도)은 항상 어떤 방향성을 갖는다(물이 얼거나, 아니면 녹는다). 반면 물체성으로부터 추출된 순수 생성으로 간주된다면 이 이행점은 하나의 상태에서 다른 상태로의 이행이 아니라 방향성에 대해 중립적인, 완벽하게 대칭적인 "순수" 이행이다. 예컨대 하나의 사물은 (이전보다) 더 커지는 동시에 (이후보다) 더 작아진다. 그리고 인과적 맥락으로부터 추출된 순수 사건의 무상함fragility을 표현하는 선시禪詩들은 순수 생성을 노래한 시가의 궁극적인 사례가 아닌가?

그러므로 들뢰즈에게 가장 가까운 푸코는 『지식의 고고학』의

---

[12] Gilles Deleuze, *The Logic of Sense* (New York: Columbia University Press, 1990), p. 80. [국역본: 질 들뢰즈, 『의미의 논리』 (이정우 옮김, 민음사, 1999), 163쪽.]

푸코다. 과소평가된 핵심 저작인 이 책은 순수한 언어 사건으로서의 발화들의 존재론을 기술한다. 그것들은 구조의 요소들이 아니며, 그것들을 발화하는 주체의 속성들이 아니며, 출현하여 하나의 장 안에서 기능하고 사라지는 사건들이다. 스토아학파의 용어를 쓰자면 푸코의 담론 분석은 렉타*lekta*를, 즉 순수 사건으로서의 발화들을 연구한다. 그것들이 역사적 현실의 맥락 내에 포함되어 있는 것에 초점을 맞추지 않고, 그것들의 출현(사건들 자체의 연관 concatenation)의 내속적 조건들에 초점을 맞추면서 말이다. 바로 그렇기 때문에 푸코의 『지식의 고고학』은 역사주의의 그 어떤 형태와도, 사건들을 그 역사적 맥락에 위치시키는 그 어떤 형태와도 가능한 한 동떨어져 있는 것이다. 이와는 반대로 푸코는 사건들을 그 현실과 역사적 인과관계로부터 **추상**하며, 사건들이 출현하는 **내재적** 규칙들을 연구한다. 여기서 우리는 들뢰즈가 진화론적 역사주의자가 **아님**을 염두에 두어야 한다. 존재 대 생성이라는 그의 대립이 우리를 현혹해서는 안 되는 것이다. 들뢰즈는 단순히 모든 안정적이고 고정된 존재자들은 한낱 포괄적인 삶의 흐름의 응고물에 불과하다고 주장하는 것이 아니다. 왜인가? 시간 개념에 대한 참조가 여기서 결정적이다. (가타리와 함께 작업한) 들뢰즈가 철학에서/철학의 생성을 묘사하면서 생성과 역사를 어떻게 뚜렷이 대립시키는가를 떠올려 보자.

그러므로 철학적 시간이란 이전과 이후를 배제하는 것이 아니라 그것들을 지층적 순서로 **포개놓은** 거대한 공존의 시간이다. 그것은 역사를 다시 재단하되 역사와는 구별되는, 철학의 무한한 생성이다. 철학자들의 삶과 그들 업적의 가장 외적인 면은 평범한 연속의 법칙을 따른다. 그러나 그들의 고유명사들은, 마치 죽은 별들이 그 어떤 때보다 현란한 빛을 발하듯, 더러는 우리로 하여금 한 개념의 구성요소들을 가로지르게 하는 빛나는 정점들처럼, 더러는 끊임 없이 우리에게 다시 떠올라 오는 어떤 층이나 겹의 방위점처럼 공존하며 빛을 발한다.13)

그러므로 역설은 초월적 생성이 그 정반대의 모습으로—정지된 포개놓음의 모습, 역사적 발전이 결정화結晶化되어 동결된 모습으로—실정적 존재의 질서, 구성된 현실의 질서 속에 기입된다는 것이다. 물론 이 들뢰즈적인 영원은 단순히 시간 바깥에 있는 것이 아니다. 오히려 "지층적" 포개놓음 속에서, 이 정지의 순간 속에서 그것은 우리가 경험하는 시간 자체이며, 시간 내부에서의 사물들의 진화적 흐름과 대립되는 바로서의 시간이다. 플라톤을 따라 시간이 영원의 이미지라고 쓴 이는 셸링인데 이 진술은 보기보다 더욱 역설적이다. 시간 또는 시간적 실존은 영원의 정반대인 쇠퇴의 영역, 발생과 퇴락의 영역이지 않은가? 이렇다면 시간은 어떻게 영원의 이미지가 될 수 있는가? 이는 두 개의 모순된 주장, 즉 시간은 영원에서 퇴락으로의 추락이라는 주장과 시간은 영원을 향한 분투라는 정반대의 주장을 포함하는 것 아닌가? 유일한 해결책은 이러한 역설을 그 근본적인 결론으로까지 끌고 가는 것

---

13) Gilles Deleuze and Felix Guattari, *What is Philosophy?* (New York: Columbia University Press, 1994), p. 59. [국역본: 질 드뢰즈 · 펠릭스 가타리, 『철학이란 무엇인가』 (이정임 · 윤정임 옮김, 현대미학사), 1995, 89쪽.]

이다. 즉 시간은 영원이 "스스로에게 도달하려고 하는" 분투이다. 이 말은 영원이 시간 바깥에 있지 않고 시간 "그 자체"의 순수 구조임을 뜻한다. 들뢰즈가 말하듯이, 시간적 연속을 중지시키는 지층적 포개놓음의 순간이 시간 그 자체다. 간단히 말하자면 여기서 우리는 시간 내부에서의 발전을 시간 자체의 외파와 대립시켜야 한다. 시간 자체(생성의 초월적 장의 무한한 잠재성)는 영원의 모습으로 시간-내적인 진화 내부에서 나타난다. 새로운 것이 출현하는 순간들은 바로 시간 내에서의 영원의 순간들이다. 새로운 것의 출현은 한 작업이 그 역사적 맥락을 극복할 때 일어난다. 또한 반대의 측면에서 볼 때, 근본적인 존재론적 부동성의 참된 이미지가 있다면 그것은, 변하면 변할수록 그대로 머물게 되는 끝없는 변형과 발전의 복합적 그물망으로서의 우주에 대한 진화적 이미지이다.

> 점차 나는 생성과 역사의 구분 가능성에 이끌렸던 것이지요. "비역사적 운무雲霧" 없이는 중요한 일이 이루어지지 않는다고 얘기한 것은 바로 니체입니다. (……) 역사가 사건으로부터 포착하는 것은 그것이 특정한 상황들 속에서 현행화되는 방식이지만, 사건의 생성은 역사의 범위를 넘어섭니다. (……) 생성은 역사에 속하는 것이 아닙니다. 역사는 단지 조건들의 집합을 가리킬 뿐이고, 그 조건들이 아무리 최근의 것이라 하더라도 인간은 "생성"을 향하여, 즉 무엇인가 새로운 것을 창조해 내기 위하여 그 집합으로부터 벗어나게 되어 있습니다.[14)]

이러한 과정을 가리키기 위해 들뢰즈가 엄격히 금했던 "초월"이라는 용어를 사용하고픈 유혹을 느낀다. 여기서 들뢰즈는, 어떤 과정은 사건을 발생시킴으로써 자신의 역사적 조건들을 초월할 수 있다고 주장하고 있는 것 아닌가? 초월이라는 용어를 이런 의미에서 이미 사용한 이는 사르트르(들뢰즈의 은밀한 준거점 중 하나)인데, 그는 주체가 종합의 행위 속에서 그 자신의 조건들을 어떻게 초월할 수 있는가를 논의했다. 이에 대한 사례들은 영화에서(들뢰즈는 이탈리아 네오리얼리즘의 탄생을 참조한다. 물론 그것은 상황들—2차대전의 충격, 등등—로부터 생겨났다, 하지만 네오리얼리즘적인 사건은 이러한 역사적 원인들로 환원될 수 없다) 정치에 이르기까지 풍부하다. 정치의 경우 (그리고 어떤 점에서는 바디우를 연상케 하는바) 혁명적인 격변이 실제로 낳은 비참하고 끔찍하기까지 한 결과에 대한 보수주의 비평가들의 비판을 들뢰즈가 비난하는 기본적인 근거는 그들이 생성의 차원을 간과하고 있다는 데 있다.

혁명의 공포를 고발하는 것이 요즘 시대에 유행이다. 이는 새로운 것은 아니다. 영국의 낭만주의에는 오늘날 스탈린을 반성하는 것과 흡사하게 크롬웰에 대한 반성이 만연했다. 그들은 혁명이 나쁜 것으로 입증되었다고 말한다. 그러나 그들은 혁명이 역사적으로 입증하는 것과 민중의 혁명적 생성이라는 서로 다른 두 가지를 줄곧 혼동하고 있다. 이 두 가지는 각기 다른 민중의 집합과 관련된다. 인간의

---

14) Gilles Deleuze, *Negotiation* (New York: Columbia University Press, 1995), pp. 170-71. [국역본: 질 들뢰즈, 『대담 1972~1990』 (김종호 옮김, 솔, 1994), 188-189쪽.]

유일한 희망은 혁명적 생성에 있다. 혁명적 생성은 인간의 치욕을 던져버리거나 참을 수 없는 것에 대응하는 유일한 방법이다.15)

그러므로 생성은 "반복"이라는 개념과 엄밀히 상관적이다. 반복은 새로운 것의 출현과 전혀 대립적이지 않다. 고유한 들뢰즈적 역설은 진정으로 새로운 그 무엇이 오직 반복을 통해서만 출현할 수 있다는 것이다. 반복이 반복하는 것은 과거가 "사실상 그러했던" 방식이 아니라, 과거에 내속하며 과거에 현행화되면서 배반당한 잠재성이다. 바로 이러한 의미에서 새로운 것의 출현은 과거 자체를 변화시킨다. 즉 그것은 현행적 과거를 소급적으로 변화시키는 것이 아니라(우리는 공상과학 소설 속에 있는 것이 아니다), 과거 내에서 현행성과 잠재성 사이의 균형을 소급적으로 변화시키는 것이다.16) 발터 벤야민이 제시한 오래된 예를 들어 보자. 10월 혁명은, 프랑스 혁명의 실패를 구원하면서, 동일한 추동을 발굴하고 되풀이하면서, 프랑스 혁명을 반복했다. 이미 키에르케고르에게 반복은 "역전된 기억"이고, 앞을 향한 움직임이고, 오래된 것의 재생산이 아닌 새로운 것의 생산이다. "태양 아래 새로운

---

15) Deleuze, 앞의 책, p. 171. [국역본: 189쪽.]
16) 1953년 당시 중국 총리 저우언라이周恩來가 한국전쟁 종결을 위한 평화협정 체결을 위해 제네바에 머물 때 한 프랑스 저널리스트가 그에게 프랑스 혁명에 대한 생각을 물었고 그는 "그것에 대해 말하기는 여전히 너무 이르다"고 대답했다. 어떤 면에서 그는 옳았다. 사회주의 국가가 와해되면서 프랑스 혁명의 역사적 위치를 둘러싼 투쟁은 다시 불타올랐다. 자유주의적 우파 수정주의자들은 1989년 공산주의의 몰락이 아주 정확한 때 일어났다는 관념, 즉 공산주의의 몰락은 1789년에 시작된 한 시대의 종막을 고했다는 관념을 심어주고자 했다. 간단히 말해 역사로부터 사실상 사라진 것은 자코뱅파가 처음에 등장시킨 혁명적 모델이었다는 것이다. 그리하여 프랑수아 퓌레를 비롯한 몇몇 인물들은 프랑스 혁명을 역사적 변칙으로 격하시킴으로써, 근대 민주주의를 정초한 사건이라는 위상을 프랑스 혁명에서 박탈하려고 한다.

것은 없다"는 말은 반복의 운동과 가장 강하게 대조된다. 따라서 반복은 새로운 것의 출현(양태들 중 하나)이다는 것만이 아니다— 새로운 것은 "오직" 반복을 통해서만 출현할 수 있다. 물론 이 역설에 대한 열쇠는 들뢰즈가 잠재적인 것과 현행적인 것의 차이라고 지적하는 바로 그것이다(우리는 이 차이를 정신과 글자의 차이로 규정할 수도 있다. 왜 안 되겠는가?)

칸트와 같은 위대한 철학자의 예를 들어 보자. 칸트를 반복할 수 있는 두 가지 양태가 있다. 그 하나는 (하버마스와 뤽 페리에 이르기까지) 신칸트주의자가 그렇듯 칸트가 쓴 글자를 고수하면서 그의 체계를 좀더 정교화하거나 변경하는 것이며, 다른 하나는 칸트가 자신의 체계를 현행화하면서 스스로 배반했던 창조적 추동을 다시 얻고자(즉 이미 "칸트 안에서 칸트 자신보다 더했던 어떤 것", 그의 명시적 체계보다 더했던 어떤 것에, 즉 그 체계의 과잉적 핵심에 이르고자) 하는 것이다. 따라서 과거를 배반하는 두 가지 양태가 있다. 진정한 배반은 윤리적-이론적인 최고의 충실성의 행위이다. 즉 칸트의 사유의 "정신"에 충실하게 머물기 위해서는(그리고 이를 반복하기 위해서는) 칸트의 글자를 배반해야 한다. 칸트적 사유의 핵심을, 그 기저에 있는 창조적 추동을 정말로 배반하는 때는 바로 칸트의 글자에 충실하게 머무는 때이다. 우리는 이 역설을 그 결론으로까지 끌고 가야 한다. 한 저자에게 정말로 충실하게 머물기 위해서는 그를(그의 사유를 담은 현행적인 글자를) 배반해야 한다는 것만이 아니다. 보다 근본적인 수준에서 볼 때 그 역 진술이 한층 더 유효하다. 즉 한 저자를 진정으로 배반하기 위해서는 그를 반복해야, 그의 사유의 핵심에 충실하게 머물러야 한다. 한 저자를 (진정한 키에르케고르적인 의미에서) 반복하지 않고서 단지 "비판"하고, 다른 곳으로 옮겨놓고, 돌려놓는 따위만을 한다면, 이는 사실상 그의 지평, 그의 개념적 장 안에 부지불식간에 계속 머물러 있게 됨을 의미한다.17) 체스터턴은 자신이 기독교에 귀의하게 된 과정을 묘사하면서 이렇게 주장한다. "나는 진리보다 10분이라도 앞서 있으려고 했다. 그리고 결과적으로 나는 내 자신이 오히려 18년이나 뒤처져 버렸다는 사실을 발견했다."18) 이러한 주장은 오늘날 가장 최근의 "포스트" 유행을 따라감으로써 새로운 것을 따라잡으려고 필사적으로 노력하고, 그 결과 진정으로 새로운 것보다 영원히 18년 뒤처져 있게 되어 있는 이들에게 훨씬 유효하지 않은가?

그리고 이를 통해 우리는 헤겔과 키에르케고르의 관계라는 복잡한 논제에 이르게 된다. 키에르케고르를 "반-헤겔"로 보는 "공

---

17) 진정한 충실성은 공백 자체―대상을 단념하거나 지우는 바로 그 상실의 행위―에 대한 충실성이다. 왜 죽은 자는 애초에 애착의 대상이어야 하는가? 이러한 충실성에 대한 이름은 죽음 충동이다. 죽은 자를 다루면서 우리는, 유령으로 귀환하는 죽은 자에 대한 우울증적 애착만이 아니라 애도의 작업에도 반대하면서, "죽은 사람의 장례는 죽은 사람들이 치르게 두어라"라는 기독교의 경구를 단언해야 할 것이다. 이 경구에 대한 명확한 비난은 다음과 같은 질문이다. 죽은 자가 죽은 채로 머물기를 받아들이지 않고 우리 안에 살면서 유령적인 현존으로 우리를 쫓아다닐 때 우리는 무엇을 해야 하는가? 여기서 프로이트의 죽음 충동이 가진 가장 근본적인 차원이 이 경구의 독해를 위한 열쇠를 제공한다고 주장하고 싶다: 죽음 충동이 제거하려는 것은 생물학적 생명이 아니라 바로 내세来世다. 죽음 충동은, (상징화를 통해 상실을 받아들이는) 애도의 의미에서가 아니라 바로 그 상징적 직조를, 즉 죽은 자의 정신이 그 안에 살아남아 있는 바로 그 글자를 제거한다는 보다 근본적인 의미에서, 상실된 대상을 두 번 죽이고자 한다.
18) G. K. Chesterton, *Orthodoxy* (San Francisco: Ignatius Press, 1995), p. 16. [국역본: G. K. 체스터턴, 『오소독시』 (윤미연 옮김, 이끌리오, 2003), 16쪽. 원문에는 "18년"이 아니라 "1, 800년"으로 되어 있다. 하지만 이를 번역에서 수정하지 않은 것은 우선은 지젝이 이러한 오인을 다음 문장으로 계속 끌고 가고 있기 때문이다.]

식적" 의견에 맞서, 키에르케고르는 헤겔에 대한 자신의 바로 그 "배반"을 통해 헤겔에게 사실상 충실하게 머물렀다고 주장해야 한다. 키에르케고르는 헤겔의 체계를 더욱 "발전시킨" 헤겔의 제자들과 대조적으로 헤겔을 유효하게 **반복했다**. 키에르케고르에게 헤겔적인 "지양"은 반복과 대립되어야 한다. 헤겔은 궁극적인 소크라테스적 철학자이다. 즉 헤겔은 상기의 철학자, 사물이 언제나-이미 그것이었던 그 무엇으로 반성적으로 회귀하는 철학자이다. 그 결과 헤겔에게 결핍된 것은, 반복인 동시에 새로운 것의 출현인 그 무엇—반복으로서의 새로운 것의 출현—이다. 헤겔의 변증법적 과정/진보는, 바로 이러한 키에르케고르적 의미에서, 그 어떤 새로운 것도 사실상 출현하지 않는 허위 발전이다. 말하자면 헤겔에 대한 표준적인 (키에르케고르적) 비난은 헤겔의 체계가 새로운 것의 출현을 허용하지 않는 상기의 폐쇄적 순환이라는 것이다. 여기서는 단지 즉자에서 대자로의 이행이 일어날 뿐이다. 다시 말해 변증법적 과정에서 사물은 오직 그 자신의 퍼텐셜을 현행화하고, 자신의 암묵적 내용을 명시적으로 정립하며, 자신이 (그 자체로) 언제나-이미 그것인 그 무엇이 된다. 이러한 비난과 관련하여 우선적으로 떠오르는 수수께끼는 그것에 으레 **정반대의 비난**이 동반된다는 점이다. 이에 따르면 헤겔은 "일자가 둘로 나뉘는" 과정인 분열, 상실, 부정성, 적대의 폭발을 배치하며, 이는 유기적 통일체에 영향을 미친다. 그러나 그러고 나면 지양이라는 역전이 일종의 만능해결사로 개입하여 적대가 마술적으로 해소되고, 대립이 상위의 종합 속에서 화해되고, 상실이 잔여물 없이 만회되고, 상처가 흉터를 남기지 않고 치유되도록 항상 보증한다. 따라서 이 두 비난은 상반된 방향을 가리킨다. 첫 번째 것은 헤겔의 태양 아래 새로운 것은 출현하지 않는다고 주장한다. 반면 두 번째 것은 선행하는 긴장의 내속적 동학의 결과로서가 아니라 만능해결사로서 외부로부터 출현하는 어떤 부과된 해결책을 통해 곤궁이 해소된다고 주장한다.

두 번째 비난의 잘못은 헤겔적인 "화해"의 지점(더 정확히는, 시간성)을 놓친다는 데 있다. 긴장이 마술적으로 해소되고 대립물들이 화해하는 것이 아니다. 사실상 일어나는 유일한 변화는 주체적인 변화, 관점의 변화다(다시 말해 우리는 이전에 갈등으로 보였던 것이 이미 화해임을 갑자기 깨닫게 된다). 이러한 시간적 역행은 결정적인 것이다. 모순은 해소되지 않는다, 다만 우리는 그것이 언제나-이미 해소되어 있었다고 설정할 뿐이다. (신학적 용어로 말하면 구원은 추락 뒤에 오는 것이 아니다. 구원은 우리가 이전에 추락으로 (오)지각한 것이 어떻게 "그 자체로" 이미 구원이었던 것인지를 깨닫게 될 때 발생한다.)[19] 그리고, 역설적으로, 이러한 시간성은 첫 번째 비난(헤겔적인 과정에서 새로운 것은 출현하지 않는다)을 확인해주는 것처럼 보일 수 있겠지만 사실은 그 비난을 반박할 수 있는 근거가 된다. 진정으로 새로운 것은 단순히 새로운 내용이 아니라, 오래된 것이 새로운 빛을 받으며 나타나게 해주는 관점의 이동 그 자체다.

역사주의적 "맥락화"를 장대하게 공격하고 있는 들뢰즈는 옳다. 생성은 한 현상이 출현해 나오는 역사적 조건들의 맥락을 초월

---

19) 이러한 이동에 대한 보다 자세한 설명은 Slavoj Žižek, *The Puppet and the Dwarf* (Cambridge, Mass.: MIT Press, 2003), 제3장 참조.

하는 것을 뜻한다. 바로 이것이 역사주의적인 반-보편주의적 다문화주의에 누락되어 있는 것이다: 생성과정 내에서의/생성과정으로서의 영원히 새로운 것의 외파. 추상적 보편성(예컨대, 인권)과 특수한 정체성들 사이의 표준적 대립은 단독성과 보편성 사이의 새로운 긴장에 의해 대체되어야 할 것이다. 즉 보편적 단독성으로서의 새로운 것이라는 사건.[20] 여기서 들뢰즈는 진정한 역사성과 영원성 사이의 (고유하게 헤겔적인) 연결고리를 묘사하고 있다. 즉 진정으로 새로운 것은, 그것의 물질적 조건들을 초월하면서, 시간 속의 영원으로서 출현한다. 지나간 현상을 (키에르케고르식으로 말해서) 생성 속에서 지각하는 것은 그 안에서 잠재적 퍼텐셜을 지각하는 것이고, 영원의 불꽃, 영원히 거기에 있는 잠재적 퍼텐셜의 불꽃을 지각하는 것이다. 진정으로 새로운 작업은 **영원히 새롭게 머물러 있다**. 즉 그것의 새로움은 그 "충격적 가치"가 다한 때에도 소진되지 않는다. 예를 들어 철학에서 (칸트의 초월적 전회에서 크립키의 "고정지시어"의 창안에 이르는) 위대한 돌파들은 그것들의 "놀라운" 창안의 특성을 영원히 간직한다.

우리는 예술작품을 이해하기 위해서는 작품의 역사적 맥락을 알 필요가 있다는 말을 자주 듣는다. 이러한 역사주의적 상투어에 맞선 들뢰즈적 반론이라면 다음과 같을 것이다. 즉 너무 많은 역사적 맥락은 예술작품과의 온전한 접촉을 흐려놓을 수 있으며(즉

---

20) 이는 보편적인 것을 헤게모니를 위한 투쟁에 사로잡힌 텅 빈 기표라는 라캉적 의미에서 재공식화할 때조차도 적용된다. 보편적 단독성은 어떤 특수한 내용 속에서 채워지는—혹은 그러한 내용에 의해 헤게모니화되는—텅 빈 보편적 기표가 아니다. 그것은 거의 그 역이다. 즉 그것은 문제가 되는 보편성의 주어진 윤곽을 폭발시키고 그것을 근본적으로 새로운 내용에 개방하는 단독성이다.

이러한 접촉을 위해서는 작품의 맥락을 추상해야 하며), 뿐만 아니라 오히려 예술작품 그 자체가 어떤 주어진 역사적 상황을 온전히 이해할 수 있게 해주는 맥락을 제공한다. 만일 오늘 세르비아를 방문할 누군가가 그곳의 날 자료와 직접 접촉하게 된다면 혼동스러운 상태에 있게 될 것이다. 하지만 그가 몇몇 문학작품을 읽고 대표적인 영화 몇 편을 본다면 이는 그의 경험의 날 자료를 정위시킬 수 있게 해줄 맥락을 확실히 제공할 것이다. 따라서 스탈린주의 소련에서 나온 낡은 냉소적 교훈에 예기치 않은 진실이 있다. "그는 목격자로서 거짓말한다."

"기계-되기"

아마도 들뢰즈의 반복이라는 개념의 핵심은, 선형적인 인과성의 ("기계적"이 아닌!) 기계론적 반복과는 대조적으로 반복 고유의 사례에서는 반복된 사건이 근본적인 의미에서 재-창조된다는 데 있을 것이다. 그것은 매번 새로움으로 (재)출현한다(예컨대 칸트를 "반복한다"는 것은 그의 돌파, 그의 문제설정의 근본적 새로움을 재발견한다는 것이지, 그의 해답들을 제공하는 진술들을 반복하는 것이 아니다). 여기서 동일한 것의 반복은 가장 위대한 기적이라고 말하는 체스터턴의 기독교적 존재론과의 연결고리를 확립하고 싶기도 하다. 태양이 아침마다 다시 떠오른다는 사실에는 "기계론적인" 것이라곤 없다. 역으로 이 사실은 신의 창조성의 최고의 기적을 보여준다.[21)] 들뢰즈가 말하는 "욕망하는 기계"는 기계론적인 것과는 완전히 다른 그 무엇, 즉 "기계-되기"와 관련된다. 이러한 되기는 무엇인가? 많은 강박신경증 환자에게 비행 공포에는 어떤 매우 구체적 이미지가 있다. 일례로 그에게는 항공기가 대기 상공에 떠 있기 위해서는 현대식 항공기라는 그토록 엄청나게 복잡한 기계의 얼마나 많은 부품들이 매끄럽게 작동해야 하는가라는 생각이 떠나지를 않는다―어딘가에서 작은 레버 하나라도 고장이 나면 항공기는 나선형으로 추락할지도 모르는 것이다. 종종 자기 몸에 대해서도 같은 방식으로 관계를 맺는다. 내가 살아있기 위해 얼마나 많은 작은 것들이 매끄럽게 움직여야 하는가?―정맥에 작은 응혈만 생겨도 나는 죽을 것이다. 얼마나 많은 것들이 잘못될 수 있는가를 생각하기 시작하면 그는 총체적이고도 압도적인 공황을 겪지 않을 수 없다. 반면 들뢰즈의 "분열자"는 곧 우리의 몸이기도 한 이 무한하게 복잡한 기계와 즐겁게 동일화한다. 그는 이 비인격적 기계를 그의 최고의 단언으로 경험하면서, 그것의 지속적인 간질거림을 즐긴다. 들뢰즈가 강조하듯, 그것은 은유의 관계("인간을 대체하는 기계"라는 낡고 따분한 주제)가 아니라 변신[22]의 관계, 인간의 "기계-되기"의 관계이다. 바로 여기에서 "환원론적" 기획은 잘못 나아간다. 문제는 어떻게 정신을 신경의 "물질적" 과정으로 환원할(정신의 언어를 두뇌 작용의 언어로 대체하고 전자를 후자로 번역할) 것인가가 아니라, 오히려

---

21) Chesterton, *Orthodoxy*, p. 65. [국역본: 110쪽.]
22) [들뢰즈에게 존재의 생성적 역량을 나타내는 용어인 "변신"은 영원회귀에 대한 니체의 가르침과 직접적으로 공명한다. 이에 대해서는 『니체와 철학』(국역본 이경신 옮김, 민음사, 2001) 312-320쪽, 『차이와 반복』(국역본 김상환 옮김, 민음사, 2004) 210-214쪽 및 『차라투스트라는 이렇게 말했다』(국역본 정동호 옮김, 책세상, 2003) 참조.]

정신이 어떻게 사회적 관계와 물질적 보충물들의 네트워크 속에 삽입됨으로써만 출현할 수 있는지를 포착하는 것이다. 다시 말해서 진정한 문제는 "어떻게 기계가, 도대체 그럴 수 있다고 한다면, 인간 정신을 모방할 수 있는가?"가 아니라 "어떻게 인간 정신의 바로 그 정체성이 외부의 기계적 보충물들에 의존하는가? 어떻게 그것이 기계들을 병합하는가?"이다.

그렇다면 우리는, 정신적 능력이 (종이에 쓰는 것에서 시작해서 컴퓨터에 대한 의존에 이르기까지) "객체적" 도구들 속에 점차 외화되는 과정이 인간의 잠재력을 박탈한다고 탄식할 것이 아니라, 이러한 외화의 해방적 차원에 초점을 맞추어야 한다. 우리의 능력이 외부의 기계들로 이항되면 될수록, 우리는 더욱 더 "순수" 주체로서 출현하게 되는데, 왜냐하면 이러한 비움은 실체 없는 주체성의 등장과 같기 때문이다. 우리가 "생각하는 기계"에 완전히 의존할 수 있을 때만이 우리는 주체성의 공백에 직면하게 될 것이다. 2002년 3월, 런던의 케빈 워익이 최초의 사이버인간이 되었다는 보도가 나왔다. 옥스퍼드의 한 병원에서 그의 뉴런 시스템은 컴퓨터 네트워크와 직접 접속되었다. 그러므로 그는 오감을 거치지 않고 데이터를 직접 공급받는 최초의 인간이다. 이것이 미래다. (인간 정신이 컴퓨터로 대체되는 것이 아닌) 인간 정신과 컴퓨터의 결합.

2002년 5월, 우리는 이러한 미래를 또 다시 맛보았다. 뉴욕 대학의 과학자들이 (원격조정 장난감차를 다루는 것처럼) 조종기로 쥐를 제어할 수 있도록(쥐가 달릴 방향을 결정할 수 있도록), 신호를 직접 받아들일 수 있는 컴퓨터 칩을 쥐의 뇌에 장착했다는 보도가 나왔다. 뇌와 컴퓨터 네트워크 사이의 직접적인 연결이 이번이 처음은 아니다. 주변 환경에 대한 기초적 시각 정보를 시각적 지각 장치(예컨대, 눈)를 거치지 않고 직접 공급함으로써 맹인들이 이 정보를 얻을 수 있게 해주는 연결장치들은 이미 존재한다. 쥐의 사례가 새로운 것은 살아있는 동물 행위자의 "의지"를, 즉 어떤 움직임을 취할 것인지에 대한 그 행위자의 "자발적" 결정을 외부의 기계가 처음으로 떠맡게 되었기 때문이다. 물론 여기서 커다란 철학적 질문은 다음과 같다. 이 불운한 쥐는 사실상 바깥에서 결정된 움직임을 어떻게 "경험"했는가?, 쥐는 자신의 움직임을 계속 자발적인 것으로 "경험"했는가(즉 쥐는 자신의 움직임이 조종되고 있다는 것을 전혀 알지 못했는가) 아니면 "뭔가 잘못됐다"(다른 외부의 힘이 자신의 움직임을 결정하고 있다)는 것을 알아차렸는가? 한층 더 결정적인 것은 똑같은 추론을 인간에게 행해진 같은 실험(이는 윤리적 문제에도 불과하고, 기술적으로 말한다면 쥐의 경우보다 훨씬 더 복잡하지는 않을 것이다)에 적용해 보는 것이다. 쥐의 경우에는 "경험"이라는 인간적 범주를 쥐에게 적용시켜서는 안 된다고 주장할 수 있지만, 인간의 경우에는 이러한 질문을 피할 수 없다. 그러므로, 다시금, 조종되는 인간은 자신의 움직임을 계속 자발적인 것으로 "경험"할 것인가? 그는 자신의 움직임이 조종되고 있음을 전혀 알지 못할 것인가 아니면 "뭔가 잘못됐다"(다른 외부의 힘이 자신의 움직임을 결정하고 있다)는 것을 알아차리게 될 것인가? 그리고 정확히 이 "외부의 힘"은 어떻게 보일 것인가? "내 안의" 어떤 것, 멈출 수 없는 내적 충동으로 보일 것인가, 아니면 단순한 외부의 강압으로 보일 것인가?[23] 아마도 이런 상황은 벤자민 리벳의 유명한 실험에서 기술된 바와 같을 것이다.[24] 조종되는 인간은 움직이고자 하는 충동을 자신의 "자발적" 결정으로 계속해서 경험할 것이다, 하지만 그/녀는 그 유명한 0.5초의 지연 때문에 이러한 결정을 차단할 수 있는 최소한의 자유를 유지할 것이다.

과학자들과 보도기자들이 이러한 메커니즘을 적용할 방법으로 어떤 것들을 언급했는가에 주목해 보는 것도 흥미롭다. 첫 번째 용도로 언급된 것은 인도주의적 원조와 반테러리스트 캠페인이라는 쌍과 관련된 것이었다(잔해 밑에 있을 지진 희생자들과 접촉하거나 인명 희생의 위험 없이 테러리스트들에게 접근하는 데 조종되는 쥐나 여타 동물들을 이용할 수도 있을 것이다.) 여기서 염두에 두어야 할 중요한 것은, 인간 정신이 기계 속으로 직접 통합되는 이러한 섬뜩한 경험이 미래 혹은 어떤 새로운 것에 관한 비전이 아니라, 언제나-이미 진행되고 있는 어떤 것에 대한—상징적 질서와 공실체적이므로 여기에 맨 처음부터 있었던 어떤 것에 대한—통찰이라는 사실이다. 변하는 것은, 기계의 직접적인 물질화에 직면하여, 즉 기계가 뉴런 네트워크로 직접 통합되는 것에 직면하여

---

23) 인지주의자들은 상식적 증거에 의존하라고 충고하곤 한다. 우리는 우리 자신의 행위들의 인과적 작인이 아니며, 우리의 신체적 움직임들은 불가사의한 악령에게 조종되는 것이며, 그리하여 우리가 어떤 움직임을 취할 것인지 자유롭게 선택한다는 것은 단지 겉보기에만 그런 것이라는 등등에 관한 사변에 물론 우리는 탐닉할 수 있다. 하지만 충분한 이유가 없을 경우 그러한 회의주의는 전혀 정당화되지 않는다. 그렇지만, 조종되는 쥐 실험은 이러한 가설을 생각해볼 적실한 이유를 제공하지 않는가?

24) Benjamin Libet, "Unconscious Cerebral Initiative and the Role of Conscious Will in Voluntary Action", in the Behavioral and Brain Sciences (Cambridge: Cambridge University Press, 1985), vol. 8, pp. 529-39, and Benjamin Libet, "Do We Have Free Will?", Journal of Consciousness Studies (Charlottesville: Imprint Academic) 1 (1999): 47-57.

우리는 더 이상 인격의 자율성이라는 환상을 유지할 수 없다는 것이다. 투석을 필요로 하는 환자들이 처음에는 완전한 무기력감을 느낀다는 것은 잘 알려져 있다. 어떤 사람의 생존 그 자체가 저기 내 앞에서 보이는 기계적 장치에 달려있다는 사실을 받아들이기는 어려운 일이다. 그러나 이것은 우리 모두에게 마찬가지로 적용되는 것이다. 약간 과장된 용어로 표현하면 우리 모두는 정신적-상징적 투석 장치를 필요로 하고 있다.

컴퓨터의 발달 추세는 비가시성을 향한다. 신비로운 빛으로 깜박거리는 웅웅소리가 나는 거대한 기계는 지각할 수 없는 방식으로 우리의 "정상적" 주변 환경에 부합하는 소품으로 점점 대체되어 좀더 원활하게 기능하게 될 것이다. 컴퓨터는 너무나도 작아서 보이지 않게 될 것이고, 도처에 있으면서도 아무 데도 없게 될 것이다. 그것은 너무나도 강력해서 시야에서 사라질 것이다. 오늘날의 자동차를 생각해보기만 해도 된다. 수많은 기능들(창문 열기, 난방 등등)이 우리가 거의 알아차리지 못하는 작은 컴퓨터 덕분에 부드럽게 작동하고 있다. 가까운 장래에 우리는 컴퓨터화된 부엌을, 심지어 컴퓨터화된 옷, 안경, 신발까지도 가지게 될 것이다. 이 비가시성은, 먼 장래의 일이기는커녕, 이미 여기에 있다. 필립스는 재킷의 천 속에 짜넣어지게 될 전화와 음악 재생기를 시장에 곧 내놓을 계획이다. 사람들은 보통 때와 다름없이(디지털 기계에 무슨 일이 일어날지 걱정하지 않고) 재킷을 입을 수 있을 뿐만 아니라 심지어 전자 하드웨어의 손상 없이 세탁을 할 수도 있을 것이다. 우리의 감각적(시각적) 경험의 장으로부터의 이러한 사라짐은 겉보기처럼 그렇게 무구하지 않다. 필립스 재킷을 (더 이상

귀찮고 잘 부서지는 기계로서가 아니라, 우리의 육체에 장착된 거의 준유기체적인 부착물 같은 것으로서) 다루기 쉬운 것으로 만들어줄 바로 그 특징은 전능하고 비가시적인 주인의 환영 같은 성격을 그것에 제공할 것이다. 기계적인 부착물은 우리와 상호작용하는 외부의 기계라기보다는 살아 있는 유기체로서의 우리의 직접적 자기경험의 일부가 될 것이고, 이로써 우리를 내부로부터 탈중심화할 것이다. 그러한 이유로, 컴퓨터가 점점 더 비가시적이 된다는 사실과 사람들이 무언가를 충분히 잘 배우면 더 이상 그것을 알아차리지 않게 된다는 사실 사이에 평행관계가 있다고 말하는 것은 우리를 오도한다. 우리가 언어를 배웠다는 표식은 더 이상 언어의 규칙에 집중할 필요가 없다는 데 있다. 우리는 그것을 "자발적으로" 말할 뿐만이 아니라, 적극적으로 규칙들에 집중하게 되면 유창하게 말하는 데 방해가 되기도 한다. 하지만, 언어의 경우 우리는 이전에 그것을 배워야 했던(우리는 "그것을 우리의 정신 속에 가지고 있다") 반면에, 우리 주변의 보이지 않는 컴퓨터는 저기 바깥에 있으며, "자발적으로"가 아니라 단순히 맹목적으로 작동한다.

여기서 우리는 한 걸음 더 나아가야 한다. 보 달봄의 데닛 비판[25]은 옳은데, 그 비판에서 그는 "정신"의 사회적 성격을 강조한다. 정신에 대한 이론들이 그 이론들의 역사적, 사회적 맥락에 의해 조건지어진다는 것(데닛의 경쟁하는 다중 원고multiple drafts 이론은 경쟁이나 탈중심화 같은 그 모티브와 더불어 "탈산업적" 후

---

[25] Bo Dahlbom, "Mind Is Artificial", in *Dennett and His Critics*, edited by Bo Dahlbom (Oxford: Blackwell, 1993) 참조.

기 자본주의에 심어진 그 뿌리를 보여주지 않는가? 이는 또한 프레드릭 제임슨이 전개한 생각이기도 한데, 그는 데닛의 『의식의 해명』을 오늘날의 자본주의의 우화로 읽을 것을 제안했다)만이 아니다. 훨씬 더 중요한 것은, 도구들—인간이 의존하는 외화된 지능—이 인간 정체성의 내속적 부분이라는 데닛의 주장(인간 존재를 도구들의 복합적 그물망이 없는 생물학적 존재로 상상하는 것은 무의미하다. 그러한 관념은 예컨대 깃털 없는 거위와 매한가지다)이 데닛 스스로 가고 있는 것보다 훨씬 더 멀리까지 나아가야 할 길을 열어놓는다는 데 있다. 좋았던 예전의 마르크스주의적 용어로 말하면 인간은 사회관계의 총체이므로, 왜 데닛은 그 다음의 논리적 단계를 취하여 이 사회관계의 그물망을 곧바로 분석하지 않는가? 도구로부터 특히 언어 그 자체에 이르기까지 이 "외화된 지능" 영역은 자신만의 영역을, 즉 헤겔이 "객관적 정신"이라고 불렀던 것의 영역, 자연적 실체에 대립하는 인공적 실체의 영역을 형성한다. 달봄이 제안하는 공식은 다음과 같다. "정신의 사회"(민스키, 데닛 등이 발전시킨 개념)로부터 "사회의 정신"(즉 지능을 "객관화하는" 사회관계 및 인공적 기계 보충물의 복잡한 그물망 내부에서만 출현하고 기능할 수 있는 어떤 것으로서의 인간 정신) 으로.

언젠가, 아마도 경험일원론의 세기가 될 것인가?

그러므로 들뢰즈 존재론의 기본 좌표를 제공하는 것은 잠재적인 것과 현행적인 것의 "셸링적" 대립이다. 현행적인 것(현재의 실제 행위, 경험된 현실, 그리고 형성된 개체로서의 인격체들)의 공간과, 그 공간에 동반되는 그것의 잠재적 그림자(원-현실의, 다양한 단독성들의 장, 나중에 우리의 현실 경험으로 종합되는 비인격적 요소들의 장). 이것은 "초월적 경험론"의 들뢰즈이며, 칸트의 초월적인 것에 독특한 뒤틀림을 부여하는 들뢰즈이다. 고유의 초월적 공간은 다양한 단독적 퍼텐셜들의 공간이며, 어떤 선재하는 안정적이고 자기동일적인 주체의 제스처-정서-지각들이 아직은 아닌 "순수하고" 비인격적인 단독적 제스처들, 정서들, 지각들의 공간이다. 이것이 예컨대 들뢰즈가 영화 예술을 찬양하는 이유다. 영화는 응시와 이미지와 운동, 궁극적으로는 시간 자체를 어떤 주어진 주체에게 귀속시키지 않고 "해방시킨다". 영화를 관람할 때 우리는 "기계장치적인" 카메라의 관점에서, 그 어떤 주체에도 속하지 않는 관점에서 이미지들의 흐름을 본다. 몽타주 기법을 통해 운동 또한 어떤 주어진 주체나 객체에 귀속되지 않고 추상 또는 해방된다. 이러한 운동은 이차적으로 이후에 가서야 어떤 실정적 존재자들에 귀속되는 비인격적 운동이다.

그렇지만 여기서 이러한 건축물에 최초의 틈이 나타난다. 자명함과는 거리가 먼 어떤 조치를 통해 들뢰즈는 이 개념적 공간을 생산과 재현이라는 전통적 대립과 연결시킨다. 잠재적 장은 재현의 공간과 대립적인 발생적, 생산적 힘들의 장으로 (재)해석된다. 여기서 우리는 몰적인 총체화하는 조직화에 의해 제약되는 생산성의 다양한 분자적 현장들에 관한 것을 비롯한 일체의 표준적 논제들을 얻게 된다. 그리하여 들뢰즈는 생성과 존재의 대립이라는 표제하에 이 두 논리를 동일시하고 있는 것처럼 보인다. 비록 그 둘이 근본적으로 양립불가능하지만 말이다(우리는 들뢰즈를 두 번째 논리로 몰고 간 "나쁜" 영향을 가타리의 탓으로 돌리고 싶어진다).[26] 생산의 고유한 현장은 잠재적 공간 자체가 아니라 오히려 잠재적 공간에서 구성된 현실로의 바로 그 이행이며, 다수적인 것과 그것의 진동들이 하나의 현실로 붕괴되는 곳이다. 생산은 근본적으로 잠재성들의 열린 공간에 대한 제한이며, 잠재적 다수성에 대한 규정이자 부정이다(바로 이렇게 들뢰즈는 스피노자의 "모든 규정은 부정이다"를 헤겔에 반대하여 읽는다.)

들뢰즈 본연의 노선은 위대한 초기 연구논문(그중 핵심으로는 『차이와 반복』과 『의미의 논리』)과 이보다 짧은 몇몇 입문적인 저작들(예컨대 『프루스트와 기호들』과 『자허-마조흐 입문』)의 노선이다. 후기 저작 중에서 『의미의 논리』의 논제들로의 회귀를 표시하는 것은 두 영화 책이다. 이 계열은 들뢰즈와 가타리가 함께 쓴 저작들과는 구별되어야 하며, 따라서 우리는 들뢰즈에 대한 영미권의 수용(과 또한 들뢰즈의 정치적 영향)이 주로 "가타리화된" 들뢰즈의 그것임을 다만 유감으로 여길 수 있을 뿐이다. 들뢰즈 자신의 텍스트 중 단 한 가지도 직접적으로 정치적이지 않다는 점을 지적하는 것이 중요하다. 들뢰즈 "자신"은 정치에 무관심한 고도로 엘리트적인 작가다. 그러므로 유일하게 진지한 철학적 물음은 다음과 같다. 들뢰즈를 가타리에게로 돌아서게 한 본래적인

---

[26] 여기서 나는 알랭 바디우를 따르고 있다. 나는 그의 들뢰즈 독해에 상당히 의존하고 있다. Badiou, Deleuze: *The Clamour of Being* (Minneapolis: University of Minnesota Press, 2000) 참조. [국역본: 알랭 바디우, 『들뢰즈—존재의 함성』 (박정태 옮김, 이학사, 2001).]

곤궁은 무엇인가? 들뢰즈의 저서 중 아마 최악일 『안티-오이디푸스』는—셸링이 "긍정적" 철학과 "부정적" 철학의 이원론으로 전환함으로써 『세계의 나이』 기획의 곤궁에서 벗어난 것, 그리고 하버마스가 도구적 이성과 의사소통적 이성의 이원론으로 전환함으로써 "계몽의 변증법"의 곤궁에서 벗어난 것과 유사하게—단순화된 "평면적" 해결책을 통해서 곤궁과의 완전한 직면에서 벗어난 결과 아닌가? 우리의 과제는 이 곤궁과 다시금 직면하는 것이다. 따라서, 들뢰즈는 자신의 이전 입장이 처한 곤궁으로부터의 쉬운 도피처, 일종의 알리바이를 가타리가 제시했기 때문에 가타리에게로 향하지 않았는가? 들뢰즈의 개념적 구성물은 그의 저작에 공존하는 두 개의 논리, 두 개의 개념적 대립들에 의존하지 않는가? 이 통찰은 너무나도 분명해서, 이를 진술하는 것은 프랑스인들이 라팔리사드[27]라고 부르는 것과 너무나도 유사해서, 어떻게 그것이 아직까지 일반적으로 지각되지 못했는지가 놀라울 정도이다.

> (1) 한편으로 의미의 논리가 있다. 즉 의미-사건으로서의, 신체적-물질적 과정들-원인들의 **효**과로서의 비물질적 생성의 논리가 있다. 이 논리는 발생적 과정과 그것의 비물질적 의미-효과 사이의 근본적 간극의 논리다. "물질적 원인의 비물질적 효과인 다양체들은 무감수적인 또는 인과적으로 불모적인 존재자들이다. 언제나 이미 지나간 동시에 영원히 아직은 도래해야 할 시간인

---

[27] [이 용어의 유래에 대해서는 155쪽의 각주96 참조.]

순수 생성의 시간은 다양체들의 이러한 무감수성 또는 불모성의 시간적 차원을 형성한다."28) 그리고 영화는 표면적 생성의 불모적 흐름의 궁극적 사례가 아닌가? 영화 이미지는 본래 불모적이고 무감수적인 것이며, 물체적 원인들의 순수 효과이다. 비록 그럼에도 불구하고 유사-자율성을 획득하기는 하지만 말이다.
(2) 다른 한편으로 존재들의 **생산**으로서의 생성의 논리가 있다. "측량적 또는 연장적 성질들의 출현은 연속성을 띤 **잠재적 시공간**이 점차 현행적인 불연속적 시간-공간적 구조들로 분화하는 어떤 단일한 과정으로서 다루어져야 한다."29)

예컨대 영화와 문학에 대한 분석에서 들뢰즈는 정서들의 탈실체화를 강조한다. 한 예술작품에서 정서(일례로 권태)는 현행적인 인물들에게 더 이상 귀속될 수 없으며, 자유로이 유동하는 사건이 된다. 그렇다면 정서-사건의 이 비인격적 강도는 신체나 인물과 어떻게 관계를 맺는가? 여기서 우리는 동일한 애매성과 마주친다. 이 비물질적 정서는 순수 생성의 불모적 표면으로서 상호작용하는 신체들에 의해 생성되는 것이거나, 아니면 그것은 잠재적 강도들의 일부이며 이로부터 현행화(생성에서 존재로의 이행)를 통해 신체들이 출현해나오는 것이거나이다.

아울러 이러한 대립은, 다시금, 유물론 대 관념론의 대립이지

---

28) Manuel DeLanda, *Intensive Science and Virtual Philosophy* (New York: Continuum, 2002), pp. 107-108.
[아직 정착된 번역어가 없는 "impassiblility"라는 용어는, 그런 한에서, 이 책에서 "무감수성"으로 번역되었으며, 형용사 "impassible"은 "무감수적"으로 번역되었다. 이 개념은, 기본적으로, "겪지 않음"을 뜻한다.]
29) DeLanda, 앞의 책, p. 102.

않은가? 들뢰즈의 경우 이는 『의미의 논리』 대 『안티-오이디푸스』를 뜻한다. 의미-사건, 즉 순수 생성의 흐름이 복잡하게 얽힌 신체적-물질적 원인들의 비물질적 효과(능동적이지도 수동적이지도 않은, 중립적인)이거나, 아니면 실정적 신체적 존재자들 자체가 생성의 순수 흐름의 산물이다. 잠재성의 무한한 장이 상호작용하는 신체들의 비물질적 효과이거나, 아니면 신체들 자체가 이 잠재성의 장에서 출현하고 현행화된다. 『의미의 논리』에서 들뢰즈 자신은 이 대립을 현실의 발생의 두 가지 가능한 양태라는 모습으로 전개한다. 형식적 발생(생성의 순수 흐름으로서의 비인격적 의식의 내재성으로부터 현실이 출현하는 것)은 실재적 발생으로 보충되는데, 후자는 비물질적 사건-표면 그 자체가 신체적 상호작용으로부터 출현하는 것을 설명해 준다. 때때로 들뢰즈는 첫 번째 길을 따라갈 때 "경험비판론적" 공식에 위험스러울 만큼 가까워진다. 이 공식에 따르면 최초의 사실은 어떤 주체에게도 귀속되지 않고 객관적이지도 주관적이지도 않은 경험의 순수 흐름이고, 하나같이 고정된 존재자들인 주체와 객체는 단지 이러한 흐름에서 파생된 "응고물"이다. 이는 러시아 "경험비판론"을 대표하는 보그다노프의 철학적 입장을 상기시키지 않을 수 없다. 그는 레닌이 1908년에 쓴 『유물론과 경험비판론』에 나오는 비판의 대상으로 가장 잘 알려져 있다.

> 만약 (……) 경험의 궁극적 요소가 감각이라고 가정한다면, 우리가 통상적으로 경험의 세계로 간주하는 것이 조직화 과정 없이는 생겨날 수 없었을 것이라는 점이 분명하다. (……) 우리가 물질적 세계,

자연, 공통의 세계로 간주하는 것은 사회적 토대를 지닌, 집단적으로 조직화된 경험의 산물이다. 다시 말해서 경험된 바로서의 공통의 세계는 인류 역사의 과정에서 감각의 원료로부터 점진적으로 형성되어 왔다. (……) 기본적으로 모두에게 동일한 세계에 덧붙여, 말하자면 사적 세계들이 있다. 즉 집단적으로 조직화된 경험에 덧붙여, 사람이나 집단마다 다른 관념이나 개념의 형태로도 조직화가 있다. 상이한 관점들, 상이한 이론들, 상이한 이데올로기들이 있는 것이다.[30]

보그다노프는 감각의 흐름이 주체에 선행한다는 점을 강조했다. 감각의 흐름은 주관적 흐름이 아니라, 주체와 객관적 현실의 대립에서 중립적이다. 둘 모두는 이 흐름에서 출현한다. (경험비판론자들이 스스로를 부르는 명칭들 중 하나인 "경험일원론"—이 용어는 또한 들뢰즈의 "초월적 경험론"에 대한 적절한 명칭이지 않은가? 보그다노프의 "기계론-mechanism", 발전에 대한 그의 "기계적 machinic" 개념은 말할 것도 없이 말이다.) 라캉 대 들뢰즈: 다시금, 변증법적 유물론 대 경험비판론? 들뢰즈—새로운 보그다노프? 원-들뢰즈적인 방식으로, 보그다노프는 객관적으로 존재하는 사물 자체로서의 물질을 옹호하는 자들이 알려지지 않은 것을 통해 알려진 것을 설명하고 경험되지 않은 것을 통해 경험된 것을 설명하는 치명적인 형이상학적 죄를 저지른다고 비난했다. 들뢰즈가 그 어떤 형태의 초월성이건 거부했던 것처럼 말이다. 더구나 보그다

---

30) Frederick Copleston, *Philosophy in Russia* (Norte Dame, Ind.: University of Notre Dame Press, 1986), p. 286.

노프는 기계적 실험을 아주 좋아하는 급진적 좌파이기도 했다. 정확히 그의 기본적 태도는 감각의 흐름의 "생기론vitalism"을 기계적 조합combinatoire과 통합하는 것이었다. 보그다노프는 수정주의적 기회주의에 맞서 볼셰비키를 지지했으나 그의 정치적 입장은 어떤 중앙 권력에 의해 위에서 부과되는 것이 아니라 "아래로부터" 스스로 형성되는 조직체들을 위해 분투하는 급진적 좌파의 입장이었다.31)

『의미의 논리』에서 두 종류의 발생인 초월적 발생과 실재적 발생을 전개하면서 들뢰즈는 피히테와 셸링의 단계들을 따르지 않는가? 피히테의 출발점은 철학을 스피노자의 방식과 관념론자의 방식이라는 두 가지 기본적 방식으로 실천할 수 있다는 것이다. 즉 우리는 객관적 현실에서 출발하여 이로부터 자유로운 주체성의 발생을 전개하고자 할 수도 있고, 혹은 절대적 주체의 순수 자발성에서 출발하여 현실 전체를 주체의 자기-정립의 결과로 전개하고자 할 수도 있다. 『초월적 관념론 체계』의 초기 셸링은 한 단계 더 나아가, 우리가 이 양자택일에서 어떤 선택을 다루고 있는 것이 아니라고 주장한다. 두 선택지는 배타적이 아니라 상보적이라는 것이다. 절대적 관념론, 그것이 주장하는 주체와 객체(정신과 자연)의 동일성은 두 가지 방식—정신에서 자연을 발전시키

---

31) 레닌의 『유물론과 경험비판론』을, 이 책의 철저한 철학적 무가치함을 조롱하기는 쉽다. 하지만 이론 내에서의 계급투쟁을 향한 이 책의 "정치적 본능"은 틀림없는 것이며, 100퍼센트 옳다. 우리 모두는 헤겔의 『논리학』에 나오는 "영원한 신성한 이념의 자기-전개로서의, 보편적인 것의 구체적 부富의 내재적 배치"와 같은 진술에 대해 책 여백에 레닌이 "뒷부분은 심오하고도 참된 반면, 앞부분은 신학적 쓰레기다!" 같은 식으로 논평을 단 것을 떠올리게 된다. 『유물론과 경험비판론』 여백에도 이와 유사한 언급을 적어두고 싶다: "철학의 정치적 과잉결정의 전개—심오하고도 참되다, 이 책의 내재적인 철학적 가치—쓰레기다!"

거나(칸트와 피히테식의 초월적 관념론) 혹은 자연의 내재적 운동에서 정신의 점진적 출현을 전개하는 방식(셸링 자신의 "자연철학")—으로 입증될 수 있다. 그렇지만 셸링이 『세계의 나이』 단편들에서 성취한 결정적인 새로운 진전은 어떤가? 거기서 그는 이 양자택일에 세 번째 항을 도입한다. 즉 (자연적 현실의 구성된 영역으로서의) 자연 자체로부터가 아니라 ("신 자신 안에서 아직 신이 아닌" 그 무엇으로서의) 신 자신(안)의 자연으로부터의 정신(로고스)의 발생이라는 항을 말이다. 이것은 신 안에 있는 전존재론적 실재의 심연, "비합리적" 정념들의 눈먼 회전운동이다. 셸링이 분명히 밝히듯 이 영역은 아직 존재론적이지 않으며, 어떤 의미에서 자연적 현실보다 더 "정신적"이다: 충만한 현실 속에서 스스로를 현행화하는 데 **실패했기** 때문에 "산주검"으로 거듭 귀환하는 외설적 유령들의 환영적인 영역.32) 시대착오적 비교를 무릅쓰자면 이러한 발생, 즉 신이 충분히 신(신성한 로고스)이 되기 이전에 신 안에서 지속되었던 것의 전사前史는 구성된 현실에 선행하는 잠재적 양자 진동이라는 양자물리학 개념에 사실상 가깝지 않은가?

그리고 사실 양자물리학의 결과들은 어떤가? 물질이 단지 물화된 파동의 진동이라면? 파동을 원소들 사이의 진동으로 파악하는 대신, 원소들이 단지 상이한 파동들, 그것들의 진동들 사이의 매듭이나 접점이라면? 이는 잠재적 강도들로부터 물체적 현실을 발생시키는 들뢰즈의 "관념론적" 기획에 일종의 과학적 신빙성을 부여하지 않는가? 무Nothing로부터 무언가Something의 출현을 유물

---

32) See F. W. J. Schelling, *The Age of the World* (Albany: State University of New Work Press, 2000).

론적으로 개념화하는 한 가지 방법이 있다. 이러한 출현을 불가사의한 과잉이 아니라 에너지의 **방출**―**상실**―로 파악하는 데 성공할 때가 그렇다. 현대 물리학에서 이른바 힉스장은 정확히 이런 방향을 가리키지 않는가? 일반적으로, 어떤 주어진 체계에서 무언가를 떼어낼 때 이는 그 체계의 에너지를 낮추는 것이다. 그렇지만 여기서의 가설은 체계의 에너지를 높이지 않고서는 체계에서 떼어낼 수 없는 어떤 실체가, 어떤 "무언가"가 있다는 것이다. "힉스장"이 텅 빈 공간에 나타날 때 그 공간의 에너지는 더욱 낮아진다.33) 생명 시스템의 특징은 견인체를 역동적으로 회피하는 시스템이라고 함으로써 아마 가장 잘 표현될 것이라는(즉 생명 과정들은 상전이相轉移에서나 그 가까이에서 유지되고 있다는) 생물학적 통찰도 동일한 방향을 가리키지 않는가? 즉 모든 생명이 열반을 향하는 경향이 있다는 그 어떤 관념과도 근본적으로 대립하는 차원에서의 프로이트적 죽음 충동을 향하지 않는가? 죽음 충동은 정확히 다음을 의미한다: 살아있는 유기체의 가장 근본적 경향은 긴장 상태를 유지하는 것, 즉 완전한 항상성 상태의 획득을 통한 최종적 "이완"을 회피하는 것이다. "쾌락 원칙을 넘어서"로서의 "죽음 충동"은 긴장 상태를 끊임없이 반복하려는 유기체의 바로 이 고집이다.

따라서 우리는, 현실이 무한히 분할될 수 있고 실체 없는 공백 안의 공백임을 일단 확인하게 되면 "물질은 사라질 것이다"라는 공포를 제거해야 한다. 디지털 정보 혁명, 유전공학 혁명, 물리학

---

33) "힉스장"에 대한 보다 상세한 참조는 Slavoj Žižek, *The Puppet and the Dwarf*, 제4장 참조. 대중적인 과학적 설명은 Gordon Kane, *Supersymmetry* (Cambridge: Helix Book, 2001) 참조.

의 양자 혁명 모두는, 보다 좋은 용어가 없어서 **포스트-형이상학적 관념론**이라고 부르고 싶은 어떤 것의 재출현을 가리킨다는 공통점이 있다. 현실이 어떤 "상위의" 형이상학적 질서에 종속된다는 견해에 맞서 현실을 온전히 단언하기 위한 유물론자의 투쟁이 현실 자체의 상실에서 정점에 달한다는 체스터튼의 통찰을 떠올려보자. 물질적 현실의 단언으로서 시작된 것이 양자물리학의 순수 공식의 영역으로서 끝나고야 말았다. 그렇지만 이것이 정말로 관념론의 형식인가? 근본적인 유물론자의 자세는 그 어떤 세계도 없다고, 그 전체에 있어서의 세계는 무Nothing라고 단언하는 자세이므로, 유물론은 축축하고 농밀한 물질의 현존과는 무관하다. 유물론에 적합한 형상은 오히려 물질이 "소멸하는" 것처럼 보이는 배치들이다. 예컨대 초끈들의 순수 진동이나 양자 요동 같은 것 말이다. 역으로 우리가 비활성의 날 물질에서 상상적 스크린 이상을 본다면, 어떤 종류의 유심론을 항상 암묵적으로 승인하는 셈이다. 타르코프스키의 <솔라리스>에서 행성의 농밀한 가소성 물질이 직접적으로 정신을 구현하는 것처럼 말이다. 이 "유령적 유물론"에는 세 가지 다른 형태들이 있다. 정보 혁명에서 물질은 순수하게 디지털화된 정보의 매체로 환원된다. 유전공학에서 생물학적 신체는 유전 코드 복제의 매체로 환원된다. 양자물리학에서 현실 자체, 물질의 밀도는 파동 진동들의 잠재성의 붕괴로 환원된다(혹은, 일반상대성이론에서 물질은 공간 곡률의 효과로 환원된다). 여기서 우리는 관념론/유물론 대립의 또 다른 중요한 국면과 마주친다. 유물론은 축축하고 무거운 비활성적 물질적 밀도에 대한 단언이 아니다―그와 같은 "유물론"은 영지주의적인 유심론적 반계몽주의를 지지하는 데 항상 기여할 수 있다. 이와 반대로 진정한 유물론은 "물질의 소멸", 즉 오직 공백만이 있다는 사실을 유쾌하게 떠맡는 것이다.

그리하여 유전공학이 도래함에 따라 신체에 대한 단호하고도 황홀한 단언이라는 니체적 강령은 끝장났다. 신체는 궁극적 준거로서 기여하기는커녕 그 신비롭고도 투과불가능한 밀도를 잃고 기술적으로 관리 가능한 그 무엇, 우리가 그 유전 공식에 개입함으로써 생성하고 변형할 수 있는 그 무엇—간단히 말해 이 추상적인 유전 공식이 바로 그것의 "진리"인 그 무엇—으로 바뀐다. 오늘날의 과학에서 식별 가능한 겉보기에 분명히 대립되는 두 "환원들"(신경과학에서 우리의 경험을 뉴런적 과정으로 환원하는 "유물론적" 환원과 양자물리학에서 현실 자체의 가상화)을 동일한 동전의 양면으로, 동일한 제3의 층위로의 두 가지 환원으로 파악하는 것이 중요하다. "3세계"라는 포퍼의 오래된 관념[34]은 여기서 그 극단에 이른다. 결국 우리가 얻는 것은 "객관적" 물질성도 아니고 "주관적" 경험도 아니다. 오히려 양자 모두가 수학화된 "비물질적" 과정의 과학적 실재로 환원되는 것이다.

따라서 유물론 대 관념론이라는 쟁점은 더 복잡해진다. 우리가 구성된 것으로서 경험하는 현실이 어떤 면에서 "비물질적인" 잠재적 강도들(양자 진동들)의 선행하는 장에서 출현한다는 양자물

---

[34] [포퍼는 물질의 세계(1세계), 마음의 주관적 세계(2세계)와 구별하여, 예술, 과학, 언어, 윤리, 제도 등 인간의 마음의 산물이면서도 그 인식 주체와 독립해 존재하는 "3세계"라는 개념을 중심으로 앎의 진화론을 구성한다. 포퍼에 따르면 3세계는 사상의 객관적인 내용으로 이루어진 객관적인 인식의 세계로, 허구적인 것 혹은 이론적인 구성물이 아니라 언어로 이루어진 현실이다.]

리학의 주장을 받아들인다면, 체현된 현실은 순수한 사건적 잠재성들의 "현행화"에 따른 결과이다. 이때 여기에 이중의 운동이 있다면 어찌할 것인가? 우선 실정적 현실 자체가 "비물질적" 퍼텐션들의 잠재적 장의 현행화를 통해 구성된다. 이어 두 번째 운동에서 사유와 의미의 출현은 구성된 현실이 말하자면 그 잠재적 기원과 재접속하는 계기를 표시한다. 셸링은 이와 유사한 그 무엇을 이미 추구하고 있지 않았는가? 즉 그의 주장에 따르면, 의식의 외파, 인간 사유의 외파 속에서 순수 잠재성의 원초적 심연은 창조된 실정적 현실 한가운데서 폭발하여 실존을 획득한다—인간은 모든 사물들이 출현해 나오는 원초적 심연과 직접적으로 (재)접속하는 유일한 피조물이다.[35] 양자 진동과 인간 사유 간에 연결고리가 있다는 로저 펜로즈의 믿음은 어쩌면 옳을 것이다.[36]

준-원인

그래서 한편으로 마누엘 드란다는 들뢰즈의 존재론에 대한 탁월한 보고서에서 "생산물 하에서의 과정의 사라짐"의 논리를, "물화"의 오랜 (헤겔-마르크스주의적이기도 한) 전통에 의존하는 논리를 확언한다. "생산물 하에서의 과정의 은폐라는 이러한 주제는 들뢰즈 철학의 열쇠다. 들뢰즈의 철학적 방법은, 적어도 부분적으로, 이러한 은폐가 조장한 객관적 환영을 극복하기 위해 고안된

---
35) Shelling, 앞의 책 참조.
36) Roger Penrose, *Shadows of the Mind* (Oxford: Oxford University Press, 1994) 참조.

것이니 말이다."37) 그리고 생산의 고유한 층위 또한 **분명하게** 잠재성들의 층위로 지칭된다. 구성된 현실, 즉 "최종 생산물의 외연적 속성들과 질적인 속성들"38) 안에서와 아래에서 우리는 잠재성들의 내포적[강도적]intensive 과정의 자취들을 발견해야 한다. 존재와 생성은 현행적인 것과 잠재적인 것으로서 관계하기 때문이다. 그렇다면 구성된 현실을 발생시키는 생산의 현장으로서의 잠재적인 것에 대한 이와 같은 분명한 확언을 우리는 어떻게 "**잠재적인 것은 현행적인 것으로부터 생산된다**"라는 못지않게 분명한 진술과 결합할 것인가?

다양체들은 이러한 계열들을 통해 서로 능동적으로 상호작용하는 능력을 소유한 것으로 여겨져서는 안 된다. 들뢰즈는 다양체가 단지 변용될 수 있는 능력만을 부여받은 것으로 생각한다. 그의 말에 따르면 다양체는 "무감수적 존재자들—무감수적 결과들"이니까 말이다. 다양체의 중립성 또는 불모성을 다음과 같이 설명할 수 있을 것이다. 다양체들은 발산적 보편성 때문에 여하한 특수한 기제와도 독립적이다(동일한 다양체가 몇 가지 인과적 기제들에 의해 현행화될 수도 있다), 하지만 그럼에도 불구하고 다양체들은 이런저런 어떤 하나의 인과적 기제들이 현행적으로 존재한다는 경험적 사실에 실로 의존한다. (······) 다양체들은 초월적 존재자들이 아니라 내재적인 존재자들이다. (······) 들뢰즈는 다양체를 **물체적 원인의 비물체적 효과**, 즉 그 자체의 인과적 역량을 전혀 소유하지 않은

---

37) DeLanda, 앞의 책, p. 73.
38) 같은 책, p. 74.

현행적 원인들의 역사적 결과로 바라본다. 다른 한편으로 그가 쓰고 있듯이 "그것들이 이러한 원인들과 본성상 서로 다른 한에서 그것들은 서로 준-인과성의 관계를 맺게 된다. 서로 함께 그것들은 어떤 준-원인과, 그 자체로 비물체적이면서 그것들에게 매우 특별한 독립성을 확보해 주는 준-원인과 관계를 맺게 된다." (……) 언제나 변용시키고 변용되는 능력인 현행적 능력과는 달리, 잠재적 정서들은 (무감수적 다양체들 보여주는) 순수한 변용될 능력과 순수한 변용시킬 능력으로 나뉜다.[39]

준-원인이라는 개념은 단순한 환원주의로의 퇴행을 가로막는 그 무엇이다. 즉 그것은 초월적 인과성의 순수한 심급을 지칭한다. 『시간-이미지』에 나오는 들뢰즈 자신의 사례, 즉 영화적 네오리얼리즘의 출현을 예로 들어보자. 물론 우리는 네오리얼리즘을 일군의 역사적 상황들(2차 대전의 외상 등등)로 설명할 수 있다. 그렇지만 새로운 것의 출현에는 어떤 과잉이 있다. 네오리얼리즘은 그 물질적/역사적 원인들로 단순히 환원될 수 없는 하나의 사건이며, "준-원인"은 이러한 과잉의 원인, 하나의 사건(새로운 것의 출현)이 그 역사적 상황들로 환원될 수 없게 하는 그 무엇의 원인이다. 우리는 또한 이렇게 말할 수도 있다: 준-원인은 이차적 층위의 원인이다, 즉 그것은 (물체적) 원인을 초과하는 효과의 바로 그 과잉의 메타원인이다. 변용됨에 관해 들뢰즈가 말하는 것을 우리는 바로 이렇게 이해해야 한다. 비물체적 사건이 순수한 정서affect

---

[39] 같은 책, p. 75.

(무감수적-중립적-불모적 결과)인 한에서, 그리고 새로운 그 무엇 (새로운 사건, 새로운 것(으로서)의 사건)이 그 물체적 원인들의 사슬이 완결적이지 않은 경우에만 출현할 수 있는 한에서, 우리는 물체적 원인들의 그물망이 아니라 순수한 초월적 변용 능력을 가정해야 한다. 이는 또한 라캉이 『의미의 논리』의 진가를 높이 평가한 이유이기도 하다. 들뢰즈의 준-원인은 라캉의 대상 *a*, 즉 욕망의 대상-원인으로 기능하는 이 순수하고 비물질적이고 유령적인 존재자의 정확한 등가물이 아닌가?

요점을 놓치지 않으려면 여기서 우리는 매우 정확해야 한다. 들뢰즈는 존 설 같은 사람이 주장한 의미에서의 단순한 정신-육체 이원론을 긍정하는 것이 아니다. 즉 들뢰즈는 동일한 사건에 대해 두 개의 서로 다른 "기술들descriptions"을 제공하고 있지 않다. 동일한 과정(가령, 발화 행위)이 엄밀하게 자연주의적 방식으로, 그것의 현행적 인과성에 삽입된 신경세포적이고 신체적인 과정으로서 기술될 수도 있고, 혹은 말하자면 "내부로부터", 유사 인과성으로서의 인과성("나는 너의 질문을 이해하기 때문에 그 질문에 답한다")이 작용하는 의미의 층위에서 기술될 수도 있다는 것이 아니다. 이와 같은 접근에서 물질적-물체적 인과성은 완결된 채로 있다. 반면에 들뢰즈의 존재론의 기본 전제는, 정확히, 물체적 인과성은 완결되어 있지 않다는 것이다. 물체적 원인과 결과의 수준에서는 적절하게 기술될 수 없는 무엇인가가 새로운 것의 출현 과정에서 발생한다. 준-원인은 환영적인 그림자 극장이 아니다. 즉 자신이 마법처럼 장난감을 작동시키고 있다고 생각하면서, 그 일을 실제로 하고 있는 기계적 인과성을 자각하지 못하는 아이와도 같은 것이 아니다. 오히려 반대로 준-원인은 **물체적 인과성의 틈을** 메운다. 이와 같은 엄밀한 의미에서 그리고 사건이 의미-사건인 한에서, 준-원인은 의미에 내속적인 바로서의 무-의미non-sense 다. 어떤 발화가 그것의 의미로 환원될 수 있었다면 그 발화는 현실로 귀착될 것이다. 즉 의미와 지칭된 현실의 관계는 단순히 세계 안의 대상들의 관계였을 것이다. 무의미는 지칭된 현실("지시체")과 관련하여, 의미 층위의 자율성, 순수 생성의 표면 흐름이라는 층위의 자율성을 유지하는 그 무엇이다. 그리고 이로써 우리는 기의 없는 "순수" 기표로서의 저 불운한 "남근적 기표"로 돌아가게 되지 않는가? 라캉적인 남근은 의미의 흐름을 지탱하는 무의미의 바로 그 지점 아닌가?

그러므로 우리는 들뢰즈의 사유에서 여러 판본(유목적인 것 대 국가, 분자적인 것 대 몰적인 것, 분열증 대 편집증 등등)으로 나타나는 바로 그 기본적 이원성인 생성 대 존재의 이원성을 문제 삼아야 한다. 이 이원성은 궁극적으로는 "좋은 것 대 나쁜 것"으로서 과잉결정된다. 즉 들뢰즈의 목표는 생성이 존재의 질서에 스스로 노예상태가 되는 것으로부터 생성의 내재적 힘을 해방시키는 것이다. 아마도 이를 문제 삼는 첫 단계는 이 이원성을 존재와 사건의 이원성과 대면시킴으로써, 양자의 궁극적 양립불가능성을 강조하는 것이다. 사건은 존재의 질서를 발생시키는 생성의 잠재적 장과 단순히 동일시될 수 없다. 오히려 그 반대로 『의미의 논리』에서 사건은 유사-원인성의 역량만을 지닌 "불모적인" 것으로서 분명히 단언된다. 그래서 존재의 층위에 있는 것이 환원불가능한 다수의 상호작용하는 특수자들이며, 총체화/단일화의 기본 형식으로 작용하는 것이 사건이라면 어찌하겠는가?

"물화된" 결과로부터 그 생산 과정으로의 역행이라는 오래된 인간주의적-관념론적 논제를 들뢰즈가 재동원하고 있다는 사실은 여기서 말해주는 바가 많다. 두 모델(무감수적 효과로서의 생성과 발생적 과정으로서의 생성) 사이에서의 들뢰즈의 동요는 마르크스주의 전통 내에서 "물화"의 두 모델 사이에서의 동요와 동형적이지 않는가? 첫째 모델에 따르면, 물화/물신화는 사회상징적 연결고리의 일부인 한에서의 어떤 대상에 속하는 속성들을 대상의 직접적인 "자연적" 속성으로(마치 생산물이 "그 자체로" 상품인 것인 양) 오지각한다. 다음으로 청년 루카치(등)의 보다 급진적인 개념에 따르면 "객관적" 현실 자체가 "물화된" 어떤 것, 즉 어떤 은폐된 주관적 생산 과정이 물신화된 결과다. 따라서 들뢰즈와의 정확한 평행관계 속에서, 우리는 첫 번째 층위에서는 대상의 사회적 속성들을 그것의 직접적인 자연적 속성과 혼동하지 말아야 한다(상품의 경우, 그것의 교환가치를 우리의 필요를 충족시키는 그것의 물질적 속성들과 혼동해서는 안 된다). 마찬가지로 우리는 신체적 원인과 연결된 비물질적인 잠재적 정서를 신체의 물질적 속성들 중 하나로 지각(혹은, 환원)해서는 안 된다. 다음으로 두 번째 층위에서는 객관적 현실 자체를 사회적 생산과정의 결과로 파악해야 한다. 들뢰즈에게 현행적 존재는 잠재적 생성 과정의 결과인 것과 마찬가지로 말이다.

아마도 들뢰즈의 한계는 그의 생기론에 있을 것이다. 즉 그가 생명 개념을 존재 자체의 유일하게 참된 포괄적 전체, 존재 자체의 일자성으로서의 생성에 대한 새로운 이름으로 고양시킨 것에 있을 것이다. 생성의 순수 흐름이 점차 자기-분화되는 과정을 묘사할 때, 이 흐름이 별개의 존재자들로 점차 "물화"되는 과정을 묘사할 때, 들뢰즈는 사실상 일종의 플라톤적 유출 과정을 표현하고 있는 것 아닌가? 이러한 "관념론적" 자세에 맞서 우리는 유일하게 적합한 존재론, 즉 순수 존재의 유일한 과학으로서의 수학에 관한 바디우의 테제를 고수해야 한다: 순수 다수성의 의미 없는 실재, 공백의 무한하고도 광대한 냉정함. 들뢰즈에게 차이는 무한한 생명이라는 일자를 표현하는 다양한 단독성들을 가리킨다. 반면 바디우를 통해서는 기저에 그 어떤 일자성도 놓여 있지 않은 다수성(들)을 얻는다. 들뢰즈에게 생명은 여전히 "왜 무가 아니라, 무언가가 있는가?"에 대한 대답인 반면, 바디우의 대답은 불교와 헤겔에 보다 가까운 보다 분별력 있는 답이다: 오직 무만 "있다", 그리고 모든 과정들은, 헤겔이 말했듯이, "무로에서 무를 통해 무로" 일어난다.

 구성된 현실이 생성의 잠재적 공간을 향한 이동에 의해 와해된다는 개념적 규정을 통해 들뢰즈는 『존재와 시간』의 하이데거에게 가장 기본적인 존재론적 대립—*Vorhandene*(눈 앞에 있음)와 *Zuhandene*(손 안에 있음)의 대립—을 형성하는 두 층위를 응축한다. 들뢰즈에게서 이러한 표준적인 태도는 대상을 추상적인 기하학적 공간에서 특정한 장소를 점유하는 고립된 실정적 존재자로, 즉 관조적 재현의 대상으로 간주하는 **동시**에 주체의 실존적 참여의 관점을 통해 지각된 대상으로, 즉 주체의 관심, 기획, 욕망 등등의 지평 내부에서의 잠재적 용도로 환원되는 대상으로 간주한다. (후기 후설뿐 아니라 하이데거에게도 기초적인 형이상학적 제스처는, 정확히 말해, 구체적인 생활세계에의 몰입으로부터 추상적인 관찰자의 입장으로의 철회이다.) 이러한 응축의 사실은 들뢰즈에 대한 그 어떤 직접적 비판도 함축하지 않는다. 들뢰즈가 철학 본연의 개념적 작업으로(혹은, 다른 차원에서는, 예술 작업으로) 정의하는 그 무엇이 생활세계에의 우리의 몰입과 추상적 관찰자라는 우리의 입장 양자 모두를 와해시킨다는 점은 쉽게 보여줄 수 있다. 주어진 실정적 현실 속에 위치한 주체성의 폐쇄회로로부터 벗어나 철학자가 새로운 개념을 생산하거나 예술가가 정서를 새로운 방식으로 표현할 때, 그들은 현실의 관찰자라는 우리의 안전한 입장은 물론 습관적인 생활세계에의 우리의 몰입마저도 산산조각 낸다. 우리는 추상적 관찰자의 입장을 상실한다. 대신 우리는 새로운 개념이나 예술작품이 우리가 참여한 생산의 결과임을 시인하지 않을 수 없다. 그러나 동일한 제스처 속에서 철학이나 예술은 또한 특수한 생활세계의 습관에의 우리의 몰입을 와해시키기도 한다.[40)]

생산적 생성의 장소에 해당하는 잠재적인 것과 불모적인 의미-사건의 장소에 해당하는 잠재적인 것의 대립, 이는 동시에 "'기관 없는 신체body without organs"(BwO)와 "신체 없는 기관organs without body"(OwB)의 대립이지 않은가? 한편으로 순수 생성의 생산적 흐

---

40) 개념이란 무엇인가? 종종 우리가 유사-개념들, 즉 개념 행세를 하는 한낱 표상들*Vorstellungen*을 다루고 있다는 것이 전부는 아니다. 훨씬 더 흥미로운 것은, 때로는 개념이 한낱 공통의 표현, 심지어 천박한 표현처럼 보이는 것 속에도 있을 수 있다는 점이다. 1922년 레닌은 "스스로를 국가의 두뇌라고 생각하는 인텔리들, 자본의 하수인들을" 몰아냈다. "실제로 그들은 국가의 두뇌가 아니라 국가의 똥이다."(Helene Carrere D'Encausse, *Lenin* [New York: Holmes and Meier, 2001], p. 308에서 인용.) 바디우가 사르트르의 유명한(악명 높은) 주장인 "반-공산주의자는 개다"에 대해 그랬듯이, 우리는 부끄러워서 이러한 진술을 무시하지 말고 똥의 기저에 놓인 개념을 과감하게 세공해야 한다.

름은, 아직 구조화되거나 기능적 기관들로 결정되지 않은 신체이지 않은가? 다른 한편으로 OwB는, 『이상한 나라의 앨리스』에서 체셔 고양이의 신체가 더 이상 현존하지 않을 때조차 홀로 존속하는 웃음처럼, 신체 안에 삽입된 상태로부터 추출된 순수 정서의 잠재성이지 않은가? "고양이는 '좋아'라고 말했다. 그러자 이번에는 그 고양이가 아주 서서히 사라졌다. 이 과정은 꼬리 끝에서 시작해서 웃음으로 끝을 맺었는데, 그 웃음은 고양이의 나머지 부분이 사라진 이후에도 얼마간 남아 있었다. '그래, 웃음이 없는 고양이는 종종 본 적이 있어.' 앨리스는 생각했다. '하지만 고양이 없는 웃음이라니! 내 생애에 본 것 중 가장 신기하군!'" 추출된 OwB라는 이와 같은 개념은 『시간-이미지』에서 신체에 더 이상 부속되지 않은 그와 같은 자율적인 기관으로서의 **응시**라는 모습으로 강력하게 재출현한다.41) 이 두 논리(현실을 발생시키는 역량으로서의 사건, 그리고 신체적 상호작용의 불모적인 순수 효과로서의 사건)는 또한 두 개의 특권화된 심리적 태도를 내포한다. 생성의 발생적 사건은 "분열증자"의 생산적 힘에, 욕망하는 강도들의 비인격적 다수성 속에서의 이와 같은 단일화된 주체의 폭발에

---

41) 정신이 신체와 관련되는 방식에 대한 은유 중 하나인 자기장의 은유는 이와 동일한 것을 가리키는 듯하다. "자석이 자신의 자기장을 발생시키듯, 뇌는 자신의 의식장을 발생시킨다"(William Hasker, *The Emergent Self* [Ithaca, N. Y.: Cornell University Press, 1999], p. 190). 따라서 이 장은 그 물체적 근거가 여기 있는 한에서만 존속할 수 있다 하더라도 그 나름의 논리와 일관성을 갖는다. 이는 정신이 신체의 사멸 이후에는 살아남을 수 없음을 뜻하는가? 여기에서도 물리학에서 끌어온 또 다른 유비 덕분에 부분적으로 출구가 열린다. 로저 펜로즈는 한 물체가 붕괴되어 블랙홀이 된 이후 우리는 그 블랙홀을 스스로 유지되는 일종의 중력장으로 파악될 수 있다고 주장한다. 따라서 물리학 내에서조차도 물질적 대상에 의해 발생되는 어떤 장이 그 대상이 없는 중에도 존속할 수 있다는 가능성이 고려된다(Hasker, 앞의 책, p. 232 참조).

의존하는데, 차후에 이 강도들은 오이디푸스적 모체에 의해 제약된다. 그리고 불모적인 비물질적 효과로서의 사건은, 무대화된 의례들의 지루한 반복적 게임 속에서 만족을 찾는 마조히스트라는 형상에 의존하는데, 이때 이 제의의 기능은 성적인 행위로의 이행을 영원히 지연시키는 것이다. 다수적인 정념들의 흐름 속으로 아무런 유보 없이 스스로를 내던지는 분열자라는 형상, 그리고 꼼꼼하게 무대화된 연기를 통해 동일한 불모적 몸짓을 계속해서 반복하는 장소인 그림자 극장을 고수하는 마조히스트라는 형상의 대비보다 더 강한 대비를 실로 상상할 수 있는가?

따라서 물질적 신체들의 혼합 대 의미의 비물질적 효과라는 들뢰즈의 대립을 하부구조 대 상부구조라는 마르크스적 대립의 노선을 따라서 파악해 보면 어떤가? 생성의 흐름은 탁월한 상부구조, 물질적 생산의 현장에서 존재론적으로 단절된 불모적인 그림자 극장이지 않은가, 그리고 바로 그러한 것으로서 그것은 사건의 유일하게 가능한 공간이 아닌가? 프랑스 혁명에 대한 반어적 논평에서 마르크스는 혁명적 열광을 "다음날 아침"의 각성적 효과와 대비한다: 숭고한 혁명적 폭발이 가져온, 자유, 평등, 박애의 사건이 가져온 현행적인 결과는 비참하고 실리주의적인/이기적인 시장 타산의 세계이다. (그리고 말이 나온 김에 덧붙이면, 이러한 간극은 10월 혁명의 경우 훨씬 더 크지 않은가?) 그렇다고 마르크스를 단순화해서는 안 된다. 그의 요점은 어떻게 상거래의 천박한 현실이 혁명적 열광의 극장의 "진리"인가에 대한, 즉 "이 야단법석은 진정 다 무엇이었는가"에 대한 다소간에 상식적인 통찰이 아니다. 사건으로서의 혁명적 폭발 속에서 또 다른 유토피아적 차원인

보편적 해방의 차원이 내비치는데, 정확히 이 차원은 "그 다음날"을 접수하는 시장적 현실에 의해 배반당하는 과잉이다. 그런 것으로서 이 과잉은 단순히 파기되거나 부적절한 것으로 처리되는 것이 아니라 말하자면 **잠재적 상태로 이항된다**, 그리고 그것은 실현을 기다리는 꿈처럼 해방적 상상계에 계속 출몰한다. 따라서 자기 자신의 "현행적인 사회적 토대"나 실체를 초과하는 혁명적 도취의 과잉은, 말 그대로, 자기 자신의 실체적 원인을 초과하는 속성-효과의 과잉이며, 자신의 적합한 체현물을 기다리는 유령 같은 사건이다. 귀족정치를 비판하면서, 전통에 대한 존경이라는 가장 하에 기존의 불의와 불평등을 승인하는 이들에 대한 가장 간명한 좌파 평등주의적 반박을 제공한 이는 다름 아닌 체스터턴이었다. "귀족정치는 제도가 아니다. 그것은 하나의 죄악, 일반적으로 매우 가벼운 죄악이다."[42]

들뢰즈가 정확히 어떤 의미에서 유물론자이기를 원하는지를 우리는 여기서 식별할 수 있다. 고전적인 스탈린주의적 용어로 이를 말하고만 싶어진다. 의미의 흐름을 그 물질적 원인들로 단순히 환원하는 기계론적 유물론에 반하여 변증법적 유물론은 이 흐름을 그 상대적 자율성 속에서 사유할 수 있다고 말이다. 다시 말해서 들뢰즈의 전 요점은, 의미가 물질적 원인의 무감수적인 불모적 효과라 하더라도 실로 그 나름의 자율성과 효능을 갖는다는 것이다. 그렇다, 의미의 흐름은 그림자 극장이다, 하지만 그렇다고 우리가 그것을 무시하고 "현실적 투쟁"에 초점을 맞추어야

---

42) Chesterton, *Orthodoxy*, p. 127. [국역본: 체스터턴, 『오소독시』, 227쪽.]

한다는 뜻은 아니다. 어떤 점에서 바로 이 그림자 극장은 투쟁의 **결정적** 장소다. 모든 것은 궁극적으로 여기서 결정된다.

윌리엄 해스커는 환원주의에 대한 비판자들이 급진적 환원주의에 대한 반론들이 틀렸음을 지극히 마지못해 시인한다는 이상한 사실에 명쾌하게 주목했다. "제거주의eliminativism가 결정적으로 논박되었다는 생각에 대해 왜 그토록 많은 비-제거주의자들이 강하게 저항하는가?"[43] 그들의 저항은 자신들의 입장이 무너졌을 때 최후의 보루로 환원주의가 필요할 것이라는 가능성에 대한 두려움을 드러낸다. 따라서 비-제거주의자들은 제거주의를 틀렸다고 간주하지만 그럼에도 불구하고 이상하게도 일종의 예비적("만일에 대한 대비") 입장으로 이에 매달리며, 그로써 의식에 대한 그들 자신의 비환원주의적 유물론적 설명을 은밀히 불신하고 있음을 드러내는 셈이다. 이는 부인된 이론적 입장, 곧 이론에서의 물신주의적 분열에 대한 훌륭한 사례다. (이들의 입장은 계몽된 합리적 신학자들의 입장과 유사하지 않은가? 그들은 보다 "근본주의적인" 신학적 입장을 줄기차게 비판함에도 불구하고 그러한 입장을 미결정된 상태로 유지하기를 은밀히 원한다. 아울러 우리는 이스라엘인들에 대한 자살폭탄 공격을 비난하지만 전심으로 비난하지는 않고—마치 "민주주의적" 정치가 실패하더라도 "테러리즘적" 선택을 위한 여지를 남겨두어야 하는 것인 양—어떤 내적인 유보조건을 가지고 비난하는 좌파들에게서 유사한 분열적 태도와 마주치지 않는가?) 여기서 우리는 바디우와 들뢰즈에게로 되돌아

---

[43] Hasker, 앞의 책, p. 24.

가야 하는데, 왜냐하면 그들은 환원주의를 실제로 그리고 철저히 거부하기 때문이다. 의미-사건 층위의 "자율성"에 대한 단언은 그들에게 관념론과의 타협이 아니라, 진정한 유물론의 필연적 테제이다.44)

그리고 핵심적인 것은, 들뢰즈에게서 두 존재론 사이의 이러한 긴장이 상이한 두 가지 정치적 논리 및 실천으로 분명히 번역된다는 점이다. 생산적 생성의 존재론은, 총체화하는 몰적인 권력 체계에 저항하고 그것을 와해시키는 다수적인 분자적 집단들의 자기조직화라는 좌파적 논제로 분명히 이어진다—억압적이고 물화된 체계에 대립하는 자발적이고 비위계적인 살아있는 다수성이라는 오래된 관념, 철학에서의 관념론적 주관주의과 연결된 좌파 근본주의의 대표적 사례. 문제는 이것이 들뢰즈의 사유의 정치화를 보여주는 유일하게 이용가능한 모델이라는 점이다. 의미-사건의 불모성이라는 또 다른 존재론은 "비정치적인" 것으로 보인다. 그렇지만, 이 다른 존재론 역시 들뢰즈 자신이 알아채지 못했던 나름의 정치적 논리와 실천을 내포한다면 어찌할 것인가? 그렇다면 우리는, 혁명적 실천을 새롭게 정초하기 위해 헤겔로—헤겔의 직접적으로 정치적인 저술들이 아니라, 우선적으로 『논리학』으로—되돌아갔던 1915년의 레닌처럼 나아가야 하지 않겠는가? 이미 언급된 **물체적 원인/생성의 비물질적 흐름**이라는 쌍과 마르크스의

---

44) 그럼에도 불구하고 처치랜드 부부Patricia and Paul Churchland의 것과 같은 (감각질qualia과 관련한 데넷의 입장과 유사한) 입장에는, 즉 우리의 가장 "직접적인" 경험을 노골적으로 부인하는 입장에는 어떤 특별한 매력이 있다. 이것은 궁극적 역설 아닌가? 일체의 초재적 주장들에 맞서 직접적인 물질적 현실의 방어를 표준적인 출발점으로 삼는 유물론이 우리의 가장 직접적인 현실 경험을 부인하는 것으로 끝을 맺게 된다는 것은 말이다.

오래된 하부구조/상부구조라는 쌍 사이의 평행관계는 이러한 방향으로 첫 번째 단서가 될 수 있을 것이다. 이와 같은 정치는 현실에서 발생하는 "객관적인" 물질적/사회경제적 과정과 본연의 정치적 논리인 혁명적 사건의 폭발이라는 환원불가능한 이원성을 고려할 것이다. 정치의 영역은 본래부터 "불모적"이고 유사 원인들의 영역이며 그림자 극장이라면, 하지만 그럼에도 불구하고 현실을 변형시키는 데 결정적이라면 어찌할 것인가?

스피노자를 사랑하지 않는 것이 가능한가?

아마도 들뢰즈의 능가할 수 없는 준거점이 되는 철학자에게로 돌아가면 들뢰즈의 존재론적 건축물에서 나타나는 이러한 애매성을 푸는 데 도움이 될 것이다. 스피노자에 대한 들뢰즈의 무조건적 존경은 결코 그 혼자에만 해당되지 않는다. 프랑스에서 미국에 이르는 오늘날 학계의 불문율 중 하나는 스피노자를 사랑하라는 명령이다. 모두가 그를 사랑한다. 알튀세르적인 엄격한 "과학적 유물론자"부터 들뢰즈적인 분열적 무정부주의자에 이르기까지, 합리주의적인 종교 비판가로부터 자유주의적 자유와 관용의 일파에 이르기까지 말이다. 『윤리학』에 나오는 신비로운 제3종의 인식을 여성적인 직관적 인식(남성적인 분석적 이해를 능가하는 인식)으로 해독할 것을 제안하는 주느비에브 로이드 같은 여성주의자들은 말할 것도 없다. 그렇다면 스피노자를 사랑하지 않는 것이 도대체 가능한가? 외로운 유대인이며, 게다가 다름 아닌 "공식적인" 유대 공동체로부터 파문당한 이 사람에게 누가 반대할 수 있는가? 이러한 사랑의 가장 인상적인 표현 중 하나는 사람들이 어떻게 종종 스피노자에게 거의 신성한 능력을 귀속시키는가 하는 것이다. 예컨대 피에르 마슈레처럼 말이다. 그는 다른 점에서는 찬탄할 만한 저서인 (스피노자에 대한 헤겔적 비판을 반박하는) 『헤겔 또는 스피노자』45)에서, 스피노자가 이미 헤겔을 읽었고 그의 비난에 대해 미리 답했다는 인상을 피할 수 없다고 주장한다. 어쩌면 스피노자의 이런 지위를 문제 삼는 가장 적절한 첫 번째 단계는 그것이 오늘날의 문화연구에서 헤게모니적 자세라고 할 수 있는 그 무엇과, 즉 데리다/레비나스 쌍이 가장 잘 예시해주는 해체주의의 윤리신학적 "유대교적" 전회와 전적으로 양립불가능하다는 사실에 주목하는 것이다. 스피노자보다 이러한 경향에 더 이질적인, 유대적 우주에 더 이질적인 철학자가 있는가? 정확히, 근본적 타자성으로서의 신의 우주, 신성함의 불가사의의 우주, 긍정적 명령보다는 부정정 금지의 신의 우주인 저 유대적 우주에 말이다. 그렇다면 유대교 사제들이 스피노자를 파문한 것은 어떤 면에서 **옳지** 않았는가?

스피노자와 레비나스를 대립시키는 이 다소 지루한 학문적 실천에 참여하는 대신 우리는 스피노자에 대한 한물간 헤겔적 독해를 의식적으로 감행해야 한다―스피노자주의자와 레비나스주의자가 공유하는 것은 근본적인 반-헤겔주의이다. 근대 사유의 역사에서 이교-유대교-기독교 삼항조는 두 번 반복된다. 첫 번째는

---

45) [국역본: 피에르 마슈레, 『헤겔 또는 스피노자』(진태원 옮김, 이제이북스, 2004).]

스피노자-칸트-헤겔로서, 그 다음에는 들뢰즈-데리다-라캉으로서. 들뢰즈는 일자-실체를 다수성의 무관심한indifferent 매체로서 전개한다. 데리다는 일자-실체를, 자기 자신과 다른 근본적 타자성으로 전도시킨다. 마지막으로 라캉은 일종의 "부정의 부정" 속에서 일자 그 자체 안으로 절단, 틈새를 다시 가지고 온다. 요점은 스피노자와 칸트를 서로 대결시킴으로써 헤겔의 승리를 보장하는 것이 아니라, 오히려 이 세 철학적 입장을 전대 미문의 근본적 차원에서 제시하는 것이다—어떤 면에서 스피노자-칸트-헤겔 삼항조는 **진정으로** 철학 전체를 포괄한다.

그렇다면 스피노자는 누구인가? 그는 사실상 실체의 철학자이며, 그것도 데카르트 이후라는 어떤 정확한 역사적 순간에 그렇다. 바로 그렇기 때문에 그는 그것으로부터 일체의 (우리 대부분에게는, 예기치 못한) 결과들을 이끌어낼 수 있다. 무엇보다 실체는 속성들 사이에 어떤 매개도 없음을 뜻한다. 즉 각각의 속성(사유, 신체 등)은 그 자체로 무한하며, 또 다른 속성과의 접촉이 이루이질 그 어떤 외적 한계도 갖지 않는다. "실체"는 다수적인 속성들의 이 절대적으로 중립적인 매체를 가리키는 바로 그 이름이다. 이 매개의 결여는 주체성의 결여와 같은데, 왜냐하면 주체는 그와 같은 매개이기 때문이다. 그것은 『의미의 논리』에서 들뢰즈가 "어두운 전조"[46]라고 부른 것에서 혹은 그것을 통해서 탈-존한다ex-sist. 상이한 두 계열의 매개자, 즉 그 둘의 봉합 지점인 어두운 전조 말이다. 따라서 스피노자에게 누락된 것은 부정성을 특징짓

---

46) [이 용어에 대해서는 이 책의 "들뢰즈의 오이디푸스-되기"라는 장을 참조할 것.]

는 변증법적 전도, 욕망의 포기 그 자체를 포기에 대한 욕망으로 바꾸는 등등의 전도라는 기본적인 "비틀림"이다. 그의 입장에서 사고불가능한 것은 프로이트가 "죽음 충동"이라고 부르는 것이다. 즉 코나투스가 근본적인 자기-파괴 행위에 기초한다는 관념은 그로서는 생각할 수 없는 것이다. 스피노자는, 코나투스에 대한— 즉 자신의 존재를 존속하고 강화하려 하고 그런 식으로 행복을 향하려 하는 모든 존재자의 분투에 대한—단언과 더불어, 무엇이 좋은 삶인지에 대한 아리스토텔레스적 틀 안에 머문다. 스피노자의 범위를 벗어나는 것은 칸트가 "정언명령"이라고 지칭하는 것, 인간 주체의 안녕과 무관하게 "쾌락 원칙을 넘어서" 인간 주체에 기생하는 무조건적 추진력이다. 그리고 그것은, 라캉에게, 가장 순수한 상태에 있는 욕망에 대한 이름이다.

이와 같은 실체 개념의 첫 번째 철학적 결과는 들뢰즈가 그토록 고집하는 모티브인 존재의 일의성이다. 이 일의성은, 예컨대, 스피노자가 묘사하는 존재론적 연결을 수립하는 기제들이 그것들의 "좋은" 효과나 "나쁜" 효과와 관련하여 전적으로 **중립적임**을 뜻한다. 그러므로 스피노자는 표준적 접근의 두 가지 함정 모두를 피해 간다. 즉 스피노자는 다수성을 비합리적인 파괴적 폭도의 원천으로 구성하는 기제를 기각하는 것도 아니고, 다수성을 이타주의적 자기극복과 연대의 원천으로 찬양하는 것도 아니다. 물론 스피노자는 "다수성"의 파괴적 잠재력을 뼈저리게 잘 알고 있다. 그의 삶의 커다란 정치적 외상을, 즉 사나운 폭도가 그의 정치적 동지인 드 위트 형제에게 린치를 가한 사건을 떠올려 보자. 그렇지만 스피노자는 그와 똑같은 기제가 가장 고귀한 집단적 행동을 발생시킴을 알고 있었다. 요컨대 민주주의와 린치를 가하는 폭도의 원천은 동일하다. 바로 이러한 중립성과 관련해서 네그리와 하트를 스피노자와 분리시키는 틈새가 명백해진다. 『제국』에서 다수성[다중]은 저항의 힘으로 찬양되는 반면, 스피노자에게서 군중으로서의 다수성 개념은 근본적으로 애매하다. 다수성은 강요하는 일자에 대한 저항이면서 동시에 이른바 "폭도", 즉 정서의 모방 imitatio afecti 을 통해 스스로에게 의지하고 스스로를 추진하는 야만적이고 "비합리적인" 폭력의 폭발을 지칭하기도 한다. 이렇게 심오한 스피노자의 통찰은 다수성에 대한 오늘날의 이데올로기 속에서 상실된다. 군중crowd의 "결정 불가능성"은 내내 이어진다. "군중"은 사회적 연결고리들을 발생시키는 어떤 기제를 가리키는데, 가령 사회적 연대의 열광적 형성을 뒷받침하는 바로 그 동일한 기제가 인종주의적 폭력의 폭발적 유포 또한 뒷받침한다. "정서의 모방"이 도입하는 것은 초개인적 순환과 소통이라는 개념이다. 들뢰즈가 나중에 스피노자적 맥락 속에서 발전시켰듯이, 정서는 한 주체에게 속하다가 그 다음에 또 다른 주체로 이전되는 그 무엇이 아니다. 정서는 전-개체적 층위에서, 누구에게도 속하지 않고 상호주체성 "아래의" 층위에서 순환하는 자유롭게 유동하는 강도들로서 기능한다. 정서의 모방에서 그토록 새로운 것은 바로 이것이다. 즉 정서는 정신분석이 "부분 대상"이라고 부르는 그 무엇으로서, **직접적으로** 순환한다는 관념 말이다.

그 다음의 철학적 결과는 부정성의 철저한 거부다. 각각의 존재자는 자신의 완전한 실현을 위해 분투하며, 모든 장애물은 **바깥**에서 온다. 요컨대 모든 존재자는 그 자체의 존재로 존속하기 위해 노력하기에, 아무것도 내부로부터 파괴될 수 없다. 왜냐하면 모든 변화는 외부로부터 와야 하니까 말이다. 스피노자가 부정성을 거부하면서 배제하는 것은 다름 아닌 상징적 질서인데, 왜냐하면 이미 소쉬르에게서 배운 바와 같이 상징적 질서에 대한 최소한의 정의는 모든 동일성이 차이들의 다발(faisceau—파시즘fascism과 어원이 같다!)로 환원가능하다는 것이기 때문이다. 기표의 동일성은 오로지 다른 기표(들)와의 차이(들)에만 있는 것이다. 이는 부재가 긍정적인 인과적 영향력을 행사할 수 있다는 것에 해당한다—개가 짖지 않았다는 사실은 오직 상징적 세계 안에서만 사건이다. 스피노자는 바로 이러한 것에서 벗어나기를 원한다. 그가 인정하는 전부는 원인들과 결과들의 순수하게 긍정적인 그물망인데, 여기서 부재는 정의상 그 어떤 긍정적 역할도 할 수 없다. 혹은 이를 다르게 표현해 보자면: 스피노자는 인격화된 신 개념을 비판하면서, 우리의 지식 내부의 틈새를 메울 뿐인 허위 개념이라고 그 자신이 묘사하는 그 무엇—가령, 바로 그 긍정적인 존재 속에서 단지 결여를 체현할 뿐인 대상—을 존재론의 질서 안으로 받아들일 준비가 되어 있지 않다. 그에게는 그 어떤 부정성도 "상상적인" 것이며, 현행적 인과 사슬을 파악하는 데 실패하는 우리의 인격화되고 제한된 허위 지식의 결과이다. 스피노자의 시야 밖에 머물러 있는 것은 바로 우리의 상상적 (오)인식에 의해 흐려질 부정성 개념이다. 물론 상상적 (오)인식은 결여들에 집중되지만, 이러한 결여들은 언제나 (신에 비교한 우리의 불완전함에서 시작해서 자연에 대한 우리의 불완전한 지식에 이르기까지) 어떤 **긍정적 척도**와 관련한 결여들이다. 상상적 (오)인식이 놓치는 것은 결여의 **긍정**

적 개념, 즉 "발생적" 부재이다.

스피노자가 말하는 역량power과 권리의 근본적 동등성을 정초하는 것은 존재의 긍정성에 대한 바로 이러한 단언이다. 정의란 모든 존재자가 자신의 내속적 역량-잠재력을 자유로이 전개해도 된다는 것을 뜻한다. 즉 나에게 돌려져야 할 정의의 총량은 나의 역량과 동등하다. 여기서 스피노자의 궁극적 요점은 반反법률적이다. 스피노자에게 정치적 무능의 모델은 힘들의 구체적인 미분적differential 그물망과 관계를 무시하는 추상적 법에 대한 참조이다. 스피노자에게 "권리"는 항상 "행할" 권리, 본성nature에 따라 사물들에 작용할 권리이며, (사법적인) "가질" 권리, 사물들을 소유할 권리가 아니다. 스피노자가 『신학-정치론』의 마지막 페이지에서 여성의 "본성적인" 열등함에 대한 주요 논증으로 환기시키는 것은 바로 역량과 권리의 이 동등성이다.

> 그런데 만약 여자가 본성상 남자와 동등하고 또 정신의 강인함이나 능력(이 점에 인간의 힘이 있으며, 따라서 인간의 권리가 있다)에 있어서 같다고 한다면, 그렇게도 많고도 다양한 여러 민족들 중에 양성이 다 같이 지배하고 있는 민족이나 또는 남자가 여자에게 지배되고 여자보다 능력을 덜 발휘하도록 양육되는 민족이 몇쯤은 있어도 좋았을 것이다. 그러나 실제로는 어디에도 그렇게는 되어 있지 않으므로 우리는 여자가 본성상 남자와 동등한 권리를 갖지 못한다고 (……) 전적으로 타당하게 주장하게 된다.[47]

---

[47] Benedict de Spinoza, *A Theologico-Political Treatise and a Political Treatise* (New York: Dover Publications, 1951), p. 387. [국역본: 스피노자, 『국가론』(김성근 옮김, 서문당, 1986), 249쪽.]

그렇지만 우리는 여기서 이러한 구절로 손쉬운 득점을 얻기보다는 스피노자를 표준적인 부르주아 자유주의 이데올로기와 대비해야 한다. 이러한 이데올로기는, 여성의 열등함을 법적으로 무관한 "병리적" 사실로 취급하면서, 여성에게 남성과 동일한 법적 지위를 공적으로 보장할 것이다(그리고 사실 피히테부터 오토 바이닝거에 이르는 모든 위대한 부르주아적 반여성주의자들은, 자신들이 성의 불평등이 법 앞에서의 불평등으로 번역되어야 함을 뜻하는 것은 "물론" 아니라는 것을 강조하는 데 항상 유념했다.) 나아가 우리는 역량과 권리의 이 스피노자적 동등성을 파스칼의 유명한 『팡세』를 배경으로 읽어야 한다. "아마도 재산의 평등은 옳다. 그러나 정의에 복종하는 것을 힘으로 강요할 수 없었으므로 힘에 복종하는 것을 정의로운 것이 되게 하였다. 정의를 힘있는 것으로 만들 수 없었으므로 힘을 정의로 만든 것이다. 그래서 정의와 힘이 결합하여 평화를 이루게 하였다. 이 평화야말로 최고선이다."[48] 이 구절에서 중대한 것은 그 밑에 깔린 **형식주의적** 논리다: 정의의 **형식**은 그 내용보다 더 중요하다—정의의 형식은, 내용상 그 대립물인 불의의 형식이라 하더라도, 유지되어야 한다. 또한 첨언해 보자면, 형식과 내용의 이러한 불일치는 단지 어떤 특수한 불운한 상황의 결과에 불과한 것이 아니며, 정의의 개념 그 자체에 대해 구성적인 것이다. 즉 정의는 "그 자체로"; 바로 그 개념에 있어서, 불의의 형식이며, "정당화된justified 힘"이다. 일반적으로 우리는 정치적 이해관계나 권력의 이해관계에 의해 결과가 미리 정해진

---

48) Blaise Pascal, *Pensées* (Harmondsworth, England: Penguin Books, 1965), p. 51. [국역본: 파스칼, 『팡세』 (이환 옮김, 민음사, 2003), 97쪽.]

날조된 재판을 다룰 때 "정의의 모조품"이라고 말한다. 그것은 정의인 척 가장하지만 단지 정의로 가장한 노골적인 권력이나 부패의 표출일 뿐이라는 것이다. 그렇지만 정의가 "그 자체로", 바로 그 개념에 있어서, 모조품이라면 어찌할 것인가? 이는 파스칼이 권력이 정의에 도달할 수 없다면 정의가 권력에 도달해야 한다고 체념한 투로 결론지으면서 암시한 바가 아닌가?

정의의 궁극적 지위는, 가장 순수하고 근본적인 상태에서의 환상의 지위이지 않은가? 해체에서조차, 후기 프랑크푸르트학파에서조차, 정의는 데리다의 말처럼 "해체할 수 없는" 궁극적 지평으로 기능한다. 정의는 추론에서도 경험에서도 오지는 않지만, 절대적으로 우리의 경험 내에 있으며 직관적으로 전제되어야만 한다("정의가 있어야만 한다"), 그렇지 않으면 모든 것은 무의미하며, 우리의 세계 전체는 산산조각난다(칸트는 순수 실천 이성의 "공준들"이라는 개념과 더불어 정의의 이러한 지위를 추적하고 있었다). 그 자체로서 정의는 순수한 구성물-전제이다: 참이든 아니든 간에 그것은 전제되어야 한다. 다시 말해서 그것은 궁극적인 "난 잘 알고 있어, 하지만 그럼에도 불구하고……"이다. 우리는 정의가 환영일 수도 있음을 알고 있다, 하지만 그럼에도 불구하고 그것에 의존해야만 한다. 정의는 윤리와 존재론 사이의 은밀한 연결고리를 제공한다: 세계에는 그 숨겨진 기저의 원리로서 정의가 있어야 한다. "해체"조차도 이러한 신학적 지평 내에 머물러있기 때문에 우리는 무신론자가 되는 것이 왜 그리도 어려운지를 알 수 있다.

칸트는 "평범한" 악(탐욕, 욕정, 야망 등의 어떤 "정념적" 동기를 위한 도덕성의 위반)과 "근본적인" 악과 "악마적인" 악을 구별할 때 이와 유사한 곤경에 빠진다. 이는 "보통의" 악, 보다 "근본적인" 악, 그리고 마지막으로 생각할 수도 없는 "악마적인" 악이라는 단순한 선형적 단계변화를 다루고 있는 것처럼 보일 수 있다. 그런데 보다 세밀하게 들여다보면 이 세 종류의 악은 동일한 층위에 있지 않다는 것이 분명해진다. 다시 말해서 칸트는 서로 다른 분류 원칙을 혼동하는 것이다.[49] "근본적인" 악은 어떤 특정한 유형의 악행이 아니라, "보통의" 악행을 위한 공간을 열어놓는 인간 본성의 (이기적으로 행동하는, 보편적인 윤리적 의무보다 정념적 동기들을 선호하는) 선험적 성향을 가리키는 것으로, 이는 악행을 인간 본성에 뿌리내리게 한다. 이와 대조적으로 "악마적인" 악은 실로 어떤 특정한 유형의 악행을 가리킨다. 즉 여하한 정념적 동기에 의해서도 동기화되지 않고 악 그 자체를 선험적인 **비정념적** 동기로 고양시키면서 "단지 악을 위해" 행해지는 행위들 말이다—포의 "심술궂은 어린 악마"[50]와 유사한 그 무엇. 칸트는 "악마적인 악"이 실제로 발생할 수 없다고(인간 존재가 악 그 자체를 보편적인 윤리적 규범으로 고양하는 것은 불가능하다고) 주장하면서도, 이를 추상적 가능성으로 정립해야 한다고 단언한다. 흥미롭게도 그가 (『도덕 형이상학』 1부에서) 언급하는 구체적 사례는 사법적인 국왕 시해, 즉 법정이 선고한 처벌로서 왕을 살해하는 것이다. 칸트는, 폭도들이 단지 왕이라는 인물을 죽이는 단순한 반란과는

---

49) 나는 여기서 Alenka Zupančič, *The Ethics of the Real* (London: Verso, 2000)에 의존하고 있다. [국역본: 알렌카 주판치치, 『실재의 윤리』 (이성민 옮김, 도서출판b, 2004).]
50) [이 에세이 형식의 1인칭 소설은 『우울과 몽상—에드거 앨런 포 소설 전집』 (홍성영 옮김, 하늘연못, 2002), 636-643쪽에 수록되어 있다.]

대조적으로, 국왕에게 사형을 선고하는 (법의 통치의 구현으로서의) 사법적 과정은 법(의 통치)의 바로 그 형식을 내부로부터 파괴하며, 그것을 끔찍한 모조품으로 바꾸어버린다고 주장한다. 칸트의 말대로 그와 같은 행위가 결코 용서될 수 없는 "지울 수 없는 범죄"인 것은 바로 이 때문이다. 그렇지만 다음 단계로 칸트는 그와 같은 행위의 역사적 사례 두 가지(크롬웰 치하의 국왕 시해와 1793년 프랑스에서의 국왕 시해)가 단지 폭도들이 복수를 하는 사례에 불과하다고 필사적으로 주장한다. 칸트에게 이러한 동요와 분류상의 혼동이 있는 까닭은 무엇인가? 그 까닭은, 만일 칸트가 "악마적인 악"의 현행적인 가능성을 단언하고자 한다면 이를 선과 전혀 구별할 수 없을 것이기 때문이다. 두 행위 모두 비정념적으로 동기화될 것이기 때문에 정의의 모조품은 정의 자체와 구별불가능해질 것이다. 그리고 칸트에서 헤겔로의 전환은 곧 칸트의 이러한 비일관성으로부터 "악마적인" 악과 선 그 자체의 동일성에 대한 헤겔의 무모한 가정으로의 전환이다. 따라서 "근본적인" 악과 "악마적인" 악 사이의 구별은 어떤 분명한 분류를 내포하기는커녕 인간 본성의 환원불가능한 일반적 성향과 (불가능하더라도 생각할 수는 있는) 일련의 특수한 행위들 사이의 구별이다. 그렇다면 칸트는 "보통의" 정념적 악을 초과하는 이 과잉을 왜 필요로 하게 되는가? 그것이 없다면 그의 이론은 인간 본성의 두 경향의 갈등인 선과 악의 갈등이라는 전통적인 관념과 대동소이할 것이기 때문이다. 즉 자유롭고 자율적으로 행동하는 경향과 정념적이고 이기적 동기들에서 비롯된 행위 사이의 갈등 말이다.[51] 이런 관점에서 보면 선과 악 사이의 선택은 그 자체로는 자유로운 선택이 아닌데, 왜냐하면 우리는 의무를 위해 자율적으로 행위할 때만 참으로 자유롭게 행위하는 것이기 때문이다(정념적 동기들을 따를 때 우리는 우리 본성의 노예가 된다). 하지만 이는 칸트 윤리학의 근본적인 요점과 배치되는데, 이에 따르면 악의 선택 그 자체는 자율적이고 자유로운 결정이다.

파스칼로 돌아가보자. 권리와 권력의 통일에 대한 파스칼의 판본은 니체의 운명애 *amor fati* [52] 및 동일자의 영원회귀와 동형적이지 않은가? 내 자신의 유일무이한 삶 속에서 나는 나를 짓누르는 과거의 짐에 구속된다. 따라서 나의 무조건적인 권력의지에 대한 단언은, 특정한 상황 속으로 내던져졌다는 유한성 속에서 내가 주어진 것으로 떠맡을 수밖에 없었던 그 무엇에 의해 항상 좌절되게 된다. 결과적으로 나의 권력의지를 유효하게 단언할 수 있는 유일한 방법은 나 자신을 어떤 상태로, 즉 다른 경우라면 외부의 운명에 의해 내게 부과된 것으로 경험하는 그 무엇을 내가 자유롭

---

51) 칸트에 따르면 어떤 사람이 가라앉은 배의 또 다른 생존자와 함께 홀로 바다에 있고 근처에 한 사람만 지탱할 수 있는 나무 판자가 떠있는 경우에 도덕적 고려는 더 이상 유효하지 않다. 내가 다른 생존자와 뗏목의 자리를 놓고 죽을 때까지 싸우지 못하게 하는 도덕법칙이란 없다. 나는 도덕적 비난을 면하면서 그렇게 할 수 있다. 바로 여기서 우리는 어쩌면 칸트적 윤리의 한계와 마주치는 것일지도 모른다. 다른 사람에게 생존의 기회를 주기 위해 자신을 기꺼이 희생하는, 나아가 그 어떤 정념적 이유도 없이 그렇게 할 준비가 되어있는 사람은 어떤가? 나로 하여금 그렇게 하도록 명령하는 그 어떤 도덕법칙도 없으므로 이는 그러한 행위에 그 어떤 본연의 윤리적 지위도 없음을 뜻하는가? 이 이상한 예외는 무자비한 이기주의, 개인의 생존과 이득에 대한 관심이 칸트적 윤리의 암묵적인 "정념적" 전제임을 보여주지 않는가? 다시 말해 이 예외는, 칸트적인 윤리적 체계는 무자비한 실용주의적 이기주의자라는 인간의 "정념적" 이미지를 암묵적으로 전제하는 한에서만 유지될 수 있다는 것을 보여주지 않는가?
52) [비극적 운명에 대한 긍정이라는 의미를 나타내는 니체의 용어. 니체는 운명을 필연적으로 닥쳐오는 것으로 여기며 그 운명의 필연성을 긍정하고 자신의 것으로 받아들여 사랑할 수 있을 때 인간이 본래의 창조성을 발휘할 수 있다고 생각하는데 여기서 가리키는 "사랑"이 바로 운명애에 해당한다.]

게 의지할 수 있고 내 의지의 산물이라고 단언할 수 있는 어떤 상태로 이행하는 것이다. 그리고 이를 성취할 수 있는 유일한 방법은, 미래의 "동일자의 회귀들" 속에서, 즉 나의 현재의 곤경의 반복들 속에서 내가 그 곤경을 자유로이 떠맡을 준비가 충분히 되어 있다고 상상하는 것이다. 그런데 이러한 추론은 파스칼의 것과 동일한 형식주의를 마찬가지로 은폐하고 있지 않은가? 그것의 숨겨진 전제는 "나의 현실을 자유로이 선택할 수 없고 따라서 나를 결정하는 필연을 극복할 수 없다면, 나는 이 필연 자체를 내가 자유로이 떠맡는 어떤 것으로 형식적으로 고양시켜야 한다"라는 것이 아닌가? 혹은 니체의 강력한 대척자인 바그너가 그것을 『신들의 황혼』에서 다음과 같이 말하듯 말이다. "신들의 몰락이 초래하는 두려움은 나를 슬프게 하지 않아, / 이제 그것을 의지한다네! / 불화의 광포한 괴뇌를 겪으며 / 한때 절망 속에서 결심했던 것을 / 기쁘고 즐겁게 / 이제 자유로이 수행할 테니." 그리고 스피노자의 입장은 이와 같은 체념적 동일화에 의존하지 않는가? 따라서 스피노자는 최후의 구원―우리가 사는 이 세계가 최후의 궁극적 진리로서 "존재하는 전부"일 수 없다는 관념, 우리가 어떤 메시아적인 타자성에 대한 약속을 고수해야 한다는 주장―에 대한 유대교적-레비나스적-데리다적-아도르노적 희망과 정반대이지 않은가? 이와 같은 데리다적인 "모든 것을 벗어버린 메시아성"[53]은 후기 프랑크푸르트학파에서 나타나는 종교에 대한 태도와 사실상 가까운데, 이 태도는 막스 호르크하이머가 비판이론 자체에 대해 서술하

---

53) Jacques Derrida, "Faith and Knowledge," in *Religion*, edited by J. Derrida and G. Vattimo (Cambridge: Polity Press, 1998), p. 18.

면서 의지한 물신주의적 부인의 공식에 의해 가장 잘 집약된다. "그것은 신이 없다는 것을 알고 있다, 하지만 그럼에도 불구하고 신을 믿는다."[54]

이전의 모든 특징들의 정점에 있는 최종적 특징은 스피노자가 그 어떤 "의무론적 차원"—우리가 통상 "윤리적"이라는 말로 이해하는 그 무엇(우리가 선택을 할 때 어떻게 행위해야 할지를 지시하는 규범들)—이라도 근본적으로 중지시킨다는 점이다. 그것도 『윤리학』이라 불리는 책에서 그렇게 하는데, 이는 그 자체로 하나의 성과이다. 타락에 대한 유명한 독해에서 스피노자는, 참된 인과적 연계를 알 수 있는 우리의 능력이 제한적이기 때문에 신은 "선악과나무 열매를 따 먹으면 안 된다!"는 금지를 언명해야 했다고 주장한다. 아는 자들에게라면 다음과 같이 말해야 한다: "선악과나무 열매를 먹는 것은 당신의 건강에 위험하다." 명령을 인지적 진술로 이렇게 완벽하게 번역하는 것은 다시금 우주를 탈주체화시킨다. 이는 참된 자유가 선택의 자유가 아니라 우리를 규정하는 필연들에 대한 정확한 통찰임을 암시한다. 여기, 스피노자의 『신학-정치론』에 나오는 핵심 구절이 있다.

> 신의 긍정과 부정은 필연 혹은 진리를 항상 내포한다. 따라서 예를 들어 신이 아담에게 선악과나무 열매를 먹는 것을 바라지 않는다고 말했다면 아담이 그것을 먹을 수 있었다는 것은 모순을 내포했을 것이다. 그렇기에 그가 그것을 먹은 것은 불가능했을 것인데,

---

54) Max Horkheimer, *Gesammelte Schriften*, vol. 14 (Frankfurt: Suhrkamp Verlag, 1994), p. 508.

왜냐하면 신의 명령은 영원한 필연과 진리를 내포했을 것이기 때문이다. 하지만 그럼에도 불구하고 성서의 서술에 따르면 신은 정말로 아담에게 이런 명령을 내렸고 그럼에도 아담이 그 열매를 먹었기 때문에 부득이하게도 우리는 이렇게 말해야 한다. 신이 그 열매를 먹으면 반드시 따르게 될 악은 아담에게 계시했지만 그러한 악이 필연적으로 일어날 것임은 계시하지 않았다고 말이다. 그러므로 아담은 그 계시를 영원하고 필연적인 진리가 아니라 율법—즉 행해진 행동의 본성에 필연적으로 따라서가 아니라 오직 어떤 권력자의 의지와 절대적 힘에 따라서 이득이나 상실이 따르는 법령—으로 여겼다. 따라서 문제의 그 계시는 오직 아담과 관련해서 그리고 오직 아담의 앎의 결여를 통해서 율법이었으며, 신은 말하자면 입법자이자 권력자였던 것이다. 이와 동일한 이유에서, 즉 앎의 결여로 인해, 십계명은 오직 헤브라이 사람들에게 율법이었다. (……) 그러므로 우리는 다음과 같이 결론을 내린다. 즉 오직 대중들의 이해와 대중적 앎의 불완전함에 순응할 때에만 신은 입법자나 군주로 묘사되며 정의롭고 자비롭다고 불린다. 실제로 신은 단순히 자신의 본성과 완전함의 필연에 의해 행위하고 모든 것을 조종한다. 신의 명령과 의지는 영원한 진리이며 항상 필연을 내포한다.[55]

여기서 두 층위가 대비된다. 상상력이나 의견의 층위와 진정한 인식의 층위가 말이다. 상상력의 층위는 인격화된 층위이다. 이

---

55) Spinoza, 앞의 책, pp. 63-65.

층위에서 우리는 우리가 자유로이 복종하거나 불복할 수 있다는 등등의 명령들을 부여하는 행위자들에 대한 이야기를 다루고 있는 것이다. 여기서 신은 자비를 베푸는 최고 군주다. 반면에 참된 앎의 층위는 전적으로 탈인격화된, 비인격적 진리들의 인과관계를 전달한다. 우리는 스피노자가 여기서 유대인들 자신을 유대인으로 능가한다고 말하고 싶어진다. 그는 우상파괴를 인간 자신에게까지 확장한다—"신을 인간의 이미지로 그리지 말라"만이 아닌, "인간 자신을 인간의 이미지로 그리지 말라." 다시 말하자면 여기서 스피노자는 목표, 자비, 선악 등의 인간적 관념들을 자연에 투사하지 말라는 표준적인 경고를 넘어 한 걸음을 내딛는다. 우리는 인간 자신을 파악할 때 이 관념들을 써서는 안 된다는 것이다. 위의 인용 구절에서 핵심적인 말은 "오직 앎의 결여를 통해서"이다—법이나 금지나 도덕적 명령 같은 "인격화된" 영역 전제는 우리의 무지에 기초한다. 그러므로 스피노자가 거부하는 것은 라캉이 "주인기표"라고 부르는 것, 기표의 바로 그 결여를 메우는 반성적 기표의 필연성이다. "신"이라고 하는 스피노자 자신의 최고 사례가 여기서 결정적이다. 신이 강력한 사람으로 여겨질 경우에 신은 참된 인과성에 대한 우리의 무지를 구현할 뿐이다. 여기서 우리는 "플로기스톤"이나 마르크스의 "아시아적 생산양식", 또는 사실상 오늘날에 유행하는 "탈산업사회" 같은 개념들을 생각해 보아야 한다. 어떤 실정적 내용을 지시하는 것처럼 보이지만 단지 우리의 무지를 신호하고 있을 뿐인 개념들 말이다. 스피노자의 전대 미문의 노력은 윤리 그 자체를 의도나 계율 등의 "인격화된" 도덕 범주들 바깥에서 사유하는 것이다. 그가 제안하는 것은 엄밀한 의미에서 **존재론적 윤리**이다. 의무론적 차원이 박탈된 윤리, "당위ought" 없는 "존재is"의 윤리 말이다. 그렇다면 계율의, 주인기표의 윤리적 차원을 이렇게 중지한 대가는 무엇인가? 정신분석의 답은 명백하다: 초자아. 초자아는 지식의 편에 있다. 카프카의 법과 마찬가지로 초자아는 당신에게서 아무것도 원하지 않는다. 당신이 초자아에 도달하면, 초자아는 단지 거기 있을 뿐이다. 이것은 오늘날 우리가 도처에서 목격하는 경고인 "흡연은 당신의 건강에 해로울 수 있습니다"에서 작동하는 명령이다. 아무것도 금지되지 않는다. 당신은 그저 인과적 연계에 관한 정보를 전달받을 뿐이다. 마찬가지로 "진정 즐기기를 원할 때만 섹스를 하라!"라는 권고는 향유를 방해하는 최고의 방법이다. 이러한 결론은 이상하게 보일 지도 모른다. 처음 접근할 때, 초자아와는 도대체 거리가 먼 철학자가 있다면 그가 곧 스피노자다. 그의 사유는 성인聖人다운 무관심의 독특한 태도, 즉 평범한 인간적 정념들과 관심들은 물론 죄책감과 도덕적 격분 등의 모든 감정들을 넘어선 고상함의 태도를 보여주지 않는가? 그의 우주는 삶을 부정하는 어떤 부정성도 없는 힘들의 순수 긍정성으로 이루어진 우주가 아닌가? 그의 태도는 삶에 대한 기쁜 단언의 태도가 아닌가? 그렇지만 초자아가 바로 이 무관심과 삶에 대한 순수한 단언의 숨은 이름이라면 어찌할 것인가?

칸트, 헤겔

칸트―칸트적 단절―는 정확히 이 지점에 들어선다. 스피노자와 칸트가 공유하는 것은 덕은 그 자체가 보답이며 다른 보답을 필요로 하지 않는다는 생각이다. 그들 모두는 선행은 보상받기 마련이고 악행은 내세에 처벌받기 마련이라는 통속적 관념을 경멸적으로 거부한다. 그러나 칸트의 테제는 무조건적 당위라는 의무론적 차원이 없는 앎에 대한 스피노자의 입장은 유지되기 불가능하다는 것이다. 존재의 건축물 내에는 환원불가능한 균열이 있고 "당위"라는 의무론적 차원이 개입하는 것은 바로 이 균열을 통해서다. 이 "당위"는 "존재"의 불완전함을 메운다. 칸트가 자신은 종교적 신앙의 공간을 만들기 위해 앎의 영역을 축소했다고 말할 때 그의 말을 지극히 문자 그대로, 근본적으로 반-스피노자적인 방식으로 받아들여야 한다. 칸트의 관점에서 스피노자의 입장은 꼭두각시로 환원된 주체들이라는 악몽 같은 비전처럼 보인다. 정확히 꼭두각시는—하나의 주체적 자세로서—무엇을 나타내는 것인가? 우리는 "인간의 실천적 사명에 현명하게 부합하는 인간 인식능력들의 조화"라는 제목이 붙은 『실천이성비판』의 한 불가사의한 소절에서 "꼭두각시"라는 단어를 발견할 수 있다. 여기서 칸트는 만일 인간이 예지적 영역에, 사물 자체에 접근하게 될 때 무슨 일이 벌어질 것인가라는 질문에 답하고자 한다.

> 지금 도덕적 소질이 경향성들과 해야만 하는 싸움, 즉 초반에 얼마간의 패배가 있더라도 점차로 마음의 도덕적 힘이 얻어질 수 있을 싸움 대신에 신과 영원성이 그 두려운 위엄과 함께 끊임없이 우리 눈앞에 놓일 것이다. (……) 그리하여 대부분의 합법칙적인 행위들은 공포에서 생길 것이고, 아주 소수만이 희망에서 생길 것이나,

의무로부터는 전혀 아무런 행위도 생기지 않을 것이다. 그리하여 행위들의 도덕적 가치―최고 지혜의 눈으로 볼 때 인격의 가치와 심지어 세계의 가치는 바로 그것에 달려 있는 것인데―는 전혀 실존하지 않을 것이다. 그리하여 인간의 자연본성이 지금 그대로인 한 인간의 태도는 한낱 기계성으로 변환될 것이다. 거기에서는 꼭 두각시놀이에서처럼 모든 것이 잘 연출될 터이지만, 배역들 중에서 단 하나의 생명도 발견될 수 없을 것이다.[56]

따라서 칸트의 입장에서, 예지적 영역으로의 직접적인 접근은 초월적 자유의 중핵을 형성하는 바로 그 "자발성"을 우리에게서 박탈하게 될 것이다. 즉 이러한 접근은 인간을 생명 없는 자동인형, 혹은 오늘날의 용어로 말하자면, "생각하는 기계"로 바꿀 것이다. 이 구절의 함의는 겉보기보다 훨씬 근본적이고도 역설적이다. 이 구절의 비일관성을 폐기한다면(공포와 무생명의 몸짓이 어떻게 공존할 수 있겠는가?), 이 구절이 부과하는 결론은 우리―인간들―가 현상적 층위와 예지적 층위 모두에서 자율과 자유가 없는 "한낱 기계성"에 불과하다는 것이다. 현상으로서 우리는 자유롭지 않으며, 자연의 일부이며, "한낱 기계성"이며, 인과적 연결에 완전한 종속되어 있으며, 원인과 결과 연쇄의 일부이다. 또한 예지체로서 우리는 다시금 자유롭지 않으며 "한낱 기계성"으로 환원된다. (칸트가 예지적 영역을 직접적으로 아는 사람으로 묘사하는 것은 쾌락과 고통의 계산법에 의해 완전히 자신의 행동이 규정되

---

56) Immanuel Kant, *Critique of Practical Reason* (New York: Macmillan, 1956), pp. 152-53. [국역본: 임마누엘 칸트, 『실천이성비판』 (백종현 옮김, 아카넷, 2002), 302-303쪽.]

는 공리주의적 주체와 엄밀히 동형적이지 않는가?) 우리의 자유는 현상적인 것과 예지적인 것 "사이에 낀" 공간에만 존속한다. 따라서 칸트가 단순히 예지적인 층위에서 우리가 자율적인 작인임을 단언하려고 인과성을 현상적인 영역에 국한시킨 것은 아니다. 우리는 우리의 지평이 현상적인 것의 지평인 한에서만, 즉 예지적인 영역이 우리에게 접근불가능한 채 남아있는 한에서만 자유롭다. 여기서 마주치는 것은 다시금 실재의 두 개념—즉 접근 불가능한 예지적 사물의 실재와 순수한 간극으로서의, 동일자의 반복 사이의 간극으로서의 실재—사이의 긴장이다. 칸트적 실재가 현상 너머의 예지적 사물인 반면, 헤겔적 실재는 현상적인 것과 예지적인 것 사이의 틈새 자체, 자유를 지탱하는 틈새이다.

 이러한 곤경에서 벗어나는 길은, 우리가 예지적으로 자율적인 한에서 자유로우며 하지만 우리의 인식적 관점은 현상적 층위에 제약된 채로 머물러있다고 단언하는 것인가? 이 경우 우리는 예지적 층위에서 "실제로 자유롭다", 하지만 우리가 또한 예지적 영역에 대한 인식적 통찰을 갖게 된다면 우리의 자유는 무의미할 것인데, 왜냐하면 그러한 통찰은 항상 우리의 선택을 결정할 것이기 때문이다—악행의 대가가 천벌이라는 사실에 직면해서도 누가 악을 선택하겠는가? 그렇지만, 이와 같은 상상의 사례는 "참된 자유 행위란 무엇일까?"—즉 예지적 존재자를 위한 자유행위, 참된 예지적 자유의 행위란 무엇일까?—라는 물음에 대한 유일하게 결론적인 답을 제공하지 않는가? 그것은 악의 선택에 따른 냉혹한 끔찍한 결과들을 알지만 그럼에도 불구하고 악을 선택하는 행위일 것이다. 이러한 행위라면 정념적 이해관계에 상관없이 행하는 행위, 진정으로 "비정념적인" 행위였을 것이다.

그러므로 칸트의 초월적 전회의 기본적 제스처는 장애물을 긍정적 조건으로 전도시키는 것이다. 표준적인 라이프니츠 존재론에서 유한한 주체인 우리는 자신의 유한성에도 **불구**하고 자유롭게 행위할 수 있는데, 왜냐하면 자유는 우리를 무한한 신과 결합시키는 섬광이기 때문이다. 칸트의 경우 이러한 유한성, 즉 절대자로부터의 분리는 자유의 **긍정적** 조건이다. 요컨대 불가능성의 조건은 가능성의 조건이다. 이런 의미에서 수잔 니만의 다음과 같은 지적은 옳다. "외양과 현실의 차이에 대한 논쟁을 불붙이는 걱정은 세계가 우리에게 보이는 대로 존재한다고 판명나지 않을지도 모른다는 두려움이 아니라 그렇게 판명날 것이라는 두려움이다."[57] 이러한 두려움은 궁극적으로 윤리적이다. 외양과 현실 사이의 틈새를 폐쇄하는 것은 우리의 자유를 박탈할 것이며 그리하여 우리의 윤리적 존엄을 박탈할 것이다. 이것은 예지적 현실과 외양 사이의 틈새가 재배가됨을 뜻한다. 즉 우리는 예지적 현실 "그 자체"와 예지적 현실이 외양의 영역 안에서(예컨대, 자유와 도덕법칙에 대한 우리의 경험에서) 나타나는 방식을 구분해야 한다. 이 둘을 구분하는 이 작은 모서리는 숭고한 것과 끔찍한 것 사이의 모서리이다. 우리의 유한한 관점에서 볼 때 신은 우리에게 숭고한 것이다. 하지만 그 자체로서 경험된다면 신은 굴욕시키는 끔찍함으로 화할 것이다.

그렇지만 우리는 칸트가 목표하는 바를 놓치지 않도록 세심한

---

[57] Susan Neiman, *Evil in Modern Thought* (Princeton, N. J: Princeton University Press, 2002), p. 11.

주의를 기울여야 한다. 첫 접근에서 칸트는 스피노자에 의해 예견된 어떤 장소를 취할 뿐인 것처럼 보일 수도 있다: 참된 인식의 탈인격화된 위치를 유지할 수 없었던 칸트는 실체적 존재의 질서를 접근불가능한 것으로, 우리 이성의 한계를 넘어선 것으로 선포하고 그럼으로써 도덕을 위한 공간을 개방한다. (그리고 덧붙이자면 이와 동일한 자세는 유전공학에 대한 오늘날의 신칸트주의적인 반응들에서도 분명하게 식별되지 않는가? 기본적으로 하버마스는 이제 우리가 인간의 소질들이 무의미한 유전자적 우발성에 의존함을 알고 있다고 하더라도 존엄감과 자율감을 유지할 수 있으려면 그렇지 않은 체하면서 행동하자고 말하고 있다. 여기서의 역설은, 우리를 결정하는 맹목적인 자연적 우발성에 대한 접근을 금지함으로써만 자율성이 유지될 수 있다는 점이다. 다시 말하면 우리는 역설적이게도 우리의 과학적 개입의 자유를 **제한함으로써** 우리의 자율성을 유지한다.) 그렇지만 사정은 보다 복잡하다. 『말과 사물』에서 푸코는 "경험적-초월적 이중체"라는 관념을 소개했다. 근대의 주체성 철학에서 주체는, 정의상, (실증적 과학과 정치적 관리의 대상에 해당하는 경험적 인물로서의) 현세적 존재자와 세계 자체의 구성적 작인인 초월적 주체 사이에서 분열되어 있다. 문제가 되는 불가사의는 이 둘을 환원불가능한 방식으로 잇는 탯줄이다. 그리고 바로 이를 배경으로 해서 우리는 하이데거의 성취를 측정할 수 있다. 하이데거는 "초월적" 차원(세계의 열림의 현장으로서의 현존재)을 인간의 바로 그 유한성에 정초했다. 도덕성은 더 이상 얼룩이 아니며, 사실적 한계의 지표가 아니며, 사정이 달랐다면 이상적인-영원한 **주체**였을 그 무엇의 지표가 아니다. 도덕성은 **주체**의 유일무이한 자리의 바로 그 원천이다. 인간이 이상적 가치들의 영원한 영역과 자연의 경험적 영역이라는 두 개의 영역에 거주한다는 신칸트주의적(카시러) 주장을 위한 자리는 여기에 더 이상 없다. 또한 인류 전체는 역병에 굴복하고 초월적 자아는 살아남는다는 후설의 음울한 상상을 위한 자리조차도 없다. 여기서 우리는 이 이중체와 인간의 특수한/감각적인/동물적인 측면 대 보편적인/이성적인/신성한 측면이라는 선칸트적인 형이상학적 문제들 사이의 분리를 주장해야 한다. 칸트의 초월적인 것은 경험적인/시간적인/유한한 것에 환원불가능하게 뿌리박고 있다—그것은 **시간성의 유한한 지평** 내부에서 외양하는 바로서의 초현상적인 것이다. 그리고 (특히 예지적인 것에 대립되는) 초월적인 것의 이러한 차원은 스피노자에게 **빠져** 있는 그 무엇이다. 결과적으로 우리는 칸트의 초월적 전회의 심장부에서 어떻게 사물들이 나에게 나타나는가와 어떻게 사물들이 *사실상* 나에게 나타나는가의 구별을 발견하지 않는가? 현상적 현실은 단순히 사물들이 나에게 나타나는 방식이 아니다. 그것은 한낱 주관적/환영적 외양과 대립하는바, 사물들이 "실제로" 나에게 나타나는 방식, 즉 사물들이 현상적 현실을 구성하는 방식을 지칭한다. 그러므로 내가 나의 현상적 현실 속의 어떤 대상을 오지각할 때, 내가 그것을 다른 대상으로 착각할 때, 잘못된 것은 내가 사물이 "실제로 그 자체로 존재하는" 방식을 몰랐다는 것이 아니라 그것이 나에게 "실제로 외양하는" 방식을 몰랐다는 것이다. 우리는 이러한 칸트적 전회의 중요성을 아무리 높이 평가해도 지나치지 않다. 궁극적으로 철학 그 자체는 칸트적이며, 또한 철학은 칸트적 혁명이라는 유리한 지점에서 읽혀야 한다. 다시 말해서 철학은 "절대지"를 획득하려는, 현실 전체를 총체적으로 기술하려는 소박한 시도로서가 아니라 세계 내의 존재자들에 대한 모든 관여에 전제된 선이해의 지평을 전개하는 작업으로서 읽혀야 한다. 진정한 철학은 오로지 칸트와 더불어(초월적인 것이라는 그의 개념과 더불어) 시작된다. 이전에 있었던 것은 단순한 범역적 존재론, **전체**에 대한 인식이었지 **세계**의 초월적-해석학적 지평이라는 개념은 아직 아니었다. 따라서 후-칸트적 사유의 기본 과제는 "단지" 칸트를 끝까지 사유하는 것이었다. 이는 예컨대 하이데거가 『존재와 시간』에서 의도했던 것이다. 즉 존재론의 역사(데카르트, 아리스토텔레스)를 칸트에서부터 거꾸로 읽는 것—가령 아리스토텔레스의 자연학을, 그리스인들에게 존재와 삶 등이 의미했던 바에 대한 해석학적 전개로서 해석하는 것. (나중에 불행하게도 하이데거는 칸트적 돌파를 끝까지 추구하려는 이러한 생각을 포기하고, 칸트의 초월적 전회를 **존재**에 대한 주관주의적 망각 과정에서 한 발 더 나아간 것으로 기각했다.) 그리고 궁극적인 아이러니는 어떤 점에서 들뢰즈가 이러한 사실을 충분히 알았다는 것이다. 1978년 칸트 강의에서 들뢰즈는 칸트에게 "외양 배후의 본질이란 더 이상 없으며 오히려 외양하는 것의 의미나 무-의미가 있다"고 주장한다. 이것이 입증하는 것은 "근본적으로 새로운 사유의 분위기이다. 이와 관련해서 우리 모두가 칸트주의자라고 말할 수 있을 만큼 말이다."[58]

---

58) Gilles Deleuze, Seminar 1. www.webdeleuze.com에서 구해볼 수 있다.

헤겔이 이러한 성좌에 도입하는 것은 무엇인가? 헤겔은 스피노자와 칸트라는 양 극단 사이의 여하한 종류의 "중재자"도 아니다. 역으로 진정으로 헤겔적인 관점에서 칸트의 문제는 그가 여전히 너무나 스피노자적이라는 것이다. 즉 문제는 존재의 균열 없는, 이음매 없는 긍정성이 접근불가능한 즉자로 단순히 이항된다는 것이다. 다시 말하면 헤겔적인 관점에서 볼 때, 끔찍한 예지체 자체에 대한 바로 이러한 매혹이 궁극적인 미끼이다. 여기서 해야 하는 일은, 예지적인 "암흑의 심장부"[59]로 영웅적으로 밀고 들어가 그것의 공포와 대면하는 모습으로라도 라이프니츠적인 옛 형이상학을 되살리는 일이 아니라, 우리를 예지적인 절대자로부터 분리시키는 이 절대적 틈새를 절대자 자체로 이항하는 일이다. 그러므로 칸트가 우리의 앎이 가진 한계를 단언할 때, 헤겔은 칸트적 틈새를 극복하여 선비판적 형이상학이라는 양식으로 절대지에 접근할 수 있다고 주장함으로써 칸트에게 화답하는 것이 아니다. 헤겔이 주장하는 것은 칸트적 틈새가 이미 해답이라는 것이다: 존재 자체는 비완결적이다. 이것이 "우리는 절대자를 실체로서뿐만 아니라 주체로서 파악해야 한다"는 헤겔의 모토가 뜻하는 바이다. "주체"는 존재의 구축물 내의 균열에 대한 이름이다.

---

[59] [조셉 콘래드의 소설 제목.]

헤겔 1: 들뢰즈 뒤에 달라붙기

서머싯 몸은 자서전에서 자신이 언제나 위대한 철학자들의 열렬한 독자였으며 그들 모두에게서 흥미로운 배울 거리를, 그들과 접촉할 방법을 발견했다고 이야기하고 있다. 단 헤겔을 제외한 그들 모두에게서. 헤겔은 그에게 전적으로 낯설고 헤아릴 수 없는 것으로 남아 있었던 것이다. 절대적 타자성으로서의 헤겔, 우리 자신과 차별화되어야 하는 철학자("이것이 무엇을 뜻하든 간에 헤겔적인 절대지와 양립할 수 없다는 것은 분명하다")로서의 헤겔이라는 동일한 형상은 들뢰즈에 이르기까지 현대 철학에서 존속되고 있다. 헤겔 외에도 들뢰즈가 명백히 증오하는 세 명의 철학자가 있다: 플라톤, 데카르트, 칸트. 하지만 그럼에도 이 세 명에 대해 그는 "결을 거슬러" 읽는 방법을 찾아낸다. 즉 그는 그들의 바로 그 이론적 실천 속에서 그들의 "공식적" 입장을 와해시킬 방법을 제공하는 (개념적 창안의, 개념을 "무대화하는") 절차를 발견하는 방법을 찾아낸다. 거의 플라톤을 가지고 최초의 반-플라톤주의자를 만들어내는 『의미의 논리』 보론에 있는 플라톤 독해나 데카르트가 코기토 개념을 구성하면서 행하는 "몽타주" 및 무대화 과정의 상세한 재구성, 혹은 주체의 초월적 통일에 대립되는 바로서의 칸트의 이성의 능력들의 다양에 대한 독해를 떠올려 보는 것만으로도 충분하다. 이 세 경우 모두에서 들뢰즈는 적의 영토로 들어가 자신의 최대의 적임에 틀림없는 바로 그 철학자를 자신의 목적에 맞게 비틀려고 한다. 하지만 헤겔에게는 그런 작업이 없다. 헤겔은 "철저하게 나쁘다"는, 구원불가능하다는 것이다. 들뢰즈는 철학

자들에 대한 자신의 독해를 어떤 경향에 의해 인도되는 것으로 특징짓는데, 그 경향은

> 철학사를 일종의 비역 혹은, 같은 얘기지만, 무염시태 같은 것으로 생각하는 것이었지. 나는 어떤 작가의 등에 달라붙어서 그의 애를 만들어낸다고 상상했지. 그것은 그의 아이가 될 것이고, 흉물스러울 것이었지. 그것이 그의 아이라는 사실이 아주 중요해. 실제로 그 작가는 내가 시키는 대로 말을 해야 했으니까. 하지만 그 아이가 괴물 같다는 사실 역시 필수적인 것이었지. 온갖 종류의 비틀기, 미끄러지기, 부수기, 그리고 은밀하고 기분좋은 배설을 거쳐야 했으니까.[60]

아마도 비역질의 **철학적** 실천에 대한 이 예기치 못한 참조가 들뢰즈가 존재의 일의성에 대한 주장을 통해 사실상 겨냥하고 있는 바를 가장 잘 예시해줄 것이다: 이종적이고 양립불가능한 사건들이나 명제들("무염시태", "비역", "철학적 해석")을 동일한 존재론적 층위에서 일어나는 것으로 지각하는 태도. 따라서 결정적인 것은 "철학자 뒤에 달라붙기"와 같은 명제에 대한 온당한 태도가 어떻게 외설적인, 우월의식적인, 거부적인 조소의 태도가 아니라 완전히 순박한 진지함의 태도인지를 아는 것이다. 들뢰즈는 충격 효과를 발생시켜 우리를 즐겁게 하려는 것이 아니다. 그리고 푸코도 마찬가지다. 그는 자신의 계보학에서 철학적 진술, 경제적 논

---

[60] Deleuze, *Negotiations*, p. 6. [국역본: 질 들뢰즈, 『대담 1972~1990』, 29쪽.]

쟁, 법적 이론, 교육적 훈계, 성적 충고를 동일한 일의성의 수준에 위치시키니 말이다. 이 비역질의 실천은 들뢰즈를 해체의 장과 구분짓는 그 무엇이기도 하다. 어쩌면 들뢰즈를 해체와 분리시키는 간극의 가장 명백한 표시는 그가 해체의 "의혹의 해석학"과 격렬히 대립한다는 사실일 것이다. 그는 학생들에게 다음과 같이 충고했다.

> 여러분이 공부하는 저자를 믿으세요. 여러분의 길을 느끼면서 나아가세요. (……) 여러분 내에 있는 반대의 목소리들을 침묵시켜야 합니다. 그가 스스로 말하도록 해주어야 하며 그의 말의 빈도, 그 자신의 강박의 스타일을 분석해야 합니다.[61]

(들뢰즈가 헤겔 독해에서도 기꺼이 이런 접근법을 따르려는 태도를 좀 보여준다면 정말 좋을 텐데.) 이와 연결되어 있는 것은 들뢰즈를 해체와 분리시키는 두 번째 특질인바, 이는 그의 철학적 "자유간접화법" 스타일과 연관되어 있다. 들뢰즈와 데리다 모두는 여타 철학자들에 대한 세밀한 독해를 통해 자신의 이론을 펼친다. 즉 그들 모두는 철학적 체계를 전-칸트적으로, 무비판적으로, 직접적으로 펼치는 것을 거부한다. 그들 모두에게 오늘날의 철학은 메타철학의 양태로서만, (다른) 철학자들의 독해로서만 실천될 수 있는 것이다. 하지만 데리다가 비판적인 해체의 양태로, 해석된 텍스트나 저자를 와해시키는 양태로 나아가는 반면 들뢰즈는 비

---

61) André-Pierre Colombat, "Three Powers of Literature and Philosophy", in *A Deleuzian Century?* edited by Ian Buchanan (Durham, N.C.: Duke University Press, 1999), p. 204에서 인용.

역질을 통해 그 자신의 최심중의 입장을 해석된 철학자에게 귀속시키며 그 철학자로부터 그것을 추출해내려고 애쓴다. 따라서 데리다가 "의혹의 해석학"에 관여하는 반면, 들뢰즈는 해석된 철학자에게 과도한 호의를 베푼다. 직접적인 물질적 수준에서 보자면, 데리다는 이용된 개념이 진정 자신의 것이 아님을 내비치면서 시종일관 인용 부호에 의존해야 하는 반면 들뢰즈는 인용 부호 없이 자유간접화법으로 해석된 저자를 통해 직접 말하면서 모든 것을 승인한다. 그리고 물론 들뢰즈의 "호의"가 데리다적 독해보다 훨씬 더 폭력적이고 전복적이라는 것을 입증하는 것은 쉬운 일이다. 들뢰즈의 비역질은 진짜 괴물을 산출한다.

우리는 들뢰즈의 내재성 개념과 생성의 흐름의 "순수 현존" 개념을 직접적인 데리다적 비판(해체적 독해)에 회부하여 들뢰즈를 "현존의 형이상학"이라고 비난하려는 유혹에 저항해야 한다. 그런 비판이 단순히 잘못되었기 때문이 아니라 오히려 그것이 지나치게 "요점에 부합함"으로써, 너무 직접적으로 표적을 명중시킴으로써 요섬을 놓치기 때문이다. 물론 들뢰즈는 재현에 맞서 현존을, 그리고 기타 등등을 역설한다. 하지만 정확히 이런 "명백한" 사실이야말로 우리가 여기서 근본적인 오해를 다루고 있다는 것을 감지하게 해준다. 그런 비판에서 놓치고 마는 것은 데리다와 들뢰즈가 그 어떤 기반도 공유하지 않으면서 서로 다른, 전적으로 양립불가능한 언어로 말하고 있다는 사실이다.

들뢰즈는 여기서 철저하게 라캉적이다. 라캉은 칸트를 ("사드와 더불어") 독해하면서 동일한 일을 하지 않는가? 자크-알랭 밀레는 언젠가 이러한 독해의 특징을 들뢰즈의 언어와 동일한 언어로 묘사했다. 라캉의 목적은 "칸트 뒤에 달라붙는 것", 칸트 자신의 자식으로서 사드적인 괴물을 낳는 것이다. (그리고 첨언하자면 전-소크라테스적 단편들에 대한 하이데거의 독해 또한 마찬가지가 아닌가? 그 역시 파르메니데스와 헤라클레이토스 뒤에 달라붙고 있지 않은가? 파르메니데스의 "존재와 사고는 동일하다"에 대한 그의 광범위한 설명은 철학사의 가장 위대한 비역질 중 하나가 아닌가?) "무염시태"라는 용어는 『의미의 논리』에 나오는 개념, 즉 고유한 인과적 영향이 없는 불모적인 의미의 흐름이라는 개념과 연결될 수 있다. 들뢰즈적 독해는 원인과 결과의 현행적 겹침imbrication의 층위에서 움직이지 않는다. 그것과 "실재론적" 해석 사이의 관계는 항문 삽입과 "온당한" 질 삽입 사이의 관계와 같다. 이것이 들뢰즈의 자유간접화법의 "진리"다: 철학적 비역질 절차. 들뢰즈는 철학자 뒤에 달라붙기라는 이 논제에 변주를 도입하기까지 한다. 예컨대 그는 니체에 관한 책에서 상황은 역전되어 자신 뒤에 달라붙었던 자는 니체였다고 주장하며, 스피노자는 누군가 뒤에 달라붙는 것에 저항했다고 주장한다. 하지만 헤겔은 절대적인 예외이다. 마치 이 예외가 구성적인 것인 양, 즉 철학자 뒤에 달라붙기라는 이러한 장 내에서의 일종의 근친상간 금지인 것인 양, 그리하여 여타의 다양한 철학자들을 비역질 가능하도록 열어놓는 것인 양 말이다. 그리고 우리가 여기서 사실상 근친상간 금지를 다루고 있는 것이라면 어찌할 것인가? 그렇다면 이는 헤겔이, 어떤 인정되지 않은 방식으로, 섬뜩하게 들뢰즈와 **가깝**다는 것을 의미하게 될 것이다.

따라서, 요컨대 우리가 들뢰즈 자신 뒤에 달라붙는 행위를 감행하고 들뢰즈에 대한 헤겔적 비역질이라는 실천에 관여하는 것이 왜 안 되겠는가? 이 책의 궁극적인 목적은 바로 거기에 있다. 헤겔의 망령이 들뢰즈 뒤에 달라붙는 소름끼치는 장면을 무대화한다면 어떤 괴물이 출현하게 될 것인가? 이런 무염시태의 자식은 어떻게 생겼을까? 헤겔은 진정 "비역질당할 수 없는", 누군가 뒤에 달라붙을 수 없는 한 명의 철학자인가? 반대로 헤겔은 철학사상 가장 위대하고 유일무이한, 스스로를 비역질하는 자라면 어찌할 것인가? "변증법"이 영속적인 자기비역질 방법이라면 어찌할 것인가? 언젠가 사드는 궁극적인 성적 쾌락은 남자가 자기 자신의 항문에 삽입하는 것(발기되었을 때조차 휘감을 수 있는 길고 유연한 음경을 갖고 있어서 그렇게 할 수 있는 것)이라고 썼다. 어쩌면 자기비역질의 이 닫힌 원환이 헤겔적인 **원환**의 "진리"일 것이다. (그럼에도 비역질로서의 철학을 실천하는 것과 관련해 들뢰즈와 헤겔-라캉 사이에는 어떤 구분점이 있다. 들뢰즈는 스스로 비역질 행위를 하는 반면 헤겔과 라캉은 비역질 광경을 무대화하고 그런 다음 결과가 어떨지를 시켜보는 도착적 관찰자의 위치를 채택한다. 따라서 라캉은 사드가 칸트 뒤에 달라붙는 장면을 연출한다—이것이 "칸트를 사드와 더불어" 읽는 방식이다—칸트-사드라는 괴물이 태어나는 것을 보려고 말이다. 그리고 헤겔 역시, 스스로를 비역질하여 또 다른 철학이라는 괴물을 발생시키는 철학적 체계에 대한 관찰자이다.)

최근 배반의 윤리(사랑과 존경, 심지어는 충실에 대한 최고의 표시인 니체적인 "고귀한 배반")에 관해 강연을 한 후 이어진 공공토론 자리에서 저자(데리다주의자)는 데리다에 관한 자신의 태도에 대해 질문을 받았다. 그는 데리다는 절대로 비난하지 않는데 그렇다면 데리다에 관한 그 자신의 "고귀한 배반"은 어디에 있는가라는 질문을 말이다. 그 저자의 대답은 데리다는 (그 자신의 이전 입장을 의문시하는 등등) 언제나 이미 그 자신을 배반하고 있기에 그럴 필요가 없다는 것이었다. 하지만 동일한 것은 라캉에게 훨씬 더 타당하지 않은가? 그는 영구히 자신의 입장을 변화시키고 있지 않은가? 그렇기에 그가 자신의 위대한 부정적 진술 속에서 "타자의 타자는 없다" 등등을 감상적으로 공언할 때 던져야 할 물음은, 하지만 "타자의 타자"는 있다고 맨 먼저 공언한 그 불쌍한 바보는 누구였는가이다. 대답은 항상 수 년 전의 라캉 그 자신이다. 그리고 이런 절차의 최고의 사례는 "내가 무엇을 말하든 간에 한 가지는 확실하다. 그것이 헤겔적인 절대지는, 헤겔적인 변증법적 매개의 완전한 원환은 아니라는 것이다."라는 스타일의, 헤겔에 대한 라캉의 표준화된 공격들 아닌가? 이 "아니다"가 "이 사람은 나의 어머니가 아니다"의 라캉적 판본이라면 어찌할 것인가? 그리고 들뢰즈도 마찬가지라면 어찌할 것인가? 헤겔의 이 예외적인 역할은, 헤겔 뒤에 달라붙는 것에 대한 이러한 거부는 과도한 근접성에 대한 두려움을 은연중에 내비치고 있다면 어찌할 것인가? 들뢰즈가 헤겔을 자유간접화법에 의해 전유될 수 없는 절대적인 타자로 고양시켜야만 하는 까닭은 헤겔 뒤에 달라붙게 되면 들뢰즈 자신에게 참을 수 없는 괴물이 산출될 것이기 때문이라면 어찌할 것인가?

들뢰즈는 헤겔과 같다: 이는 궁극적인 무한판단인가? 혹은 캐서린 맬러부가 말하듯이,[62] 들뢰즈:헤겔=에이허브:백경(고정된 예외, 다양체 이면의 통일체로서의 일자)—그 어떤 복잡함도, 그 어떤 비인칭적 강도들도, 그 어떤 다수성들도 없는, 단지 체화된 허위성. 이것이 들뢰즈가 심지어는 우리에게 헤겔을 잊으라고 명령하는 이유이다. (맬러부가 충분히 입증해 놓은) 이러한 절대적 거부, 헤겔을 "백치화"하려는, 그의 허수아비 이미지를 제시하려는 이러한 충동은 물론 부인된 친화성을 은폐하고 있다. 프레드릭 제임슨은 『안티-오이디푸스』의 중심적 참조점, 그것의 보다 큰 역사적 골조의 기저에 깔린 도식이 『요강』 원고에 포함된 장문의 단편인 「전-자본주의적 생산 양식들」이라는 사실에 이미 주의를 기울였다. 우리가 가장 헤겔적인 마르크스와 조우하는 그 단편 말이다(여기서 범역적인 역사적 운동의 전체 도식은 실체에서 주체로의 이행이라는 헤겔적인 과정에 의존하고 있다). 그리고 문자 그대로 헤겔로부터 차용한 다른 핵심적인 들뢰즈의 개념인 "구체적 보편자"는 어떤가? (들뢰즈가 "구체적 보편성"으로 겨냥하고 있는 것은 존재의, 확정된 현실의 양태들을 범주화하는 데 기여하는 "추상적" 보편자들(유와 종)과 대립되는바 **생성** 과정의 형식적인 발생적 모델이다.) 이념적인 보편적 유형이 그 유형을 구성하는 요소들 속의 동일한 성질(속성의 집합)을 지시한다는 플라톤적 논리에 대한 들뢰즈의 비판은 추상적 보편성에 대한 헤겔의 비판과 이상하리만치 가깝지 않은가?

 헤겔적인 "개념의 자기운동"은 사실상 무엇을 말하고 있는가? 철학적 문제나 분야에 관해 일련의 유력한 견해나 주장을 열거하

---

62) Catherine Malabou, "Who's afraid of Hegelian Wolves?", in *Deleuze: A Critical Reader*, edited by Paul Patton (Oxford: Blackwell, 1996).

는 따분한 학술적 교과서를 떠올려 보자. "철학자 A는 영혼이 불멸적이라고 주장했다. 반면에 철학자 B는 영혼은 없다고 주장했다. 그리고 철학자 C는 영혼은 육체의 형식일 뿐이라고 주장했다." 이처럼 "철학자들의 견해"를 장황하게 열거하는 것에는 뻔하게 우스꽝스럽고 부적절한 무엇인가가 있다. 왜 그런가? 독자들인 우리는 어쨌든 이것은 철학이 아니라고, "진짜" 철학은 바로 이런 "견해들"(입장들)의 다수성을 체계적으로 설명해야지, 단지 그것들을 열거만 해서는 안 된다고 느낀다. 요컨대 우리가 얻길 기대하는 것은 하나의 "견해"가 어떻게 또 다른 "견해"의 비일관성이나 불충분함으로부터 나오며 그리하여 이 "견해들"의 사슬이 유기적 전체를 형성하는가에 대한 보고이다. 혹은 헤겔이라면 철학사 자체는 철학의 일부이지 단지 상이한 "견해들"이 옳은지 그른지 그리고 어떻게 옳고 그른지에 대한 비교 보고서가 아니라고 말했을 것이다. "견해들"(입장들)의 이런 유기적인 교직交織이 헤겔이 말하는 "개념의 자기운동"이다. 이 때문에 누군가가—프란시스 후쿠야마처럼 자신이 헤겔주의자라고 공언한다고 해도—"헤겔이 믿고 있기를……"로 문장을 시작한다면 자동적으로 그는 헤겔주의자라는 자격뿐만 아니라 진지한 철학자라는 자격마저도 박탈당하는 것이다. 철학은 결단코 상이한 개개인들의 "믿음들"에 관한 것이 아니다.

그렇다면 일련의 특수한 대상들로부터 공유된 특질들을 추상한 결과인 유명론적 "개념"과 대립되는 것인 헤겔적 *Begriff*(개념)는 무엇인가? 종종 우리는 보편적 종에 완전히 "들어맞지" 않는, 즉 "비전형적인" 특수한 사례에 발부리가 걸린다. 그 다음 단계는 모든 특수자가 "비전형적"이라는 것을, 보편적 종들은 예외들에서만 존재한다는 것을, 보편자와 특수자 사이에는 구조적인 긴장이 있다는 것을 인정하는 일이다. 이 지점에서 우리는 보편자는 더 이상 단지 하위 종을 담는 텅 빈 중립적 용기가 아니라 각각의 하위 종 모두와 긴장상태 속에 있는 존재자라는 것을 알게 된다. 그 결과 보편적 개념은 그 자신의 동학을 획득한다. 더 정확히 말해 진정한 보편자는 보편자와 특수자 사이의 바로 이런 적대적 동학이다. 우리가 "추상적" 보편자에서 "구체적" 보편자로 이행하는 것은 바로 이 지점에서다. 우리가 모든 특수자가 "예외"이며 그 결과 보편자는 특수한 내용을 "포함하기"는커녕 배제한다는 (혹은 특수한 내용에 의해 배제된다는) 것을 인정하는 지점에서 말이다. 이러한 배제는 보편자 자체를 특수한 것으로 만든다(그것은 진정으로 보편적이지는 않은데, 왜냐하면 그것이 특수한 내용을 붙잡거나 포함하지 못하기 때문이다). 하지만 바로 이런 실패가 보편자의 강점이다: 그로 인해 보편자는 동시에 특수자로 정립된다. 그런 제스처의 최고의 정치적 사례는 혁명 "위원회들"이 접수하는 계기이다. "비역사적인" 집단적 자유의 계기, "시간 속의 영원"의 계기, 벤야민이 말한 "정지 속의 변증법"의 계기 말이다. 혹은 알랭 바디우라면 플라톤적 용어를 사용하여, 그런 역사적 계기에 영원한 자유의 이념[이데아]이 나타난다/발산된다고 말했을 것이다. 그 실현이 항상 "불순"하다고 해도 우리는 영원한 이념을 고수해야 하는데, 그것은 단순히 자유의 특수한 경험들의 "일반화"에 불과한 것이 아니라 그 경험들의 내속적 척도인 것이다. (물론 헤겔이라면 이에 응수하여, 자유의 그런 직접적 현실화는 공포Terror로 나타나야 하기에 테르미도르 반동이 일어난다고 말했을 것이다.) 우리는 바울이 처음으로 정식화한 메시아적 시간과 더불어 자유의 이런 출현을 일련의 예외적 시간성들 속에 삽입해야 한다. 여기서 메시아적 시간이란 "종말이 가까워진" 시간을 말한다. 즉 존재론적 "비상사태"에서 사회상징적 정체성과의 완전한 동일화를 중지시키고 이 정체성이 중요치 않고 무관심한 문제인 것인 양 행위해야 하는 (조르지오 아감벤이 말하는) 시간의 종말의 시간을 말한다. (이 예외적인 시간성은 일반화된 광란 속에서 사태가 전복되는, 질서의 엑스터시적-카니발리즘적 중지와는 엄밀히 구분되어야 한다.)

헤겔적 들뢰즈에 대한 이런 이야기는 무한히 계속된다. 들뢰즈가 다윈을 언급하면서 보편적 종 내의 변이들이 어떻게 한 종의 불필요한 우연한 특수자들(개별자들 사이의 "비합리적인", 개념상으로 무관한 차이들)이 아니라 진화의, 새로운 것의 출현의 결정적 계기인지를 강조할 때 그는 스스로 인정할 것보다 더 헤겔주의적이지 않은가? 더구나 들뢰즈적 "상전이phase transition"는 양에서 새로운 질로의 이행이라는 오래된 헤겔적인 (그리고 이후에는 변증법적-유물론적인) 개념과, 다시 말해 질과 무관하게 양을 고려하는 것에 대한 헤겔적 비판과 이상하리만치 가깝지 않은가? (들뢰즈의 참조점 중 하나가 여기서 일리아 프리고진이라는 것은 놀랄 일이 아니다. 프리고진은 변증법적 유물론 철학이 그 이데올로기적 역할 밖에서 그 자체로 본다면 장점이 없지 않다고 용기있게 지적한 유일무이한 오늘날의 이론가이니 말이다.)63) 그렇기에 에이허브의 "고래-되기"와 마찬가지로 들뢰즈 자신도 이상한 "헤겔

-되기"에 사로잡힌 것이라면 어찌할 것인가? 헤겔과 들뢰즈의 차이는 여기서 보기보다 훨씬 규정하기 어렵다. 거칠게 말하면 들뢰즈가 보편적 존재의 여하한 양태에 맞서 분화의 발생적 과정이 갖는 선차성을 단언한다면 헤겔의 목적은 개념적 보편성의 바로 그 심장부에 (자기) 운동을 도입하는 것이다. 하지만 이런 의미에서 헤겔은 들뢰즈와 마찬가지로 "개념적 유명론자"가 아닌가? 들뢰즈가 보편성을 개별적인 것으로 파악할 때 그는 또 다시, (특수한 속성들에 대한 자기-관련적 부정이라는 점에서) 보편적인 것으로서의 개별성이라는 헤겔의 개념에 다가가지 않는가?

들뢰즈의 위대한 반헤겔적 모티브는 절대적 긍정성, 즉 부정성에 대한 그의 철저한 배격이다. 들뢰즈에게 헤겔적인 부정성은 정확히 말해 차이를 동일성에 복속시키는 방법, 그것을 동일성의 자기-매개의 한 지양된 계기로 환원하는 방법이다("동일성과 차이의 동일성"). 따라서 헤겔에 대한 비난은 이중적이다. 헤겔은 존재의 순수 긍정성에 부정성을 도입하며 또한 헤겔은 분화를 긍정적 일자의 종속적/지양가능한 계기로 환원하기 위해 부정성을 도입한다는 것이다. 간단히 말해서 들뢰즈가 여전히 생각할 수 없는 그 무엇은 단지 일자의 자기-매개 경로 상의 우회로가 아닌 부정성이다. 여기서 우리는 헤겔을 방어하고 싶어진다. 헤겔이 궁극적으로 부정성에 대해 행하는 것은 전례 없는 **부정성 그 자체에 대한 "긍정화"**가 아닌가? 셜록 홈즈 이야기 가운데 가장 유명한

---

63) Ilya Prigogine, *From Being to Becoming: Time and Complexity in the Physical Sciences* (New York: W. H. Freeman, 1981) 참조. [국역본: 일리야 프리고진, 『있음에서 됨으로』 (이철수 옮김, 민음사, 1994).]

구절인 「실버 블레이즈」에 나오는 구절을 떠올려 보자. "'제가 주목해야 할 점이 더 있습니까?' '그렇습니다. 그날 밤 개의 이상한 행동을 놓치지 마시오.' '그날 밤 개는 전혀 짖지 않았습니다.' '그게 바로 이상한 행동이오.' 셜록 홈즈는 말했다."[64]

부재 그 자체는 여기서 하나의 긍정적 사실로서 지각된다. 따라서 우리는 부재가 단지 또 하나의 긍정적 사실들의 집합으로서 현존을 수반하는 흥미로운 장을 얻게 된다. 아마도 우리는 이렇게 파스칼을 읽어야 할 것이다: "그림은 부재와 현존, 유쾌함과 불쾌함을 가지고 있다. 현실은 부재와 불쾌함을 배제한다."[65] (여기서 들뢰즈가 의미-사건의 흐름이라고 부르는 그 무엇과 동의어인) 그림은 비물질적 직조물인데, 그 안에서 부재 그 자체는 긍정적 존재를 갖는다. 아무것도 결여되어 있지 않고 아무런 부재도 없다고 라캉이 말한 신체적 실재와는 대조적으로 말이다. 2003년 2월 콜린 파월이 이라크에 대한 공격을 옹호하려고 UN 안전보장이사회에 연설할 때 미 사절단은 연설자의 연단 뒤 벽에 있는 피카소의 「게르니카」의 대형 복사판을 다른 시각적 장식물로 덮어달라고 요청했다. 공식적 설명은 「게르니카」가 파월의 연설을 텔레비전 전송하는 데 적합한 광학적 배경을 제공하지 못한다는 것이었지만 미 사절단이 두려워하는 것이 무엇이었는지는 모든 이에게 분명했다. 그들은 내전 중에 있는 그 스페인 도시에 대한 독일의 공습이 불러온 파국적 결과에 "관한" 것이라고 가정되는 그림인 「게르니카」가 바로 월등히 우월한 미 공군의 이라크 폭격을 옹호

---

64) [아서 코난 도일, 『셜록 홈즈 전집 6』(백영미 옮김, 황금가지, 2002), 40쪽.]
65) Pascal, *Pensée*, p. 107. [국역본: 파스칼, 『팡세』, 256쪽.]

하는 파월의 배경으로 사용된다면 "잘못된 종류의 연상"을 불러일으킬 것이라고 두려워했던 것이다. 이것이 가장 기본적인 차원에서의 부정성의 힘이다. 미 사절단이 「게르니카」를 덮어야 한다고 요구하지 않는다면 아마 그 누구도 파월의 연설을 그 뒤의 그림과 연관짓지 않을 것이다. 바로 그 변화, 그 그림을 은폐하는 바로 그 제스처야 말로 그것에 관심을 불러일으키고 "잘못된 연상"을 부과하면서 그것의 진실을 확증하게 된 것이다.

들뢰즈와 헤겔 사이에 있는 또 다른 숨은 연결고리는 내재성이라는 연결고리다. 무조건적 내재성의 철학자가 한 명 있었다면 그는 바로 헤겔이다. 헤겔의 기본적인 절차는 『정신현상학』 서문에 나오는 모토로 가장 잘 요약되지 않는가? 이에 따르면 대자와 즉자의 차이는 그 자체 "대자적"이다. 즉 사물들이 우리에게 외양하는 방식과 그 자체로서 존재하는 방식 사이의 구분을 경험하는 것은 우리 자신, 우리 사유의 내재성 안에서의 우리 자신이다. 외양과 초재적 현실 사이의 구분은 그 자체 우리의 경험적 외양의 사실이다. 하나의 사물이 그 자체로 어떤 일정한 방식으로 존재한다고 우리가 말할 때 이는 그것이 이런 존재 양태로 우리에게 **외양**한다는 것을 뜻한다. 보다 일반적으로 말하면 절대적 내재성은 또한 헤겔의 칸트 비판의 지위와 칸트가 이율배반/모순을 취급하는 것의 지위를 규정한다. 사물에 대한 우리 경험의 이율배반적이거나 모순적인 성격은 사물 자체에 대한 우리의 접근을 차단하기는커녕 우리가 그것과 직접 접촉하게 한다. 헤겔이라면 또한 이렇게 카프카에 접근했을 것이다. 성城이나 법정 "그 자체"는 단지 우리 사유-경험의 내재적 운동의 물화된 투사물일 뿐이다. 우리의 비일관적인 경험 속에서 부적절하게 굴절되는 것은 접근불가능한 사물-성이 아니다. 그 반대로 사물-성Thing-Castle이라는 유령은 우리 경험의 내속적-내재적 굴절의 **결과**다. 그리고 마지막으로 『정신현상학』에 나오는 하나의 "의식 형태"에서 또 다른 "의식 형태"로의 이행 또한 절대적 내재성으로의 선회에 의존하지 않는가? 헤겔이 금욕주의를 논박하는 것은 그것이 객관적 사태에 대해 부적합하다고 공언하는 것이 아니다. 그는 단순히 그것을 금욕적 주체의 내재적 **삶-실천**과 비교하는 것이다. 금욕주의의 "존재"를 논박하는 것은 바로 이런 실천(들뢰즈의 용어로는, 금욕적 주체가 금욕주의를 가지고, 금욕주의를 위해 "하는" 그 무엇)이다.

절대적 내재성의 방향을 가리키는 "일관성의 평면"이라는 들뢰즈의 개념에 걸려 있는 내기는 존재의 일의성에 대한 그의 고집에 걸려 있는 내기이다. 그의 "평평한 존재론"에서, 하나의 배치물의 모든 이질적 존재자들은 여하한 존재론적 예외나 우선권 없이 동일한 수준에서 파악될 수 있다. 비일관적인 분류라는 잘 알려진 역설을 참조한다면, 일관성의 평면은 다수의 발산적divergent 기준들을 통해 한 곳에 내던져진 요소들의 혼합체 같은 그 무엇일 것이다(보르헤스의 유명한 분류법을 떠올려 보자: 갈색 개, 황제의 개, 짖지 않는 개를 비롯하여 이 목록에 속하지 않는 개에 이르기까지). 여기서 라캉적 실재는 정확히 일관성의 평면에 포함되는 것에 저항하는 것이라고, 배치물의 이질성의 부재하는 원인이라고 반격하는 것은 너무나 쉬운 일일 것이다. 오히려 이러한 "일관성의 평면"은 여하한 예외도 없고 바로 그런 이유로 총체화하는 작인이 없는 라캉이 말한 "여성적인" 비-전체not-All 집합이 아닌가?[66)]

『세미나 11』의 바로 그 말미에서 스피노자는 보편적 기표의 철학자이며 그렇기에 칸트의 정반대라고 언급할 때 라캉은 동일한 요점을 지적하고 있다.67) 즉 스피노자는 남성적 예외(현상적 인과사슬을 중지시키는 도덕법칙)의 철학자인 칸트에 맞서는 여성적 배치*assemblage*의 철학자이다. 따라서 스피노자적인 일자-전체는 비총체화된 실재이며 우리를 라캉의 근본적인 테제로 다시 데려온다. 실재는 단순히 상징계에 외적인 것이 아니라 오히려 자신의 외재성을 박탈당한, 자신의 정초적 예외를 박탈당한 상징계 자체라는 테제로 말이다.

헤겔의 경우는 어떤가? 헤겔이 현상과 사물 자체 사이의 칸트적인 존재론적 대립을 현상 자체에 내속하는 절대적으로 내재적인 긴장으로 환원시킴으로써 칸트를 "여성화"했다면 어찌할 것인가? 따라서 바로 헤겔과 더불어서 이미 위반의 논리는, 즉 진리나 궁극적 현실에 도달하기 위해서는 피상적 질서(와 그 규칙들)를 어기고 이면에 숨겨진 또 다른 차원으로의 이행을 강행해야 한다는 관념은 중지된다. 헤겔이라면 분명 위반의 궁극적 사상가인 바타이유에 대한 들뢰즈의 통렬한 단평을 완전히 지지할 것이다.

> "위반", 교황이나 사제의 법 아래 있는 성직자들, 협잡꾼들에게 좋은 개념이지요. 조르쥬 바타이유는 매우 프랑스적인 작가입니다. 그는 그 작은 비밀을 문학의 본질로 삼았지요. 안에는 어머니를, 아래에는 성직자를, 위에는 눈을 두고서 말입니다.68)

---

66) Jacques Lacan, *Le séminaire, liver XX: Encore* (Paris: Editions du Seuil, 1975)의 제6장 참조.
67) Jacques Lacan, *The Four Fundamental Concepts of Psycho-Analysis* (New York: Norton, 1977), p. 253.

서머싯 몸의 한 후기 소설에서 나이든 어떤 프랑스인은 한 젊은 첩을 돈을 주면서 데리고 있다. 그녀가 어떤 젊은 남자와 동침하고 있는 것을 발견하고 그들이 진정 서로를 사랑한다고 그녀가 고백하자 그는 특이한 해결책을 제안한다. 그 둘은 결혼을 해야 한다는 것이다. 그는 그들에게 아파트를 마련해주고 그 젊은 남자에게 일자리를 제공하겠다고 한다. 그 대가는 일주일에 두 번 그 젊은 남자가 일을 하는 사이에 그 나이든 남자가 그 젊은 아내를 찾아가 사랑을 나눈다는 것이다. 따라서 해결책은 통상적 상황을 역전시킨 것이다. 나이든 남자와 살면서 젊은 남자와 바람을 피우는 대신 그 젊은 여자는 진정으로 사랑하는 남자와 살면서 늙고 매력 없는 남자와 바람을 피우게 되는 것이다. 이 소설은 바타이유적 위반의 가장 명료한 무대화를 제공하고 있지 않은가? 바타이유의 궁극적인 지평은 동질성과 이질적인 과잉 사이의 긴장, 즉 세속적인 것과 성스러운 것 사이의 긴장, 교환의 영역과 순수 소모의 과잉 사이의 긴장이다. (그리고 바타이유의 동질성과 이질성의 대립이 라캉의 S_2와 S_1의 쌍을, "평범한" 기표들의 사슬과 주인-기표의 쌍을 반향하는 한 우리는 라캉의 세미나『앙코르』에서 S_1의 계열을 또한 바로 이렇게 읽어야 한다. 즉 순서적ordinal 계열이 아니라 과잉들 자체의 계열로 말이다.)[69] 혹은 체스터턴의 용어로 말하자면 기적은 더 이상 합리적 질서를 교란시키는 비합리적 예외가 아닌데, 이는 모든 것이 기적이 되기 때문이다. 더 이상 정상성에 맞서

---

68) Gilles Deleuze and Claire Parnet, *Dialogues II* (New York: Columbia University Press, 2002), p. 47. [국역본: 질 들뢰즈·클레르 파르네,『디알로그』(허희정·전승화 옮김, 2005), 93쪽.]
69) Jacques Lacan, *Le séminaire, livre XX: Encore*의 XI장 참조.

과잉을 역설할 필요는 없는데, 이는 모든 것이 과잉이 되기 때문이다. 과잉은 참을 수 없는 강도로 도처에 있다. 거기에 진정한 위반이 있다. 그것은 평범한 현상적 현실과 실재 사물의 위반적 과잉 사이의 긴장이 철폐될 때 일어난다. 다시 말해, 진정으로 전복적인 작인은 존재의 일의성을 역설하면서 모든 이질적인 요소들을 동일한 "일관성의 평면" 내에 모은다. 확립된 질서를 그것의 초재적인 외상적 중핵으로 억지로 몰아가는 우스꽝스러울 만치 애처로운 가짜 영웅주의 대신 우리가 얻는 것은 눈도 깜박이지 않고 윤리와 비역질을 동일한 계열에 놓는 지극히 무관심한 열거이다.

헤겔 2: 인식론에서 존재론으로⋯⋯ 그리고 되돌아가기

이는 우리를 들뢰즈의 기본적인 헤겔적 모티브에 이르게 한다. 그 모티브는 문제와 그것의 해결책(들) 사이의 표준적인 관계를 그가 전도시킨다는 것, 즉 해결책(들)을 초과하는 문제의 환원불가능한 과잉을 그가 긍정한다는 것인데, 이 과잉은 현행화를 초과하는 잠재적인 것의 과잉과 동일하다.

> 들뢰즈의 접근에서, 적절히 제기된 설명적 문제들과 그것들의 참된 혹은 거짓된 해결책들 사이의 관계는 잠재적인 것과 현행적인 것 사이의 존재론적 관계에 대한 인식론적 대응물이다. 설명적 문제들은 잠재적 다양체들의 대응물일 것이다. 그가 말하듯이, "잠재적인 것은 수행되어야 할 과제의 현실이나 해결되어야 할 문제를 소유하

고 있"으니 말이다. 다른 한편으로, 개별적인 해결책들은 현행적인 개별적 존재들의 대응물일 것이다: "유기체는 순전히 문제에 대한 해결책이다. 빛 문제를 해결하는 눈과 같은, 유기체의 분화된 각각의 기관이 그렇듯이 말이다."[70]

이런 "인식론과 존재론 사이의 친밀한 관계"의 철학적 결과는 결정적이다. 즉 인식론과 존재론 사이의 전통적인 대립은 이제 뒤안길에 남겨놓아야 한다. 점진적 접근을 통해 객관적 현실을 인식하게 되는 어려운 길을 가는 과학적 탐구의 주체들인 우리는 문제를 정식화하고 해결하는 반면 현실은 우리의 느린 진보에 무관심한 채 완전히 구성되고 주어져 그저 저 바깥에 있다는 것은 더 이상 사실이 아니다. 본연의 헤겔적인 방식으로 말하자면, 우리의 고통스러운 인식의 진보, 우리의 혼동들, 우리의 해결책 탐색, 다시 말해서 저 바깥에 현실이 실제로 존재하는 방식으로부터 우리를 **분리시키는** 것처럼 보이는 바로 그것은 이미 현실 그 자체의 최심중 성분이다. 동물의 어떤 기관의 기능을 확정하려고 할 때 우리는 그럼으로써 동물이 어떤 문제의 해결책으로서 이 기관을 "창안"하는 "객관적" 과정 자체를 반복하고 있다. 따라서 우리가 현실을 "완전히 알" 수는 없다는 사실은 우리의 인식의 한계를 나타내는 표시가 아니라 현실 그 자체가 "불완전하다"는, 열려 있다는 것을 나타내는 표시, 현실 그 자체가 기저에 깔린 생성이라는 잠재적 과정의 현실화임을 나타내는 표시이다.[71]

---

70) Manuel DeLanda, *Intensive Sciences and Virtual Philosophy* (New York: Continuum, 2002), p. 135.
71) 이것이 또한 들뢰즈가 철학과 과학의 차이를 규정하는 방식이다. 과학은 해결책을 겨냥하지만

주체가 큰 타자의 비존재를 떠맡는 그런 반성적 비틀기는 분석가의 주체적 입장을, 라캉이 "분석가의 담론"이라고 부르는 것을 정의한다. 그리고 라캉은 이것이 사실상 헤겔의 입장이라는 점을 진정 분명히 시사한다. 세미나 17(『정신분석의 이면』)에서 라캉은, 겉보기에 분명 비일관적인 방식으로, 헤겔을 "가장 숭고한 히스테리증자"로도, 주인의 본보기적 형상으로도, 대학 담론의 모델로도 지칭한다. 20페이지에서 라캉은 철학이 "주인 담론의 층위에 있다"는 사실이 어떻게 "헤겔에게 뚜렷한지(*c'est saillant chez Hegel*)"를 강조한다. 38페이지에서 헤겔은 "가장 숭고한 히스테리증자(*le plus sublime des hysteriques*)"로 지칭된다. 그리고 200페이지에는 "지식의 담론(*le discours du savoir*)과 대학 지식(*savoir universitaire*)의 숭고한 대표자 헤겔"이라는 구절이 나온다.72) 이 지칭들 각각이 어떻게 그

철학은 과학자들로 하여금 해결책을 탐색하도록 방향짓는 문제들을 추출해내려 한다. 하지만 들뢰즈가 쿤의 과학적 패러다임paradigm 개념(즉, 계열체적인paradigmatic 것으로서의 과학 개념)과 대조적으로 철학을 통합체적인syntagmatic 것으로 특징짓는 방식에는 근본적인 애매성이 있다. 과학은, 철학적인 동작의 가속과 대조적으로, 느린-동작의, 프리즈-프레임의 절차이며, 고정된 기능적 좌표 체계로의 환원이다. 다른 한편으로, 들뢰즈는 과학이 계열적serial 시간(선형적 발전, 파열, 재접속) 속에서 작동하는 반면 철학은 이후에 오는 것이 이전에 오는 것에 항상 겹쳐지는 "지층(학)적stratigraphic" 시간에 따라 작동한다고 주장한다. 하지만 선형적 시간은 "지층(학)적" 결정체화, 즉 **계열체적** 겹침과 대조적으로 정확히 **통합체적**(시간상의 선형적 연속)이지 않은가? 핵심은 시간의 이러한 두 가지 양상의 정확한 함의에 있다. "지층(학)적인" 계열체적 중첩은 정확히 말해 시간이 내적인 주름 속에서 그 자신을 따라잡는 것의 궁극적인 결과, 과거의 결정체-이미지가 그 자신을 미래의 이미지에 중첩시키는 것의 궁극적인 결과이다. 반면에 과학의 시간은 구성된 현실이 시간 속에서—정확히 말해, 현실이 무엇인지를 규정하는 주어진 어떤 패러다임 속에서—선형적인 시간적 운동을 하는 시간이다. 따라서 진정한 대립은 단순히 운동과 정적인 구조 사이에 있는 것이 아니라 계열체적 질서에 상관적인 시간 속의 운동과 과거와 현재의 단락 속에 있는 시간 그 자체의 운동 사이에 있다. 궁극적인 운동은, 정적인 질서의 궁극적인 전복은 과거와 미래가 중첩된 결정체화된 이미지 속에서 일치하는 바로 그 "지층(학)적" 정체 상태이다.
72) 이런 지적들은 믈라덴 돌라르 덕택에 가능했다. 그리고 덧붙이자면 (대학 담론의 대표자로서

자체의 관점에서 정당화되는지를 아는 것은 쉬운 일이다. 헤겔의 체계는 각각의 특수한 논제를 각자의 고유한 자리에 할당하는, 모든 것을 포괄하는 대학 지식의 극단적인 사례이다. 또한 철학사에서 우뚝 솟은 주인의 형상이 있었다면 그것은 헤겔이다. 그리고 헤겔의 변증법적 절차는 주인이라는 헤게모니적 형상에 대한 영속적인 히스테리화—히스테리적 의문시—로 가장 잘 규정될 수 있다. 그렇다면 이 세 가지 입장 중 어느 것이 "진정한" 헤겔인가? 답은 명백하다. 네 번째 입장, 즉 분석가의 담론이다. 이 방향을 가리키기라도 하듯 라캉은 네 가지 담론에 바쳐진 이 세미나에서 처음 세 입장(주인, 히스테리, 대학)을 헤겔에 적용하면서 네 번째 입장을 빠뜨리고 있다. 여기서 우리는 빌려온 항아리 논리의 분명한 사례를 얻는 것은 아닌가? 이것은 프로이트가 꿈의 이상한 절차를, 즉 (내가 깨진 항아리를 친구에게 되돌려 주었다는) 비난에 대해 상호 배타적인 대답을 열거하는 절차를 분명히 보여주기 위해 언급한 것이다. (1) 나는 너에게 항아리를 빌린 적이 없다. (2) 나는 항아리를 깨지지 않은 상태로 돌려주었다. (3) 너에게 항아리를 받았을 때 그건 이미 깨져 있었다. 프로이트가 보기에, 비일관된 주장들의 이와 같은 나열은 물론 그것이 부인하고자 하는 것—나는 너에게 깨진 항아리를 되돌려 주었다는 것, 혹은 헤겔의 경우에는 헤겔이 분석가의 자리를 차지한다는 것—을 부정을 통해

의 헤겔이라는) 마지막 규정은 알렉상드르 코제브에 의해 전개된 헤겔 독해에 대한 라캉의 참조를 배경으로 해서 읽어야 한다. 코제브는 스탈린주의적 관료주의 국가를 헤겔의 "역사의 종말"의 역사적 현실화로서 해석했다. 그렇다면 라캉에게 "이른바 소비에트 사회주의 공화국 연방에서 군림하는 것은 대학이라" (Jacques Lacan, *Le séminaire, livre XVII: l'envers de la psychanalyse*, p. 237)는 것은, 즉 소련에서는 "지식이 왕이" (앞의 책, p. 238)라는 것은 놀랄 일이 아니다.

승인하는 것이다. 이 사실에 대한 추가적 증거는 분석가의 담론이 단순히 네 가지 가운데 하나에 불과한 것이 아니라는, 동시에 그것은 우리가 하나의 담론에서 또 다른 담론으로 (가령, 주인 담론에서 대학 담론으로) 이행할 때 출현하는 담론이라는 라캉의 공언이다. 그렇다면 분석가의 담론이 하나의 담론에서 또 다른 담론으로의 바로 그 이행에 위치한다면 주인이자, 히스테리증자이자, 대학 담론의 작인이기도 한 헤겔의 진정한 입장은 이 세 가지 사이에서의 부단한 이행의 입장, 즉 분석가의 입장이 아닌가?

칸트에 맞선 혹은 칸트를 넘어선 헤겔의 움직임에 대한 들뢰즈의 결정적 오해가 무엇인지를 우리는 바로 여기서 분명히 지적할 수 있다. 들뢰즈는 계속해서 헤겔을 전통적인 방식으로 읽는다. 즉 헤겔은 칸트로부터, 자기투명하고 완전히 현행화된 존재의 논리적 구조를 표명하는 절대적 형이상학으로 회귀한 자라는 것이다. 이미 『차이와 반복』에서 들뢰즈는 칸트의 초월적 이념을 자신의 "문제제기성problematicity" 개념의 관점에서 답을 초과하는 물음의 과잉으로 해석한다. 초월적 이념은 이념을 지칭하는 것이 아니라 여하한 답, 여하한 현행화에 의해서도 완전히 충족될 수 없는 문제, 물음, 과제를 지칭한다. 그렇기에 들뢰즈는, 헤겔이 이를테면 칸트적 체계의 간극을 채우고 칸트의 개방성과 비결정성으로부터 개념의 완전한 현행화/규정으로 이행했다고 보고 있는 한, 해결책들을 초과하는 문제의 과잉을 반-헤겔적 모티브로서만 읽을 수 있다.73) 하지만 헤겔이 칸트에게 여하한 긍정적인 내용도

---

73) 들뢰즈가 스피노자, 칸트, 헤겔이라는 삼각형과 관계맺는 복잡하고 유동적이며 종종 비일관적인 방식에 대한 간명한 설명으로는 Christian Kerslake, "The Vertigo of Philosophy: Deleuze and

덧붙이지 않는다면, 간극을 채우지 않는다면 어찌할 것인가? 그는 문제가 이미 그 자체의 해결책으로서 나타나도록 그저 관점의 변동을 성취하고 있는 것이라면 어찌할 것인가? 헤겔에게 "절대지"는 "모든 것을 아는" 터무니 없는 입장이 아니라 진리를 향한 경로가 어떻게 이미 진리 그 자체인지에 대한 통찰, 절대자가 어떻게 정확히―들뢰즈의 용어로 말하자면―자기 현행화의 영원한 과정의 잠재성인지에 대한 통찰이라면 어찌할 것인가?

이로써 우리는 **자유** 문제의 바로 그 심장부 내에 있게 된다. 자유를 구제하는 유일한 길은 인식론과 존재론을 이렇게 단락시키는 것이다. 우리가 우리의 인식 과정을 사물 그 자체에 외적인 과정으로, 사물에 대한 끝없는 접근으로 환원시키는 순간, 자유는 상실된다. 왜냐하면 "현실"은 존재의 완성된 긍정적 질서로, 충만하고 남김 없는 존재론적 영역으로 파악되기 때문이다. 자유에 관한 칸트의 비일관성은, 그 구조적 필연성에 있어서, 여기서 핵심적이다. 한편으로 주체는 예지적 의미에서 자유롭다. 주체의 자유는 주체가 원인과 결과의 현상적 속박의 영역에 속하지 않는다는 사실을, 주체는 절대적 자발성의 능력이 있다는 사실을 증언한다. 다른 한편으로 자발성은, 초재적인 것이 아니라, 초월적이다. 그것은 주체가 그 자신에게 외양하는 방식이다. 『실천이성비판』의 제1편 마지막 단락들에서 알 수 있듯이, 우리 자신이 예지적 차원에 있을 때 우리는 한낱 전능한 신의 손 안에 있는 꼭두각시에 불과할 것이다. 여기서 유일한 해결책은 "헤겔-들뢰즈적" 해결책이다. 즉

---

the Problem of Immanence", in *Radical Philosophy*, 38 참조.

불완전성과 개방성(현행적인 것을 초과하는 잠재적인 것의 잉여, 해결책을 초과하는 문제의 잉여)을 사물 자체로 이항하는 것이다.

이 예기치 못한 이항에는 희극적 측면이 없지 않다. 베르톨트 브레히트는 언젠가 유머 없는 변증법은 없다고 썼다. 변증법적 역전은 희극적 비틀기 및 예기치 못한 관점 변동과 깊이 연관되어 있다는 것이다. 프로이트는 농담에 관한 책에서, 결혼 중매인에 대한 유명한 이야기를 언급한다. 그는 한 젊은 남자를 설득하여 자신이 소개한 여자와 결혼시키려 한다. 그의 전략은 남자의 모든 반대를 칭찬으로 재해석하는 것이다. 그 남자가 "하지만 그 여자는 못생겼어요!"라고 하면 "그렇다면 그녀가 바람피우지 않을까 걱정하지 않아도 되겠네요!"라고 답하고, "그녀는 가난해요!"라고 하면 "그렇다면 당신의 돈을 낭비하지 않는 데 그 여자를 이용할 수 있겠네요."라고 답한다. 급기야 그 남자가 이런 식으로 재해석하기가 불가능한 비난을 하나 정식화하자, 그 중매인은 폭발하여 이렇게 말한다. "아니, 당신 뭘 원하는 거요? 완벽함을 원하나요? 아무런 흠도 없는 사람은 없어요!"[74] 이 농담에서 현실 사회주의 체제에 대한 정당화의 근저에 있는 구조를 식별할 수도 있지 않은가? "가게에 육류는 부족하고 식품도 풍족하지는 않아요!" "그렇

---

74) 흥미롭게도, 세미나 5, 『무의식의 형성물』(*Les formations de l'inconscient* [Paris: Editions du Seuil, 1998])에서 이 이야기를 다시 들려주면서 라캉은 이 마지막 전도—오늘날 우리에게 그 이야기에 담긴 고유하게 "라캉적인" 요점으로 보이는 바로 그 특질—를 누락한다. 그리고는 단지, 비판적 소견과 그에 대한 응답의 게임이 무한정 계속된다고만 말한다. 이 실수는 이 시기(1950년대 중반)에 라캉이 여전히 끝없는 해석의 의미작용 과정에 예속된 채 이 끝없는 의미작용적 표류를 중단하는 절단의 구조적 필요성을 적절히 개념화하지 못했음을 보여주는 가장 좋은 증거가 아닌가? [이 농담은 프로이트, 『농담과 무의식의 관계』(임인주 옮김, 열린책들, 2003), 79-80쪽 참조. 세부적으로는 지젝의 것에 내용상 변이가 있다.]

다면 비만과 심장마비를 걱정할 필요는 없겠네요!" "재미난 연극이나 영화가 부족하고, 구해 볼 좋은 책도 부족해요!" "그 덕분에 당신은 친구와 이웃을 방문하면서 진지한 사회생활의 기술을 그만큼 더 연마할 수 있지 않나요?" "비밀경찰이 내 삶을 온통 통제하고 있어요!" "그렇다면 당신은 그저 편안히 걱정 없는 삶을 누릴 수 있겠네요!" 그리고 이러다가 마침내, "하지만 주변의 공장 때문에 공기가 너무 오염되어 아이들이 전부 생명이 위태로운 폐 질환을 앓고 있어요!"라고 하면, "원하는 게 뭐죠? 흠이 없는 체계는 없어요!"라는 응답이 나온다.

 결과적으로 비극과 희극을 나누는, 최종적인 비극적 통찰과 최종적인 농담의 비틀기를 나누는 가는 선은 정확히 무엇인가? 수많은 훌륭한 농담에서, 예기치 못한 최종적인 비틀기는 언표행위의 입장 자체가 언표된 내용으로 떨어질 때 일어난다. 기차의 같은 칸막이방에 있게 된 폴란드인과 유대인에 관한 익히 알려진 이야기를 생각해 보자. 폴란드인이 유대인에게 다음과 같이 물어보면서 대화를 시작한다. "당신네 유대인들은 어떻게 사람들에게서 마지막 한 푼까지 짜내나요? 말 좀 해 보구려." "좋아요, 하지만 10불을 내면 가르쳐 드리죠." 유대인은 대답한다. 돈을 받자 유대인은 계속 말한다. "한 밤에 묘지에 가서 특별한 장작에 불을 지피세요." "어떤 장작이지요?" 폴란드인은 열심히 묻는다. "10불을 더 내면 가르쳐 드리죠." 유대인은 재빨리 응수한다. 이렇게 끝도 없이 계속되다가 마침내 폴란드인이 폭발한다. "하지만 이 이야기에는 아무런 마지막 비밀도 없고, 끝도 없소. 당신은 그저 내게서 돈을 전부 짜내려고 하는 거요." 유대인은 차분히 응답한다. "이제 아시는군요, 유대인이 어떻게……." 요컨대 그 불쌍한 폴란드인이, 전수받고자 하는 비밀을 간절히 알고 싶어 하고 그것에 몰두한 나머지 망각한 것은 그 비밀을 찾는 동안 자신이 빠져든 바로 그 과정이었다. 이제 물음은 이렇다. 어떻게 하면 이와 같은 이야기를 (본연의 비극이 아니라면 최소한) 비-농담으로, 즉 전혀 웃음을 자아내지 않는 고통스러운 최종적 비틀기가 가미된 이야기로 만들 수 있을까? 폴란드인 자신이 그 통찰에 이르는 것으로, 그리하여 어느 순간 그가 "맙소사, 이제 알겠소, 당신네 유대인들이 어떻게……"라고 외치는 것으로 충분할까? 아니면 단순하고 보다 극적인 비틀기만으로 충분할까?—폴란드인이 마지막 한 푼마저도 빼앗기고 가정은 파탄 나고 그 자신은 병석에 누워 이제 더 이상 돈이 없다고 털어놓을 때 (악의 형상으로 그려진) 유대인이 사악한 미소를 지으며 그에게 "비밀은 없소! 난 그저 당신에게 교훈을 주고 싶었고, 진정 당신에게 보여주고 싶었소, 우리 유대인이 어떻게……"라고 말한다고 상상해보라. 혹은 동일한 물음을 거꾸로도 던져보자. 오이디푸스 이야기도 동형의 비틀기를 내포하고 있으니 말이다(탐색을 하다가 주인공은 자신을 포함시키는 것을 망각한다). 그 이야기를 희극으로 만드는 데는 어떤 변화면 족할까? 사실 우리는 『피가로의 결혼』을 본뜬, 유사한 이야기를 상상해볼 수 있다. 즉 주인공이 돈을 보고 결혼한 연상의 부유한 과부가 사실은 자기 어머니라는 사실을 갑자기 알게 된다는 식으로 말이다. 기독교의 기초적인 이야기를 이런 식으로, 즉 예기치 못한 최종적 비틀기가 가미된 농담으로 다시 말하는 것이 가능하지 않을까? 한 신자가 이렇게 불평한다. "저는 신과의 접촉을, 신성한 은총을 약속받았지요. 하지만 이제 전 완전히 혼자예요. 신에게 버림받았고, 궁핍하고, 괴로워요. 비참한 죽음만이 절 기다리고 있어요!" 그러자 신성한 목소리가 그에게 이렇게 대답한다. "알겠느냐. 이제 진실로 너는 신과 더불어, 십자가에서 고통 받는 그리스도와 더불어 하나이니라." 이 기초적인 변증법적 움직임의 근본적 결과들을 고려하면 헤겔적인 "절대지" 그 자체는 새롭게 조명된다. 즉, 1820년대에 "알아야 할 모든 것을 알며 연역할 수 있다"고 진술한 "헤겔"이라고 불리는 개인의 미친 듯한 과대망상적 공언으로서가 더 이상 아니라, 역사적 성좌constellation에 기반한 지식의 근본적 폐쇄/유한성을 윤곽지으려는 시도로서 말이다. "절대지" 속에서 우리 지식의 한계는 알려진 성좌 그 자체의 한계와 상관적이다. 따라서 그것의 "절대적" 성격은 이 두 한계의 교차에서 출현한다.

헤겔 3: 최소 차이

그렇다면 사실상 헤겔과 들뢰즈의 차이는 어디에 있는가? 아마도 차이는 내재성과 초재성 사이가 아니라 흐름과 간극 사이에 있을 것이다. 들뢰즈의 초월적 경험론의 "궁극적 사실"은 순수 생성의 끊임없는 흐름의 절대적 내재성인 반면, 헤겔의 "궁극적 사실"은 내재성(속)의 환원불가능한 **파열**이다. 여기서 우리는 아인슈타인의 특수상대성이론에서 일반상대성이론으로의 이행을 환기해야 한다. 헤겔에게 현상과 그것의 초재적 근거 사이의 간극은 현상 그 자체(속)의 **절대적으로 내재적인 간극의 이차적 효과**인 것이다. "초재성"은 현상의 내재성이 파열되고, 부서지고, 비일관적이라는 사실의 환영적 반영이다. 좀 더 단순화해서 말하면 초재적 사물이 우리의 손아귀를 빠져나가기 때문에 현상이 부서지는 것이, 우리가 다양한 부분적 관점들을 갖는 것이 아니다. 반대로 이 사물의 유령은 현상의 비일관성의 "물화된" **효**과이다. (여하한 초재성도 그 원인이 아니며 자기가 자기 자신의 원인인) 내재성 속의 이 간극은 들뢰즈가 수용할 수 없는 것이라면 어찌할 것인가? 거기에 헤겔의 진정한 교훈이 있다. 내재성은 이미 그 자체 비일관적이기 때문에 초재성의 유령을 발생시킨다. 이 운동을 가장 잘 예시하는 것은 "기독교적 삼단논법"인데, 이는 다음과 같은 세 개의 판단/분할(Ur-Teile[75])로 구성되어 있다.

(1) 출발점은 초재성의 경험이다. 우리는 인간과 초재적 신 사이의 근본적 분열을 정립하는 데서 시작한다. 신에게 당하고 있는 일에 당혹스러워 하는 욥의 형상이 예증하듯이 말이다.

(2) 두 번째 판단에서 이 분열은 신-아버지와 그리스도 사이의 분열이라는 모습으로, 신 그 자신 안으로 반영된다. 십자가에서 죽어가는 그리스도의 형상에서 신 그 자신은 신-아버지에게 버림받은 자로 스스로를 경험함으로써 무신론자로 변한다.

(3) 마지막으로 이 분열은 인간과 인간-그리스도 사이의 분열로, 그 둘을 분리시키는 "최소 차이"로 귀착된다. 이 최종 형상이 전체 운동의 "진리"이다.

---

75) ["판단"을 뜻하는 독일어 "Urteil"은 어원적으로 "근원적(Ur)" "분할(Teil)"이다. 판단을 규명하면서 이러한 어원을 활용한 철학자는 다름 아닌 헤겔이었다.]

이 삼단논법이 입증하는 것은 어떻게 내재성이 출발점이 아니라 결론인가 하는 점이다. 내재성은 즉각적인 사실이 아니라 초재성이 희생되어 내재성으로 귀착될 때 일어나는 결과이다.[76] 유명한(악명 높은) 헤겔적 삼항조의 논리를 완벽하게 표현하는 잘 알려진 농담을 떠올려 보자. 세 친구가 바에서 술을 마시고 있다. 첫 번째 친구가 말한다. "끔찍한 일이 나한테 일어났어. 여행사에 나는 '피츠버그행 티켓 하나요!(A ticket to Pittsburgh!)'라고 말하고 싶었는데 그만 '티츠버그행 말뚝 하나요!(A picket to Tittsburgh!)'라고 말해버렸어." 두 번째 친구가 응수한다. "그건 아무것도 아니야. 아침 식사 때 나는 아내에게 '여보, 설탕 좀 이리 줄래'라고 말하고 싶었는데 그만 '야 이 나쁜 년아, 너 때문에 인생 다 망쳤어!'라고 말해버렸어." 세 번째 친구가 결론짓는다. "기다려. 나한테 무슨 일이 있었는지 들어봐. 밤새 용기를 내서 나는 정확히 네가 네 아내에게 한 말을 아침 식사 때 내 아내에게 하기로 결심했어. 하지만 결국 나는 '여보, 설탕 좀 이리 줄래'라고 말하고 말았어." 그리하여 절망의 바로 그 밑바닥에서 우리가 보는 것은 가장 통상적인 가족 장면, 남편이 아내에게 설탕을 달라고 하는 장면이다. 요컨대 그 농담은 정상적이고 일상적인 가족생활의 숨겨진 발생 과정을 전개하는 것으로 읽혀야 한다. 정상적 가족생활의 내재성은, 우리가 우리 꿈을 저버렸을 뿐만 아니라 이 실패에 분노를 터트릴 수조차 없는 고요한 절망에 기반해 있는 것이다.

혹은 니체식으로 말하자면 진리는 하나의 관점이, 다른 환영적

---

[76] 정신분석적 치료에서도 우리는 동일한 구조를 발견하지 않는가? 즉, 자기분석이 구조적으로 불가능한 것은 우리가 "안다고 가정되는 주체"라는 전이적 환영에서 출발해야 하기 때문이다.

인 관점에 맞선 "참된 관점"이 아니다. 진리는 하나의 관점에서 또 다른 관점으로의 바로 그 이행 속에서만 발생한다. (이것은 라캉이 『세미나 20』에서 분석가 담론은 하나의 담론에서 또 다른 담론으로의 모든 이행-변동에서 잠시 출현하는 것이라는 점을 강조할 때 겨냥했던 것이 아닌가?) 르네 지라르는 욥기에 대해 동일한 지적을 했다. 그것을 그토록 전복적인 것으로 (요컨대, 그토록 **참된** 것으로) 만드는 것은 한 (신적인) 관점에서 또 다른 한 (욥의) 관점으로의 바로 그 변동과 그 두 관점의 궁극적인 양립불가능성이다.[77] 마찬가지로, 내재성은 초재성의 변동으로서만 출현한다. 즉, 우리를 초재적 너머와 분리시키는 간극이 어떻게 단지 내재성 속의 간극("평범한" 현상들과 너머가 "빛을 발하는" 현상들 사이의 간극)의 물신화된 오인 효과인지를 우리가 갑자기 깨닫게 되는 순간에만 내재성은 출현한다. 실재(표상들의 접근불가능한 너머, 우리의 표상들이 그 주위를 선회하는 견고한 핵)와 관련해 다음과 같은 동형적인 삼항조가 있다.

(1) 우리는 우선 실재를, 항상 굴절되어 지각되는, 초재적인 견고한 중핵으로서 정립한다.
(2) 우리는 그 다음에 "포스트모던적인" 역전을 성취한다. 즉 굴절된 외양들의 유희가 존재하는 모든 것이기에 초재적 실재의 너머는 필요하지 않다.
(3) 두 입장들의 "종합"은 실재로의 회귀이다. 하지만 그 실재는

---

77) René Girard, *Job: The Victim of His People* (Stanford, Calif.: Stanford University Press, 1987) 참조.

탈실체화된 실재, 외양들 사이의 난포착적인 "최소 차이"로 환원된 실재이다. 실재는 굴절의 바로 그 원인이지 굴절 너머에 있는 내부 핵이 아니다.

우리는 이것을 어떻게 이해해야 하는가? 그 옛날 1920년대에 사물 자체의 인식가능성에 관한 소박한 마르크스주의적 논쟁에서 칼 카우츠키는 사물 자체에 도달하는 일은 (즉, 지각된 사물에서 우리에게 외양일 뿐인 것과 사물 자체에 속하는 것 사이의 차이를 확정하는 일은) 쉬운 일이라고 주장했다. 우리는 그저 동일한 대상에 대한 서로 다른 우리의 지각들을 비교한다. 이 때 이 지각들이 차이를 보이는 면면은 분명히 지각에 의해 야기되는 반면 동일한 것으로 남아 있는 면면은 지각된 사물 그 자체에 속해 있음에 틀림없다는 것이다. 라캉적 실재는 이 도식을 전도시킨다. 현실은 저 바깥에 동일한 것으로 남아 있으면서 우리에게는 항상 부분적인, 왜곡된 방식으로 지각되는 그 무엇인 반면, 실재는 이 왜곡의 바로 그 원인, 우리의 현실 지각이 왜곡되는 원인인 그 X이다. 그렇기에 실재는 우리에게는 접근불가능한, 저 바깥에 있는 동일자의 중핵이 아니다. 오히려 그것은 우리의 지각들을 분리시키는 바로 그 간극에 위치해 있다. 들뢰즈식으로 말하자면 지각들 사이의 "틈새 interstice"에 말이다.

계급투쟁이라는 좋았던 옛 시절의 예를 떠올려 보자. 계급투쟁에 대한 "중립적" 관점은 없다. 계급투쟁에 대한 각각의 개념 모두가 이미 우리가 계급투쟁에서 어떤 편을 들었다는 것을 내포하는 한 말이다. 그렇기에 계급투쟁의 "실재"는 우리가 계급투쟁에 관해 중립적 관점을 채택하지 못하게 하는 바로 그 장애물이다. 이 삼단논법의 세 번째 판본은 진리 그 자체에 관한 것이다.

(1) 우선, 진리는 접근 불가능한 너머로서, 다가가기만 할 수 있을 뿐인 그 무엇으로서, 주체가 항상 놓치는 그 무엇으로서 정립된다.
(2) 다음으로, 강조점은 실수와 왜곡의 순간에, "평범한" 담화의 간극에 개입하는 그 무엇이라는 정신분석적 진리 개념으로 이동한다. 즉 진리는 말의 연속적인 선이 중단되거나 교란될 때 분출한다.
(3) 마지막으로, 우리는 세 번째 입장, *moi, la verité, je parle*(나, 진리가 말한다)의 입장에 도달한다.[78] 여기서 주체에서 대상으로의 이동은 결정적이다. 주체의 말이 참되다는 것이 아니다. 다름 아닌 진리 그 자체가 말을 하며 술어(주체의 진술에 대한 한정 qualification)에서 (언표행위의) 주어[주체]로 옮겨간다는 것이다. 바로 여기서 진리는, 말하기 시작하는 "신체 없는 기관"으로 바뀐다.

처음 두 판본은 진리가 접근 불가능한 너머라는 개념을 공유한다. 그것들은 정확히 말해 그것의 두 판본인 것이다. 진리의 자리는 너머이기 때문에 진리는 결코 "그 자체로서" 외양하지 않고 항상 굴절된/왜곡된 양태로만 외양한다는 것이다. 혹은 라캉이 말했듯이 *la verité ne peut que se mi-dire*(진리는 절반만 말해질 수 있다). 진리 그 자체가 말할 수 있는 것은 오직 세 번째 양태에서다. 어떻게?

---

78) "자 여러분, 저는 여러분에게 비밀을 말하겠습니다. 나, 진리가 말합니다." Jacques Lacan, *Ecrits*, translated by Bruce Fink (New York: Norton, 2002), p. 114.

정확히, 허구의 모습으로, 혹은 또 다른 방식으로 말하자면 바보의 (아니 오히려 광대의) 담화의 양태로. 자신을 광대라 지칭했던 바울에서 니체에 이르기까지 말이다. (좀 더 면밀한 분석에서는 두 번째 양태를 둘로 세분해야 한다: 굴절/왜곡은 진리가 접근 불가능한 예지적 즉자로서 바깥에 존속한다는 사실의 효과인가 아니면 이런 굴절들이 "존재하는 모든 것"이며 그것들을 야기하는 그 어떤 너머도 없는 것인가?) 하지만 **진리가 누군가를 통해 직접 말할 (혹은 행할)** 때 그 누군가의 입장은 궁극적인 도착적 환영이지 않은가? 그것은 분명 큰 타자의 존재에 의존하고 있지 않은가(당이 스스로를 역사적 필연성의 집행자로서 정립하는 스탈린주의적 "마르크스-레닌주의"에서처럼 말이다)? 이 반론은 결정적인 오해를 내포하고 있다. 말하기 시작하는 "대상"은 큰 타자 속의 결여/비일관성을 나타내는, 큰 타자가 존재하지 않는다는 사실을 나타내는 대상이다. "나, 진리가 말한다"는 나를 통해 거대한 형이상학적 진리 그 자체가 말한다는 것을 의미하는 것이 아니라 내 말의 비일관성과 실수가 진리 그 자체의 비일관성과 비-전체에 직접 연결된다는 것을 의미한다. 그렇기에 라캉의 "나, 진리가 말한다"는 이후 그의 『텔레비전』의 바로 그 도입부에서 제공된 "진리는 절반만 말해질 수 있다"와 더불어 읽혀져야 한다.

> 나는 항상 진리를 말합니다. 진리 전체는 아닙니다. 왜냐하면 진리 전부를 말할 방법은 없기 때문이지요. 진리 전부를 말하는 것은 문자 그대로 불가능합니다. 말은 실패하기 마련이지요. 하지만 바로 이 불가능성을 통해서 진리는 실재에 접목됩니다.[79]

이것은 다음과 같은 뜻이다. 즉 사유의 진정한 임무는 "말하는 대상"이라는 개념과 큰 타자의 비존재를 함께 사유하는 것이다. "나, 진리가 말한다"는 회의주의와 불확실성의 마술적 극복을 내포하지 않으며 이 불확실성을 진리 그 자체로 이항하는 것을 내포한다. (그리스도는 그와 같은 말하는 대상이다. 그의 말은 신으로서의 큰 타자의 죽음이라는 바로 그 지점에서 출현하는 "나, 진리가 말한다"의 범례이다.) 다름 아닌 여기에서 우리는 유한한 주체성의 입장을, 즉 "우리는 결코 진리 그 자체를 알게 될 수 없다, 단지 진리의 부분적인 일별만이 가능하다, 우리의 지식은 우리의 주체적 입장에 의해 제약된다, 우리는 진리가 우리를 통해 말한다고는 결코 주장할 수 없다, ······"의 입장을 극복해야 한다. 진리 그 자체가 비-전체라면, 환원불가능한 적대의 실재-불가능성에 의해 영향받는다면 어찌할 것인가? 하지만 들뢰즈 역시 이런 경로를 따르고 있지 않는가? 그는 『시간-이미지』의 다음과 같은 핵심 구절에서 정확히 동일한 것을 말하고 있지 않은가?

> 중요한 것은 이미지들, 혹은 두 이미지들 사이의 **틈새**, 즉 각각의 이미지들이 공허로부터 잡아뽑혀 다시 그리로 떨어지도록 하는 간격이 문제인 것이다. (······) 한 이미지가 주어졌을 때, 또 다른 이미지를, 즉 그 둘 사이에 어떤 틈새를 이끌어낼 또 다른 이미지를 선택하는 것이 문제인 것이다. (······) 연합에 대하여 틈새가 우선적이며, (······) 균열은 우선적이 되고, 또 이런 의미에서 확장된다.

---

79) Jacques Lacan, "Television", *October 40* (spring 1987): 7.

(……) 두 행동의 사이, 두 감정의 사이, 두 지각의 사이, 두 시각 이미지의 사이, 두 음향 이미지의 사이, 음향과 시각 사이. 식별 불가능한 것, 즉 경계frontier를 보게 할 것. (……) 전체는 일자-존재이기를 그치고 (……) 이미지들을 구성하는 둘-사이가 되면서 변화를 맞게 된다.80)

종적specific 차이가 아니라 최소 차이(한 요소를 다른 특수한 요소들과 변별하는 것이 아니라 그것 자체와, 그것 자체가 각인되는 자리와 변별하는 "순수" 차이, 해당 요소의 (종적) 동일성을 지키는 대신 이 동일성을 무한한(비한정적인) 발생적 분화 과정으로 폭발시키는 최소 차이)를 탐지해내는 이 전략은 헤겔적 변증법의 (그리고 덧붙이자면 라캉의 "기표의 논리"의) 바로 그 핵심이 아닌가? 보다 더 정확히 말해 이 순수 차이는, 즉 그 차이에 의해 구별되는 두 항에 어떤 면에서 선행하는 바로 그 차이로서의 이 순수 차이는 적대의 실재에 대한 바로 그 정의가 아닌가? (성적 차이로부터 계급투쟁에 이르는) 모든 적대 속에서 "균열이 우선적이다." 레비 스트로스의 한 익숙한 예에서처럼 말이다. 마을 지도를 그린 두 그림은 그것들의 틈새에 있는 균열에 뒤이어 오며, 각각의 그림은 이 균열을 덮으려고 애쓴다.

어네스토 라클라우는 차이의 논리와 등가의 논리 사이의 기본적인 대립을 세공하는 가운데 그 대립물들의 일치를 단언한다. 두 논리는 단순히 대립된 것이 아니라 각각의 논리는 그 극단에

---

80) Gilles Deleuze, *The Time-Image* (London: Athlone Press, 1989), pp. 179-80. [국역본: 질 들뢰즈, 『시네마 II: 시간-이미지』(이정하 옮김, 시각과 언어, 2002), 351-353쪽.]

이르게 되면 자신의 대립물로 전환된다는 것이다. 다시 말해, 그가 반복해서 지적하듯이, 순수 변별성의 체계(요소들의 변별적 구조에 의해 전적으로 정의되며, 그 어떤 적대와/나 불가능성에 의해서도 횡단되지 않는 체계)는 그 체계의 모든 요소의 순수 등가성에 이를 것이다. 그 요소들은 그것들의 외부의 공백과 관련해 모두 동등한 것이다. 그리고 다른 극단에서, 그 어떤 구조도 없으며 단지 **우리**와 **그들**의 순수 대립만 있는 근본적 적대의 체계는 실정적으로 존재하는 대립된 종들로서의 **우리**와 **그들** 사이의 자연화된 차이와 일치하게 될 것이다. 하지만 헤겔적인 견지에서 볼 때 이러한 논리의 한계는 그것이 외적으로 대립된 두 개의 극에 계속 의존하고 있다는 점이다. 대립물 각각이, 나머지 다른 하나로부터 추상되면서(즉, 더 이상 다른 하나를 자신의 대립물로서 필요로 하지 않게 되는 극단의 지점에 이르게 되면서) 이 다른 하나로 귀착된다는 사실은 그저 그것들의 상호 의존성을 입증할 따름인 것이다. 우리가 할 필요가 있는 일은, 이 외적 대립(혹은 상호 의존성)에서 한 걸음 더 내딛어, 사섭석인 내면화된 중첩으로 나아가는 것인데, 이는 다음을 의미한다. 즉 하나의 극이 다른 하나의 극으로부터 추상되어 극단에 이르게 되면 그것의 대립물과 일치한다는 것만이 아니라, 우선은 극들의 "원초적" 이원성 같은 것은 없으며 오로지 일자의 내속적 간극만이 있다는 것이다. 등가는 원초적으로 차이의 대립물인 것이 아니다. 등가는 오로지 차이들의 그 어떤 체계도 완결될 수 없기 때문에 출현하며, 이 미완결성의 구조적 효과일 뿐"이다". (이와 마찬가지로, 성적 차이와 관련해서도, 여자는 남자의 반대극이 아니며, 남자가 완전히 그 자신이 아니기 때문에 여자들이 있는 것이다.) 따라서 내재성과 초재성 사이의 긴장 또한 내재성 그 자체 내의 간극에 비해 이차적이다. 즉 "초재성"은 일종의 원근법적 환영, 우리가 내재성 그 자체에 내속된 간극/불화를 (오)지각하는 방식이다. 마찬가지로 동일자와 타자 사이의 긴장은 동일자가 그 자신과 불일치한다는 것에 비해 이차적이다.

그렇다면 이 두 가지 차이는, 즉 요소와 그것의 자리 사이의 최소 차이와 적대에 대해 구성적인 차이는 어떻게 관련되는가? "최소 차이"는 보편자와 이 보편자를 직접 대표하는 "정원외적 surnumerary" 특수자 사이의 차이인데, 이 특수자는, 정확히 보편자의 구조 내에서 그 어떤 자리도 갖지 못하는 한, 보편자에게 직접 신체를 제공하는 역설적인 특수자이다. 그렇다면 이러한 "단독적 보편자"는 어떻게 적대와 관련되는가? 유일한 해결책은 어떤 근본적인 해결책이다. 적대의 핵심은 전체의 두 부분/극 사이의 갈등이 아니라 오히려 전체 그 자체에 내속되어 있다. 그것은 전체의 두 측면(혹은 전체에 대한 두 양태, 관점)—요소들을 포함하고 있고 그 각각을 전체 내의 고유의 자리에 할당하는 유기적인 구조화된 전체 대 "단독적 보편자"에 체화된 전체—사이를 달린다. 그것은 위계화된 구조로서의 사회와 배제된 자들(시위자들, 제3신분, 반체제자들)이 대표하는 사회 사이의 불화이다.

이러한 최소 차이 개념은 또한 악명높은 라캉적 "탈중심화"에 관해서도 단서를 제공한다. 라캉이 정신분석적 전복을 하나의 (가짜) 중심의 또 다른 (진짜) 중심으로의 교체가 아니라 "탈중심화된 중심", 자기 자신과 일치하지 않는 중심이라는 바로 그 중간적 입장으로 정의할 때 그의 원래의 참조점은 여기서 물론 케플러이다. 진정한 혁명은 (행성들의 원운동 중심을 지구에서 태양으로 교체한) 코페르니쿠스의 혁명이 아니라 케플러(그는 행성들은 원운동하지 않고 타원형의 궤도에서 움직인다고 주장했다―그런데 타원이 "탈중심화된"/배가된 중심을 가진 원이 아니라면 무엇이겠는가?)의 혁명이었다는 것이다. 라캉이 프로이트적 혁명을 해석하는 것은 이를 배경으로 해서다. 그것은 낡은 중심(의식적 자아)을 새로운 중심("심층의" 무의식적 자기)으로 교체하는 데 있는 것이 아니라 타원형의 "탈중심화된 중심"을 유지하는 데 있다. 그리고 기독교의 유일무이함은 마찬가지로 "탈중심화된 중심"의 역설을 내포한다는 사실에 있지 않은가? 기독교는 이교도적 다신교와 "순수" 유대교적(혹은 그 문제라면, 이슬람교적) 유일신교의 중간에 있지 않다. 그것은 하나의 신에 (또) 다른 신(들)을 덧붙이지 않는다. 오히려 그것은, 신-아버지와 그리스도를 분리시키는 "최소 차이"의 모습으로, 이 하나의 신을 내부로부터 탈중심화시킨다.

이렇게 영역의 외재성을 그 영역 자체에 재각인하는 것은 진정으로 헤겔적인 제스처이다. 헤겔에게 법은 단순히 다수의 범죄/위반들을 규제하는 총체화하는 외적인 힘이 아니라 범죄의 내재적 자기-지양, 절대자로 고양된 범죄이며, 따라서 법과 범죄의 대립은 범죄 그 자체에 내속되어 있다(하지만, 부정확한 헤겔주의가 부추기는 생각처럼, 이 대립이 법에 내속되어 있는 것이고 그에 따라 범죄가 법의 자기-매개의 종속적 계기로 환원되는 것은 아니다). 이 제3의 입장은 진정으로 전복적인 입장이다: 범죄에 대립되는 바로서의 법이 아니라 범죄의 최고 형식으로서의 법 그 자체.

마찬가지로 제기해야 할 물음은 "어떻게 오이디푸스적 모체가 욕망하는 기계들의 자유로운 흐름을 억압하는가?"가 아니라 오히려 "오이디푸스는 어떤 종류의 욕망하는 기계인가?"이다. 들뢰즈적 용어로 말하자면 우리는 비인격적이고 유목적인 욕망하는 기계들의 장 내부에서 "공식적인"(가족적인, 정상화하는, 등등의) 오이디푸스 콤플렉스의 "어두운 전조"를 따로 분리해내야 한다. 혹은 헤겔식으로 말하자면 오이디푸스 콤플렉스는, 그것의 대립 규정 속에서, 욕망하는 기계들을 억압하는 바로 그 힘이 그 자체의 타자성 속에서, 욕망하는 기계들 중 하나로서, 자기자신과 조우하는 장소이다.

따라서 라캉적 안감 *doublure*(현상적 내재성의 표면에 있는 비일관성이나 균열)과 들뢰즈적 틈새의 차이는 이렇다. 즉 들뢰즈에게 개재자 in-between는 다수성을 내포하며, 라캉에게 "이항적" 긴장은 다수성의 차이로 변형되는 순간 밋밋해지거나 동질화된다. 하나의 요소가 자신의 섬뜩한 분신에 대해 갖는 긴장에는, 하나의 요소와 그것의 자리 사이의 최소 차이에는 유일무이한 그 무엇이 있다. 근저에 있는 단일한 적대에서 다수의 적대들로 이행하는 순간 우리는 비적대적인 일자-성 One-ness의 논리를 승인하게 된다. 증식하는 다수의 적대들은 매개체로서의 중립적 일자를 배경으로 해서 존재하는데, 그 일자 자체는 적대에 의해 표식되거나 절단되지 않은 것이다. 바로 그렇기 때문에, 정치와 관련해서, 하나의 적대를 다른 모든 적대에 비해 "특권화"하는 것이 결정적으로 중요한 것이다. "오늘날 우리는 계급투쟁이 다른 모든 투쟁들의 궁극적인 참조점이 아니며 그저 사회적 삶을 특징짓는 다수의 적대적 투쟁 중 하나일 뿐이다"라는 외관상 무구해 보이는 논리는 이미 적대의 충격을 중화시키면서 사회적 구축물을 진정시킨다. 하나의 적대를 특권화하면 "이항 논리"에 이르게 된다는 관념에 대해 우리는 성적 차이라는 사실은 정확히 "이항 논리"의 실패를, 성적 차이를 "덮을" 기표적 쌍의 실패를 알려준다는 점을 강조해야 한다. 라캉이 말했듯이 이항적 기표가 원초적으로 억압되어 있기 때문에 성적 차이가 있는 것이다. 다시 말해 일자(속)의 적대는 둘(대립하는 두 원리 등등) 사이의 조화로운 긴장을 의미하는 것이 아니라 일자의 내적 긴장을, 일자의 자기일치의 불가능성을 의미한다. 혹은 알랭 바디우가 간명하게 표명하듯이 "무신론은 결국 둘의 내재성에 다름 아니다."[81]

통상적인 해체적 운동은 고정된 동일성들의 영역에서 그것들의 우연적 발생 과정으로 "역행"하는 운동이다. 가령, 모든 사회 현상들과 관련하여 우리는 어떻게 정치가 범역적 사회 체계의 한 영역("하위 체계")에 불과한 것이 아닌지 입증하려고 애쓴다. 왜냐하면 정치적이라고 간주되는 것과 그렇지 않은 것의 경계선을 확립하는 것 자체가 탁월한 정치적 제스처이니 말이다. 따라서 비정치적 영역들은 모래성처럼 무너지기 시작한다. 시장 경제도 정치적이고, 예술도 정치적이고, 섹스와 결혼도 정치적이다. 하지만 철학적으로는 반대 방향이 훨씬 더 결정적이지 않은가? 어떻게 "정치적이지 않은 것은 아무것도 없는" 것인지를 입증하는 대신 우리는 오히려 반대의 물음에 초점을 맞추어야 한다. 어째서 존재

---

[81] Alain Badiou, "The Scene of Two", *Lacanian Ink* 21 (spring 2003): 55.

그 자체는 정치적인가? 우리의 존재론적 공간은 어떻게 구조화되어 있기에, 정치적인 것으로 물들지 않을 수 있는 것이 아무것도 없는 것인가? 대답은 물론(아니 정확히 말해 대답들 중 하나), 가장 기본적인 존재론적 사실로서 위에서 기술한 바 있는, 일자를 내부로부터 분할하는 간극의 구조, 내속적 안감의 구조일 것이다.

마지막으로, 이는 우리를 **주체**라는 논제에 이르게 하는데, 라캉에 따르면 주체는 "최소 차이"의 틈새에서, 두 기표 사이의 최소한의 간극에서 출현한다. 이런 의미에서 주체는 "존재하는 무, 존재하는 공백"이다. 다시 말해 이미 동물들에게서도 우리는 통일성을, 유기체를 "하나"로 만들어 주는 그 무엇을 명기할 수 없다. 이러한 통일성은 항상 이상적인데 왜냐하면 우리가 해당 신체를 분석하면 물질적 부분들만을 발견하지 그것들을 한 데 묶는 그 무엇을 발견하지는 못하기 때문이다. 유기체의 일자-성은 손가락 사이로 증발해 버린다. (이러한 역설들은 이미 헤겔이 『정신현상학』 2장, 「지각 혹은 사물과 기만」에서 상세히 탐구했다.) 이런 의미에서 일자는 공백의 이름이다. 주체성의 출현과 더불어 이 공백은 그 자체로서 정립된다―그것은 대자가 된다. 그리고 이 공백의 표식인 텅 빈 기표는 "다른 기표들을 위해 주체를 대리한다." 여기에 흄에서 칸트로의 이행이 있다. 흄은 어떻게 자기란 존재하지 않는지를 입증하려고 애쓰는 반면에(우리가 우리 자신을 들여다보면 오직 특수한 관념, 인상 등만을 조우하게 될 뿐, "자기" 그 자체 같은 것과는 조우하지 않는다), 칸트는 이 공백이 자기라고 역설한다.

그렇다면 이것이 들뢰즈가 주체를 (단지 또 다른) 실체로 환원할 때 잘못하고 있는 것처럼 보이는 그 무엇이다. "주체" 차원은 현행화의 층위에, 구성된 현실의 질서 속에 있는 별개의 존재자들의 층위에 속해있기는커녕 **현행성의 질서 내부에서 잠재적인 것이 재출현하는 것**을 지칭한다. "주체"는 구성된 현실 내부에 있는 유일무이한 잠재성의 폭발 공간의 이름이다. 『의미의 논리』에 따르면 의미는 순수 생성의 비물질적 흐름이며 "주체"는 의미-사건을 "술어"(속성, 성질, 능력)로 하는 실체적 존재자가 아니라 일종의 반反실체, 부정적/전도된 실체를 지칭한다. 의미의 흐름을 유지하는 비물질적, 단독적, 순수 추상적 점을 말이다. 이것이 주체는 인격체person가 아닌 이유이다. 들뢰즈적 용어로 말하자면 "인격체"는 현행화된 현실의 질서에 속하며 개체individual를 특징짓는 풍부한 실정적 특질과 특성을 지칭하는 반면 주체는 개체와 대립하는 바로서의 들뢰즈적인 "가분자dividual"의 의미에서 분할되어 있다. 보통 "인격주의자들"은 각 개체의 유일무이성이 반복될 수 없는 특질의 조합combinatoire이라고, 근저에 있는, 식별될 수 없는, 인격의 신비로서의 뭔지 모를 그 무엇을 통해 유기적으로 엮여 있는 특질의 조합이라고 역설한다. 반면에 주체는 끊임없이 반복 혹은 분할 가능하다. 그것은 끝없는 분할/반복 과정에 **다름** 아니다.

그러므로 주체와 실체의 관계는 생성 대 존재와 꼭 같다. 주체는 "생성의 절대적 불안정(*absolute Unruhe des Werdens*)"[82](즉, 발생의 관점에서 파악된 사태)이다. (들뢰즈 자신이 참조하는) 피히테는 이미 주체를 순수 자기-정립 활동으로 파악했다. 활동은 주체의 술어/

---

[82] G. W. F. Hegel, *Science of Logic* (Atlantic Highlands, N. J.: Humanities Press International, 1969), p. 545.

속성이 아닌데 그 까닭은 정확히 말해 주체는 그 자신의 자기-정립 활동"일" 뿐이기(오로지 그런 활동으로서만 존재하기) 때문이라는 것이다. 다시 말해 주체는 엄밀하게 들뢰즈적인 의미에서 순수하게 잠재적인 존재자이다: 그것은 현행화되는 순간 실체로 변한다.

또 다른 방식으로 말하면 주체성은 "진무한"의 현장이다. 그렇다면 들뢰즈가 모든 현행화를 포괄하는 잠재성으로서 순수 생성의 무한을 역설할 때 다시금 그가 은밀히 헤겔적이라는 것은 놀랄 일이 아니다. 헤겔의 논리학에서, 양적인 ("가짜") 무한과 질적인 ("진짜") 무한의 차이를 떠올려 보자.[83] 첫 번째 무한은 유한한 것을 넘어-가는, 유한한 것을 횡단하는 행위에 있다. 유한한 것 그 자체는, 객관적 결과로서, 동일자의 불모적인 반복인 데 반해, 무한한 것은 넘어-감의 바로 그 **행위**이다. 여기에 생성과 존재의 대립, 행위와 결과의 대립이 있다. 결과를 본다면 무한한 것은 없다. 무한한 것은 단지 넘어가려는 주체적 추동일 뿐이며, 두 개의 반복의 창조적 "개재자"일 뿐인 것이다. 이는 예술에서 정치에 이르기까지 우리가 조우하는 논제가 아닌가? 고정된 결과는 항상 우리를 배반한다. 중요한 것은 운동이다. "영구혁명"의 가장 간명한 공식인, 대쉴 해미트의 『몰타의 매』에 나오는 유명한 에피소드를 떠올려 보자. 샘 스페이드는 자신이 한 남자의 소재를 알아내는 일에 고용된 이야기를 한다. 그 남자는 갑자기 안정된 직장과 가족을 버리고 사라졌다. 스페이드는 그를 찾아낼 수 없었다. 하지만

---

83) Hegel, 앞의 책, p. 226 ff.

몇 년 후 그는 또 다른 도시의 한 바에서 그 남자와 우연히 만났다. 거기서 그는 가명을 쓰고 살고 있었으나, 건설 현장에서 대들보가 그의 머리를 간신히 비켜가 일이 있고 나서 버리고 떠났던 그 삶과 현저하게 유사한 삶을 살아가고 있었다. 함께 술을 마신 뒤 그 남자는 그에게 이야기한다. 지금 자신이 똑같은 삶을 살아가고 있긴 하지만 자신의 실종과 새로운 시작이 헛된 일은 아니었다고 말이다. 이러한 반복은 또한 "최소 차이"의 모델이 아닌가? 동일자의 반복에서 최소한의 주체적 과잉이 출현한다. 혹은 동일한 요점을 또 다른 식으로 말하면, 이 "최소" 차이는 언표된 내용의 층위에 있는 차이가 아니라 언표된 것과 언표행위 사이의 긴장의 층위에 있는 차이이다. 언표된 내용의 층위에서 "전혀 차이가 없다는 것" 자체는 우리로 하여금 언표된 것과 언표행위 사이의 "순수" 차이에 직면하게 한다. 릴리언 헬만은 대쉴 해미트와의 격정적인 관계에 대해 이렇게 썼다. "초창기 몇 년간 나는 이렇게 말하곤 했다. '샌프란시스코에 사는 여자에 대해 좀 더 말을 해봐. 파인가의 회관 건너편에 살았던 그 멍청한 여자 말이야.' 그러면 그는 웃으면서 이렇게 말하곤 했다. '그녀는 파인가의 회관 건너편에 살았고 멍청했지.'"[84] 여기서 또 다시 우리는 언표행위와 언표된 것(내용) 사이의 차이를 가장 순수한 상태에서 조우하게 된다. 언표된 것의 층위에서 해미트의 반복은 아무것도 덧붙이지 않지만 언표행위의 (그의 말이 유래하는 그의 주체적 관점의) 층위에서 그의 대답은 속내를 드러내는 것인데, 그 까닭은 그 대답이 체념한, 아이러니적

---

[84] Lillian Hellman, "Introduction", in Dashiell Hammett, *The Big Knockover* (New York: Vintage Books, 1972), p. v.

인 자기-초연의 자세를 내보이기 때문이다. 요컨대 파인가의 회관 건너편에 살았고 멍청했던 여자에 대해 우리가 아는 게 더 이상 없다는 바로 그 사실을 통해 우리는 해미트 자신에 대해 상당히 많은 것을 알게 된다. 이와 대조적으로 진무한은 반대의 역설을 제공한다. 즉 유한한 활동의 **결과**가 무한한 것이다. 무한한 사회적 실체로서의 국가라는 헤겔적 논제를 떠올려 보자. 무수한 유한한 의지들이 작용하고 투쟁하는데, 그 결과는 국가라는 자기-관련적 무한이다. 여기서 우리는 또 다시 무한한 전복적 운동을 찬양하는 것과 결과에 초점을 맞추는 것 사이의 **정치적** 긴장을 발견한다. 그리고 이는 그리스도 자신의 경우도 마찬가지다. 언표된 내용의 층위에서의 그의 죽음(유한성)이 그의 언표행위 입장의 무한성(영원성)을 역설한다는 것이 아니다. 반대로 그가 주체적으로 떠맡은 유한성(그의 언표행위 입장의 유한성)이 성령이라는 무한 집단을 낳는다는 것이다.[85]

그렇다면 들뢰즈의 편에서 헤겔에 대한 예외적이고 이상하리

---

[85] 남자와 여자가 발기에 관계하는 방식과 관련된 두 가지 상이한 유형의 반영성[반성성]에 대해 유사한 지적이 가능하다. 분명 여자에게 남자의 발기는 그녀 자신의 매력의 반영적 규정이다. 즉 그녀가 파트너의 발기에서 보는/읽는 그 무엇은 자신의 성적 매력의 반영이다(즉, 발기 사실은 남자를 흥분시킬 수 있는 그녀 자신의 능력을 구체화한다). 반면 남자에게는, 오토 바이닝거에게서 배웠듯이 여자는 그의 환상-형성물이므로, 니체 여자의 매력 그 자체는 그의 성적 갈망의 투사이다. 매력적인 여자가 남자를 자극한다는 것만이 아니다. 더욱이 여자의 바로 그 매력이 그녀에 대한 남자의 욕망의 그녀-안으로의-반영이라는 것이다. 남자가 아름다운 여자들을 욕망한다는 것만이 아니다. 또한 욕망의 대상이라는 사실이 여자를 아름답게 만드는 그 무엇이기도 하다는 것이다. 우리가 왕에 대한 마르크스의 말을 반복해야 하는 것은 바로 여기서다. 남자는 그 자체로서 아름다운 여자를 욕망하는 것이 아니다. 그녀의 아름다움은 그저 남자의 욕망을 객관화하고 있을 뿐이다. 이런 견지에서 볼 때 발기는 이중적으로 반영적이며 바로 그런 것으로서 자위행위적인 것이다. 그것은 남자 그 자신의 산물의 매혹을 남자의 신체에 거꾸로 재각인한다.

만치 환원주의적인 이런 오독은 무엇 때문인가? 이 오독에서의 요점은, (들뢰즈의 위대한 해석들이 언제나 그러했듯) 들뢰즈 자신이 해석된 저자를 자신의 "요격기"로 사용하여 그 저자를 통해 말하기(들뢰즈 자신의 최심중의 입장을 표명하기) 위해 그 유명한 "자유간접화법"으로 그 저자에 대해 글을 쓰는 것이 아니다. 그와 같은 폭력적인 생산적 전유 대신 헤겔(과 오이디푸스 콤플렉스)의 경우 밋밋하고 전적으로 동질적인 적의 이미지가 있을 뿐이다. "우리"의 입장과 "적"의 입장이 분명히 대치된 채로 우리는 그 적과 직면하는 것이다. 우리 각자는 완전히 자기 자신의 이름으로 말하며, 그 어떤 "자유간접화법"의 목소리도 그 분명한 그림을 흐려놓지 않는다. 어쩌면 그 대답은 프레드릭 제임슨의 명쾌한 관찰이 지시해 줄지도 모른다. 그에 따르면 무조건적 일원론을 향한 들뢰즈의 충동은

> 역설적으로 후기의 이원론들의 원천이다. 왜냐하면 욕망의 원칙 그 자체는 일원론일 것이기 때문이다. 모든 것은 리비도적 투여이며, 모든 것은 욕망이고, 욕망이지 않은 것은, 욕망 외부에는 아무것도 없다. 이것이 의미하는 바는 물론 파시즘은 욕망(……)이며, 관료주의는 욕망이며, 국가는 욕망이며, 자본주의는 단연 욕망이고, 심지어 몹시 비난받은 오이디푸스 콤플렉스마저도 그 고질적 권위를 취하기 위해서는 어떤 욕망에 상응해야 한다는 것이다. (……) 일자의 사명이 온갖 종류의 환영적인 쌍, 이중체, 대립을 복종시키는 데 있다면 우리는 여전히 이원론 안에 있는 것으로 판명된다. 왜냐하면 그 임무는 이원론과 일원론 사이의 대립―이원론―을

통해 작동하는 것으로 파악되기 때문이다.[86]

그렇다면 여기서 우리는 어디서 이원론과 조우하는가? 이에 대한 답을 제공하는 것은 들뢰즈와 푸코 사이의 관계의 기이한 상보성이다. 들뢰즈와 푸코 사이의 긴장은 간혹 상호 함축의 구조를 갖고 있는 것처럼 보인다. 푸코는 (『성의 역사』 1권뿐만 아니라) 『감시와 처벌』로 특징지어지는 그의 발전의 극단에서 권력으로부터의 해방을 권력 그 자체에 전적으로 내속된 것으로 파악했다. 권력은 그 자체에 대한 바로 그 저항을 발생시키기 때문에, 권력의 마수로부터 스스로를 해방시키려고 애쓰는 주체는 이미 권력의 산물, 훈육적이고 통제적인 메커니즘의 산물이다. 가령, 우리의 성생활을 규제하는 바로 그 "억압적" 메커니즘은 규제될 필요가 있는 과잉이며 "암흑대륙"인 성을 발생시킨다. 엄밀하게 대칭적인 방식으로 들뢰즈는, 적어도 『안티-오이디푸스』에서, "억압"의 힘을 욕망에 내속하는 것으로 파악한다. 일종의 니체적 계보학을 통해 들뢰즈와 가타리는 욕망의 바로 그 내속적 전개로부터 반동적인, 삶을 부정하는 결여와 단념의 태도를 설명하려고 노력한다. 두 경우 모두 구조는 대립된 두 극의 절대적 내재성의 구조이다. 따라서 원환은 닫힌다. 단, 말하자면 반대 방향에서라는 것만 빼면 말이다. 헤겔적 용어로 말하자면, 푸코에게서 권력은 권력 자체와 그것의 대립물(즉, 권력 자체에 대한 저항)을 포괄하는 통일체라면, 들뢰즈에게서 욕망은 욕망 자체와 그것의 "억압"(즉, 욕망을

---

[86] Fredric Jameson, "Marxism and Dualism", in *A Deleuzian Century?* edited by Ian Buchanan (Durham, N. C.: Duke University Press, 1999), p. 30.

부정하는 힘)을 포괄하는 통일체이다. 물론 결정적인 물음은 다음과 같다. 이러한 두 작용은 완전히 대칭적인가 아니면 그 둘 사이에 숨겨진 비대칭성이 있는가? 바로 여기서 우리는 헤겔적 경로를 따라가야 한다. 즉 문제는 과정의 포괄적인 주체에 관한 것이다. 들뢰즈에게 (무두적인, 익명적인, 비인격적인 등등의) 주체는 욕망 그 자체이며 그것은 자신의 대립물("억압")을 포괄하는/발생시키는 반면 푸코에게 (다시금, 무두적인, 익명적인, 비인격적인 등등의) 주체는 권력이며 그것은 자신의 대립물(저항)을 포괄한다/발생시킨다. 여기서 헤겔적인 제스처는 정확히 이 전제된 포괄적 주체의 통일성을 내부로부터 폭파하는 것이다. 주체는 자신의 술어로 이행한다. 다시 말해 과정의 시작에서 욕망은 권력 구조를 발생시키고, 그러고 나서 이 구조는 스스로를 과정의 주체로서 소급적으로 정립한다. 이것이 헤겔이 "주체에서 술어로의 사변적 이행"이라고 부른 것이다.

다시 말해 여기서 헤겔은 서로 대립하는 들뢰즈와 푸코의 입장에 대한 일종의 변증법적 종합, 즉 그 두 입장의 사변적 동일성이다. 과정의 주체가 부단히 전치되는 과정 그 자체의 **그와 같은** "일원론"만이 이원론을 유효하게 극복할 수 있게 해준다. 우리가 하나의 주체를 고수하는 한, 이원론은 우리의 일원론의 바로 그 내속적 결과로서 회귀해야만 한다. 여기서 역설은 물론 다음과 같다. 즉 우리가 들뢰즈를 책망하고 있는 이유는 그가 이런 헤겔적 요점을 놓치는 가운데 충분히 들뢰즈적이지 않기 때문이다. 그의 일원론이 이원론으로 표류하는 것은 그의 생성의 과정 그 자체가 은밀히 어떤 통일된 주체에 정박되어 있다는 사실을 입증한다.

들뢰즈가 존재와 생성을 대립시킬 때, 그가 어떻게 생성이란 어떤 확립된 존재자로서의 존재의 생성[되기]이 아니라 그 자체로 존재(들)를 확립하고 변형시키는 과정인지를 역설할 때, 그는 이로써 헤겔적인 "사변적 판단"을 가리키고 있지 않은가? 사변적 판단은 주체와 술어가 서로 자리를 바꾸는 과정인데 그렇기에 그 과정은 주체의 과정이라고 할 수 없고 하나의 주체성에서 또 다른 주체성으로의 변동을 내포하면서 그 과정 자체의 새로운 주체들을 발생시킨다.[87] 그렇다면 이러한 헤겔적 관점에서 볼 때, 들뢰즈가 헤겔주의라고 공격하는 것은 아직 //가, 텅 빈 비실체적 주체가 아니라 정확히 (여전히) 실체로서의 주체, 과정의 자기-동일적 기반/근거가 아니겠는가? 이것이 의미하는 바는 주체라는 논제가 고집스럽게 지속되고 있다는 것이다. 즉 그것은 비인격적 강도와 실정적인 자기-동일적 존재자 사이의 대립을 피해간다. (후기 푸코는 주체성의 논제를 재단언하면서 이 점을 감지했다.)

하지만 들뢰즈의 "이원론"에 대한 책망에, 그리고 유목적인 것과 국가, 분자적인 것과 몰적인 것 등등의 대립(들)이 단순히 선(유목민적 것 등등)과 악(국가 등등)의 대립은 아니라는 견해에 일말의 진실이 있다 하더라도, 들뢰즈는 (몰적인 국가만이 압제적이며 욕망의 흐름을 질식시키기는 반면에 국가의 완전한 말소라는 반대의 극단은 순수한 전-오이디푸스적 욕망의 흐름이 정신증적, 자기-파괴적 분노로 "퇴행"하는 것을 의미할 것이라는 점에서)

---

[87] 쿠트로펠로가 헤겔의 『정신현상학』에 대한 경이로운 후속편(이는 헤겔 사후부터 오늘날에 이르는 기간을 다루고 있다)에서 들뢰즈—반헤겔주의자—를 전체 과정의 종결적 계기로 읽는 것은 놀랄 일이 아니다. Andrew Cutrofello, *The Owl at Dawn: A Sequel to Hegel's Phenomenology of Spirit* (Albany: State University of New York Press, 1995) 참조.

두 극 사이의 여하한 종류의 상보성을 단언하는 것과는 가능한 한 거리가 멀다. 그래서, 외관상 우리에게 필요한 것은 둘 사이의 적절한 균형이다. 이것이 특히 줄리아 크리스테바가 들뢰즈를 독해하고 전유하는 방식이다. 그녀는 그가 국가 권력의 제약들로부터 욕망의 창조성을 해방시키는 것을 칭송하면서도, 국가 속에서 오로지 말소되어야 할 부정적 장벽만을 보는 것의 파괴적 결과들에 대해서는 경고한다. 직접적 자기-파괴를 피하기 위해, (존재하는) 국가의 완전한 혁명적 말소는 항상 새로운 질서로, 이전보다 훨씬 더 압제적인 질서로 복귀한다는 것이다. 이런 의미에서 크리스테바는 반란—"야생적인" 전-오이디푸스적 창조력의 해방, 일차적으로 정치적인 것이 아니라 좀더 친밀한, 심적인, 종교적인, 예술적인 등등의 해방—은 칭송하면서도 혁명은 새로운 질서의 설립이라고, 반란의 창조적 에너지의 응고라고 비난한다.[88] 진정으로 헤겔적, 들뢰즈적, 그리고/혹은 라캉적 접근(실로 기이한 등가 계열)에서 볼 때, 이런 논변 노선은 전적으로 거부되어야 한다. 진정한 급진성은 극단으로 가서 체계를 파괴하는 데(즉, 체계를 유지하는 균형을 너무 많이 교란시키는 데) 있는 것이 아니라 이 **균형을 정의하는 바로 그 좌표를 변경**하는 데 있다. 가령, 우리가 복지 국가를 겸비한 근대 자본주의 시장 경제라는 사회-민주주의적 관념을 일단 받아들이면 양 극단(즉, 한편으로는 시장의 완전한 자유, 다른 한편으로는 과도한 국가 개입)을 피해야 하고 그 둘 사이에서 적절한 균형을 찾아야 한다는 것을 주장하기는 쉽다.

---

[88] Julia Kristeva, *The Sense and Non-sense of Revolt* (New York: Columbia University Press, 2000). [국역본: 줄리아 크리스테바, 『반항의 의미와 무의미』(푸른숲, 1998).]

하지만 진정한 혁명은 사회적 구축물의 바로 그 전반적인 균형을 변형시키는 데, 시장과 국가 사이의 바로 그 대립의 장을 폐물로 만들어 버릴 새로운 구조적 원칙을 관철시키는 데 있을 것이다. 혹은 자발성의 관대한 방종과 훈육의 엄격함 사이의 적절한 균형에 관한 상투어를 보자. 혁명은 자발성을 단언하고 모든 훈육을 거부하는 것이 아니라, 무엇이 진정한 자발성이나 훈육으로 간주되는지를 근본적으로 재정의하는 것이다. 가령 칸트의 철학적 혁명에서 진정한 (초월적) 자발성이 생겨나는 것은 내가 나의 자연적 본능과 욕구를 따를 때가 아니라 내가 내 자유를 발휘할 때, 즉 내가 나의 "자발적인" 자연적 추동들에 반하여 행위할 때이다.

(영화) <슈퍼맨 III>에는 경이로운 디테일이 있다. 세상에 화가 난 슈퍼맨은 잠시 사악해져 피사로 날아가 기울어져 있는 탑을 똑바로 세운다. 그런데 사실상 피사가 무엇 때문에 흥미로운가? 그것은 탑이 어찌된 일인지 "엇나가 있다는", 똑바로 서있지 않다는 바보 같은 사실 때문이다. 이에 대해 할 수 있는 최악의 것은 그것을 똑바로 놓는 일이다. 이런 행위는 피사의 사탑을 무관심 속에 되던져 놓고 그것에서 그 인식 기호를 박탈해 버린다. 이 이야기의 교훈은 보편적이며, 근본적인 존재론적 결과들을 담고 있다. 무엇인가가 존재하려면 그것은 두드러져 있는, 균형을 교란시키는 그 무엇에 의존해야만 한다는 것이다. 양자 우주론이 우리에게 가르쳐 주었듯이 우주는 공백으로부터, 무로부터, 균형의 교란/붕괴를 통해 출현했다.

의미의 비틀림

관념론 비판의 표준적인 토포스는 개념적인 전개/제시(로고스)가 실패하는, 그 한계에 달하는 지점에서 내러티브(뮈토스)가 개입할 수밖에 없다는 것이다. 이는 플라톤에서 셸링(그는 『세계의 나이』에서 헤겔의 개념적 자기-전개를 로고스 이전의 절대자의 내러티브로 보충하려고 한다)을 거쳐 마르크스(자본의 시초 축적의 내러티브)와 프로이트(원초적 무리의 내러티브)에 이르기까지 타당하다. 신적인 것의 바로 그 심장부에 있는 형언불가능한 모호한 불가사의—체스터턴이 "논의하기가 쉽지 않은, 더 어둡고 무시무시한 문제 (……) 당연하게도 가장 위대한 성자들과 사상가들조차도 접근하기를 두려워했던 어떤 문제"[89]라고 부르는 것—라는 불변하는 신학적 동기에 직면하여 우리는 반대의 경로를 제안하고 싶어진다. 즉 (악의 원천으로서의 신 그 자신 등의 "이단적" 개념을 경유하지 않는 한) 내러티브의 형식으로 표상불가능한 이러한 불가사의는 "비합리적인" 것의 차원을 가리키기는커녕 단지 개념 그 자체의 명료성의 부정태이다. 즉 이러한 불가사의는 개념의 내재적 자기운동을 특징짓는 자기-분할이 내러티브를 매개로 해서 표상될 수 있는 유일한 방식이다. 다시 말해 (헤겔의 이른바) 표상이나 지성의 영역에 제약된 사유가 그 형언불가능한 것을 사유의 손아귀를 빠져나가는 너머라고 언급할 때, 우리는 이 너머가 개념 그 자체에 다름 아니라고 확신할 수 있다. "한낱 지성"이

---

89) Chesterton, *Orthodoxy*, p. 145. [국역본: 체스터턴, 『오소독시』, 261쪽.]

이성 그 자체를 "비합리적"이라고 지각한다는 사실은 "한낱 지성"의 최고 아이러니입니다.

헤겔은 여기서 스피노자와 재결합한다. 스피노자의 상상력과 참된 앎 사이의 대립은 "이야기"를 수반하는 한낱 표상(*Vorstellung*)과 개념의 자기-전개 사이의 대립이 된다. 내러티브(로서의 철학으)로의 회귀를 달성한 이가 독일 관념론자들 가운데서 "스피노자주의자"로 간주되는 자인 셸링이라는 사실은 철학사의 아이러니다. 셸링의 진정한 철학적 혁명은 무엇에 있는가? 표준적인 학계의 의견에 따르면 셸링은 이념과 실재의 보다 더 균형잡힌 양극성을 단언함으로써 개념의 자기-매개의 관념론적 폐쇄를 깨고 나온 자이다. "부정 철학"(개념적 본질의 분석)은 존재의 긍정적 질서를 다루는 "긍정 철학"에 의해 보충되어야 한다는 것이다. 인간사뿐만 아니라 자연에서도 이념적인 합리적 질서는 "비합리적" 충동들과 정념들이라는 불가입적 근거를 배경으로 해서만 번창할 수 있다. 따라서 철학적 발전의 절정, 절대자의 관점은, 그것의 이념적인 개념 속에서 모든 실재를 "지양"(*Aufhebung*)하는 것이 아니라, 두 차원의 중립적 매개이다. 즉 절대자는 이념적-실재적이다. 하지만 이런 독해는 셸링의 진정한 돌파를 흐려놓는다. 그 돌파는, 1809년부터 인간적 자유에 관한 에세이[90]에 처음 도입된, (논리적) 실존과 (전-논리적 충동들의 실재인) 실존의 불가입적 근거 사이의 구분이다. 이러한 충동들의 원-존재론적 영역은 단순히 "자연"

---

[90] F. W. J. Schelling, "Philosophical Investigations into the Essence of Human Freedom and Related Matters", in *Philosophy of German Idealism*, edited by Ernst Behler (New York: Continuum, 1987) 참조. [국역본: F. W. J. 셸링, 『인간적 자유의 본질 외』 (한길사, 2000).]

이 아니고 아직은 완전히 구성되지 않은 현실의 유령적 영역이다. 따라서 원-존재론적인 충동들의 실재(존재의 근거)와 존재론적으로 완전히 구성된 존재 그 자체 사이의 셸링의 대립은—물론 이것은 여성과 남성의 대립으로 "성구분"되어 있다—자연과 정신, 실재와 이념, 실존과 본질 등등의 표준적인 철학적 쌍들을 근본적으로 몰아낸다. 실존의 실재적 근거는 불가입적이고 농밀하며 비활성적이지만 동시에 유령적이고 "비실재적irreal"이며 존재론적으로 완전히 구성되지 않은 것이다—반면 실존은 이념적이지만 동시에 (근거와 대조적으로) 완전히 "실재적"이고 완전히 존재하는 것이다.91) 따라서 이 대립—완전히 존재하는 현실과 그것의 원-존재론적인 유령적 그림자 사이의 대립—은 실재와 이념, 자연과 정신, 실존과 본질 등등의 표준적인 형이상학적 대립으로 환원될 수 없다. (더욱이 우리는 여기서 어떻게 전-존재론적인 "죽지-않은undead" 것의 이 유령적 영역을 위한 공간이 칸트의 초월적 혁명에 의해 열렸는지를 떠올려 보아야 한다.) 셸링은 후기에 쓴「계시철학」에서 이 대립을 끝까지 사유하는 것의 어려움에서 물러나 본질과 실존, 이념과 실재 등등의 전통적인 존재론적 쌍들로 "퇴

---

91) 전-존재론적 실재 개념은 관념들의 역사와 관련해서뿐만 아니라 심지어는 예술과 우리의 일상적 현실 경험과 관련해서도 결정적이다. 동시대 대중(하지만 대중적이지만은 않은) 문화 전체에 이 전-존재론적 영역에 위치한 존재자들이 거주하고 있지 않은가? 스티븐 킹 공포 전통에서, 아직 성욕화되지 않은 젊은 소년의 유령적 형상을 떠올려 보자. 그는 "죽지-않은undead" 자이며, 완전히 부패한 동시에 무구한, 무한히 유약한 동시에 전적으로 강인한 산주검이며, 바로 그 자신의 순수성 속에서 악의 체현물이다. 우리는 동일한 형상을 1세기 전의 근대 예술에서도 조우하지 않는가? 게오르그 트라클의 시詩에서 에드바르 뭉크의 회화에 이르기까지, 무성적인 유령적 젊은 소년의 모습으로, 연약한 무구함과 완전한 부패를 동시에 나타내는 이 "태어나지 않은unborn" 자의 모습으로 말이다.

행한다"(이 대립을 그런 쌍들로 재번역한다).92) 그렇기에 스피노자-헤겔-셸링의 삼각형은 보기만큼 분명하지가 않다. 비록 스피노자와 헤겔은 종교의 진리를 개념적 형식으로 정식화하려는 노력에서 연대하지만 그럼에도 불구하고 스피노자가 셸링에 더 가까운 그런 층위가 존재한다. 더 정확히 말해 셸링 대신에 리하르트 바그너를 언급해보자. 그는 우리의 논제와 관련해서 셸링의 기본적인 태도를 공유하고 있으니 말이다. 바그너의 『종교와 예술』의 유명한 서두를 떠올려 보자.

> 우리는 이렇게 말할 수 있을 것이다. 종교가 인위적이게 될 때, 종교의 본질을 구제하는 것은 예술이다. 즉 예술은 신화적 상징들—종교는 우리가 이것들을 문자 그대로의 진리라고 믿길 바란다—을 비유적 가치의 측면에서 해석하여, 우리로 하여금 이상화된 표상을 통해 심오한 숨겨진 진리를 보도록 하는 것이다. 사제는 오로지 종교적 알레고리가 사실적 진리로 간주되어야 한다는 데에만 관심이 있는 반면에 이것은 예술가에게는 전혀 관심사가 아니다. 왜냐하면 예술가는 자신의 작품을 솔직하고 공공연하게 자신의 창안물로서 제시하기 때문이다.93)

---

92) 이미 본 것처럼, 들뢰즈의 경우도 마찬가지 아닌가? 『의미의 논리』에서 그는 물체적 존재(원인과 결과의 복합적 그물망) 대 외관상 분리된 생성 층위(그것의 순수 효과, 비물질적 의미의 불모적이고 무감수적인 흐름)라는 대립을 문제시하고, 그럼으로써 낡은 존재론적 쌍들의 안정성을 와해시킨다. 하지만 이후에 『안티-오이디푸스』와 더불어 그는 이 입장을 유지하는 것의 어려움을 피하기 위해 생성 대 존재라는, 역동적인 생산적 운동 대 그것의 효과의 "물화된" 질서라는 전통적인 쌍을 부활시킨다.

93) Bryan Magee, *The Tristan Chord* (New York: Henry Holt, 2000), p. 281에서 인용.

여기, 탁월한 반-키에르케고르적인 이 구절에서 모든 것은 잘못되어 있다: 종교의 역겨운 심미화, 오도적인 반-물신주의, 즉 "내적인" 정신적 진리를 위해 사실적/축어적 진리에 대한 믿음을 거부하는 것. 진정한 물신주의는 축어적 진리 아래 있는 "심오한 숨겨진 진리"에 대한 바로 이런 믿음이라면 어찌할 것인가? 바그너는 여기서 스피노자의 정반대이다. 『신학-정치론』에서 보편적 이성이라는 계몽 개념에 기반해 성서의 역사비판적 독해를 처음 제안한 이가 스피노자니 말이다. 우리는 (철학적 분석을 통해서 오늘날 우리가 접근할 수 있는) 성서의 내적인 참된 의미와 성서가 쓰어진 시대의 인류의 미성숙 상태에 의해 조건지어진 신화적, 상상적, 내러티브적 성서 제시 양태를 구분해야 한다. 스피노자가 예리하게 지적하듯이, 성서의 명시적인 내러티브 내용을 무시하면서 성서의 합리적인 내적 진리를 고수하는 사람이 있다면 그는 완전한 신자로 간주되어야 할 것이다. 그리고 역으로도 마찬가지여서, 그 합리적인 내적 진리를 무시하면서 모든 의례적 계명들을 비굴하게 따르는 사람이 있다면 그는 신자가 아닌 것으로 간주되어야 할 것이다. 바로 이러한 자세에 반대해서 우리는 법칙에 대한 유대교적 복종을 재단언해야 한다. 더욱 더 예리하게 말하자면, 바로 그런 자세에 반대해서 우리는 순수 교리dogma라는 키에르케고르적 요점을 가능한 한 강력하게 단언해야 하는 것이다. 우리가 기독교의 그 모든 윤리적 규칙들을 따른다고 해도 그것들이 그리스도의 신적인 권위에 의해 계시되었다는 믿음 때문에 그렇게 하는 것이 아니라면 우리는 길을 잃어버린다는 것이다.

비록 대립하지만 이러한 두 가지 독해[94]는 비유적 표면 아래서

"심층의" 진리를 찾는다는 점에서 상보적이다. 한 사례에서 이 진리가 내적인 형언불가능한 영적 메시지라면 다른 사례에서 그것은 합리적인 개념적 통찰이다. 그 둘 모두가 놓치고 마는 것은, 마르크스처럼 말해보자면, 형식의 층위 그 자체이다. 내용이 그런 형식을 띠어야 할 내적 필연성 말이다. 형식과 내용 사이의 관계는 여기서 엄밀히 헤겔적인 의미에서 변증법적이다. 형식은 내용에서 억압된 것을, 그것의 부인된 중핵을 명시한다. 바로 그렇기 때문에, 종교적 형식을 그 "내적인" 내용에 대한 직접적인 정식화로 대체할 때 우리는 어쩐지 속았다는, 본질을 박탈당했다는 느낌이 드는 것이다.95) 따라서 스피노자와 바그너에게서 빠져 있는 것은, 형식 그 자체가 내용 안에 포함되게(혹은, 오히려, 각인되게) 하는 내적 비틀림이다. 그리고 아마도 이것이 사건에 대한 최소한의 정의일 것이다.

---

94) [바그너의 독해와 스피노자의 독해.]
95) 바로 그렇기 때문에 바그너의 성서 독해이건 스피노자의 성서 독해이건 정신분석과, 정신분석적 해석과 아무런 관계가 없는 것이다. 진정으로 정신분석적인 독해가 어떤 것인지 알고 싶다면 가령 카프카의 『심판』에 나오는 조세프 K와 사제 사이의 대화 속에서 찾아야 한다. 그 대화는 법의 문에 관한 "우화"에 뒤이어 나온다.
 본연의 해석은 어떻게 나아가는가? 고전적 탐정 소설에 나오는 매력적인 암호 같은 견해를 떠올려 보자: "부인의 하녀는 초록색 새 양말을 신었나요? 이는 광범위한 유럽의 전쟁이 곧 일어날 것이라는 뜻이지요!" 만약 독자가 이어지는 해석에서 하녀가 스파이였으며 그녀가 신은 초록색 양말은 동료 스파이에게 던지는 핵심적인 신호였다는 것을 알게 된다면 독자는 속았다고 느끼게 될 것이다. 진정한 해석은 어떤 임의적 코드에 대한 그런 직접적인 참조를 버려야 한다. 진정한 해석은 오히려 다음과 같은 노선을 따라야 할 것이다. "하녀는 초록색 양말을 아주 좋아하고 그녀의 연인은 그녀를 방문할 때마다 그것을 갖다 줍니다. 그녀의 연인은 독일 대사의 부하입니다. 만약 독일 대사가 어제 그 부하를 데리고서 부인을 방문했다면, 그것은 독일의 비밀 스파이인 그녀에게서 독일의 공격을 위한 비밀 정보를 얻어내기 위한 것입니다."

희극적인 헤겔적 막간극: 덤 앤 더머

댄 퀘일과 조지 W. 부시가 무의식적으로 헤겔적 변증법을 실행한다는 것을 알아챈 사람은 얼마나 될까? 우리는 우리 모두가 10년 전에 댄 퀘일에게서 그것을 보았다고 생각했다. 하지만 부시에 비해 퀘일은 좀 지적인 사람으로 등장한다. "potato"의 철자를 "potatoe"로 교정하는 그의 유명한 실수에 대해 나 자신도 인정해야만 하는 사실은 항상 내게는 퀘일이 어쩐지 옳았던 것처럼 보였다는 것이다. 즉 "potatoe"는 훔볼트라면 "potato"의 진정한 "내적 형식"이라고 불렀을 법한 그 무엇에 보다 더 근접한다. (그럼에도 불구하고 나는 최근 부시가 "Greeks"(그리스인) 대신 "Grecians"이라고 말한 일—"Keep good relations with the Grecians"—에 대해서도 유사한 무언가를 느낀다는 사실을 인정해야 한다. 진정 "Grecian"은 어쩐지 더 고상해 보인다. "you are" 대신 "thou art"라고 할 때처럼 말이다. 반면 "Greek"은 "geek"(엽기인)과 너무도 유사하게 들린다—우리의 고귀한 서구 문명의 창시자들이 정말로 한낱 엽기적인 무리였을 뿐이라는 말인가?)

그렇다면 부시는 어떻게 퀘일에 필적하는가? 부시의 말실수는 전성기 때의 퀘일처럼 마르크스 브라더스의 최고의 말실수("당신을 보니 엠마누엘 라벨리가 떠오르는 건 이상할 것도 없군요 왜냐하면 당신은 라벨리이니까 말이오.")의 수준에 있는가, 아니면 그에 못지않게 기발한 "골드위니즘", 즉 걸출한 할리우드 제작자 샘 골드윈이 한 발언들("구두 동의는 그것이 쓰어진 종이만한 가치가 없다!"에서부터 악명 높은 "나를 밖에서 포함시켜라!Include me out!"에 이르기까지)의 수준에 있는가? 퀘일과 부시의 실수 대부분은 프랑스인들의 이른바 라팔리사드[96]—라 팔리스 나리라는 신화적 형상에게 귀속된 명백한 것의 동어반복적 진술로서 "라 팔리스 나리는 죽기 한 시간 전에 여전히 완전하게 살아있었다"와 같은 것—의 기본 공식을 따른다. 실로 라 팔리스의 기발한 "공기가 훨씬 더 맑은 시골에 도시를 짓는 것은 어떨까요?"는 공화당의 생태 정책의 간명한 정식화에 매우 근접한다. 부시의 다음과 같은 뻔한 말truism은 그 정식화를 완벽히 표현하고 있다. "저는 인간과 물고기가 평화롭게 공존할 수 있다는 걸 알고 있습니다."

부시와 퀘일로부터 나온 이런 기본적인 유형의 말실수의 몇몇 예들은 다음과 같다. "우리가 성공하지 못한다면 실패를 무릅쓰는 것입니다." / "투표율이 낮다는 것은 더 적은 사람들이 투표하러 간다는 표시입니다." / "나사에서 우주는 여전히 중요한 우선사항입니다." 이러한 라팔리사드는, 순수 동어반복을 인과적 설명인 양 단호하게 제시할 때 좀 더 흥미로워진다. 퀘일의 다음과 같은 실수를 보라. "누가 로스앤젤레스에서 폭동과 살인을 유발했는가에 대한 질문을 받았을 때 나의 대답은 직접적이고 단순했습니다.

---

[96] ["라팔리사드lapalissade"란 하나마나한, 반복에 지나지 않은 뻔한 말을 지칭하는 불어 단어이다. 그것은 자끄 드 라 팔리스라는 한 중세 프랑스 귀족의 이름으로부터 유래되었다. 그는 프랑스 군 총사령관으로서 이탈리아 군대에 대항해 싸웠으며 파비아 전투에서 전사했는데 그의 용기에 탄복한 병사들은 그에 관한 몇몇 명언을 남겼다. 그 이후 시인 베르나르 드 라 모느와예는 그 명언들을 비틀어 「라 팔리스」라는 시를 썼는데 이것은 그를 조롱하기라도 하듯 뻔한 말들로 이루어져 있었다. 가령 라 모느와예는 "아, 그가 죽지 않았다면 여전히 선망을 불러일으킬 텐데"라는 병사들의 말을 "아, 그가 죽지 않았다면 여전히 살아 있을 텐데"로 고의로 바꿔 썼다. 오늘날 라팔리사드는 바로 이 시에 나온 말과 유사한 뻔한 말을 지칭하는 일반적인 단어로 통용되고 있다.]

누가 폭동에 책임이 있습니까? 폭도들입니다. 누가 살인에 책임이 있습니까? 살인자들입니다." (물론 이 동어반복에는 암묵적인 보수적 정치 논리가 존재한다. 즉 이 인용문은 암묵적인 부정에 의존한다. 사회적 정황 속에서 "심층의" 원인들을 찾지 마라. 전적으로 책임이 있는 것은 직접적인 가해자들이다.) 사태가 훨씬 더 흥미로워지는 것은 퀘일이 기이하게도 헤겔적인 방식으로 개념과 그것의 경험적 예시들을 대립시킴으로써 동일성을 폭발시킬 때이다: "환경을 해치고 있는 것은 오염이 아닙니다. 공기와 물 속에 있는 불순물들입니다."

부시가 이 길을 따라 퀘일을 쫓아갈 수는 없지만, 개념적 대립이 변증법적 자기관련*Selbstbeziehung*의 수준으로 고양되는 말실수를 산출할 때 그는 종종 진정으로 퀘일을 따라잡는다. 퀘일이 돌이킬 수 없음과 돌이킬 수 있음 사이의 바로 그 대립을 어떻게 돌이킬 수 있는 것으로 정립했는지를 떠올려 보자. "저는 우리가 더 많은 자유와 민주주의를 향해 가는 돌이킬 수 없는 추세에 있다고 믿습니다―하지만 이는 변할 수도 있습니다." 그렇다면 문제는 단순히 사태는 돌이킬 수 있거나 아니면 돌이킬 수 없다는 것이 아니다. 돌이킬 수 없는 것처럼 보이는 상황이 돌이킬 수 있는 상황으로 변할 수 있다는 것이다. 이러한 반성성의 훨씬 더 멋진 예가 있다: "미래는 내일 더 좋아질 것입니다." 요점은 단순히 퀘일이 내일 사태는 더 좋아질 것이라고 주장하려고 했는데 실수를 했다는 것이 아니다. 가까운 미래(내일)에 미래 그 자체는 우리에게 더 밝아 보이리라는 것이다. 부시는 정확히 동일한 구조를 자신의 다음과 같은 진술 속에서 재생하지 않았는가? "내가 발견한 공통분모 중 하나는, 기대는 기대된 것을 초월한다는 사실입니다."

퀘일에게서 이러한 반성성은 다음과 같은 인용문에서 절정에 달하는데 여기서 세 가지 회피/부인의 계열은 발화자가 그림에서 자신을 지울 때 완성된다. "홀로코스트는 우리 국가의 역사상 외설적인 시기였습니다. 제 말은 이 세기의 역사상 그렇다는 것입니다. 하지만 우리 모두는 이 세기에 살았습니다. 저는 이 세기에 살지 않았습니다." 이 계열의 진행 논리는 냉혹하다. 먼저 퀘일은 그 자신의 국가의 어두운 과거와 관련된 부채를 청산하려는 열망에서 그 세기의 범죄를 그 자신의 국가 탓으로 돌린다. 그 범죄를 저지르지도 않았는데 말이다. 그런 다음에 그는 그 행위는 자신의 국가가 저지른 것이 아니라는 것을 명시하면서 물러선다. 그 다음 그는 자신의 과거와 관련된 부채를 청산하려는 논리로 필사적으로 되돌아가려는 시도에서 새로운 공동체—더 이상 "우리 국가"가 아니라, 지난 세기에 살았고 그렇기에 홀로코스트에 공동 책임이 있는 우리 모두—를 구성한다. 마지막으로 그는 스스로 말하고 있던 가운데 빠져 들었던 난잡함을 자각하게 되면서 자동적으로 재빠른 탈출을 선택하고서 그 자신을 자신의 세기에서 배제시킨다. 요컨대 퀘일은 골드윈의 "나를 밖에서 포함시켜라"의 완전한 역전을 형성하는 제스처로 그의 세기 "안에서 그 자신을 배제한다"! 그렇다면 그가 이렇게 뒤죽박죽이 된 후에, 부시를 가장 간명하게 특징짓는 진술이기도 한 다음과 같은 진술을 하는 것은 놀랄 일이 아니다. "실제로 기묘한 사람들은 민감한 위치에 들어가 역사에 엄청난 충격을 가할 수 있습니다."

하지만 부시가 퀘일보다 멀리 나아갈 수 있는 두 개의 영역이 있다. 첫 번째는 확실성과 불확실성의 포스트모던적 변증법의 영역이다. 부시의 사유에서 (적의 경험적 형상에 관한) 불확실성은 위험을 감소시키기는커녕, 우리가 정확히 그 적이 누구인지를 모른다는 사실로 인해 더더욱 위험한 적이 존재함에 **틀림없다는** 보다 높은 확실성으로 변증법적으로 역전된다. 따라서 적에 관한 불확실성이 크면 클수록 우리는 저 밖에 잠복해 있는 적에 관해 그만큼 더욱 더 크게 확신할 수 있다. "오늘날은 과거보다 훨씬 더 불확실한 세계입니다. 과거에 우리는 확신하고 있었습니다. 과거에 우리는 그것이 우리 대 러시아인이라는 것을 확신하고 있었습니다. 우리는 확신하고 있었고, 그래서 우리는 평화를 지키기 위해 엄청난 핵무기들로 서로를 겨누었습니다. (……) 비록 불확실한 세계이지만 우리는 몇 가지는 확신하고 있습니다. (……) 우리는 이 세계에 미친놈들이 있고 테러가 있으며 미사일이 있다는 것을 확신하고 있습니다. 그리고 나 또한 이것을 확신합니다." 부시는 단순한 기독교적 계명인 "이웃을 네 자신처럼 사랑하라!"의 세련된 반성적 비틀림과 관련해서도 퀘일을 능가한다. 부시는 헤겔의 『정신현상학』에서 인정에 대한 욕망의 변증법(우리는 곧바로 우리 자신을 사랑하는 것이 아니다—우리가 사실상 사랑하는 것은, 타자들에게 사랑받는 것이다. 즉 우리는 우리에 대한 타자들의 사랑을 사랑한다)의 교훈을 받아들였다. "여러분이 여러분 자신을 누군가가 좋아해주기를 바라듯이 여러분의 이웃을 좋아하라는 보편적인 부름을 우리 모두는 들어야 합니다."

그렇다면 그 불운한 부시는, 퀘일의 슬픈 운명을 피하기 위해서, 자신의 진술의 숨겨진 변증법적 섬세함을 헤아릴 수 없는 아둔한 자유주의적 대중의 맹목을 일소하기 위해서 무엇을 해야 하는가? 우리 모두가 알고 있듯이, *du sublime au ridicule, il n'y a qu'un pas*(숭고함이 우스꽝스러움이 되는 데는 단 한 걸음이면 족하다)만이 참인 것이 아니라, 방향을 반대로 돌려도 된다. 그렇다면 아마도 부시는 동어반복적 역전들로부터 심오한 통찰을 발생시키는 하이데거적 기술을 습득해야 할 것이다. 다시 말해 우리가 하이데거의 유명한 역전인 "*das Wesen der Wahrheit ist die Wahrheit des Wesen*(진리의 본질은 본질의 진리이다)"나 어떤 영역의 본질을 이 영역 그 자체로부터 배제시키는 그의 수사학적 전략("기술의 본질은 기술적인 그 어떤 것도 아니다")을 떠올려볼 때, 우리는 어떤 부시즘bushism이 얼마나 손쉽게 심오한 사유로 바뀔 수 있었을까하는 생각이 나지 않을 수 없다. 그는 이렇게 말했다. "지금은 보존의 달입니다. 저는 보존에 감사해합니다. 이것은 여러분이 대통령에 출마할 때 해야 할 일입니다. 여러분은 보존해야 합니다." 이것은 이렇게 번역될 수 있을 것이다. "보존의 본질은 우리의 물리적 자원의 존재적 보존과는 상관이 없습니다. 보존의 본질은 우리 사회의 본질 그 자체의 보존입니다―그리고 이것은 미국의 대통령이 해야 할입니다. 그가 저속한 존재적 수준에서 미국의 역사상 그 어느 때보다도 더 많은 자연 자원의 파괴를 허용하고 있다 해도 말입니다."[97]

---

[97] 부시는 이 기술을 습득하게 될 때 자신이 빌 클린턴의 존경할 만한 계승자임을 입증할 기회를 다시 얻게 될 것이다. 왜냐하면 미국 대통령 직위에서의 이 하이데거적 추세는 이미 클린턴 시대에 식별가능한 것이었기 때문이다. 클린턴이 모니카 르윈스키와의 관계에 대한 검사의 질문("……은 사실입니까?")에 "그건 '입니까is'가 당신에게 어떤 의미냐에 달려 있습니다"라는 악명높은 답을 했을 때 그는 하이데거적 존재물음*Seinsfrage*을 가리키고 있지 않았는가?

들뢰즈의 오이디푸스-되기

다시 들뢰즈로 돌아가 보면, 헤겔의 경우에서와 동일한 격렬한 유형의 오독을 들뢰즈가, 특히 라캉과 관련하여, 정신분석을 취급하는 곳에서도 분명히 식별할 수 있지 않은가? 들뢰즈가 "오이디푸스"라고 제시하는 그 무엇은 라캉의 입장에 대한, 철저한 곡해는 아니라 하더라도, 다소 우스꽝스러운 단순화이다. 라캉의 가르침의 마지막 몇 십 년 동안은 "오이디푸스 너머", "오이디푸스, 프로이트의 꿈" 등의 논제와 소제목이 넘쳐난다. 그 뿐만이 아니다. 라캉은 콜로노스에서의 오이디푸스의 바로 그 형상을 후-오이디푸스적 형상으로, "오이디푸스 콤플렉스 너머"의 형상으로 제시하기까지 한다. 그렇다면 그 라캉적인 "오이디푸스의 이면"을 두 계열 사이를, 즉 한편으로 "공식적인" 오이디푸스적 정상화 내러티브와 다른 한편으로 강도와 욕망하는 기계의 전前주체적 영역 사이를 매개하는 일종의 들뢰즈적 "어두운 전조"로 파악하다면 어찌할 것인가? 들뢰즈가 필사적으로 피하려고 하는 것이 바로 이것, 즉 두 계열 사이의 이 "사라지는 매개자"라면 어찌할 것인가? 따라서 우리가 해야 하는 것은, 헤겔과 관련하여 부과된 것과 동일한 제스처를 (프로이트적) 오이디푸스에 대한 들뢰즈의 환원론적 독해—이는 엉성한, 단순화된 해석이라는 점에서 그의 또 다른 섬뜩한 예외이다—에 대해서도 반복하는 일이다.

오늘날의 이론에서, 특히 문화연구에서 오이디푸스에 대한 참조는 종종 우스꽝스러운 허수아비의 극치로 환원되곤 한다. 그것은 아이가 정상적인 이성애로 진입하는 드라마의 단조로운 시나리오라는 것이다. 이 수사적 기능을 완수하기 위해서 오이디푸스 콤플렉스에는 다수의 비일관적인 기능들이 귀속되어야 한다. (익명으로 남겨두는 게 좋을) 다음과 같은 전형적 구절을 인용해보겠다. "오이디푸스적 시나리오에서 어린 남자 아이는 어머니로부터 자신을 분리시켜 어른으로의 성장을 시작하기 위해 그녀를 성적으로 정복하기를 욕망한다. 성공을 위해 그는 자신의 성적 경쟁자인 아버지를 파멸시켜야 한다." 따라서 남자 아이를 어머니로부터 분리시키는 "거세" 기능을 맡은 자는 아버지가 아니다. 사실 남자 아이는 동시에 비일관적인 세 가지 일을 해야 한다. 어머니를 정복하고, 자신을 어머니로부터 분리시키고, 아버지를 파멸시키는 것 말이다. 제리 앨린 플리저가 한 일은[98] 그 본연의 헤겔적 단순함 속에 있는 전복적인 그 무엇이다. 그녀는 "추상 기계"를, 유목적인 탈영토화의 작인을, 들뢰즈와 가타리의 이른바 "외로운 늑대"— 그것은 늑대 무리 바깥으로 "도주선"을 열면서 그 무리의 한계를 나타낸다—라는 최고 사례를 오이디푸스 속에서 (재)발견함으로써 오이디푸스를 다시 들뢰즈적 영토로 재기입-재번역해 놓은 것이다. 그리고 사실상 오이디푸스—자신의 궤적을 **맹목적으로** (이 말의 두 가지 의미 모두에서) 따른 이 이방인—는 인간 경험의 극한을 현실화, 행동화함으로써, 홀로 (아니, 오히려, 그 자신의 추방자 무리와 더불어) 문자 그대로 집 없는 유목민으로, 인간들 사이의 산주검으로 끝남으로써 인간 늑대 무리의 극한을 대변하지 않는가? 따라서 여기서 반복해야 하는 것은, 필연성이 우연성

---

[98] Jerry Aline Flieger, "Overdetermined Oedipus", in *A Deleuzian Century?* edited by Ian Buchanan (Durham, N. C.: Duke University Press, 1999).

으로부터 어떻게 출현하는지를 보여준 철학자를, 주체의 항상적인 전치를 내포하는 현기증 나는 개념들의 유동성의 철학자를 헤겔 속에서 우리가 (재)발견할 수 있게 해준 것과 동일한 작업이다. 이런 "프로이트-라캉적인 들뢰즈 비역질"이 초점을 맞춰야 하는 개념은 예상할 수 있겠지만 바로 남근이며, 이에 대한 들뢰즈의 용어는 "어두운 전조"이다. 들뢰즈는 그것을 『차이와 반복』에서 도입하고 있다. "번개는 서로 차이 나는 강도들 사이에서 번쩍인다. 하지만 그 이전에 어떤 어두운 전조가 선행해야 한다. 이 전조는 볼 수 없고 느낄 수도 없지만, 마치 음각처럼 패여 있으면서 번개의 길을 전도된 방향에서 미리 규정한다."[99] 어두운 전조는 그 자체로 메타차이의 기표이다.

> 두 개의 다질적 계열, 차이들의 계열이 주어진다면, 전조는 이런 차이들의 분화소로서 행동한다. 어두운 전조는 바로 이와 같이 자신의 고유한 역량을 통해 차이들을 직접적이고 무매개적으로 서로 관계짓는다. 어두운 전조는 차이의 즉자 존재 또는 "차이짓는 차이소"이다. 다시 말해서 전조는 두 번째 등급의 차이, 자기 자신과 차이나는 차이다. 차이나는 것은 이런 차이를 통해 비로소 차이나는 것과 관계하게 된다. 전조가 그리는 궤적은 보이지 않거나 혹은 오로지 거꾸로만 보일 뿐인데, 자신이 체계 안으로 유도하는 현상들에 의해 뒤덮이고 이리저리 스치기 때문이다. 이런 이유에서 전조는 자신이 "결여한" 자리 말고는 다른 자리를 갖지 않고, 자신이

---

99) Gilles Deleuze, *Difference and Repetition* (New York: Columbia University Press, 1994), p. 119. [국역본: 질 들뢰즈, 『차이와 반복』 (김상환 옮김, 민음사, 2004), 268쪽.]

결여한 동일성 말고는 다른 동일성을 갖지 않는다. 정확히 말해서 전조는 고유한 동일성이 없을 뿐 아니라 언제나 "제 자리에 없는" 대상=x이다.[100]

혹은 부캐넌이 간명하게 말하듯이 "어두운 전조는 우리가 결과를 원인으로 오해하지 않으려면 거꾸로 읽어야만 하는 텍스트 내의 계기들이다."[101] 『의미의 논리』에서 들뢰즈는 라캉의 "순수 기표" 개념을 직접 참조함으로써 이 개념을 발전시킨다. 의미-효과가 일어나기 위해서는 두 개의 계열, 즉 기표 계열과 기의 계열 사이에 단락이 있어야 한다는 것이다. 이 단락은 라캉의 이른바 "누빔점"인바, 기의 없는 "텅 빈" 기표의 모습으로 기표가 기의의 질서에 직접 각인되는 것을 말한다. 이 기표는 (의미작용적) 원인을 그 효과의 질서 내에서 표상하며, 그리하여 기표가 기의의 효과/표현으로 나타나는 (오)지각된 "자연적" 질서를 전복시킨다.

그리고 사실상 일반적으로 "구조주의"라고 일컬어지는 장에 대한 들뢰즈의 관계는 보기보다 훨씬 더 애매하다. 『의미의 논리』의 핵심 개념인 "어두운 전조"가 라캉적인 구조주의적 관점에서 직접 발전되었다는 것만이 문제가 아니다. 동시에 들뢰즈는 "구조주의를 어떻게 식별할 것인가?"를 쓰기도 했다. 그 글은 구조주의를, 경험의 흐름을 규제하는 고정된 초재적 구조들에 관한 사유로서가 아니라 의미의 흐름의 발생자인 무의미nonsense의 역할에 대한 일관성 있는 이론의 전개로서 제시하는 짧고 간명하며 호의적인

---

100) Deleuze, 앞의 책, pp. 119-20. [국역본: 269쪽.]
101) Ian Buchanan, *Deleuzism* (Durham, N. C.: Duke University Press, 2000), p. 5.

설명이다.102) 더욱이 들뢰즈는 여기서 명시적으로 라캉이 이 기표를 남근과 동일시한 사실을 언급한다(그리고 상세하게 발전시킨다).103) 그렇다면 우리는 그가 이후에 "구조주의"에 대한 태도를 분명히 "경직시킨 것"을 어떻게 읽어야 할까? "어두운 전조"라는 바로 그 라캉적 참조점이 어째서 들뢰즈 후기 사유 속의 "어두운 전조"의 지위로 환원되는가? 다시 말해 어째서 그것은, 최종 결과 속에서 그 흔적이 지워져야 할 일종의 "사라지는 매개자"로 화하는가?

들뢰즈가 구조주의를 승인한 사실을, 자신의 기본적인 입장의 모든 결과를 그가 미처 완전히 자각하지 못했을 시절에 속하는 특질이라고 기각한다면 (그리하여 "경직화"가 필연적인 근본화로 파악된다면) 이는 어쩌면 너무 성급한 일일 것이다. 이러한 경직화는 반대로 "퇴행"의 신호, **잘못된** "도주선"의 신호, 복잡함을 희생함으로써 어떤 교착상태를 해결하는, 그 상태로부터 벗어나는 잘못된 출구의 신호라면 어찌할 것인가? 어쩌면 이는 들뢰즈가 가타리와의 공동 작업을 굉장한 "위안"으로 경험한 이유일 것이다.

---

102) Gilles Deleuze, "A quoi reconnaît-on le structuralism?" in *Histoire de la philosophie*, vol. 8: *Le XXème siècle*, edited by François Chatelet (Paris: Hachette, 1972), pp. 299-335(1967년에 쓰여짐). 영역은 "How De We Recognize Structuralism?" published as an appendix in Charles J. Stivale, *The Two-Fold Thought of Deleuze and Guattari* (New York: Guilford Press, 1998), pp. 258-82. [국역본: 질 들뢰즈, 『의미의 논리』(이정우 옮김, 한길사, 1999)에 "특별 보론"으로 실린 「구조주의를 어떻게 식별할 것인가」.] 우리는 들뢰즈가 헤겔에게 등을 돌리는 것은 그 자신의 기원에 등을 돌리는 것과 방식상 동형적이라고 주장하고 싶어진다. 들뢰즈의 초기 텍스트들 중에 하나인, 이폴리트의 헤겔『논리학』독해에 대한 그의 매우 호의적인 논평을 떠올려 보라. 그것은 Jean Hyppolite, *Logic and Existence* (Albany: State University of New York Press, 1997), pp. 191-95에 재수록 되어 있다.

103) Stivale, 앞의 글, pp. 277-78[545-546쪽] 참조. "어두운 전조"와 남근 사이의 연결에 대한 보다 상세한 설명으로는 *The Logic of Sense*, pp. 227-30[369-378쪽] 참조.

가타리와 공동 집필한 그의 텍스트들의 유연함fluidity은, 즉 이제 마침내 일이 매끄럽게 돌아간다는 느낌은 사실상 거짓 위안이다. 그것은 사유의 짐을 성공적으로 회피했다는 것을 나타낸다. 진정한 수수께끼는 다음과 같은 것이다. 왜 들뢰즈는 구조주의에 있는 그 자신의 뿌리를 부인하고 그것을 "악마화"하려는 이상한 압박에 굴복하는가(이 때문에 우리는 "구조주의"에 대한 들뢰즈의 공격은 그가 구조주의로부터 얻은 것을 위해서 상연된 것이라고, 그 공격은 엄밀히 말해 구조주의에 내속적이라고 유효하게 주장할 수 있다)? 다시금, 그는 왜 이런 연결고리를 부인해야만 하는가?

프로이트적 오이디푸스 콤플렉스는 (특히 그것의 라캉적인 해석적 전유에서) 사회적 강도들의 다수성이 어머니-아버지-나라는 모체로 환원되는 것의 정확한 **반대**가 아닌가? 즉 그것은 주체가 사회적 공간으로 폭발적으로 **개방되는** 것의 모체가 아닌가? "상징적 거세"를 겪는 것은 주체가 보다 넓은 사회적 그물망으로 나아가면서 가족 그물망으로부터 내던져지는 길이다—**탈영토화의 작용소, 오이디푸스**. 하지만 오이디푸스가 그럼에도 불구하고 초기의 "충동의 다형 도착성"을 어머니-아버지-나라는 좌표에 "집중시킨다"는 사실은 어떤가? 보다 정확히 말해 "상징적 거세"는 또한 아이-주체가 본연의 의미의 질서, 의미의 **추상화**의 질서에 진입하는 과정의 이름이기도 하지 않은가? 주체가 어떤 성질을 신체적 **전체**에 묻힌 상태로부터 추상할 수 있는 능력을, 그것을 더이상 어떤 실체에 귀속되지 않는 생성으로 파악할 수 있는 능력을 얻게 되는—들뢰즈라면 "붉은"은 더 이상 붉은 사물의 술어를 나타내지 않고 붉음-되기의 순수 흐름을 나타낸다고 말했을 것이다

―바로 그 진입 과정 말이다. 따라서 "상징적 거세"는 우리를 우리의 신체적 현실에 결박하기는커녕 이러한 현실을 "초월"하고 비물질적 생성의 공간으로 진입할 수 있는 우리의 바로 그 능력을 유지한다.『이상한 나라의 앨리스』에 나오는, 고양이의 신체가 사라질 때 그 스스로 살아남은 자율적 미소 또한 신체에서 "거세된" 잘려진 기관을 나타내지 않는가? 그렇다면 거세의 기표로서의 남근 그 자체가 그와 같은 신체 없는 기관을 나타낸다면 어찌할 것인가?

이는, 들뢰즈의 준원인은 라캉적 "남근 기표"의 들뢰즈 식 명칭이라는 주장을 위한 보다 더 진전된 논변이 아닌가? 들뢰즈에 따르면 어떻게 준원인이 "현재로부터, 이 현재를 점유하고 있는 개체들과 인격체들로부터 단독성들을 추출"[104]하는지를, 그리고 동일한 운동 속에서 어떻게 준원인이 단독성들에, 그것들의 실제 원인들인 내포적intensive 과정들과 관련하여, 나름의 상대적인 자율성을 제공하고 이 무감수적이고 불모적인 효과들에 형태발생적 힘을 부여하는지를 떠올려 보라. 이 이중적 운동은 **정확히** (남근을 그 기표로 하는) "상징적 거세"의 운동이 아닌가? 먼저, 무감수적-불모적 사건은 원기왕성하고 물체적인 원인적 기초로부터 절단되고 추출된다("거세"가 의미하는 게 있다면 그것은 바로 이것이다). 그런 다음 의미-사건의 이 흐름은 그 나름의 자율적인 장으로서, 물체적 체현들에 대한 비물체적인 상징적 질서의 자율성으로서 구성된다. 따라서 준원인의 기초적 작용으로서의 "상징적 거세"

---

104) Deleuze, *The Logic of Sense*, p. 166. [국역본: 285-286쪽.]

는 심원하게 **유물론적인** 개념인데 그 까닭은 그것이 여하한 유물론적 분석이라도 기본적으로 필요로 하는 것에 응답하기 때문이다: "본질론적이고 예표론적인typological 사고를 제거하려면 우리는 잠재적 다양체들이 현행적 세계로부터 파생되는 그 어떤 과정을, 그리고 이 파생의 결과들에 충분한 통합성과 자율성이 주어질 수도 있는 그 어떤 과정을 필요로 한다."[105]

물론 문제는 다음과 같은 것이다: 여기서 최소한의 현행화는, 선행하는 현행적인 것으로부터 잠재적인 것이 추출된 이후에 일어나는 그 잠재적인 것의 현행화로서 파악된다. 그렇다면 **모든 현행적인 것은 선행하는 잠재적인 것이 현행화된 결과라는 것인가**(그리하여, 현행화되는 잠재적인 것이 추출되어 나오는 그 원천에 해당하는 현행적인 것의 경우도 마찬가지라는 것인가), 아니면 모든 잠재적인 것은 어떤 현행적인 것으로부터 추출되어야 하므로 잠재적인 것에 선행하는 현행적인 것이 있다는 것인가? 아마도 이런 궁지—잠재적인 것은 현행적인 것으로부터 그것의 무감수적-불모적 효과로서 추출된다는 말인가 아니면 잠재적인 것은 현행적인 것을 발생시키는 생산적 과정이라는 말인가?—로부터 벗어나는 길은 그 두 작용의 궁극적, 절대적 동일성일 것이다. 들뢰즈가 "유사 원인"의 작용을 잠재화(잠재적인 것의 추출)인 동시에 최소한의 현행화(유사-원인은 잠재적인 것에 최소한의 존재론적 일관성을 부여한다)인 작용으로 기술했을 때 그 자신이 암시한 동일성 말이다. 우리가 셸링으로부터 알고 있듯이, 퍼텐셜들의 장

---

105) DeLanda, 앞의 책, p. 115.

으로부터 현행적 현실을 만드는 그 무엇은 어떤 미가공된 (물질의) 실재성의 부가가 아니라 오히려 (로고스의) 순수 이념성의 부가라면 어찌할 것인가? 칸트 자신은 이미 이러한 역설을 자각하고 있었다. 혼돈된 인상들의 장은 초월적 이념에 의해 보충될 때 현실로 전환된다는 역설을 말이다. 초월적 관념론의 이 근본적인 교훈이 의미하는 것은 잠재화와 현행화가 동일한 동전의 양면이라는 점이다. 현행성은 잠재적(상징적) 보충물이 전-존재론적 실재에 부가될 때 그 스스로를 구성한다. 다시 말해 실재로부터 잠재적인 것의 바로 그 추출("상징적 거세")이 현실을 구성한다—현행적 현실은 잠재적인 것을 통해 여과된 실재다.

따라서 준원인의 기능은 내속적으로 모순적이다. 그것의 임무는 (다양체들에 최소한의 현행성을 부여하면서) 현행화를 추진시켜 나가는 일임과 동시에 잠재적 사건들을 그것들의 원인들인 물체적 과정들로부터 추출해냄으로써 현행화에 맞서는 일이다. 우리는 이 두 측면을 동일한 것으로 파악해야 한다. 여기서 작동하는 본연의 헤겔석인 역설은 이렇다: 어띤 잠재적 상대가 스스로를 현행화할 유일한 길은 또 다른 잠재적 특질에 의해 보충되는 것이다. (다시금 칸트를 떠올려 보자. 혼돈된 주관적 감각의 다양체는 어떻게 "객관적" 현실로 변형되는가? 이런 일은 초월적 종합이라는 주관적 기능이 이 다양체에 부가될 때 일어난다.) 이것이 가장 기본적인 수준의 "남근적" 차원이다. 현행화를 유지시키는, 잠재적인 것의 과잉. 그리고 남근 기표에 대한 이러한 참조는 또한 우리가 남근과 거세라는 라캉적 개념들에 대한 표준적 비난들 가운데 하나에 응답할 수 있게 해준다. 즉 그 개념들이 일종의 비역사적 단락을 내포하고 있다는 생각, 다시 말해서 그 개념들이 인간 실존 그 자체의 조건으로 기능하는 제약을 어떤 특정한 가부장적 젠더 배치에 의존하는 특수한 위협(거세 위협)과 직접 연결한다는 불평에 응답할 수 있게 해준다. 그렇다면 그 다음 움직임은 으레 다음과 같은 주장을 통해 거세 개념—이 "우스꽝스러운" 프로이트적 주장—을 제거하려는 움직임이다. 즉 거세 위협은 기껏 해야 인간 조건의 범역적 한계—즉 구속의 전 계열(우리의 자유를 제한하는 다른 사람들의 존재, 우리의 필멸성, 그리고 또한 "성을 선택해야 할" 필요성) 속에서 경험되는 인간 유한성의 한계—의 국지적 표현에 불과하다는 것이다. 거세로부터 인간 조건의 바로 그 유한성에 기반한 불안으로의 이와 같은 움직임은 물론 거세와 음경선망이라는 당혹스러운 논제를 제거함으로써(누가 오늘날 이것을 진지하게 다룰 수 있는가?) 프로이트를 "구하려는" 표준적인 실존철학적 움직임이다. 그리하여 정신분석은 구원되고, 고통받는 인간 주체들이 유한성의 불안들에 대처하는 방법을 다루는 존경할 만한 학문 분과로 마술적으로 변형된다. 1912년 융과 프로이트가 탄 배가 미국 해안에 다가갔을 때 융이 프로이트에게 한 유명한(악명 높은) 조언(정신분석을 미국 의학 시설에 좀더 수용가능하게 하려면 성에 대한 강조점을 생략하거나 적어도 제한해야 한다는 것)이 여기서 부활된다.

"거세"가 어떻게 인간 조건의 일반적 한계의 한낱 특수한 심급일 뿐인지를 강조하는 것만으로는 어째서 충분치 않은가? 혹은 좀 달리 말하면, 보편적인 상징적 구조와 특수한 육체적 경제 사이의 연결고리를 우리는 어떻게 고집해야 하는가? 라캉에 대한 오래된 비난은 그가 두 층위를, 중립적인-보편적인-형식적인 상징적 구조라고 간주되는 것과 특수한-젠더화된-신체적 지칭물들을 뒤섞고 있다는 것이다. 가령, 그는 남근이 기관으로서의 음경이 아니라 기표로서의, 심지어는 "순수" 기표로서의 음경이라는 사실을 강조한다는 것이다. 그렇다면 왜 이 "순수" 기표를 "남근"이라고 부르는가? (라캉뿐만 아니라) 들뢰즈에게 분명했듯이 거세 개념은 다음과 같은 매우 특정한 물음에 답하고 있다. 보편적인 상징적 과정은 어떻게 스스로를 그 육체적 뿌리로부터 이탈시키는가? 그것은 어떻게 상대적 자율성 속에서 **출현하는가**? "거세"는 우리가 비육체적인 것의 영역으로 들어갈 수 있게 해주는 폭력적인 신체적 절단을 지칭한다. 그리고 유한성의 논제에서도 마찬가지다. "거세"는 단순히 유한성의 경험의 국지적 사례들 중 하나가 아니다. 이 개념은 좀 더 근본적인 "원-초월적" 물음, 즉 우리 인간은 애초에 어떻게 우리 스스로를 유한성으로 표시된 것으로 경험하는가라는 물음에 답하려고 한다. 이 사실은 자명한 것이 아니다. 인간들만이 "죽음을-향한-존재"의 양태로 존재한다고 강조했을 때 하이데거는 옳았다. 물론 동물들 또한 자신들의 한계, 자신들의 제한된 힘 등을 어떻게든 "자각하고" 있다. 산토끼는 여우를 피하려고 진정 애를 쓴다. 하지만 이것은 인간 유한성과 동일하지 않다. 인간 유한성은 어린 아이의 나르시시즘적인 환영적 전능성의 태도를 배경으로 해서 출현한다(물론 우리는 성숙해지기 위해서는 우리의 한계를 받아들여야 한다고 실로 말한다). 하지만 이 나르시시즘적 태도 뒤에 잠복하고 있는 것은 프로이트적 죽음 충동이다. 이것은 칸트가 동물에게는 부재하는 난폭한 과잉이라고 이미 비난한 일종의 "죽지-않은" 완고함이기도 하다. 칸트에게서, 오직 인간만이 훈육을 통한 교육이 필요한 것은 바로 이 때문이다. 상징적 법은 자연을 길들이고 규제하는 것이 아니라, 정확히 어떤 비자연적 과잉에 적용되는 것이다. 혹은 또 다른 방향에서 동일한 복합체complex에 접근한다면 이렇다. 가장 근본적인 수준에서 프로이트가 말하는 어린 아이의 무력함은 물리적 무력함, 자신이 필요한 것을 제공하지 못하는 무능력이 아니라 **타자**의 욕망의 수수께끼 앞에서의 무능력, **타자**의 향유의 과잉에 대한 무력한 매혹, 그 결과 그것을 이용가능한 의미로 설명하지 못하는 무능력이다.

로만 야콥슨은 음소 및 언어의 신체적 정초에 관한 글에서 체화된 제스처들과 자유롭게 유동하는 음소들의 상징적 그물망 사이의 핵심적 간극에 초점을 맞추었다. 이 간극이 이른바 라캉의 "거세"이다. 야콥슨의 핵심적인 요점은 이런 탈영토화 작업을 할 수 있는 것은 오로지 기표일 뿐, 의미가 아니라는 것이다: 의미는 우리의 구체적인 생활세계 편입으로 복귀하는 경향이 있다(전근대적이고 의인화된, 내부와 외부의 반사작용mirroring은 탁월한 의미의 태도이다.) 그렇기에 남근은 상징계가 우리의 신체적 경험에 뿌리박고 있음을 나타내기는커녕 "순수 기표"이며 그런 것으로서 탈영토화의 바로 그 작인이다. 여기서 야콥슨은 신체적 경험에의 이차적 정초라는 핵심적 변증법적 개념을 도입한다. 그렇다. 우리의 언어는 이런 체화의 전반적 흔적을 보여준다("locomotive"란 단어는 오래된 증기 기관차의 옆면을 닮았고, "front"란 단어는 구강 앞 쪽에서 형성되며 "back"이란 단어는 구강 뒤 쪽에서 형성되고, 기타 등등이다). 하지만 이 모든 것들은 의미의 조건인 근본적 절단을 배경으로 한 재영토화이다.106) 언어와 인간 신체 사이의 반사작용이라는 의인화 모델을 단념하고 우리의 이해를 위한 근본적인 참조틀로서 신체를 참조하는 일을 단념해야 하는 것은 바로 이 때문이다. 언어는 "비인간적인" 것이다. (그리하여 그 과정은 세 단계로 이루어진다. (1) "신체들의 배치"로서의 원초적 영토화: 유기체는 자신의 주위 환경을, 그 주위 환경과의 교환들을, 정서적affective 각인이나 문신 등의 직조물로 표식한다. (2) 탈영토화: 비물질적, 잠재적 의미 생산으로의 이행─표식들은 그 기원(언표행위자, 지칭물)으로부터 자유로워진다. (3) 재영토화: 언어는 의사소통의 매체로 전환되며, 언어를 통해 사유를 표현하는 언표행위 주체에게로, 그것이 지칭하는 그 현실에로 고정된다.)

남근

그렇다면 남근을 그 기표로 하는 상징적 거세란 무엇인가? 우리는 남근을 기표로 파악하는 것에서 출발해야 한다. 이것은 무엇을 뜻하는가? 전통적인 임명 의례들에서 알 수 있듯이, 어떤 대상들은 권력을 "상징할" 뿐만 아니라 그 대상을 획득하는 주체를 권력을 유효하게 행사하는 위치에 앉힌다. 왕이 손에 홀笏을 쥐고 왕관을 쓰고 있으면 그의 말은 왕의 말로 받아들여진다. 그런 표장들은

---

106) Roman Jakobson, *On Language* (Cambridge: Belknap, 1995).

외적인 것이지, 내 본성의 일부가 아니다. 나는 그것들을 걸친다. 나는 권력을 행사하려고 그것들을 입는다. 그런 것으로서 그것들은 나를 "거세한다". 그것들은 직접적으로 존재하는 나와 내가 행사하는 기능 사이에 간극을 도입한다(즉, 나는 결코 완전하게 나의 기능의 층위에 있지 않다). 이것이 악명 높은 "상징적 거세"가 의미하는 바이다. 그것은 (무언가를 박탈당할 때 그것을 두고 나는 "상징적으로 거세되었다"라고 말할 때의 의미에서) "상징적인 바로서의, 단지 상징적으로 실연된 바로서의 거세"가 아니다. 그것은 내가 상징적 질서에 포획되었다는, 상징적 위임을 떠맡는다는 바로 그 사실에 의해 발생하는 거세이다. 거세는 직접적으로 존재하는 나와 내게 이 "권위"를 부여하는 상징적 위임 사이의 바로 그 간극이다. 이런 정확한 의미에서 거세는 권력의 대립물이기는커녕 권력과 동의어이다. 그리고 우리는 남근을 나의 존재의 생명력과 나의 원기왕성함 등을 직접적으로 표현하는 기관이 아니라 정확히 말해 왕이나 판사가 표장을 걸치는 것과 동일한 방식으로 내가 걸치는 그러한 표장, 가면으로 생각해야 한다. 남근은 내가 걸치고, 내 신체에 부착되지만 결코 내 신체의 "유기적 일부"가 되지 않는, 즉 비통합적인, 과잉적인 보충으로 영원히 튀어나와 있는 "신체 없는 기관"이다.[107]

---

[107] 첨언하자면, <현기증>에 나오는 후안 바티스타 교회탑을 "남근적"이라고 읽는 속류 "프로이트적" 독해를 우리가 잠정적으로 받아들인다면 우리가 강조해야 할 사실은, 히치콕 애호가 모두가 알고 있듯이 탑은 실제로 거기에 (실제 교회 건물 장소에) 없었다는 점이다. 그것은 단지 스튜디오에서 "실제" 교회의 숏에 병합시킨 그림일 뿐이다. 아마도 이것이 그 탑을 "남근적"으로 만드는 것일 터이다. 그것은 실제로 존재하지 않는다는, 그것은 "실제" 건물에 인공적으로 부착된 허구적 "기관"이라는 사실 말이다.

미국에서 일어난 최근의 "급진적인" 성적 실천은 절단과 관련되어 있는 것처럼 보이지만, 그것의 기저에 깔린 논리는 전적으로 다르다. 이른바 요도 절개(음경을 외과적으로 둘로 수직으로 잘라내어 반쪽 각각이 발기를 포함해서 나름의 기능을 하도록 하는 것)의 경우, 목적은 여하한 종류의 자기-처벌이나 고통 가하기가 아니다. 오히려 목적은—이러한 실천에 걸려 있는 것은 정확히 이것인바—음경의 배가이다. 물음은 물론 다음과 같다. 음경의 이러한 배가가 어떻게 기표로서의 남근의 상징적 작용을 낳는가? 여기서 또 다시 우리는 기관으로서의 음경과 기표로서의 남근을 분리하는 간극을 "실천 속에서" 관찰할 수 있다. 음경의 이런 배가, "분할된 음경"의 이런 무대화는 남근의 대칭적 배가이기는커녕 남근을 (또)하나의 대상 소문자 a로 변화시키려는 시도이다. 대상 a의 정의 중 하나는 그것이 나누기의 유령적인 불가분의 잔여라는 것인데, 이 경우 이 불가분의 잔여는 남근 그 자체이다. 그리고 이런 실천의 여성적 대응물은 남성적 태도와 의복을 채택하고 성적 실천에서 자기 자신의 쾌락을 포기하고 (딜도 등의 도움으로) 파트너에게 쾌락을 주는 데만 집중하는 "사내역butch 레즈비언"의 실천이 아닌가? 여기서 역설은 "사내역 레즈비언"은 정확히 남성적 가면을 채택함으로써 여성적인 주체적 입장을 그 가장 순수한 상태로 나타낸다는, 즉 남근적 향유와 대립된 **타자**의 향유를 나타낸다는 것이다.

"상징적 거세"는 다음과 같은 물음에 대한 대답이다. 신체적 심연으로부터 표면 사건으로의 이행을, 즉 의미-효과가 출현하려면 신체적 심연의 수준에서 일어나야만 하는 파열을 어떻게 파악해야 할까? 요컨대 의미의 "유물론적" 발생을 어떻게 설명할 것인가? 물질로부터 그것의 "창발적 속성"108)으로서의 정신의 출현이라는 이 문제는 들뢰즈가 『의미의 논리』에서 고군분투하는 문제인데, 그는 이 문제를 고대 스토아 철학에서의 대립인 물체들과 비물질적 사건들의 대립으로까지 추적해 거슬러 올라간다. 이러한 물음을 던지는 것은 변증법적 유물론의 문제틀로 진입하는 것이다. 변증법적 유물론은 그렇게 파악될 때 정의상 환원주의적인 기계론적 유물론과 엄밀하게 대립된다. 후자의 부류의 유물론은 원인과 관련하여 효과의 근본적 타율성heteronomy을 인정하지 않는다(즉, 그것은 의미-효과의 표면을 단순한 외양으로, 기저에 깔린 심층적인 물질적 본질의 외양으로 파악한다). 반대로 관념론은 의미-효과가 신체적 심연의 효과라는 것을 부인한다. 그것은 의미-효과를 스스로 발생된 존재자로 물신화한다. 이러한 거부로 인해 치르는 대가는 의미-효과의 실체화이다. 관념론은 은연중에 의미-효과를 새로운 신체로(가령, 플라톤적 형상이라는 비물질적 신체로) 특징짓는다. 역설적으로 들릴 수도 있겠지만 오직 변증법적 유물론만이 의미라는 효과, 사건으로서의 의미를 실체론적 환원 없이 그 나름의 특정한 자율성 속에서 사유할 수 있다. (이것이 속류 기계론적 유물론이 관념론에 대한 필수적인 보완물을 형성하는 이유이다.) 오직 (변증법적) 유물론만이 사실상 정신적 사건들이 출현하는 "비물질적" 공백, 부정성의 간극을 **사유할** 수 있다. 반면에 관념론은 이 공백을 실체화한다.

---

108) ["창발적"으로 번역한 "emergent"의 동사는 "emerge"인데, 이 동사를 번역할 때는 "창발하다" 대신 "출현하다"를 사용하기도 했다. 이 개념은 이 책의 제2부 1장에서 상세하게 다루어진다.]

"자율적인 것"으로서의 의미의 세계는 악순환을 형성한다. 우리는 언제나-이미 그 세계의 일부인데, 왜냐하면 우리가 그 세계에 대해 외적 거리의 태도를 취하고 효과에서 그 원인으로 응시를 돌리는 순간 우리는 효과를 상실하기 때문이다. 따라서 변증법적 유물론의 근본적인 문제는 다음과 같다. 의미의 이런 순환이 어떻게 아무런 외부성도 허용하지 않고서 출현하는가? 신체들의 혼융이 어떻게 "중립적" 사유를—즉 신체적 충동들의 경제에 속박되지 않는다는, 충동의 만족 노력의 연장으로서 기능하지 않는다는 의미에서 "자유로운" 상징적 장을—발생시킬 수 있는가? 프로이트적 가설에 따르면, 성욕의 내속적 곤궁을 통해서이다. 여타의 신체적 충동들(배고픔, 자기-보존 등등)로부터는, "무관심적disinterested" 사유의 출현이 도출될 수 없다. 왜 그런가? 성욕은 그 자체 방해받고 도착倒錯된, 불충분한 동시에 과도한 유일한 충동이다(과잉이 결여의 외양 형태인 채로 말이다). 한편으로 성욕은 그 어떤 활동이나 대상에 대해서도 그 은유적 의미나 빈정거림을 제시할 수 있는 보편적 능력을 그 특징으로 한다. 가장 추상적인 반성을 포함하여 그 어떤 요소라도 "그것을 암시하는"으로 경험될 수 있는 것이다(자신의 성적 강박을 잊으려고 순수 수학과 물리학에서 위안을 찾는 전설적인 청년의 예를 떠올려 보기만 하면 된다. 그가 여기서 하고 있는 그 어떤 것이라도 또 다시 그에게 "그것"을 상기시키니 말이다. 텅 빈 실린더를 채우려면 얼마만큼의 용량이 필요한가? 두 물체가 충돌하면 얼마만큼의 에너지가 방출되는가?……). 이 보편적 잉여—먹는 것에서 배설에 이르기까지, 한 인간을 두들겨 패는 것(혹은 그에게 두들겨 맞는 것)에서부터 권력을 행사하는 것에 이르기까지 모든 것이 성적 함의를 획득할 수 있을 만큼 인간 경험의 전 영역에서 흘러넘칠 수 있는 성욕의 이 능력—는 우세의 기호가 아니다. 오히려 그것은 어떤 구조적 결함의 기호이다. 성욕은 바깥을 향해 분투하고 인접한 영역에 흘러넘치는데 그 까닭은 정확히 그것이 그 자체로 만족을 발견할 수 없기 때문이며, 그것이 결코 목표를 달성하지 못하기 때문이다. 그 자체로는 단연코 무성적인 활동이 정확히 어떻게 성적 함의를 획득하는가? 그것이 "성욕화되는" 것은 그것이 무성적 목표를 달성하지 못하고 부질없는 반복의 악순환에 사로잡힐 때이다. 우리가 성욕에 진입하는 것은 "공식적으로는" 어떤 도구적인 목표에 이바지하는 제스처가 목적 자체가 될 때, 우리가 이 제스처의 바로 그 "기능장애적" 반복을 즐기기 시작하고 그럼으로써 그것의 목적성을 중지시킬 때이다.

성욕이 "탈성화된" 중립적-축어적 의미를 보충하는 공共-의미 co-sense로 기능하는 것은, 정확히, 이 중립적 의미가 이미 여기 있는 한에서다. 들뢰즈가 입증했듯이 도착은 무성적, 축어적 의미와 성적 공-의미 사이에 맺어지는 이러한 "정상적" 관계의 내속적 전도로서 무대에 진입한다. 도착에서 성욕은 우리 발화의 직접적인 대상이 되지만 이에 대한 대가는 성욕에 대한 우리의 태도의 탈성화이다. 성욕은, 특히, 하나의 탈성화된 대상이 된다. 그런 태도의 범례는 성욕에 대한 "과학적인" 무관심적 접근이나 성욕을 도구적 활동의 대상으로 취급하는 사드적 접근이다. 알트만의 <숏 컷>에 등장하는 제니퍼 제이슨 리의 역할을 떠올려 보기만 하면 된다. 고객들에게 흥분되는 말을 들려주면서 폰 섹스로 여분의 돈을 버는 가정주부의 역할 말이다. 그녀는 자신의 일에 매우 익숙한 나머지 아이의 기저귀를 갈거나 점심 식사 준비를 하면서도 전화기를 통해 즉흥 연기를 할 수 있다. 가령, 자신의 허벅지 사이가 어떻게 흠뻑 젖어있는지 묘사하면서 말이다. 그녀는 성적 환상들에 대해 전적으로 외적이고 도구적인 태도를 유지한다. 그 환상들은 단지 그녀의 관심사가 아닌 것이다. 라캉이 "상징적 거세" 개념으로 겨냥하는 것은 정확히 이런 양자택일*ul*, 이런 선택이다. 즉 축어적 의미의 탈성화를 받아들이고 성욕을 "공-의미"로, 성적인 함의-빈정거림의 보충적 차원으로 전치되도록 하거나, 그렇지 않으면 성욕에 "직접" 접근하고 성욕을 축어적 발화의 주제로 삼으면서, 성욕에 대한 우리의 주관적 태도의 "탈성화"라는 대가를 치르는 것이다. 그 어떤 경우에서든 우리가 상실하는 것은 "성욕화된" 채로 남아 있는 성욕에 대한 직접적인 접근, 축어적인 발언이다.

정확히 이런 의미에서 남근은 거세의 기표이다. 그것은 보편적인 창조적 힘으로서의 성욕의 전능한 기관-상징 역할을 하기는커녕 "신체"에서 상징적 "사유"로의 "불가능한" 이행이라는 탈성화 그 자체의 기표, 기관 혹은 기표이자 기관이다. 즉 그것은 "무성적" 의미의 중립적 표면을 유지하는 기표이다. 들뢰즈는 이런 이행을 "조정coordination의 남근"에서 "거세의 남근"으로의 전도로서 개념화한다. "조정의 남근"은 주체가 분산된 성감대들을 통일된 신체의 총체로 조정하기 위해 참조하는 이마고, 형상인 반면 "거세의 남근"은 기표이다. 거울 단계 모델에 따라 주체가 분산된 다수의 성감대를 유일무이하고 위계적으로 정돈된 총체로 총체화할 수 있게 해주는 중심적 참조점을 제공하는 특권화된 이미지나 신체 부분으로서 남근 기표를 파악하는 사람들은 여전히 "조정의 남근"의 층위에 머물러 있다. 이에 따라 그들은 사실상 라캉의 근본적인 통찰이라고 할 수 있는 것을 가지고 라캉을 비난한다. 중심적인 남근적 이미지를 통한 이런 조정은 필연적으로 실패한다는 통찰 말이다. 하지만 이 실패의 결과는 조정되지 않은 복수의 성감대로의 회귀가 아니라 정확히 말해 "상징적 거세"이다. 성욕은 그 보편적 차원을 유지하고 계속해서 모든 행위, 대상 등등의 (잠재적) 함의로서 기능한다. 성욕이 축어적 의미를 "희생하는" 한에서만(즉, 축어적 의미가 "탈성화되는" 한에서만) 말이다. "조정의 남근"으로부터 "거세의 남근"으로의 이행은 "모든 것이 성적 의미를 갖는" 상태인 불가능한-실패한 총체적 성욕화로부터 이 성적 의미가 부차적이 되는, "보편적인 빈정거림"으로 변화하는, 모든 축어적, 중립적-무성적 의미를 잠재적으로 보충하는 공-의미로 변화하는 상태로의 이행이다.

그렇다면 우리는 어떻게 성욕이 보편적인 기의로 기능하는 "모든 것의 의미는 성적이다"의 상태로부터 중립적인-탈성화된 축어적 의미의 표면으로 이행하는가? 기의의 탈성화는 보편적인 성적 의미를 조정했던(혹은 조정하는 데 실패했던) 바로 그 요소(즉, 남근)가 기표로 환원될 때 일어난다. 남근은 정확히 기의 없는 기표로서의 그 능력에 있어서 "탈성화의 기관"이다. 그것은 성적 의미를 비워내는(즉, 의미화된 내용으로서의 성욕을 텅 빈 기표로 환원하는) 작용소이다. 요컨대 남근은 다음과 같은 역설을 지칭한다. 즉 성욕은 탈성화에 의해서만, 그것이 중립적인, 무성적인 축어적 의미에 대한 보충물-함의로 변화되는 일종의 실체변환을 겪는 한에서만 스스로를 보편화할 수 있다.

여기에 들뢰즈와 라캉의 유물론적 "내기"가 있다. "탈성화"는, 의미-사건의 중립적-탈성화된 표면의 출현이라는 기적은 그 어떤 초재적인, 신체 외적인 힘의 개입에 달려 있지 않다. 그것은 성욕화된 신체 그 자체의 내속적 곤궁으로부터 파생될 수 있다. 정확히 이런 의미에서—자각하지 못한 채로 연대하고 있는 속류 유물론자들과 반계몽주의자들에게는 충격적으로 들릴 수도 있겠지만—남근은, "거세"의 기표로서의 남근적 요소는 변증법적 유물론의 근본적인 범주이다. "거세"의 기표로서의 남근은 의미-사건의 순수 표면의 출현을 매개한다. 그런 것으로서 그것은 의미의 계열들을 분배하고 규제하는 "초월적 기표"—의미의 장 내부의 무의미—이다. 그것의 "초월적" 지위가 의미하는 바는 그것에 관해 "실체적"인 것은 아무것도 없다는 것이다. 남근은 탁월한 가상 semblance이다. 남근이 "유발하는causes" 것은 신체적 농밀함으로부터 표면-사건을 분리시키는 간극이다. 남근은 그 진정한, 사실상의, 신체적 원인과 관련하여 의미의 장의 자율성을 유지하는 "유사 원인"이다. 우리는 여기서 어떻게 초월적 구성 개념이 일종의 관점 전도로부터 귀결되는 것인지에 관한 아도르노의 견해를 떠올려 보아야 한다. 주체가 자신의 구성적 역량이라고 (오)지각하는 그 무엇은 사실상, 자신의 지평의 부과된 한계들 너머에 다다르지 못하는 자신의 무력함, 무능함이다. 초월적인 구성적 역량은 진정한 신체적 원인에 관한 주체의 무지의 이면을 표상하는 유사 역량이다. 원인으로서의 남근은 원인의 순수 가상이다. 생산적 생성 대 물화된 존재라는 방향을 취한 『안티 오이디푸스』에는 "준-원인"이라는 들뢰즈의 핵심 개념을 위한 자리가 존재하지 않는다. "준-원인"은 물체적 원인들과 관련하여 불모적이고 무감수적인 사건들의 흐름의 자율성을 유지하기 위해 들어온다.

(기표 계열과 기의 계열이라는) 두 개의 계열의 교차점인, (라캉이 정확하게 말했듯이) "기표가 기의로 빠져드는" 단락 지점인 "남근적" 계기를 갖지 않는 구조란 없다. 의미의 장 내부에 있는 무의미의 지점은 기표의 원인이 의미의 장으로 각인되는 지점이다. 이런 단락이 없다면 기표의 구조는 외적인 신체적 원인으로 작용할 것이며 그리하여 의미 효과를 산출할 수 없을 것이다. 이런 이유로 (기표와 기의 계열이라는) 두 개의 계열은 "이중으로 각인된"(즉, 잉여인 동시에 결여인) 역설적 존재자를 항상 포함하고 있는 것이다. 기의를 초과하는 기표의 잉여(기의 없는 텅 빈 기표)와 기의의 결여(의미의 장 내부에 있는 무의미의 지점). 다시 말해, 상징적 질서가 출현하자마자 우리는 구조적 자리와 이 자리를 점유하고 채우는 요소 사이의 최소 차이를 다루고 있는 것이다. 구조 속의 자리가 그 자리를 채우는 요소에 논리적으로 항상 선행한다. 따라서 그 두 개의 계열은 "텅 빈" 형식적 구조(기표)와 구조 속의 텅 빈 자리들을 채우는 요소들의 계열(기의)로도 기술될 수 있다. 이러한 관점에서 역설은 그 두 개의 계열이 결코 중첩되지 않는다는 사실에 있다. 우리는―구조와 관련하여―텅 빈, 점유되지 않은 자리인 동시에―요소들과 관련하여―재빨리 움직이는 난포착적 대상, 자리 없는 점유자인 어떤 존재자와 항상 조우한다. 이렇게 해서 우리는 라캉의 환상 공식($\lozenge$-a)을 산출하게 되었다. 왜냐하면 주체에 대한 수학소가 $\lozenge$, 구조 내의 텅 빈 자리, 생략된 기표라면

대상 a는 정의상 과도한 대상, 구조 속에서 자리를 결여한 대상이기 때문이다. 따라서 요점은 단순히, 구조 속에서 이용가능한 자리를 초과하는 요소의 잉여가 있다거나 혹은 채울 요소를 갖지 못한 자리의 잉여가 있다는 것이 아니다. 구조 속의 텅 빈 자리는, 출현하여 이 자리를 채우게 될 요소에 대한 환상을 여전히 유지할 것이며, 자리를 결여한 과잉적인 요소는 여전히 자신을 기다리는 어떤 아직은 알려지지 않은 자리에 대한 환상을 여전히 유지할 것이다. 요점은 오히려 구조 속의 텅 빈 자리가 자리를 결여한 빗나간 요소와 엄밀하게 상관적이라는 것이다. 그것들은 두 개의 상이한 존재자가 아니라 하나의 동일한 존재자의, 즉 뫼비우스 띠의 두 개의 표면에 각인된 하나의 동일한 존재자의 앞면과 뒷면이다. 요컨대 $/$로서의 주체는 심연에 속하는 것이 아니다. 그것은 표면 그 자체의 위상학적 비틀림으로부터 출현한다. 정신분석이 하이데거를 보충할 수 있는 것은 바로 여기에서다. 생애 말년에 자신에게는 "신체 현상은 가장 어려운 문제"라고 시인한 하이데거 말이다.

> 인간에게 있어 신체적인 것(das Leibliche)은 동물적인 그 무엇이 아니다. 그것에 수반된 이해 방식은 이제까지 형이상학이 건드리지 않은 그 무엇이다.[109]

우리는 이 핵심적 물음을 최초로 건드린 것이 정확히 말해 정신분석 이론이라는 가설을 무릅쓰고 싶어진다. 리비도에 의해 유지되

---

109) Martin Heidegger, with Eugen Fink, *Heraclitus Seminar* (Tuscaloosa: University of Alabama Press, 1979), p. 146.

는, 성감대를 둘러싸고 조직된 프로이트적인 성애화된 신체야말로 정확히 비동물적, 비생물학적 신체가 아닌가? 이러한 (그리고 동물적이지 않은) 신체는 정신분석의 본연의 대상이 아닌가? 자크-알랭 밀레의 말을 인용하자면 히스테리에서 일어나는 일은 주격 속격에서 목적격 속격으로의 이동에 따른 신체의 이중적 거부이다.[110] 먼저, 신체는 정신에 복종하기를 거부하고, 주체의 정신이 그 스스로를 인지하지 못하는 곳인 증상들 속에서 스스로 말하기 시작한다. 다음으로 히스테리증자의 무의식은 신체 그 자체를(생물학적 차원의 신체를) 거부하고, 신체의 생물학적 관심사(안녕, 생존, 재생산)를 거스르는 무의식적 충동들과 욕망들이 스스로를 표현하는 매개체로서 신체를 이용한다. 무의식은 신체의 정상적인 작동을 강력하게 비틀면서 신체를 이용하는 기생물이다. 그런 이유로 히스테리적 주체는 자신이 자기의 신체"라는" 사실을 받아들이지 못한 채 역겨워하면서 자신의 생물학적 신체에 등을 돌리는 것이다.[111] 그렇기에 엄밀한 정신분석적 관점에서 우리는 두 가지 신체를 구분해야 한다. 하나는 밀레의 이른바 "신체-지식", 유전자에 포함된 지식에 의해 규제되는 생물학적 신체라면 다른 하나는 "신체-향유", 정신분석의 본연의 대상인 신체, 성감대들의 비일관적인 합성물로서의 신체, 외상과 과도한 향유의 흔적들이 각인되는 표면으로서의 신체, 무의식의 발화 매개체로서

---

110) ["주격 속격에서 목적격 속격으로의 이동"이란 "신체의 거부"에서 "~의"라는 속격이 처음에는 주격으로 기능하다가(즉, 신체"가" 거부한다) 이후 목적격으로 기능한다는(즉, 신체"를" 거부한다) 것을 뜻한다.]

111) Jacques-Alain Miller, "The Symptom and the Body Event", *Lacanian Ink* 19, (2001): 16 참조.

의 신체이다.[112]

따라서 우리가 정신분석을 신체적 원인 대 비물질적 생성의 흐름이라는 이 들뢰즈적 대립 구도 내에 위치시키려고 한다면, 정신분석이 심적 삶의 "실재적인" 신체적 원인들의 과학이 아니며 전적으로 사건들의 흐름의 "표면" 층위에서 움직이는 과학이라는 사실을 강조하는 것이 핵심적이다. 심지어 (그리고 정확히) 정신분석이 신체를 다룰 때조차 그 신체는 신체의 생물학적 "내부"가 아니라, 모두 표면에 위치해 있는 다수의 성감대로서의 신체이다. 우리가 주체의 최심중의 성소聖所, 주체의 무의식의 바로 그 중핵을 꿰뚫어볼 때조차 우리가 거기서 발견하는 것은 환상적 스크린의 순수 표면이다.

환상

환상 개념의 존재론적 추문은 그것이 "주관적" 대 "객관적"의 표준적 대립을 전복한다는 사실에 있다. 물론 환상은 정의상 ("주체의 지각과는 독립적으로 존재함"이라는 소박한 의미에서) "객관적"이지 않다. 하지만 그것은 또한 (주체가 의식적으로 경험한 직관으로 환원될 수 있음이라는 의미에서) "주관적"이지도 않다. 오히려 환상은 "객관적으로 주관적인 것―사물들이 그렇게 보이는 것처럼 보이지 않음에도, 사물들이 실제로, 객관적으로 당신에

---

112) Miller, 앞의 글, p. 21.

게 보이는 방식—이라는 기괴한 범주"113)에 속한다. 어떤 사람이 의식적으로는 유대인들에게 호의를 갖고 있지만 그럼에도 의식적으로 자각하지 못하는 뿌리 깊은 반-유대적 편견들을 품고 있다고 우리가 주장하는 경우를 예로 들어보자. 그 때 우리는, (이 편견들이 유대인들이 실제로 존재하는 방식을 표현하는 것이 아니라 유대인들이 그에게 보여지는 방식을 표현하고 있는 한) 그가 유대인들이 실제로 그에게 어떻게 보이는지 자각하지 못하고 있다고 주장하고 있는 것 아닌가? 상품 물신주의에 관해 마르크스 자신은 "객관적으로 필연적인 외양"이라는 용어를 사용한다. 그렇기에 비판적 마르크스주의자가 상품 물신주의에 빠져든 부르주아적 주체와 조우할 때 그에 대한 마르크스주의자의 비난은 "상품은 특별한 힘을 부여받은 마술적 대상으로 당신에게 보일 수도 있습니다. 하지만 실제로는 단지 사람들 간의 관계의 물화된 표현일 뿐입니다"가 아니다. 진정한 마르크스주의자의 비난은 오히려 다음과 같다. "당신은 상품이 당신에게 사회적 관계의 단순한 체현물처럼 보인다고(가령, 화폐는 단지 사회적 산물의 일부를 받을 자격을 당신에게 부여하는 일종의 증명서라고) 생각할 수도 있겠지요. 하지만 이것은 사물들이 실제로 당신에게 보이는 방식이 아닙니다. 당신의 사회적 현실 속에서, 당신이 사회적 교환에 참여

---

113) Daniel C. Dennett, *Consciousness Explained* (New York: Little, Brown, 1991), p. 132. (물론 데넷은 이 개념을 순전히 부정적인 방식으로, 무의미한 형용모순으로서 환기시키고 있는 것이다.) ["사물들이 그렇게 보이는 것처럼 보이지 않음에도, 사물들이 실제로, 객관적으로 당신에게 보이는 방식"이라고 번역된 부분의 원문은 "the way things actually, objectively seem to you even if they don't seem to seem that way to you"인데, 여기서는 "the way things actually, objectively seem to you even if they don't seem that way to you"로 잘못 인용되어 있다. 저자(지젝)의 동의하에, 원문(데넷)에 따라 번역한다.]

하는 것을 통해서, 당신은 상품이 실제로 당신에게 특별한 힘을 부여받은 마술적 대상처럼 보인다는 섬뜩한 사실을 증언하고 있습니다." 서로에게 말하기 시작하는 상품들에 관한 그 유명한 허구를 통해 마르크스가 겨냥하고 있는 것이 바로 이것이다.

> 만약 상품이 말을 할 줄 안다면 다음과 같이 말할 것이다. 우리의 사용가치는 사람들의 관심을 끌지 모르지만, 사용가치는 물건으로서의 우리에게 속하는 것은 아니다; 물건으로서의 우리에게 속하는 것은 우리의 가치다. 우리 자신이 상품으로서 교환되는 것이 이것을 증명하고 있다; 우리는 오직 교환가치로서만 서로 관계를 맺고 있다라고.[114]

마르크스는 여기서 아이러니하게도 셰익스피어의 『헛소동』(3막 3장)에서 독베리가 시콜에게 해준 조언을 인용하는데 그것이 『자본』의 제1장을 종결짓는다: "잘 생긴 사람이 되는 것은 행운의 선물이지만 읽고 쓰는 것은 타고난 것이다." 이러한 역전은 단순히 주관적 환영이라는 의미에서의 허구가 아니다. 반대로 그것의 지위는 객관적이며, "객관적 외양"이라는 지위이다. 즉 사물들이 직접적으로 나에게 보여지는 방식과 대립되는바, 사물들이 "실제로 나에게 보여지는" 방식이라는 지위이다. 부르주아 경제학의 범주들은

---

114) Karl Marx, *Capital*, vol. 1 (Harmondsworth, England: Penguin Books, 1990), pp. 176-77. [국역본: K. 마르크스, 『자본론 I (상)』 (김수행 옮김, 1992, 비봉출판사), 104쪽.]

역사적으로 규정된 일정한 사회적 생산양식[상품생산]의 생산 관계에서는 사회적으로 타당하며 따라서 객관적인 사고 형태다.[115]

2003년 3월 도널드 럼스펠드는 알려진 것과 안 알려진 것의 관계에 대해서 조금은 아마추어 철학자다운 이야기를 했다. "알려진 알려진 것들이 있습니다. 이는 우리가 알고 있음을 알고 있는 것들입니다. 알려진 안 알려진 것들이 있습니다. 다시 말해서, 우리가 알지 못함을 알고 있는 것들이 있습니다. 하지만 또한 안 알려진 안 알려진 것들도 있습니다. 우리가 알지 못함을 알지 못하고 있는 것들 말입니다." 그가 덧붙이기를 망각한 것은 결정적인 네 번째 항목이다. "안 알려진 알려진 것들", 즉 우리가 알고 있음을 알지 못하는 것들. 이는 바로 프로이트적인 무의식이다. 라캉은 이를 "스스로를 알지 못하는 앎"이라고 말하곤 했다. 럼스펠드가 이라크와의 대결에서 주요한 위험은 "안 알려진 안 알려진 것들", 짐작조차 할 수 없는 사담으로부터의 위협이라고 생각한다면, 우리는 이렇게 대답해야 한다. 오히려 주요한 위험은 "안 알려진 알려진 것들"이라고, 즉 우리 자신에게 달라붙어 있는지를 우리가 자각조차 못하는 부인된 믿음들과 가정들이라고 말이다. 무릎써야 할 위험은 이러한 환상적인 안 알려진 것들을 떠맡는 일이다. 1920년대에 쓴 서머싯 몸의 어떤 단편소설에는 40대의 한 영국인이 나온다. 그는 식민지 상하이에서 수십 년간 일했고 마침내 그 세월 동안 그를 지탱해준 꿈을 실현할 수 있을 만큼 돈을 벌게 된다.

---

115) Marx, 앞의 책, p. 169. [국역본: 96쪽.]

그 꿈은 런던으로 이사 가서 그곳에서 안락한 독신자의 삶을 영위하는 것이다. 하지만 런던에서 몇 주를 보낸 뒤 그는 몹시 따분하고 우울해져 다시 상하이에서의 삶을 동경하기 시작한다. 그래서 그는 중국으로 되돌아가는 배를 탄다. 하지만 돌아가는 긴 여행 중에 배가 잠시 하노이에 멈춘 동안 그는 배를 떠나 하노이에 영원히 머문다. 그는 일생의 꿈의 실현에 실망한 후에 또 다른 그런 경험을 감당할 수 없다는 것을 알고 있다. 그래서 그는 중국 가까운 곳에 영원히 머물면서 상하이에서 살았다면 인생이 얼마나 멋졌을 것인지를 영원히 꿈꾸기로 결심한다. "자신의 욕망을 타협하기"라는 말로 라캉이 뜻하는 바가 바로 이것이다. 환상의 현실화를 무릅쓰고서 "환상을 횡단하는" 것에 대한 거부.

이것은 또한 주체의 구성적 "탈중심화"에 대한 라캉의 주장이 갖는 의미를 설명할 한 가지 방법이기도 하다. 그것의 요점은, 나의 자기-경험과 관련하여 "탈중심화되어" 있고 그런 것으로서 나의 통제를 넘어선 객관적 무의식적 메커니즘에 의해 나의 주관적 경험이 규제된다는 것(모든 유물론자들이 주장하는 요점)이 아니다. 오히려 그것은 훨씬 더 당혹스러운 그 무엇이다: 나는 나의 가장 내밀한 "주관적" 경험마저도, 사물들이 "실제로 내게 보이는" 방식마저도, 나의 존재의 중핵을 구성하고 보증하는 근본 환상의 경험마저도 박탈당한 것인데, 왜냐하면 나는 결코 그것을 의식적으로 경험하고 떠맡을 수 없기 때문이다. 표준적인 견해에 따르면 주체성을 구성하는 차원은 현상적인 (자기)경험의 차원이다. 나는 스스로에게 다음과 같이 말하는 순간 하나의 주체라는 것이다. "그 어떤 미지의 메커니즘이 내 행위를, 지각을, 사고를 지배할지라도 그 누구도 내가 지금 보고 느끼는 그 무엇을 빼앗아 갈 수 없다." 가령, 열렬히 사랑에 빠져 있는 내게 한 생화학자가 내 모든 강렬한 감정들은 단지 내 신체 안에서 일어나는 생화학적 과정들의 결과일 뿐이라고 알려준다면 나는 그 현상들을 고수하면서 그에게 다음과 같이 대답할 수 있다는 것이다. "당신의 말이 전부 사실이라 해도 그 무엇도 내게서 내가 지금 경험하고 있는 열정의 강렬함을 빼앗아 갈 수는 없소." 하지만 라캉의 요점은, 정신분석가는 정확히 주체에게서 이것을 빼앗을 수 있는 자라는 것이다. 분석가의 궁극적인 목적은 주체에게서 주체의 (자기)경험의 세계를 규제하는 바로 그 근본 환상을 박탈하는 것이다. 프로이트적인 "무의식의 주체"는 주체의 현상적 (자기)경험의 핵심적 국면(그의 "근본 환상")이 그에게 접근불가능해질(즉, "원초적으로 억압될") 때에만 출현한다. 그 가장 근본적인 수준에서 무의식은 접근불가능한 현상이지, 나의 현상적 경험을 규제하는 객관적 메커니즘이 아니다. 따라서 어떤 존재자가 "내적인 삶"(즉, 외적인 행동으로 환원될 수 없는 환상적 자기-경험)의 표시들을 내보이는 순간 우리는 주체를 다루고 있는 것이라는 상투어와는 대조적으로 우리는 본연의 인간 주체성을 특징짓는 것은 오히려 그 둘을 분리시키는 간극—즉 환상은 그 가장 기본적인 지점에서 주체에게 접근불가능해진다는 사실—이라고 주장해야 한다. 주체를 "텅 빈" 것으로 만드는 것은 바로 이 접근불가능성이다. 그리하여 우리는, "내적 상태"를 통해 그 자신을 직접 경험하는 주체라는 표준적 개념을 전적으로 전복하는 어떤 관계를 얻는다. 텅 빈 비현상적 주체와 주체에게 접근불가능한 것으로 남아 있는 현상 사이의 "불가능한" 관계. 다시 말해, 정신분석(과 들뢰즈)은 우리가 역설적인, **주체 없는 현상학**―주체의 현상이 아닌 현상이 주체에게 외양하면서 부상한다―을 정식화 할 수 있게 해준다. 이는 주체가 여기에 연루되지 않는다는 것을 뜻하지 않는다. 주체는 연루되어 있다, 하지만 정확히 배제의 양태로, 이러한 현상들을 떠맡을 수 없는 부정적 작인으로서.

그렇다면 인간 정신의 신경과학적 이미지와 정신분석 사이의 간극은 어디에 있는가? 단순히 동물들의 교미 활동의 좌표들은 그들의 자연 본능에 새겨져 있는 반면 인간들은 그 좌표들을 결여하고 있고 그렇기에 이러한 좌표들을 마련해줄 "제2의 자연"을, 상징적 제도를 필요로 한다는 것이 아니다. 상징적 질서의 좌표들은 우리가 **타자**의 욕망의 곤궁에 대처할 수 있게 해 주려고 여기 있는 것이며, 문제는 상징적 질서가 궁극적으로 항상 실패한다는 것이다. 장 라플랑슈가 지적하듯이 "원초적 장면"의 외상적 충격, **타자**의 욕망의 기표들의 수수께끼는 상징적 배열 속에서 결코 완전히 "지양될" 수 없는 과잉을 발생시킨다. 인간 동물과 동실체적인cosubstantial 그 악명 높은 "결여"는 단순히 부정적인 것이, 본능적 좌표들의 부재가 아니다. 그것은 과잉과의 관계에서, 외상적 향유의 과도한 현존과의 관계에서 결여이다.[116] 역설은, 과도하고 의미화될 수 없는 성애적 매혹과 애착이 있다는 바로 그 이유 때문에 의미작용이 존재한다는 것이다. 의미작용의 가능성의 조건은 의미작용의 불가능성의 조건이다. 그렇다면 궁극적으로 인간 지

---

116) Jean Laplanche, *New Foundations for Psychoanalysis* (Oxford: Basil Blackwell, 1989) 참조. [국역본: 장 라플랑쉬, 『정신분석의 새로운 기반』(김종주·권희영 옮김, 인간사랑, 2002).]

성의 과도한 발전이 "*Che vuoi?*(네가 원하는 것은 뭐지?)"의 심연을, **타자**의 욕망의 수수께끼를 해독하려는 노력이라면 어찌할 것인가? 해결될 수 없는 과제를 해결하는 데, 대답할 수 없는 물음에 대답하려고 애쓰는 데 인간들이 고착되어 있는 이유가 거기에 있다면 어찌할 것인가? 형이상학과 성욕(혹은 좀 더 정확히 말해 인간 성애)의 연계를 완전히 문자 그대로 취해야 하는 것이라면 어찌할 것인가? 궁극적으로, 의미의 무의미적 지탱물인 이 외상적인 소화불가능한 중핵은 근본 환상 그 자체이다. 잘 알려져 있듯이 바그너의 음악적 증오는 마이어베어를 향하고 있었다. 바그너에게 그는 상업적인 가짜 유대 음악을 대변하고 있는 자였다. 보다 덜 알려진 것은 절망의 밑바닥에서(1840년 5월 3일) 바그너가 마이어베어에게 편지를 썼는데 그것은 일말의 자존심도 벗어던진 이상하고 비굴한 아첨을 보여주고 있다는 사실이다.

> 그것은 마이어베어, 오직 마이어베어일 뿐입니다. 내게 모든 것인, 모든 것인 그 사람을 생각할 때마다 가장 깊은 감정의 눈물을 흘린다고 내가 당신에게 말할 때 당신은 나를 즉각 이해하겠지요. (……) 나는 나의 작업을 위한 양식과 힘을 얻기 위해 몸과 마음을 다해 당신의 노예가 되어야 했다는 것을 깨닫습니다. 그리고 나의 그 작업은 언젠가 당신에게 감사를 표할 것입니다. 나는 충성스럽고 정직한 노예일 것입니다. 내가 타고난 노예라는 것을 공공연하게 인정하고 있으니 말입니다. 내가 나 자신을 맹목적인 신뢰로 무모하게 다른 사람에게 무조건 바칠 수 있다는 것은 내게 끝없는 쾌락을 줍니다. 내가 당신을, 그리고 오직 당신만을 위해 일하고

애쓴다는 것을 알면 그 노력과 근면함이 더욱 더 마음에 들어 보이고 더욱 더 가치있어 보입니다. 그러니 저를 사십시오, 선생님. 전적으로 무가치한 구매가 절대로 아닙니다! (……) 당신의 소유물, 리하르트 바그너.117)

아마도 이보다 더 직접적이고 뻔뻔한 마조히즘적 향유의 표시는 결코 없었을 것이다. 이렇게 철저하고 뻔뻔한 굴종의 입장은 바그너의 "근본 환상"을, 지독한 반-유대주의의 모습으로 거부되어야만 했던 그의 주체적 정체성의 부인된 중핵을 표현하고 있지 않은가? 바로 그 환상의 지위로 인해 우리는 정신분석과 여성주의의 화해불가능한 차이의 궁극적 지점—즉, 강간(혹은 그것을 지탱하는 마조히즘적 환상들)—에 이르게 된다. 적어도 표준적인 여성주의에서, 강간이 외부에서 부과된 폭력이라는 것은 선험적 공리이다. 설사 여자가 강간당하는 환상을 품고 있다고 해도 이는 그녀가 남성적 태도들을 내면화했다는 개탄할 만한 사실을 입증할 뿐이다. 여기서 반응은 순수한 공황의 반응이다. 여자가 강간당하는 혹은 적어도 잔인하게 학대당하는 것에 대한 환상을 품을 수도 있다고 말하는 순간 우리는 다음과 같은 외침들을 듣게 된다. 그건 유대인이 수용소에서 가스 중독되는 환상을 품는다고 혹은 아프리카계 미국인들이 린치 당하는 환상을 품는다고 말하는 것이나 마찬가지야! 이런 관점에서 볼 때 분열된 히스테리적 입장(성적으로 학대당하고 착취당하는 것에 대해 불평하면서도 동시에 그것

---

117) Bryan Magee, *The Tristan Chord* (New York: Owl Books, 2001), pp. 345-46에서 인용.

을 욕망하고 남자가 그녀를 유혹하도록 자극하는 입장)은 부차적인 반면, 프로이트에게 그것은 일차적이며 주체성에 대해 구성적이다. 따라서 프로이트가 보기에 강간에서의 문제는 다음과 같은 것이다. 즉 강간이 그토록 외상적인 충격을 주는 까닭은 단순히 강간이 그토록 잔인한 외적 폭력의 사례이기 때문만은 아니며 그것이 또한 희생자 그녀 자신 속의 부인된 무엇인가를 건드리고 있기 때문이기도 하다. 그래서 프로이트가 "[주체들이] 환상 속에서 아주 강렬하게 염원하는 것이 그들의 현실 속에 나타난다면, 그럼에도 그들은 그것으로부터 달아난다"[118]고 쓸 때 그의 요점은 이런 일이 단순히 검열 때문에 일어난다는 것이 아니라 오히려 우리의 환상의 중핵이 우리에게 참을 수 없는 것이기 때문에 일어난다는 것이다.

환상의 기원적인 장소는 아이가 부모의 성교를 엿듣거나 목격하면서도 그것을 의미화하지 못하는 장소이다: 강렬한 속삭임, 침실에서 나는 이상한 소리들 등등, 이 모든 것이 무엇을 뜻하는 것인가? 그래서 아이는 이 이상하리만치 강렬한 단편들을 설명해 줄 장면을 환상으로 만들어내는 것이다. 데이빗 린치의 <블루 벨벳>의 가장 잘 알려진 장면을 떠올려 보자. 카일 맥라클런이 옷장에 숨어서 이자벨라 로셀리니와 데니스 호퍼의 기묘한 성적 놀이를 목격하는 장면 말이다. 그가 보는 것은 그가 듣는 것을 설명하게 되어 있는 분명한 환상적 보충물이다. 호퍼가 마스크를

---

[118] Sigmund Freud, *Dora: An analysis of a Case of Hysteria* (New York: Macmillan, 1963), p. 101. [국역본: 지그문트 프로이트, 『프로이트 전집8: 꼬마 한스와 도라』(김재혁 · 권세훈 옮김, 열린책들, 2003), 304쪽.]

쓰고 그것을 통해 숨쉬는 장면은 성 행위에 동반된 가쁜 숨을 설명할 수 있는 상상된 장면이 아닌가? 그리고 환상의 근본적인 역설은 주체가 "그래, 이제 난 완전히 이해했어. 내 부모들은 섹스를 하고 있었던 거야. 이제 난 더 이상 환상이 필요없어!"라고 말할 수 있는 순간에 결코 도달하지 못한다는 것이다. 라캉이 "*il n'y a pas de rapport sexuel*(성관계는 없다)"라는 말로 뜻한 바는, 다른 것도 있겠지만, 바로 이것이다. 모든 의미는 어떤 무의미한 환상적 틀에 의존해야만 한다. 우리가 "그래, 이제 난 이해했어!"라고 말할 때 이것이 궁극적으로 뜻하는 바는 "이제 난 그것을 내 환상적 틀 속에 위치시킬 수 있어"이다. 혹은 오래된 데리다적 비틀기에 다시 의지하자면, 의미의 불가능성의 조건으로서의, 의미의 한계의 조건으로서의, 무의미한 중핵으로서의 환상은 동시에 의미의 환원불가능한 가능성의 조건이다.

그렇기에 『세미나 20(앙코르)』에서 라캉이 반복해서 "*y'a de l'un* (일자와 같은 것이 있다)"[119]라고 역설할 때 이 일자는 주인-기표라는 총체화하는 일자가 아니라 성관계를 가능케 하는 장애물로서, 성관계의 (불)가능성의 조건으로서 기능하는 "보충적" 부분 대상 (신체 없는 기관)이다. 따라서 *y'a de l'un*은 *il n'y a pas de rapport sexuel*과 엄밀하게 상관적이다. 즉 두 성적 파트너는 결코 홀로 있지 않은데, 왜냐하면 그들의 활동은 그들의 욕망을 지탱해주는 (그리고 궁극적으로는 그들이 성교하고 있는 동안 그들을 관찰하는 상상된 응시일 수밖에 없는) 환상적 보충물을 끌어들여야 하기 때문이

---

119) Jacques Lacan, *Le séminaire, livre XX: Encore*의 11장 참조.

다. *y'a de l'un*이 뜻하는 바는 모든 성애적 커플은 셋의 커플, 즉 1+1+*a*라는 것이다. 여기서 *a*는 그 커플의 순수한 몰입을 교란하는 "정념적" 얼룩이다. 요컨대 이 "일자"는 정확히 말해 사랑하는 커플이 일자로 융합되는 것을 가로막는 그 무엇이다. (그리고 우리는 당연히 레즈비언 커플의 경우 이 "일자"는 (때때로 딜도로 물질화되는) 남근 그 자체라고 주장할 수 있다. 그렇기에 주디스 버틀러가 아이러니하게 "레즈비언 남근"이라는 용어를 제안할 때 우리는 그녀에게 완전히 동의해야 한다. 단지 이 "레즈비언 남근"은 그저 남근일 뿐이라고 덧붙이기만 하면 된다.)[120] 더욱이 이러한 일자의 실재는 단지 자유에 대립하는 것만은 아니다. 그것은 자유의 바로 그 조건이다. **타자**의 수수께끼 같은 메시지의 영향이나 "유혹"의 충격적 효과는 주체의 자동현상automaton을 탈선시키며, 그 메시지를 상징화하려는 (궁극적으로 실패한) 노력으로 주체가 자유롭게 채우는 간극을 열어 놓는다. 자유는 궁극적으로 외상적 조우에 의해 열린 공간, 우연한/부적합한 상징화/번역에 의해 채워져야 할 공간 이외에 아무것도 아니다.

요컨대 자유는 "큰 타자"(실체적인 상징적 질서) 속의 간극—큰 타자의 비일관성—과 엄밀하게 상관적이다. 큰 타자에 대한 이데올로기비판적 가면 벗기기의 첫 번째 조치는 그것의 내속적 우둔함을 비난하는 일이다. 단순하고 효과적인 이데올로기비판적 개입의 모델로서 폴 로브슨이 그의 전설적인 곡 「올드 맨 리버」를 나중에 다시 쓴 일을 떠올려 보자. 할리우드 뮤지컬 <쇼 보

---

120) Judith Butler, *Bodies That Matter* (New York: Routledge, 1993), p. 127 참조.

트>(1936)에 나오는 원래 판본에서 강(미시시피 강)은 수수께끼 같은 무관심한 운명의 체현물로, "무엇인가를 틀림없이 알고 있지만, 아무 말도 하지 않"고 무언의 지혜를 간직한 채 그저 계속 흘러가는 현명한 노인으로 제시된다. 새로운 판본—그의 악명높은 1949년 모스크바 콘서트를 녹음한 없어서는 안 될 음반(*Russian Revelation*, RV 70004)을 통해 이제 구할 수 있는 판본—에서 강은 이름 없는 불가해한 집단적 지혜의 담지자가 아니라 오히려 집단적 **우둔함**의 담지자, 의미 없는 고통에 대한 우둔한 수동적 인내의 담지자이다. 큰 타자를 이렇게 지혜에서 우둔함으로 다시 위치짓는 것은 결정적이다. 원래 노래의 마지막 부분은 이렇다. "(……) 넌 술을 좀 먹고, / 감옥에 들어가지. / 하지만 난 지쳤고, / 해보는 것도 진절머리가 나. / 사는 게 지긋지긋하고, / 죽는 건 두려워. / 하지만 늙은이 강, / 그는 그저 계속 흘러가지." 그리고 바뀐 판본은 이렇다. "넌 투지를 좀 보여주고, / 감옥에 들어가지. / 하지만 난 계속 웃어, / 울지 않고서. / 난 계속 싸워야 해, / 죽을 때까지. / 그리고 늙은이 강, / 그는 그저 계속 흘러갈 거야."

물론 우리는 원래 노래가 그 역사적 맥락 속에서 갖는 해방적 힘을 과소평가해서는 안 된다. 할리우드에서 처음으로, 아프리카계 미국인들이 의미 없는 영원한 고통에 사로잡힌 고된 노동자로 제시된 것이다. 다시 말해 그들의 표준적인 이미지에 넓은 틈이 생겼다. 절제할 줄도 모르면서, 웃고 춤추거나 아니면 술에 취해 발광하고 난폭해지는 행복한 아이들이라는 이미지에 말이다(할리우드 무성 코미디에 나오는 발정난 깜둥이라는 인종주의적인 상투적 묘사를 떠올려 보자. 한 흑인 일꾼이 커다란 얼음 덩어리를 배달하려고 그것을 등에 지고 계단을 오른다. 그 때 반 쯤 열린 문틈 사이로 한 백인 여자가 목욕하고 있는 것을 보게 된다. 그는 몹시 달아오르고, 등에 지고 있던 얼음은 일순간 전부 녹아 버린다. 이러한 상투적 묘사의 뻔뻔스러운 직접성에는 거의 매력적이라고까지 할 수 있는 무언가가 있지 않은가?). 하지만 고통에 대한 이와 같은 "진지한" 묘사가 치르는 대가는, 아프리카계 미국인들이 자신들의 슬픈 운명에 대해 체념한 수동적인 모습으로 그려진다는 것이다. 하지만 다시금 우리는 여기서 요점을 놓쳐서는 안 된다. 바뀐 가사가 성취한 것은 운명의 수동적 수긍에서 낙관적이고 능동적인 관여와 투쟁으로의 단순한 이행이 아니다. 새로운 판본의 마지막 소절이 여전히 동일하게, "그리고 늙은이 강, / 그는 그저 계속 흘러갈 거야"라는 것을 떠올려 보자. 다시 말해, 맹목적인 운명은 남아 있다, 하지만 그것은 불가해한 지혜라는 아우라를 박탈당한 채—단순히 역사적 우연성으로 환원되는 것이 아니라—이데올로기적 큰 타자의 내속적 우둔함으로 환원된다.

"유일하게 선한 신은 죽은 신이다"는 사실상 큰 타자를 정초하는 진술이며, 그런 것으로서, 진정으로 무신론적인 진술과는 거리가 멀다. 심지어 우리는 신학의 궁극적인 목적은 신을 죽이는mortify 것, 신과 적절한 거리를 유지하는 것, 신이 우리에게 너무 가까이 다가와 탐욕스러운 괴물이 되지 못하게 하는 것이라고 주장하고 싶어진다. 상징적 법의 지탱물은 정의상 죽은("거세된") 신이다. "정신분석의 요점은 분명 무신론이다. 우리가 이 용어에 신은 죽었다와는 다른 의미를 부여하는 한에서 말이다. 왜냐하면 이 진술이 여기 걸려 있는 것을, 즉 법을 와해시키기는커녕 오히려 공고하게 만든다는 것을 매사가 보여주기 때문이다."[121] "거세되지 않은" 권위의 형상이 보통 "인민의 아버지"로 지칭되는 것의 모습으로 회귀하는 것은 바로 이른바 전체주의 체제에서이다. 이 아버지는, 라캉에 따르면, "거세의 작인으로서의 실재적 아버지"[122]와 관련되어 있다. 다시 말해 "전체주의적" 지도자의 법-외적(hors-loi) 측면이 뜻하는 바는, 정확히, 그가 스스로 거세(법의 작인의 역할을 하는 데 치러야 할 대가)를 떠맡는 대신 스스로 프로이트적 원초적 아버지와 엄밀하게 상동적인 거세의 작인이 된다는 것이다.

두 번째 조치는 강조점을 "빗금쳐진"(비일관적인, 결여되어 있는) 큰 타자로, **타자**로부터 출현하는 물음("*Che vuoi?*")으로 이동하는 데에 있다. 이 이동과 더불어 출현하는 것은 바로 수수께끼다. 큰 타자 그 자체 내부의 타자성 말이다. 어머니의 욕망을 아버지의 이름으로 "번역"하는 것을 떠올려 보기만 하면 된다. 수수께끼 같은 메시지에 대한 라캉식 이름은 어머니의 욕망—아이가 어머니의 어루만짐에서 식별하는 헤아릴 수 없는 욕망—이다. 오도적인 "라캉 입문서"들의 트레이드마크는, 뒤따르는 상징적 부성적 기능을 어머니-아이 2항조의 상상적인 공생적 지복을 교란하고 그것에 (상징적) 금지들의 질서(즉, 질서 그 자체)를 도입하는 침입자로서 파악하는 것이다. 이런 오독에 맞서 우리는 라캉에게 있어 "아버지"는 외상적 침입의 이름이 아니라 그런 침입의 교착상태에 대한 해결책, 수수께끼에 대한 대답이라고 주장해야 한다. 물론

---

121) Jacques Lacan, *Le séminaire, livre XVII: L'envers de la psychanalysis* (Paris: Editions du Seuil, 1991), p. 139.
122) Lacan, 앞의 책, p. 147.

그 수수께끼는 (어머니-)타자(m)other의 욕망의 수수께끼이다(분명 나는 그녀에게 충분치 않은데, 그렇다면 그녀가 나 말고 사실상 원하는 것은 무엇일까?). "아버지"는 이러한 수수께끼에 대한 대답, 이러한 교착상태의 **상징화**이다. 정확히 이런 의미에서 "아버지"는, 부성적 기능에 대한 라캉의 설명에 따르면, 하나의 번역 혹은 증상이다. 타자의 욕망의 공백을 직접 대면하는 것의 참을 수 없는 불안을 완화시키는 타협책.123) 라캉 후기의 가르침 일체의 근본적인 진의는 오늘날 이런 해결책은 더 이상 작동하지 않는다는—아버지의 이름은 더 이상 사회적 연결을 묶어내는 증상/증환이 아니라는—것이다.124) 이런 통찰의 정치적 결과는 중대하다: 혁명적 전복에 관한 그 어떤 가능한 관념이라도 "반-오이디푸스적 반란"이라는 문제틀과 총체적으로 단절해야 한다.

RIS

상징계에 대한 이런 평가절하는 어떤 물신화된 "실재 그 자체"

---

123) 라플랑슈에 대한 라캉의 반론은 라플랑슈의 설명에 무엇인가가 누락되어 있다는 반론이었을 것이다: 왜 어린 아이는 **타자**(속)의 수수께끼에 사로잡히는가? 여기서 때 이른 출생과 아이의 무력함을 환기시키는 것만으로는 충분치 않다. 이 간극이 나타나기 위해서는, 부모의 제스처들이 수수께끼 같은 메시지―부모 자신에게도 수수께끼인 메시지―로 나타나기 위해서는, 상징적 질서가 이미 여기에 있어야만 한다.
124) 라캉은 오이디푸스를 궁극적인 설명적 모체로서 지지하기는커녕 그것을 그 자체 해결되어야 할 증상이라고 기각한다: "나는 여러분에게 오이디푸스 콤플렉스는 프로이트의 꿈이라고 말했습니다. 모든 꿈이 그렇듯이 그것은 해석될 필요가 있지요." (Jacques Lacan, *Le séminaire, livre XVII: L'envers de la psychanalysis*, p. 159.)

로의 변동을 내포하는 것이 아니다. 라캉의 사유에 일어난 변동들을 우리는 바로 여기서 고려해야 한다. 1950년대 초반의 라캉은 (물론 알렉상드르 코제브와 장 이폴리트의 영향하에) 헤겔적이었으며 종종 직접적으로 분석가를 헤겔적 철학자의 형상으로, 분석작업을 헤겔적 "이성의 간지"를 따르는 것으로, 분석의 종결을 "절대지"로, 즉 보편적 상징적 매개체를 통한 모든 특수한 내용의 매개로 지칭하곤 했으며, 기타 등등이다. 분명히 대조적으로, "실재의 라캉"은 상징계에 통합되는 것에 영원히 저항하는 실재의 어떤 외상적 중핵을 역설한다―그리고, 프로이트적 *das Ding*(사물)을 칸트의 사물 자체와 연결함으로써 그렇게 한다.[125] 우리는 여기서 상징적 거세의 라캉의 윤곽을 분명하게 식별할 수 있다. 즉 사물은 금지되며, 이 금지는 욕망을 방해하기는커녕 유지한다. 요컨대 상징적 질서는 칸트의 초월적 스크린처럼 기능하는데 그것을 통해 현실은 접근가능해지만 동시에 그것은 우리가 현실에 직접 접근하는 것을 차단한다.

하지만 좀 더 면밀하세 독해해보면 라캉이 (『세미나 11』과 더불어 시작되는) 마지막 15년간의 가르침에서 이러한 칸트적 지평을 극복하려고 분투했음을 알 수 있다. 이를 가장 분명히 보여주는 것은 그가 충동 개념을 재활성화시킨 일이다. 충동은 상징적 거세 너머에서 실재 그 자체의 내속적 우회, 위상학적 비틀림으로서 기능한다―그리고 욕망에서 충동으로 이어지는 라캉의 경로는 칸트에서 헤겔로 이어지는 경로이다. 후기 라캉에서의 이런 변동,

---

[125] 라캉에 대한 이와 같은 칸트적 독해를 상세하게 제시한 이는 베르나르 바스였다. Bernard Bass, *De la chose à l'objet* (Leuven: Peeters, 1998) 참조.

즉 "초월적" 논리(우리 경험의 궁극적 지평인 상징적 거세는 사물의 자리를 비우고 그럼으로써 우리의 욕망을 위한 공간을 열어놓는다)에서 "거세 너머"의 차원으로의(즉, "거세 너머"에는 우리를 삼켜버리는 사물의 밤의 심연 이상의 것이 있다고 주장하는 입장으로의) 변동에는 또한 직접적인 정치적 결과들이 있다. "초월적" 라캉은 명백히 (**타자**의 향유를 위해 직접 행동한다고 주장하는 "전체주의적" 주체에 맞서 다양한 정치적 주체들이 일시적으로 점유하려고 경쟁하는 권력의 텅 빈 자리인) "민주주의의 라캉"인 반면 "거세 너머"의 라캉은 후-민주주의적 정치를 가리키고 있다. 따라서 칸트와 헤겔 사이의 긴장에 대한 라캉의 관계에는 세 개의 국면이 있다. 그는 상징계의 총체 속에서 보편적-헤겔적 자기-매개를 수행하는 것으로부터 이 매개에 저항하는 초재적 사물로 이행하고 그런 다음 그는 추가적인 비틀림을 통해 모든 의미작용적 흔적들을 타자성으로부터 분리시키는 간극을 내재성의 내속적 절단으로서 내재성 그 자체로 이항시킨다.

그렇기에 우리는 실재-상상계-상징계 삼항조의 세 가지 항이 내속적으로 서로 엮이는 방식에 초점을 맞추어야 한다. 삼항조 전체는 세 요소 각각의 내부에 반영된다. 실재에는 세 가지 양상이 있다. "실재적 실재"(이르마의 목구멍에서 에일리언에 이르는, 소름끼치는 사물, 원초적 대상), "상징적 실재"(일관성으로서의 실재: 우리의 생활세계의 일상적 경험으로 더 이상 번역될 수 없는, 혹은 그런 경험과 더 이상 관련될 수 없는 양자물리학 공식처럼, 무의미한 공식으로 환원된 기표), 그리고 "상상적 실재"(뭔지 모를 불가사의한 것, 불가해한 "그 무엇"으로서, 이로 인해 숭고한 차원은 일상적 대상을 통해 빛나게 된다). 따라서 실재는 사실상 동시에 세 개의 차원 모두이다. 일관적인 모든 구조를 파멸시키는 심연의 소용돌이이자, 현실의 수학화된 일관적인 구조이자, 깨지기 쉬운fragile 순수 외양. 그리고 엄밀하게 동형적으로 상징계에는 세 가지 양상이 있다. 실재적인 것(무의미한 공식으로 환원되는 기표), 상상적인 것(융적 "상징들"), 상징적인 것(발화, 유의미한 언어). 상상계에도 또한 세 가지 양상이 있다. 실재적인 것(환상, 혹은 정확히 말해, 실재의 자리를 점유하는 상상적 시나리오), 상상적인 것(미끼라는 그 근본적 기능에서의 이미지 그 자체), 상징적인 것(또 다시, 융적 "상징들" 혹은 뉴에이지 원형들). 그리하여 라캉적 실재는 상징화에 저항하는 사물의 외상적 공백으로 환원되기는커녕, ("수학소"의) 의미 없는 상징적 일관성뿐만 아니라 원인으로 환원불가능한 순수 외양("환영의 실재")을 지칭하기도 한다. 따라서 라캉은 부재하는 원인의 공백으로서의 실재를 일관성으로서의 실재로 보충하는 것만이 아니라 세 번째 항, 즉 순수 외양으로서의 실재를 덧붙이는데, 이는 또한 바디우에게서도 그의 이른바 "최소 차이"의 모습으로 작동하기도 한다. 이 차이는 우리가 모든 특수한 가짜 차이를 감산할 때 부상하는 것으로, 말레비치의 「흰 바탕의 검은 사각형」[126)에 나오는 형상과 배경 사이의 최소한의 "순수" 차이에서부터 그리스도와 여타의 인간들 사이의 불가해한 최소 차이에까지 이른다.

바디우는 『세기』[127)에서 20세기를 정의하는 열정으로서 그가

---

126) [원문에는 "White Square on Black Surface(검은 바탕의 흰 사각형)"이라고 되어 있는데, 지젝의 착오로 보인다.]

"실재의 열정"이라고 부르는 것의 두 가지 양태를 전개한다. "정화purification" 양태(실재의 중핵에 도달하기 위해 거짓된 현실의 기만적 층위들을 폭력적으로 폐기하는 것)와 "감산subtraction" 양태(기존 현실 질서의 증상적 지점에서 감지되는 최소 차이를 분리해내는 것). 그렇다면 우리가 바디우의 두 가지 실재의 열정(정화의 열정과 감산의 열정)에 실재에 대한 제3의 접근인 과학적-이론적 **형식화**를 보충해야 하는 것이 아닌가? 실재는 폭력적 정화를 통해, 즉 기만적 현실의 거짓된 층위를 벗어던짐으로써 분리될 수 있다. 또한 실재는 최소 차이를 표시하는 단독적 보편자로서 분리될 수 있다. 그리고 또한 실재는 주체 없는 "실재 속의 지식"을 표현하는 형식화의 모습으로도 분리될 수 있다. 여기서 또 다시 실재, 상상계, 상징계라는 삼항조를 쉽게 식별할 수 있다: 폭력적 정화를 통해서 달성한 실재, 최소 차이의 상상계, 순수 형식적 모체의 상징계.

이러한 교착상태의 정치적 결과는 결정적이다. 바디우의 한계는 그의 실정적 정치 강령에서 가장 분명한데, 이는 "평등의 공리"에 대한 무조건적 충실성으로 요약될 수 있다. 즉 이 공리에 모순되는 진술들(예컨대, 정치적 권리를 일정한 인종이나 종족 집단에 소속됨과 연결시키는 여하한 진술)은 불가능하게, 공적으로 발언할 수 없게 되어야 하며, 결과적으로 이 공리는 이주노동자, 여성 등등의 권리에 적용되어야 한다. 하지만 이 공리는 마르크스주의보다는 자코뱅적인 혁명적 급진주의에 훨씬 더 가깝지 않은가?

---

127) Alain Badiou, *Le siècle* (Paris: Editions du Seuil, 2005).

마르크스는 평등이라는 논제 전체가 탁월한 부르주아 이데올로기적 논제라고 거듭 주장하지 않았는가? 형식적 평등과 사실상의 불평등의 대립, 평등의 바로 그 형식이 착취의 불평등을 유지하는 방식은 시장 논리의 바로 그 중핵에 있으며 그것을 극복하는 길은 "참된 평등"을 통하는 것이 아니라 평등과 불평등의 이런 긴장의 기저에 깔려 있는 조건들, 즉 시장 경제를 중지시키는 것이다. 이런 통찰은 그 어느 때보다 오늘날 더 현행적이지 않은가? 세계화는, 특히, 전 세계의 노동자들이 점차적으로 "평등해진다"는 것을 뜻하지 않는가? 그런 까닭에 다국적 자본은 인종주의적이고 분파주의적이기는커녕 평등을, 가령 인도네시아인 노동자와 미국인 노동자의 평등을 기분 좋게 단언하고 실천하는 것이다.

바디우는 『세기』에서 [한편으로] 20세기의 "실재의 열정"에의 직접적 충실성에 대한 요청과 [다른 한편으로] 정화의 정치에서 감산의 정치로의 이행의 전망 사이에서 동요하는 것처럼 보인다. 그는 홀로코스트에서 굴락에 이르기까지 20세기의 참사들이 "실재의 열정"의 정화 양태의 필연적 산물이라는 점을 충분히 명시하고 있고 이에 대한 항의가 충분히 적법하다고 인정하지만(바를람 샬라모프의 『콜리마 이야기』에 대한 그의 감탄을 보라), 그럼에도 불구하고 그것을 단념하는 데 이르지는 못한다. 왜 그럴까? 그 결과 감산의 논리를 따르게 되면 그는 존재와 사건의 바로 그 대립이라는 틀을 포기하지 않을 수 없었을 것이기 때문이다. 감산의 논리 내에서 사건은 존재의 질서에 외적이지 않으며 존재의 질서 그 자체에 내속된 "최소 차이"에 위치한다. 여기서 바디우의 "실재의 열정"의 두 판본과 라캉적 실재의 주요한 두 판본 사이에는 엄밀한 평행관계가 있다. 라캉적 실재의 두 판본은 파괴적 소용돌이로서의, 우리가 너무 많이 다가갈 수 없는 (접근)불가능한 견고한 중핵으로서의 실재(우리가 그것에 너무 가까워지면 우리는 타고 말 것이다. 니키타 미할코프의 영화 <위선의 태양>[128])에서처럼 말이다. 이 영화는 스탈린주의적 숙청에 처하여 러시아 혁명의 "태양에 타버린" 한 소비에트 영웅-장군의 이야기다)와 최소 차이의 순수 가상*Schein*으로서의, 비일관적인 현실의 간극들을 통해 빛나는 또 다른 차원으로서의 실재이다.

바디우가 만일 이러한 일보를 달성할 수 있다면 그는 아마도 21세기를 20세기의 전치된 반복으로 파악하기로 결정할 것이다. 실재의 열정은 정화의 논리의 (자기)파괴적 절정 이후에 감산의 정치로 재창안되어야 한다. 이러한 과오에는 필연성이 있다. 감산은 정화의 대실패 이후에야 그것의 반복으로서 가능한 것이다. 그 반복 속에서 "실재의 열정"은 지양되고 그것의 (자기)파괴적 잠재력에서 벗어나게 된다. 이런 일보가 없다면 바디우에게는 오직 두 가지 선택지만 남는다: 파괴적인 정화의 윤리에 충실하게 남아 있는 것, 혹은 규범적 규제적 이념과 구성된 현실 질서 사이의 칸트적 구분으로 피신하는 것. 후자는 가령, 사건을 존재의 질서와 영원히 분리하는 간극이 닫히면, 진리-사건이 존재의 질서에서 완전히 실현되는 것으로 정립되면 스탈린주의적 재앙*désastre*이 일어나고 (자기)파괴적 폭력이 폭발한다고 주장하는 것이다.

이러한 노선들을 따라 바디우는 최근[129] 악의 정의(들 가운데

---

128) [이 영화의 영어 제목은 "Burnt by the Sun"(태양에 타버린)이다.]
129) 2002년 8월 사스피, 유럽대학원European Graduate School 학술대회에서.

하나)로서 다음과 같은 것들을 제안했다. 명명불가능한 것에 대한 완전한 촉성forcing, 그것에 대한 명명의 완성, 완전한 지명Nomination의 꿈("모든 것은 주어진 산출적[유적]generic 진리 공정의 장 내에서 명명될 수 있다")—완성된 진리-공정이라는 허구(칸트적인 규제적 이념?)가 현실로 간주된다(그것은 구성적인 것으로 기능하기 시작한다). 바디우에 따르면 그런 촉성이 말소하는 것은 산출적[유적] 진리-공정의 내속적 한계(그것의 결정불가능성, 식별불가능성……)이다. 즉 완성된 진리는 자기 자신을 파괴하며, 완성된 정치적 진리는 전체주의로 화한다. 따라서 진리의 윤리는 촉성될 수 없는 명명불가능한 실재에 대한 존중의 윤리라는 것이다.130) 하지만 여기서 문제는 이러한 한계에 대한 칸트적 독해를 어떻게 피할 것인가이다. 바디우는 우리 존재의 궁극적 지평인 유한성의 존재론적-초월적 지위를 거부하고 있지만, 진리-공정에 대한 그의 제한은 그것이 유한하다는 사실에 궁극적으로 기초하고 있는 것 아닌가? 의미심장하게도 전체주의 개념에 대한 위대한 비판가인 바디우는 여기서, "헤겔적 전체주의"에 대한 칸트적인 자유주의적 비판가와 매우 유사한 방식으로, 바로 그 개념에 호소하고 있다: 주체는 무한한 진리-공정의 작용소이며, 순수 결단/선택의 행위 속에서 사건을 진리-공정의 시초적 준거점으로 공언한다(예

---

130) 마찬가지로 문제적으로 보이는 것은 "스탈린주의"를 존재의 질서(현존 사회)에 대한 지나치게 급진적인 "촉성"으로 파악하는 일이다. 1928년 "스탈린주의 혁명"의 역설은 오히려 그 모든 잔인한 급진성에도 불구하고 사회적 실체를 유효하게 변형하는 데 있어 **충분히 급진적이지 않았다**는 점이다. 그것의 잔인한 파괴성은 무능한 행위로의 이행*passage à l'act*으로 읽어야 한다. 스탈린주의적 "전체주의"는 진리를 위해 명명불가능한 실재를 완전히 촉성하는 것을 대변하기는커녕, 오히려 절대적으로 가치없는 "실용주의"의 태도를, 권력 유지를 위해 모든 "원칙들"을 조작하고 희생하는 태도를 지칭한다.

컨대 "나는 당신을 사랑한다", "그리스도는 죽은 자들 가운데 부활했다"와 같은 진술들).[131] 그렇기에 비록 바디우가 주체성을 무한한 진리-공정에 종속시키고 있다고 해도 이 공정의 자리는 주체의 유한성에 의해 암묵적으로 제약된다. 게다가 반-레비나스적인 바로 그 철학자 바디우는 명명불가능한 것에 대한 존중이라는 이 논제와 더불어 위험하게도 정확히 타자성에 대한 존중이라는 레비나스적 개념—그 모든 외양에도 불구하고 정치적 층위에서 전혀 작동하지 않는 개념—에 다가가지 않는가? 베이루트에서 사브라와 샤틸라 대학살이 있은 지 한 주 후 레비나스가 쉴로모 말카와 알랭 펭키엘크로와 함께 라디오 방송에 출연했을 때 그가 저지른 유명한 큰 실수를 떠올려 보자. 말카는 그에게 명백한 "레비나스적" 물음을 던졌다. "엠마뉴엘 레비나스, 당신은 '타자'의 철학자입니다. 역사는, 정치는 '타자'와의 조우의 장이지 않습니까? 그리고 이스라엘 사람들에게 있어 '타자'는 무엇보다도 팔레스타인 사람들이지 않습니까?" 이에 대해 레비나스는 다음과 같이 대답했다.

> 나의 타자 정의는 완전히 다른 것입니다. 타자는 이웃입니다. 동족일 것까지는 없지만 동족일 수 있는 이웃 말입니다. 그리고 그런 의미에서, 만일 당신이 타자를 지지한다면 당신은 이웃을 지지하는 것입니다. 하지만 당신의 이웃이 다른 이웃을 공격하거나 부당하게 대한다면 당신은 무엇을 할 수 있습니까? 그 때 타자성은 또 다른 성격을 띠게 됩니다. 타자성 속에서 우리는 적을 발견할 수 있지요.

---

131) [이 부분의 원문에는 결함이 있어서, 최근에 출간된 저자의 *The Parallax View* (Cambridge, MA: The MIT Press, 2006), pp. 324-325에 있는 (결함이 없는) 동일 구절을 참조해 번역했다.]

> 혹은 적어도 그 때 우리는 누가 옳고 누가 잘못한 건지, 누가 정당하고 누가 부당한지를 아는 문제에 봉착하지요. 잘못한 사람들이 있는 것입니다.[132]

이 말의 문제점은 그 말에 잠재된 시온주의적 반-팔레스타인적 태도가 아니라 오히려 고급 이론에서 속류 상식적 성찰로의 뜻밖의 변동이다. 레비나스가 기본적으로 말하고 있는 것은 타자성에 대한 존중은 원칙상 무조건적이지만(가장 고매한 류의 존중), 그럼에도 불구하고 구체적인 타자와 대면할 때는 그가 친구인지 적인지를 알아야 한다는 것이다. 요컨대, 실제 정치에서 타자성에 대한 존중은 엄밀히 말해 아무것도 뜻하지 않는다. 그렇다면 레비나스가 타자성을 위협을 제기하는 근본적인 낯섦으로, 환대가 중지되는 지점으로 파악한 것도 이상할 것은 없다. 아마도 분명 그의 가장 기묘한 텍스트일, 소련과 중국의 갈등에 관한 논평인 「러시아-중국 논쟁과 변증법」(1960)에 나온 "황화黃禍yellow peril"에 관한 구절에서 이는 분명하다.

> 황화! 그것은 인종적인 것이 아니라 정신적인 것이다. 그것은 열등한 가치를 내포하지 않는다. 그것은 근본적인 낯섦을, 과거의 무게에 낯선 자를 내포한다. 이로부터는 그 어떤 익숙한 목소리나 억양도, 달의 과거나 화성의 과거도 새어 나오지 않는다.[133]

---

132) Emmanuel Levinas, *The Levinas Reader* (Oxford: Blackwell, 1989), p. 294.
133) Emmanuel Levinas, *Les imprèvus de l'histoire* (Saint Clément: Fata Morgana, 1994), p. 172.

이는 1930년대 내내 제기된 하이데거의 주장, 즉 오늘날 서구적 사유의 주된 임무는 갱신된 "아시아적Asiatic" 위협에 맞서 투쟁하기 위해 그리스적 돌파를, "서구"의 정초적 제스처를, 전-철학적, 신화적, "아시아적" 우주의 극복을 방어해내는 일이라는 주장—서구의 최대 대립물은 "신화적인 것 일반과 특히 아시아적인 것"이다—을 떠올리지 않는가?[134] 바디우로 돌아가자. 이 모든 것이 뜻하는 바는, 바디우에게는 칸트적인 문제가 있다는 것이다. 그 문제는 그의 존재와 사건 이원론에 기초해 있으며, 극복되어야만 하는 것이다. 이 곤궁에서 벗어나는 유일한 출구는 명명불가능한 실재는 외적 한계가 아니라 **절대적으로 내속적인 한계**라고 역설하는 것이다. 진리는, 진리를 총체화할 진리 자체의 개념-이름을 포함할 수 없는 산출적[유적] 공정이다(혹은 라캉이 말하듯이 "메타언어는 없다", 혹은 하이데거가 말하듯이 "이름에 대한 이름은 항상 결여되어 있다"—그리고 이 결여는 언어의 한계이기는커녕 언어의 긍정적 조건이다. 다시 말해 우리에게 언어가 있는 것은 오로지 이 결여 때문이다). 따라서 상징계에 외적인 것이 아니라 상징계를 내부로부터 비-전체가 되게 하는 라캉적 실재처럼(라클라우의 설명처럼, 적대 속에서, 외적 한계는 내적 한계와 일치한다), 명명불가능한 것은 이름들의 영역에 내속적이다. (그런 까닭에 하이데거에게서와 마찬가지로 바디우에게도 시는 언어의 능력의 한계에 대한, 우리가 우리가 언어를 통해서/가지고 강행할 수 있는 것의 한계에 대한 경험/표명인 것이다.) 이것이, 오직 이것만

---

134) Martin Heidegger, *Schelling's Treatise on Human Freedom* (Athens: Ohio University Press, 1985), p. 146.

이 본연의 의미에서 칸트에서 헤겔로의 이행이다. 제한된/불완전한 지명에서 완전한/완료된 지명("절대지")으로 이행하는 것이 아니라, 지명의 바로 그 한계가 외부에서 내부로 이행하는 것.

따라서 유물론적 해결책은, 사건은 존재의 질서 속으로의 그것 자체의 각인, 존재가 결코 일관적인 전체를 형성할 수 없게 만드는 존재의 질서 속의 절단/파열 이외에 아무것도 아니다. 그 자신을 존재의 질서 속에 각인하는 그 어떤 존재 너머도 없다. "있는" 것은 오로지 존재의 질서뿐이다. 여기서 우리는 또 다시 아인슈타인의 일반상대성이론의 역설을 떠올려 보아야 한다. 물질이 공간을 만곡시키는 것이 아니라 공간 자체의 만곡의 효과가 물질이라는 역설 말이다. 사건은 존재의 공간에 각인됨으로써 그 공간을 만곡시키는 것이 아니다. 오히려 사건은 존재의 공간의 이러한 만곡 이외에 아무것도 아니다. "존재하는 모든 것"은 존재의 틈새, 존재의 비-자기일치, 즉 존재의 질서의 존재론적 비폐쇄이다. 이것이 존재론적 층위에서 뜻하는 바는, 일관성 있는 유일한 존재론(존재의 과학)으로서의 수학(순수 다양체 이론)이라고 하는 바디우의 개념을 궁극적으로 거부해야 한다는 것이다. 수학이 존재론이라면 존재와 사건 사이의 간극을 설명하기 위해서 우리는 이원론에 계속 붙박여 있거나 그렇지 않으면 사건을 존재의 포괄적 질서 내의 궁극적으로 환영적인 국지적 출현으로서 기각해야만 한다. 이런 다양체 개념에 맞서 우리는 일자를 그 내부로부터 분리하는 간극을 궁극적인 존재론적 소여로서 단언해야 한다.

＃ 2부 결과들

1장 과학
인지주의를 프로이트와 더불어

"자가형성"

들뢰즈의 중심 문제, 새로운 것의 출현이라는 문제는 상당히 칸트-헤겔적이다. 그것은 "물질적 상호의존들의 인과적 그물망 내부에서 어떻게 자유로운 행위가 가능한가?"라는 물음과 연관되어 있다. 진정으로 새로운 어떤 것은 선형적 인과사슬의 결정적 힘이 완전하지 않을 때만 출현할 수 있을 테니 말이다. 다음은 "엄밀하게 인과적인 패턴대로 돌아가는 세계"에 대한 마리오 번지의 간결한 비판적 정식화이다.

몇 가지 원인들의 합동 작용은 언제나 외적인 병치, 중첩이고 그 어떤 경우에도 고유의 특색을 지닌 종합이 아니라면, 그리고 인과적 작인이 작용하는 가설적 환자들은 자발성이나 자기활동의 역량이 없는—요컨대, 자신들만의 무언가를 인과사슬에 덧붙일 역량이 없는—수동적인 자들이라면, 어떤 의미에서는 결과가 그 원인 속에 선재한다는 것이 따라 나온다. 인과 작용의 본성에 대한 이 극단적이지만 일관적인 학설에 따르자면, 오로지 낡은 것들만이 변화로부터 나올 수 있다. 과정들은 수에 있어서나 어떤 양적 측면에 있어서는 새롭지만 종류에 있어서는 새롭지 않은 대상들을 낳을 수 있다. 혹은, 다시금, 그 어떤 새로운 성질도 출현할 수 없다.[1]

여기서 우리는 들뢰즈의 근본적 역설에 이르게 된다. 그의 절대적 내재주의의 함축은, 여하한 초월성에 대한 거부의 함축은, 정확히, 결과가 그 원인을 초월할 수 있다는 것이며, 혹은—동일한 문제틀의 또 다른 측면으로서—관계들은 서로 관계하고 있는 대상들에 외적이라는 것이다(들뢰즈의 히치콕 독해를 상기할 것!). 관계들의 이 외부성은 다음과 같은 사실에 근거하고 있다. 즉 원소들의 집합에서 우리가 형성할 수 있는 부분집합의 수가 원소들 자체의 수보다 더 크다는 사실 말이다. 그리고 과잉적 원소, "어두운 전조"에 대한 가장 간명한 정의는, 정확히, 다양한 원소들 내에서 관계들의 자리를 차지하는 유사 원소라는 정의이다. 예컨대『폭풍의 언덕』에 대한 프레드릭 제임슨의 독해에 따르자면, 히스클리프는 소설

---

1) Mario Bunge, *Causality and Modern Science* (New York: Dover Press), p. 203.

의 등장인물 가운데 한 명이 아니라 일종의 영-원소이며, 순수하게 구조적인 "사라지는 매개자"의 기능이며, 낡은 유기체적-가부장적 사회관계들의 계열과 근대 자본주의 관계들의 계열이라는 두 계열을 매개하는 메커니즘이며, 그 둘 사이의 이행점이다.

> 히스클리프는 더 이상 그 어떤 의미에서도 영웅이나 주인공으로 간주될 수 없다. 오히려 그는 바로 그 처음부터 (……) 매개자나 촉매 같은 어떤 것이며, 두 가족의 재산을 복원하고 그 두 가족의 빈혈증적 기질에 활기를 불어넣는 역할을 한다.[2]

그리하여 들뢰즈적인 관계들의 잉여는 **반성적** 관계들의 공간, 관계들에 관계함의 공간으로서 자유의 공간이다―인과적 관계들의 선형적 그물망에 대한 과잉, 주체가 자신의 조건들과 원인들에 (그것들을 떠맡거나 거부하면서) 관계하는 방식. 이미 칸트에서도, 나는 원인들에 의해 결정되어 있으나 또한 나는 어떤 원인들이 나를 결정할지를 소급적으로 결정한다. 요컨대 들뢰즈는 여기서 암묵적으로 칸트적 "병합 테제"라고 통상 불리는 것에 의존하고 있지 않은가?[3] 우리 주체들은 정념적인 대상들과 동기들에 수동적으로 촉발된다. 하지만 반성적 방식으로 우리 자신은 이러한 방식으로 촉발되는 것을 수용(하거나 거부)할 최소한의 힘을 가지고 있다. 혹은 들뢰즈-헤겔적 정식화를 감행하자면, 주체는 반성

---

[2] Fredric Jameson, *The Political Unconscious* (London: Routledge, 2002), pp. 113-14.
[3] [병합 테제에 대한 상세한 설명은 주판치치, 『실재의 윤리』(이성민 옮김, 도서출판b, 2004), 제2장 참조.]

성의 주름인바, 이를 통해 나는 나를 결정하도록 허용된 원인들을 소급적으로 결정하며, 혹은 적어도 이 선형적 결정의 **양태**를 결정한다. 그리하여 "자유"는 본래부터 소급적이다. 가장 본질적인 차원에서 자유는 아무 데도 아닌 곳nowhere으로부터 새로운 인과적 연계를 시작하는 자유로운 행위에 불과한 것이 아니라, 오히려 필연성들의 어떠한 연계/연쇄가 나를 결정하게 될 것인지를 승인하는 소급적 행위이다. 여기서 우리는 스피노자에게 헤겔적 비틀기를 덧붙여야 한다. 자유는 "인지된/알려진 필연성"에 불과한 것이 아니라 인정된/떠맡은 필연성,[4] 이 인정을 통해 구성되는/실현되는 필연성이다. 그리하여 원인에 대한 결과의 과잉은 또한 결과가 소급적으로 자신의 원인의 원인임을 의미한다. 이러한 시간적 원환고리는 생명의 최소 구조이다(이점에 대해서는 프란시스코 바렐라의 저작을 볼 것). 또한 카프카와 (중국의 저자들에서 로버트 브라우닝에 이르는) 다양한 그의 선구자들 간의 관계에 대한 보르헤스의 정확한 정식화를 상기해보자.

> 카프카의 특유성은, 많게든 적게든, 이러한 저작들 각각에 존재한다. 하지만 카프카가 만일 쓰지 않았다고 한다면, 우리는 이를 지각하지 못할 것이다. 다시 말해서, 그것은 존재하지 않을 것이다. (……) 각각의 작가는 자신의 선구자들을 **창조한다**. 그의 저작은, 미래를 변경하게 될 것처럼, 과거에 대한 우리의 생각을 변경한다.[5]

---

[4] [여기서 "인지된"과 "인정된"으로 번역된 단어는 모두 "recognized"라는 동일한 단어인데, 지젝은 이 단어가 "인지된"과 "인정된"이라는 두 가지 뜻을 갖는다는 애매성을 이용하고 있다.]
[5] Jorge Luis Borges, *Other Inquisitions: 1937–52* (New York: Washington Square Press, 1966), p. 113.

따라서 "그것은 실제로 거기에, 그 자료 안에 있는가, 아니면 단지 우리의 독해를 자료 안으로 투여하는 것인가?"라는 딜레마에 대한 고유하게 변증법적인 해결책은, 그것이 거기에 있지만 우리는 이를 단지 소급적으로만, 오늘날의 관점에서만 지각하고 진술할 수 있다는 것이다. 이 소급적 인과성은, 결과 그 자체에 의해 원인들에 행사되는바, 자유의 최소한의 필수조건이다. 만약 이러한 자유가 없다면 결과는 어떤 면에서 그 원인 속에 선재할 뿐만 아니라 곧바로 그 원인보다 **선재**하는 것이 되지 않겠는가? 다시 말해서, 만약 원인과 결과 사이의 과잉/틈새가 없다면 결과는, 원인에 앞서 미리 주어질 것이라는—그리고 인과적 연계의 배치를 그 배치의 숨겨진 목적인으로서 규제할 것이라는—의미에서, 원인보다 선재하게 될 것이다. (헤겔의 말처럼) 목적론은 선형적 기계적 인과관계의 진리이다. 한 발 더 나아가본다면, 역설적이게도 우리는 원인에 대한 결과의 과잉에 관한 이러한 언명이, 자유의 가능성에 관한 이러한 언명이 들뢰즈의 **유물론**의 근본적 언명이라고 주장해야 한다. 다시 말해서, 요점은 단지 다양한 물체들의 물질적 현실에 대한 비물질적 과잉이 있다는 데 있는 것이 아니라, 이 과잉이 물체들 자체의 층위에 내속적이라는 데 있다. 이 비물질적 과잉을 뺀다면 우리는 "순수한 환원주의적 유물론"을 얻게 되는 것이 아니라 오히려 은밀한 관념론을 얻게 된다. 근대의 과학적 유물론의 교의를 정식화한 최초의 인물이었던 데카르트가 또한 기본적인 근대 관념론의 주체성의 원리를 정식화한 최초이기도 했다는 것은 결코 놀랄 일이 아니다. "물체들의 완전하게 구성된 물질적 현실이 있으며 그 밖의 어떤 것도 없다"는 것은 사실상 **관념론적**

입장이다.

뇌과학에서 "수반적 인과성"에 대한 논쟁이 어떻게 들뢰즈적 준원인이라는 주제를 반향하고 있는가에 주목하는 것은 흥미롭다. 의미-사건을 창발적 성질들이라는 체계 이론 개념에 연계시킨 것은 이미 들뢰즈 자신이었지 않은가? 의미-사건은 물질적 원인들의 복합적 그물망으로부터 창발하는 어떤 것이지 않은가?[6] 물론 여기서 핵심적인 물음은 이렇다. 의식의 지위는 인과적 관점에서 볼 때 순전히 부가현상적인 것인가, 아니면 그 자체의 인과성을 드러내는가? 들뢰즈를 다음과 같은 소박한 물음들과 대면시킨다면 흥미로울 것이다. 의미-사건의 층위는 한낱 불모적 효과이며 그림자들의 극장인 것인가? 그것은 여하간 원인들의 물질적 그물망의 층위에 작용하는가, 아니면 이 후자의 층위는 의미의 흐름에 대한 고려 없이 기술될 수 있는 것인가?

의식은 수반한다고 말할 때, 혹은 좀더 강하게 의식은 창발한다고 말할 때, 이는 의식 자체의 특별한 인과적 힘이 의식이 창발되어 나오는 저 "더 낮은" 층위에도 작용할 수 있다는 뜻인가? 혹은, 해스커를 인용하자면, "하향적인" 인과적 영향이라는 개념은 다음을 의미한다. 즉 "'더 낮은' 층위들의—즉 '더 높은 층위'의 구조의 구성성분들의—행동은, 더 높은 층위의 조직화의 결과로 창발하는 새로운 속성의 영향 때문에, 그렇지 않을 경우와는 다르다"[7]

---

[6] "창발적 속성emergent property"이라는 용어는 유사 개념으로서, 전적으로 부정적인 내용을 가진 범주로서, 너무나도 빈번하게 사용되지 않는가? 그것은 단지 우리의 무지를 명명하는 것 아닌가? 여하간 우리는 그 어떤 외부적 도움이나 개입 없이도 무질서한 상호작용으로부터 질서가 창발한다는 것을 보게 되며, 어떻게 이런 일이 일어나는가를 알지 못하면서 그것을 "창발적 속성"이라고 부른다.

는 것을 의미한다. 친구에게 인사를 하겠다는 결정의 결과로 내가 (손을 올리는 등등의) 어떤 신체적 제스처들을 수행한다고 해보자. 이 신체적 제스처는 또한, 나의 의식적 의도들의 "더 높은" 층위를 추상시킨 채로, 내 신체의 구성성분들의 물리적 상호작용의 "더 낮은" 층위에서 인과적으로 완전하게 설명될 수 있는가?

이 모든 고려들의 기저에 깔려 있는 것은 유기체라는 개념의 궁극적 곤란이다. 우리가 더 높은 층위의 자율적 "준" 인과성을 사실상 설명하고자 한다면, 그것은 어떤 최소한으로 **소급적인** 인과성, 시간상 "거꾸로 가는" 자기관련적 인과성이어야 하며, 혹은 헤겔의 표현대로 "전제를 정립하는" 행위이어야 한다. 칸트도 이미 알고 있었듯이, 자유는 단지 물질적 원인들을 보충하는 어떤 원인을 의미하는 것이 아니라 어떤 (물질적) 원인들이 나를 결정할 것인지를 결정하는 반성적 원인을 의미한다. 자유는 내가 결코 전적으로 환경의 희생양이지 않다는 것을 의미한다. 언제나 나는 어떤 환경이 나를 결정할지를 결정하는 최소한의 자유를 이용한다(다시금, "병합 테제").[8]

해결책은 바로 물리적 인과성의 불완전성이라는 개념에 있다. 자유는 나를 결정하게 되는 인과사슬을 소급적으로 결정하며, 이와 같은 선택의 최소 공간은 물리적 과정 그 자체의 내속적 비결정성에 의해 지탱된다. 실체적 의미에서 자유는 물론 의식의 인과적 역할이 순수하게 이행적transitive이지 않다는 것을, 의식은 "그것이 야기하도록 야기되어지지 않은 것들을 야기할"[9] 수 있다는

---

7) William Hasker, *The Emergent Self* (Ithaca, N. Y.: Cornell University Press, 1999), p. 175.
8) Henry Allison, *Kant's Theory of Freedom* (Cambridge: Cambridge University Press, 1990) 참조.

것을, 그리고 칸트 자신의 표현으로라면, 새로운 인과적 노선/사슬을 무로부터 시작할 수 있다는 것을 의미한다. 그렇지만 이 "무"는 물리적 현실 그 자체 안에 그것의 인과적 불완전성으로서 위치하고 있다. 유물론을 침식하고자 하는 자들의 큰 주장은 "왜 물리적인 것이 닫혀있지 않은가"이다. 즉 그들은 물리적 원인들의 사슬이 선험적 이유에서 완전하지 않으며, 자기폐쇄적이지 않으며, 모든 것을 설명하지 않는다는 것을, 즉 또 다른 인과 양태를 위한 여지가 있다는 것을 증명하려고 한다. 그렇지만 여기서 라캉의 "비-전체"의 논리가 얼마간 도움이 될 수도 있을 것이다. (물리적) 인과사슬의 불완전성을 그에 대한 그 어떤 예외도, 그 어떤 다른 인과성도 없다는 사실의 이면으로 읽는다면 어떤가? 그리고 반대로 물리적인 것의 완전성/폐쇄성을 형이상학적 예외에, 신성한 혹은 영적인 토대에 의지하고 있거나 이를 내포하고 있는 것으로서 파악한다면 어떤가? 자유의 공간을 또 다른 실정적 인과성에 의해 채워지지 않은 채 열어놓는 것은 바로 물리적 인과성 속의 틈새 그 자체이다. 들뢰즈가 표현했듯이, 물리적 원인을 "넘어선" 유일한 인과성은 비물질적인 준원인의 인과성이다.

차머스는 의식에 대한 환원주의적 설명에 반대한 논변을 통해서 "우리가 우주의 물리에 관하여 마지막 세부—시공간적 다양체 안에 있는 모든 장들과 소립자들 사이에서의 배치, 인과작용, 진화—까지 모두 안다고 하더라도, 그 정보가 의식적 경험의 존재를 가정하도록 이끌지는 않을 것이다"[10]라고 진술하고 있는데, 이때

---

9) William Hasker, 앞의 책, p. 177.
10) David Chalmers, *The Conscious Mind* (Oxford: Oxford University Press, 1996), p. 101.

그는 표준적인 칸트적 오류를 범하고 있다. 그와 같은 총체적 지식은 인식론적으로 그리고 존재론적으로 엄밀히 무의미한 것이다. 그의 추론은 마르크스주의 내에서 부하린이 표명한 속류 결정론적 개념의 이면이다. 부하린은 우리가 물리적 현실 전체를 알게 된다면 또한 혁명의 출현을 정확히 예언할 수 있을 것이라고 썼다. 좀더 일반적으로 볼 때 이와 같은 추론 노선—물리적 총체성에 대한 과잉/잉여로서의 의식—은 무의미한 과장을 불러낼 수밖에 없으므로 무의미한 것이다. 현실의 전체를 상상할 때 의식(과 주체성)을 위한 그 어떤 자리도 더 이상 없는 것이다. 이미 본 것처럼, 여기에는 두 가지 선택만이 열려 있다. 주체성은 환영이거나, 아니면 현실은 (인식론적으로만이 아니라) 그 자체로 비-전체이다.

현대 철학과 헤겔의 예기치 않은 조우들 가운데 하나로 "기독교적 유물론자" 반인와겐은 자동차, 의자, 컴퓨터 등의 물질적 대상들은 단순히 **존재하지 않는**다는 생각을 전개했다. 예컨대 의자는 사실상 대자적으로 의자가 아니다. 우리가 가진 전부는 "단순물들"(즉 "의자처럼 배치된" 더 기본적인 대상들)의 집합체일 뿐이다. 그래서 비록 의자가 의자로서 기능할지라도, 그것은 그 자체로는 이러한 배치와는 전적으로 무관한 다양(나무 조각, 못, 쿠션 등등)으로 이루어져 있다(엄밀히 말해서, 못이 그 일부가 되는 "전체"라는 것은 없다). 오직 유기체에서야 우리는 전체를 갖게 된다. 여기서 통일성은 최소한으로 "대자적"이다. 부분들은 유효하게 상호작용한다.[11] 린 마굴리스가 이미 밝혔듯이, 생명의 기본 형태

---

11) Peter van Inwagen, *Material Beings* (Ithaca, N. Y.: Cornell University Press, 1990).

인 세포는 바로 그와 같은 자기관련의 최소치—이 최소치를 통해서만 유기체를 특징짓는 안과 밖의 경계가 출현할 수 있다—에 의해 특징지어진다. 그리고 헤겔의 말대로, 사유는 이 대자가 더 발전한 것이다.

예컨대 생물학에서는 현실의 층위에 오로지 신체적 상호작용만 있다. "본연의 생명"은 최소한이라도 "관념적인" 층위에서만 출현한다. 살아 있는 신체의 물질적 구성성분들의 부단한 변화 속에서도 "동일한", 그 신체의 통일성의 형식을 제공하는 비물질적 사건으로서 말이다. 진화적 인지주의의 기본적인 문제—관념적인 생명패턴의 출현이라는 문제—는 혼돈과 질서 간의, 다양과 일자 간의, 부분들과 그것들의 전체 간의 관계에 대한 낡은 형이상학적 수수께끼에 다름 아니다. 어떻게 "공짜로 질서를" 얻을 것인가, 즉 어떻게 질서는 시초의 혼돈에서 출현할 수 있는가? 어떻게 우리는 부분들의 한낱 총합보다 더 큰 전체를 설명할 수 있는가? 어떻게 별도의 자기동일성을 가진 일자가 그것의 다양한 성분들의 상호작용으로부터 출현할 수 있는가? 마굴리스에서 바렐라에 이르는 일련의 현대 연구자들은, 진정한 문제는 어떻게 유기체와 그것의 환경이 상호작용하거나 연계되는가가 아니라 오히려 그 정반대라고 주장한다. 즉 어떻게 별도의 자기동일적인 유기체가 그것의 환경으로부터 출현하는가가 진정한 문제라는 것이다. 어떻게 세포는 내부를 외부와 분리시키는 막을 형성하는가? 그리하여 진정한 문제는 어떻게 유기체가 환경에 적응하는가가 아니라 어떻게 스스로를 적응시켜야만 하는 무언가가, 어떤 별도의 존재가 우선은 있는가 하는 것이다. 그리고 바로 여기서, 이 핵심적 지점에서 오늘날의 생물학적 언어는 아주 섬뜩하게도 헤겔의 언어를 닮기 시작한다. 예컨대 바렐라가 그의 자가형성autopoiesis이라는 개념을 설명할 때 그는 목적론적이고 자기조직화하는 존재로서의 생명이라는 헤겔적 개념을 거의 말 그대로 반복한다. 그의 중심적 개념인 원환 혹은 부트스트랩이라는 개념은 헤겔의 *Setzung der Voraussetzungen*(전제의 정립)을 향하고 있다.

> 자가형성은 기본적인 세포 형태에서 생명을 산출하는 창발의 유일무이성을 정의하고자 한다. 역설을 낳는 순환적 과정이나 네트워크 과정이 있다. 자기조직화하는 생화학적 반응들의 네트워크는 분자들을 생산하고, 이 분자들은 특별하고 유일무이한 무언가를 한다. 즉 분자들은 경계를, 세포막을 만들어내는데, 이는 세포막의 성분들을 생산한 네트워크를 제약한다. 이는 논리적인 부트스트랩, 원환이다. 즉 네트워크는 경계를 창조하는 존재자들을 생산하며, 이 경계는 경계를 산출하는 네트워크를 제약한다. 이 부트스트랩은 바로 세포에서 유일무이한 어떤 것이다. 부트스트랩이 완성될 때 자기변별적 존재자가 존재한다. 이 존재자는 자신의 경계를 생산했다. 그것은 그것을 알아차릴, 혹은 "나 여기 있어"라고 말할, 외부의 작인을 필요로 하지 않는다. 그것은 그 자체로 자기변별체이다. 그것은 화학과 물리학의 수프로부터 스스로를 부트스트랩한다.[12]

그리하여 여기서 이끌어낼 결론은 다음과 같다. 즉 살아 있는 유기

---

12) Francisco Varela, "The Emergent Self", in *The Third Culture*, edited by John Brockman (New York: Simon and Schuster, 1996), p. 212.

체에 대해 구성적인 "내부"와 "외부"의 구분의 출현을 설명할 유일한 길은 전체로서의 유기체의 일자가 자신의 원인들의 집합(즉 그것이 출현해 나오는 바로 그 다양한 과정)을 그것의 결과로서, 그것이 지배하고 규제하는 어떤 것으로서 소급적으로 "정립하는" 일종의 자기반성적 역전을 설정하는 것이다. 이러한 방식으로—그리고 오로지 이러한 방식으로—유기체는 더 이상 외적 조건들에 제약되지 않으며, 근본적으로 자기제약적이다. 다시금, 헤겔식으로 말하자면, 생명은 (어떤 존재자의 환경이 그 존재자에 가하는) 외적 제한이 자기제한으로 화할 때 출현한다. 이로써 우리는 다시금 무한의 문제로 돌아온다. 헤겔에게 진무한은 제한없는 확장을 의미하는 것이 아니라, 타자에 의해 규정됨과는 대조적인 능동적 자기제한(자기규정)을 의미한다. 바로 이러한 의미에서 생명은 (세포라는 가장 초보적인 차원에서조차도) 진무한의 기본 형태인데, 왜냐하면 그것은 최소한의 원환성을 내포하고 있기 때문이다. 이 원환을 통해 하나의 과정은 더 이상 단순히 환경이라는 외부에 의해 결정되지 않고 오히려 그 자체로 이와 같은 결정의 양태를 (과잉)결정할 수 있으며 그리하여 "자신의 전제들을 정립할" 수 있게 되는 것이다. 무한은 세포의 막이 자기경계로서 기능하기 시작하는 순간 최초의 현실적 실존을 획득한다. 따라서 헤겔이 무기물을 유기체의 가장 낮은 형태로서 "생명"의 범주에 포함시킬 때, 그는 마굴리스를 예견하고 있는 것 아닌가? 마굴리스 또한 식물적인 생명과 동물적인 생명에 앞서는 생명 형태들을 강조하고 있으니 말이다. 그 어떤 실체적 정체성도 가지지 않은 순수하게 잠재적이고 관계적인 어떤 속성이 출현한다.

나의 자기 감각은 세계와의 인터페이스[접면]를 나에게 제공하기 때문에 존재하는 것이다. 나는 상호작용들을 위해 "나"이다. 하지만 나의 "나"는, 그 어떤 곳에도 정위시킬 수 없다는 의미에서, 존재하지 않는다. (……) 기저의 네트워크에 의해 산출되는 창발적 속성은 그것이 들어 있는 시스템이 바로 그 층위에서—즉 동일한 종류의 다른 자기들이나 정체성들과—접면할 수 있도록 해주는 어떤 응집된 조건이다. 여러분은 "이 속성은 여기 있다. 그것은 이 성분 안에 있다"고 말할 수 없다. 자가형성의 경우 여러분은 생명—자기산출됨의 조건—이 이 분자 안에, 혹은 DNA 안에, 혹은 세포막 안에, 혹은 단백질 안에 있다고 말할 수 없다. 생명은 배치 안에 그리고 역동적 패턴 안에 있으며, 바로 그것이 창발적 속성으로서의 그것을 체현한다.[13]

여기서 우리는 자기라는 개념을 정의하는 "관념론"의 최소치와 조우한다. 자기는 정확히 그 어떤 실체적 밀도도 없는, 일관성을 보증하는 그 어떤 딱딱한 중핵도 없는 존재자이다. 유기체의 표면을 뚫고 들어가 더 깊숙이 그 안을 들여다보더라도 우리는 그것의 기관들을 은밀하게 조종하고 있는 그것의 자기라고 할 수 있는 어떤 중심부의 통제하는 요소를 결코 만나지 못한다. 그리하여 자기의 일관성은 순수하게 잠재적인 것이다. 마치 그것은 외부에서, 인터페이스-스크린 상에서 볼 때만 나타나는 내부와도 같다. 인터페이스를 뚫고 들어가 자기를 "실체적으로", "그 자체로" 파

---

13) Varela, 앞의 책, pp. 215-16.

악하려고 한다면 그것은 손가락 사이로 빠져나가는 모래처럼 사라지고 만다. 따라서 "실제로 그 어떤 자기도 없다"고 주장하는 유물론적 환원주의자들은 옳지만, 그럼에도 불구하고 그들은 요점을 놓친다. ("내적 경험"이라는 심리적 현실을 포함한) 물질적 현실의 층위에는 사실상 그 어떤 자기도 없다. 자기는 유기체의 "내적 중핵"이 아니라 표면-효과이다. "진정한" 인간적 자기는, 어떤 의미에서, 컴퓨터 스크린처럼 기능한다. 그것 "배후에" 있는 것은 "자기 없는" 뉴런 조직의 네트워크에 다름 아닌 것이다.

밈들, 모든 곳에 밈들

1990년대에 다마고치라 불리는 일본 장난감이 대 유행이었다. 그것은 우리가 함께 소통하는 타자(통상적으로는 애완 동물)를 스크린상의 순수하게 가상적인 존재로 환원시켰다. 다마고치를 가지고 하는 놀이는 스크린 배후에 살아 있는 실제 피소물이 있는 양 행동하는 것을 포함한다. 우리는 단지 무의미한 디지털 네트워크일 뿐 배후에 아무것도 없다는 것을 잘 알고 있지만 그것 때문에 흥분하고 눈물을 흘린다. 방금 말한 것을 진지하게 받아들인다면, 우리는 우리가 함께 소통하는 다른 사람 역시 궁극적으로는 일종의 다마고치라는 결론을 피할 수 없다. 다른 주체와 소통하면서 우리는 그로부터 신호를 받고, 그의 얼굴을 스크린으로서 관찰하지만, 소통의 파트너인 우리는 "스크린 배후에" 있는 것을 결코 알 수 없다. 게다가 관련된 주체 그 자신도 마찬가지다(즉 그 주체는 바로 그 자신의 (자기)의식의 스크린 배후에 놓여 있는 것, 그가 실재에서 어떤 종류의 사물인지를 알지 못한다). (자기)의식은 "깊이"의 효과를, 배후에 있는 차원의 효과를 산출하는 표면-스크린이다. 하지만 이 차원은 표면의 관점에서만, 일종의 표면-효과로서만 접근가능하다. 우리가 실제로 스크린 배후에 이르게 되면, "인격체의 깊이"라는 바로 그 효과는 사라진다. 우리에게 남는 것은 단지 뉴런적, 생화학적 등등의 일단의 무의미한 과정들뿐이다. 그렇기 때문에, "유전자 대 환경"(생물학 대 문화적 영향, 자연 대 양육)에서 그 양편 각각이 주체의 형성에서 맡는 역할에 관한 통상적 쟁점은 핵심적 차원을, 즉 그 둘을 연결하는 동시에 구별해주는 인터페이스의 차원을 놓친다. "주체"는 "세포막"이, 내부와 외부를 경계짓는 표면이―한낱 그것들의 상호작용의 수동적 매체인 대신에―그것들의 능동적 매개자로서 기능하기 시작할 때 출현한다.

그렇다면 결론은 이렇다. 비록 과학이 인간 게놈을 정의하고 조작하기 시작하더라도, 그로 인해 과학이 인간 주체성을 지배하고 조작할 수는 없을 것이다. 나를 "유일무이한" 것으로 만드는 것은 나의 유전학적 공식도 나의 소질들이 환경의 영향으로 인해 전개된 방식도 아니며, 그 둘의 상호작용에서 출현하는 유일무이한 자기관련성이다. 좀더 정확히 말해서, "상호작용"이라는 말조차도, 실정적 조건들의 두 가지 주어진 집합들(유전자와 환경)의 상호 영향을 여전히 함축하는 한에서 여기서 그다지 적합하지 않으며, 그리하여 자기관련*Selbst-Beziehung*(이 자기지칭적 원환성 때문에 나는 나의 환경과 관계맺는 방식에 있어서 그 환경에 의해 수동적으로 영향을 받는 "영-층위"에 결코 도달하지 못하는데, 왜냐하면 그 대신 나는 환경과 관계하면서 언제나-이미 나 자신과 관계하기 때문이다. 즉 언제나-이미 나는, "자유"의 최소치를 가지고서, 내가 환경에 의해 결정되어질 방식을 감성적 지각들의 가장 기본적 층위에 이르기까지 미리 결정하기 때문이다)의 핵심적 특징을 다루는 데 실패한다. 내가 "나 자신을 보는" 방식, 나의 "자기-이미지"를 구성하는 상상적, 상징적 특징들(혹은, 한층 더 근본적으로는, 나의 존재의 궁극적 좌표들을 제공하는 환상)은 유전자 속에 있지도 환경에 의해 부과되지도 않는다. 오히려 그것은 매 주체가 자신의 "본성"(으로서 지각하는 그 무엇)과의 관계에서만이 아니라 자신의 환경과의 관계에서 자신과 관계하는—"자신을 선택하는"—그 유일무이한 방식 속에 있다.

그리하여 우리는 생물학적 존재로서의 나 자신과 나의 환경의 상호작용으로 환원될 수 없는 일종의 "부트스트랩" 메커니즘을 다루고 있다. 즉 그 어떤 실정적 실체적 존재도 지니지 않은 제3의 매개하는 작인(정확히, 주체)이 출현하는 것인데, 왜냐하면 어떤 면에서 그것의 지위는 순수하게 "수행적"이기 때문이다(즉 그것은 일종의 스스로 불타오른 불꽃이며, 자신의 활동성의 결과물에 다름 아닌 것이다. 피히테는 이를 자기관계적 자기정립인 *Tathandlung* 이라고 불렀다). 물론 나는 나의 생물학적인 신체적 토대와 나의 환경의 상호작용을 통해 출현한다. 하지만 나의 환경과 나의 신체적 토대 양자는 언제나 나의 활동성에 의해 "매개된다". 오늘날 가장 진보한 인지과학자들이 위대한 독일 관념론자들이 "초월적 자발성"을 통해 정식화하려고 노력했던 이 최소한의 자기관계의 모티브를 어떻게 접수하고(혹은, 오히려, 그들 자신의 연구로부터 이를 발전시키고) 있는지에 주목하는 것은 흥미롭다. 그래서 인간 클론(혹은, 오늘날에도 이미, 일란성 쌍둥이)의 경우에, 그들 각각의 유일무이함을 설명하는 것은 단순히 그들이 상이한 환경에 노출되었다는 점이 아니라 그들 각각이 유전적 실체와 환경 간의 상호작용으로부터 유일무이한 자기관계의 구조를 형성한 그 방식인 것이다.

그리하여 유사 원인이라는 들뢰즈적 주제는 전제의 (소급적) 정립이라는 헤겔적 개념과 상관지을 수 있다. 직접적 인과성이란 신체들의 실재적 상호작용의 인과성인 반면에 유사 인과성은 작인의 전제를 소급적으로 정립하는 인과성이며, 이미 작인에게 부과된 어떤 것을 관념적으로 떠맡는 인과성이다.[14] 그리고 이것이 또한 자유로운/자율적인 작인으로서의 주체의 출현을 설명한다면 어찌할 것인가? 유일한 "실재적" 인과성은 상호작용하는 다양체들의 신체적 층위에서 발생하는 반면에 주체는 사건들을 자율적인 방식으로 창조하는 "유사 원인"으로서 작용한다. 다시금 들뢰즈는 여기서 예기치 않게도 헤겔에 가까이 있다. 현대 과학에서 이와 같은 자기관계적인 "전제의 정립"이라는 닫힌 원은—이는 이미 헤겔이 살아 있는 존재자의 근본적 특징으로서 지각했던 것인데—"자가형성"이라고 지칭된다. 소급적인 원환 속에서 결과(살아 있는 존재자)는 그것을 발생시키고 유지시키는 바로 그 물질

---

14) 이를 선형적 역사적 인과성과 자기 자신의 가능성을 소급적으로 토대짓는 새로운 것의 돌출이라는 뒤퓌이의 구분과 비교할 것. Jean-Pierre Dupuy, *Pour un catastrophisme éclairé* (Paris: Editions du Seuil, 2002) 참조.

적 조건을 생성한다. 독일 관념론의 전통에서 살아 있는 유기체가 외부의 타자와 맺고 있는 관계는 언제나-이미 그것의 자기관계이다(즉 각각의 유기체는 자신의 전제된 환경을 "정립한다").

마투라나와 바렐라가 고전적 저작『자가형성과 인지』15)에서 세공한 이와 같은 자가형성적 생명 개념에서 문제는 "이 자가형성 개념이 기계주의적 패러다임을 사실상 극복하는가?"라는 물음에 있는 것이 아니라 오히려 "이 자기폐쇄적인 생명의 원환고리로부터 (자기)의식으로 어떻게 이행할 것인가?"에 있다. (자기)의식 또한 어떤 **타자**에 대한 관계에서 반성적이며, 자기관계적이다. 하지만 이 반성성은 유기체의 자기폐쇄와는 전적으로 다른 것이다. (자기)의식적 생명체는 헤겔이 지성의, 추상적인 (그리고 추상하는) 사유의 무한한 힘이라고 부르는 것을 보여준다. 즉 그것은 사유 속에서 생명의 유기체적 전체를 **찢어놓을** 수 있으며, 그것을 죽임의 분석에 종속시킬 수 있으며, 유기체를 그것의 단절된 요소들로 환원시킬 수 있다. 그리하여 (자기)의식은 유기체적 **삶** 속에 **죽음의 차원을 재도입**한다. 언어 그 자체는 유기체를 식민화하는 죽임의 "메커니즘"이다. (이는, 라캉에 따르면, 프로이트가 "죽음충동" 가설에서 찾고 있던 것이다).『정신현상학』의 (예컨대) 자기의식에 관한 장의 서두에서 이와 같은 긴장을 정식화한 것은 (다시금) 이미 헤겔이었다. 거기서 그는 **타자**와의 관계를 통한 자기관계로서의 "삶"의 두 형태를 대립시켰다: (유기체적-생물학적) **생명**과 (자기)의식. 진정한 문제는 (단지) 어떻게 전前유기체적 물질에서

---

15) Humberto R. Maturana and Francisco J. Varela, *Autopoiesis and Cognition: The Realization of the Living* (Dordrecht: D. Reidel, 1980) 참조.

생명으로 이행하는가가 아니라, 어떻게 생명 그 자체가 자가형성적 폐쇄를 깨뜨리고 그것의 외적 타자와 탈자적으로ex-statically 관계하기 시작하는가이다(여기서 이 탈자적 개방성 역시 지성이 행사하는 죽임의 객관화로 화할 수 있다). 문제는 삶이 아니라, 말하는 유기체의 삶-속의-죽음("부정적인 것과 함께 머물기")이다.

생물학 역사에서 자가형성이라는 이 주제는 **물활론**의 "관념론적" 경향의 일부이다. 존재하는 모든 것은, 자연 전체는 살아 있다—그것은 겪으며, 즐긴다. 이 우주에는 그 어떤 죽음도 없다. "죽음"의 경우 발생하는 것은 단지 살아 있는 요소들의 어떤 특수한 배합이 붕괴되는 것이며 반면에 삶은, 전체의 삶과 현실의 기본적 구성성분들의 삶 양자는 지속되는 것이다. (사드적인 "절대적 범죄"는 생물학적 죽음 이후에도 살아남는 바로 이 두 번째 삶의 파괴를 노리고 있다).[16] 우리는 이러한 입장을 아리스토텔레스(신체의 일자-형상으로서의 영혼이라는 그의 개념)에게서 발견하며, 또한 드니 디드로(그가 보기에 돌맹이조차도 고통을 느낀다. 단지 우리가 그것을 듣지 못할 뿐이다. 이는 나무들이 잘릴 때 비명을 지르는 소리를 들을 수 있었던 한 여인에 관한 독창적인 퍼트리샤 하이스미스의 단편을 떠오르게 한다)를 통해 전통적 스토아주의에서 발견하며, 또한 세계-영혼이라는 셸링적인 낭만주의적 개념에서 발견한다. 더 나아가 가이아(살아 있는 유기체로서의 지구) 개념에서 시작해서 다양한 양태들 속에서 번창하는 "기관 없는 신체"인 일자를 다루는 최후의 위대한 철학자 들뢰즈에 이르기까

---

16) 여기서 나는 Jacques-Alain Miller, "Lacanian Biology and the Event of the Body", *Lacanian Ink* 18 (2001): 6-29에 의거하고 있다.

지, 오늘날의 이론적 진용 전체에서도 그것을 발견한다. 우리는 또한 이 계열에 프란시스코 바렐라, 모리스 메를로-퐁티, 하이데거 같은 다양한 사상가들을 덧붙여야 하는데, 이들 모두는 신체와 주체의 통합을, 주체가 곧바로 자신의 신체"인" 지점을 찾는다.

이와 같은 전통에 반하여 라캉이 완전하게 동의하는 데카르트적 전통이 서 있다: 신체는 소유의 신급에 존재한다 —나는 나의 신체이지 않다, 나는 그것을 소유한다, 그리고 이러한 간극은 내가 하나의 가상 신체에서 또 다른 가상 신체로 이동할 수 있게 될 가상현실이라는 영지주의적 꿈을 가능하게 한다. 라캉에게 신체를 연장된 사물 *res extensa*로 데카르트적으로 환원하는 것의 핵심적 함축은 향유가 신체로부터 배출된다는 데 있다. 신체가 그 자신을 즐기는(라캉과 들뢰즈의 표현대로: "ça jouit") 물활론과는 대조적으로 말이다. 오늘날의 과학과 기술에서 "조각난 신체"가, 대체가능한 기관들(페이스메이커, 인공 수족, 이식 피부, 심장, 간 및 여타의 이식물들, 그리고 더 나아가 유전학적으로 배양된 예비 기관들)의 합성물이 출현하고 있다. 이러한 추세는 오늘날의 유전공학에서 정점에 달한다. 게놈 프로젝트의 교훈은 생체의 진정한 중심이 그것의 영혼이 아니라 유전적 알고리듬이라는 것이다. 이미 백년도 더 전에 유기체의 "사멸적" 부분과 "불멸적" 부분의 구분을 확립한 사람은 바로 프로이트가 핵심적으로 참조하고 있는 사람 가운데 한 명인 바이스만이었다. 그는 유기체의 "소마soma", 즉 생장했다가 사멸하는 외적인 신체-껍데기와 "생식세포", 즉 스스로를 재생하며, 한 세대에서 또 다른 세대로 이어지면서도 동일하게 남아 있는 유전적 성분을 구분했다. 리처드 도킨스는 "이기적 유전자"라는 개념으로 이와 같은 구분에 대한 궁극적 공식을 제공했다. 개체적 유기체가 자신을 복제하기 위해 유전자를 이용하는 것이 아니라, 반대로 유전자가 자신을 재생산하기 위한 수단이 바로 개체적 유기체라는 것이다.

고유하게 **유물론적인** 문제는 이렇다. 이러한 유전자 재생산 순환에서 어떻게 **주체성**이 출현하는가? 생식세포로부터 게놈으로 이어지는 노선은 신체 내부의 신체라는 개념을, 지나가는 사멸적 신체들의 생성과 퇴락을 통해 스스로를 재생산하면서 존속하는 실재적인 "불멸적" 신체라는 개념을 근본화한다. 라캉적 주체는 신체의 형식-영혼-일자도 아니고, 생식세포-게놈, 신체 내부의 신체도 아니다. 주체성의 출현은 문제를 복잡하게 만든다. 리처드 도킨스는 유전자와 밈 사이의 평행관계를 세공하려고 했다. 신체들이 한낱 유전자의 재생산을 위한 수단에 불과한 것과 마찬가지로 개체들은 의미의 기본 단위들로서의 밈들의 증식, 밈들의 재생산과 확장을 위한 수단에 불과하다는 것이다.17) 여기서 문제는 이렇다. 즉 상징적 질서와 더불어서, 지나가는 개체들은 한낱 S, 소마, 처분가능한 껍데기에 불과한 것이 아니라 자연적 질서를 전도/역전시키고 근본적인 "병리적" 불균형을 도입하는 √, 빗금쳐진 주체, 자기관계적 부정성이다. 자기 자신의 목적을 위해 밈을 사용하는 것은 바로 개체이다. "밈"(상징적 전통)은 일종의 안정성과 질서를 재도입하려는, 특수자의 보편자에 대한 온전한 종속을 재확립하려는 이차적 시도인데, 그것은 주체의 출현에 의해 교란

---

17) Richard Dawkins, *The Selfish Gene* (Oxford: Oxford University Press, 1989). [국역본: 『이기적 유전자』 (을유문화사, 2002).]

되었던 것이다. "주체"는 스스로를 무한한 목적-그-자체로서 정립하는 사멸적인 사라지는 우발성이다.

우리는 밈이라는 개념의 독특한 차원을 놓치지 않도록 유념해야 한다. "밈"이 퍼지는 것은 그것의 담지자들에게 미치는 현실적인 유익한 효과(예컨대 그것을 채택하는 자들은 인생에서 더 성공적이며 따라서 생존 투쟁에서 우위를 점할 수 있다) 때문도, 그것의 담지자들에게 그것이 주관적으로 매력적으로 보이도록 만드는 그것의 특성(사람들은 단지 불행과 체념만을 약속하는 관념보다는 행복을 약속하는 관념에 자연적으로 우선권을 부여하려는 경향이 있을 것이다) 때문도 아니다. 컴퓨터 바이러스처럼 밈은 단지 그 자신의 재전송을 프로그래밍함으로써 증식한다. 정치적으로 안정적이고 풍요로운 나라에서 일하는 두 명의 전도사에 관한 고전적 사례를 상기해보자. 한 명이 말한다. "종말이 다가왔다. 회개하라. 그렇지 않으면 큰 고통을 당할 것이다." 반면에 다른 한 명의 메시지는 단지 행복한 삶을 즐기라는 것이다. 두 번째 사람의 메시지가 훨씬 더 매력적이고 유익하지만, 첫 번째가 승리할 것이다. 왜? 왜냐하면, 종말이 다가왔다는 것을 진정으로 믿게 되면 여러분은 가능한 한 많은 사람을 개종시키려고 엄청난 노력을 들일 것인 반면에, 두 번째의 믿음은 개종을 시키려는 그와 같은 극단적인 노력을 요구하지 않기 때문이다. 이러한 생각에서 그토록 우리를 불안하게 만드는 것은 정신, 의지, 의미경험을 부여받은 우리 인간이 그럼에도 불구하고 컴퓨터 바이러스처럼 퍼지면서 맹목적으로 작동하는 "생각의 전염"[18]의 뜻하지 않은 희생양이라고 하는 것이다. 밈에 대해서 말할 때 데닛은 라캉이 언어와 관련해

의존하고 있는 것과 동일한 은유들에 규칙적으로 의존한다. 두 경우 모두 우리는 인간 개체를 침투하여 점유하는, 인간 개체를 자신의 목적을 위해 이용하는 기생물을 다루고 있는 것이다. 그리고 사실상 "밈학memetics"은 객관적 생물학적 사실들(유익한 "실제" 효과들)과 주관적 경험(밈의 의미의 매력)이라는 표준적 쌍 외부에서 작용하는(따라서 그것으로 환원될 수 없는) 특별한 상징적 층위의 개념을 사실상 (재)발견하지 않는가? 한계적 사례에서, 어떤 관념은 장기적으로 볼 때 그것의 담지자의 파괴만을 초래할 뿐이고 심지어 매력적이지 않은 것으로 경험되더라도 유포될 수 있다.

이와 같은 밈 개념과 마르크스-헤겔주의적 소외 개념 간에는 놀라운 평행관계가 있지 않은가? 우리 주체들이 우리의 소통 수단으로 오지각하는 밈들이 사실상 주도권을 쥐고 있는 것과 동일한 방식으로(그것들은 자기 자신들을 재생산하고 증식하기 위해 우리를 이용한다), 우리에게는 우리의 필요와 욕망을 충족시키는 수단처럼 보이는 생산력이 사실상 주도권을 쥐고 있는 것이다. 과정의 진정한 목적은, 과정의 목적-그-자체는 생산력의 발달이며, 우리의 필요와 욕망의 충족(즉 우리에게 목표처럼 보이는 것)은 사실상 생산력의 발달을 위한 수단에 불과한 것이다. 우리의 나르시시즘으로는 견디기 힘든 이와 같은 역전은 현대 과학과 관련하여—현대 과학이 우리의 일상생활을 구조화하는 믿음으로 병합하기에는 어떤 점에서 너무 외상적인 인식을 산출하는 것과 관련하

---

18) Aaron Lynch, *Thought Contagion* (New York: Basic Books, 1996) 참조.

여—전형적인 것이다. 이미 양자물리학은 더 이상 "이해될" 수 없다(그것의 결과물은 우리의 일상적인 현실관으로 통합될 수 없다). 유전공학의 경우도 마찬가지다. 그것의 진리를 우리가 인정하더라도 우리는 동시에 그것에 대해 물신주의적 부인의 태도를 유지한다. 우리는 과학적 인식 너머에 있는 종교적 교리가 아니라, 과학적 인식 그 자체가 우리에게 우리 자신에 대해 말해주는 것을 믿기를 거부한다.

하이픈-윤리에 반대하여

"유전공학의 윤리적 결과들"과 관련한 오늘날의 논의에서 잘못된 것은 그것이 독일 사람들이 하이픈-윤리*Bindenstrich-Ethik*라고 부르는 것으로 급속하게 변하고 있다는 사실에 있다. 기술-윤리, 환경-윤리 같은 식으로 말이다. 이러한 윤리는 실로 나름의 역할, 즉 데카르트가 『방법서설』 도입부에서 언급하는 "잠정적 윤리"의 역할과 유사한 역할을 한다. 위험들과 파열적인 새로운 통찰들로 가득 찬 새로운 길을 갈 때 우리는 우리의 일상적 삶을 위한 실천적 지침으로서 이미 확립되어 있는 옛 규칙들을 고수할 필요가 있다. 새로운 통찰들로 인해 우리는 우리의 윤리적 건축물 전체를 위한 새로운 기반을 제공해야만 하게 된 것임을 잘 알고 있지만 말이다(데카르트의 경우 이러한 새로운 기반은 칸트에 의해 제공되었다. 즉 칸트의 주체적 자율의 윤리에서 말이다.) 오늘날 우리는 꼭 같은 곤경에 처해있다. 즉 "잠정적 윤리"는 출현하고 있는 새로운 것에 대한 철저한 성찰의 필요성을 대신할 수 없는 것이다.

요컨대 여기서, 이 하이픈-윤리에서 잃는 것은 단적으로 윤리 그 자체이다. 문제는 보편적 윤리가 특수한 토픽들로 분해된다는 것이 아니라, 그 반대로 특수한 과학적 돌파들이 오랜 인간주의적 "가치"와 곧바로 맞서게 된다는 것이다(예컨대, 유전공학은 우리의 존엄감과 자율감에 어떻게 영향을 미치는가). 그렇다면 오늘날 우리가 직면하고 있는 선택은 이렇다. 즉 우리는 전형적으로 포스트모던적인 과묵한 자세를 취하거나(끝까지 가지는 말자. 과학적 사물에 대해 적당한 거리를 유지하자. 이 사물이 우리의 도덕적, 인간적 개념들을 모두 파괴하면서 자신의 블랙홀로 우리를 끌어당기지 못하도록 말이다), 아니면 "부정적인 것과 함께 머물기"(*das Verweilen beim Negativen*)를, 즉 "우리의 정신은 게놈이다"가 또한 하나의 무한 판단으로서 기능할 것이라는 내기와 더불어 과학적 현대성의 결과들을 전적으로 떠맡는 일을 감행해야 한다.

유전공학에서 과학적 돌파들의 주요한 결과는 자연의 종말이다. 일단 자연의 구성 규칙들을 알게 되자, 자연적 유기체들은 조작 가능한 대상들로 바뀐다. 그리하여 인간적/비인간적 자연은 "탈실체화"되며, 자신의 침투불가능한 밀도를, 하이데거가 "대지"라고 부른 것을 박탈당한다. 따라서 인간의 심리 그 자체를 기술적 조작의 대상으로 환원시키는 유전공학은 사실상 하이데거가 현대 기술에 내재하는 "위험"으로 감지한 그 무엇에 대한 일종의 경험적 사례인 것이다. 여기서 중요한 것은 인간과 자연의 상호의존이다. 인간을 속성 조작이 가능한 또 하나의 자연적 대상으로 환원시킴으로써 우리가 상실하는 것은 인간성(만)이 아니라 **자연 그 자체**

다. 이러한 의미에서 프란시스 후쿠야마는 옳다. 인간성 그 자체는 우리가 물려받은, 단순히 우리에게 주어진 그 무엇—즉 우리가 그 안으로 태어난/던져진 우리 자신(속)의 침투불가능한 차원—으로서의 "인간적 자연"이라는 개념에 의존하고 있다. 그러므로 역설적인 것은 침투불가능한 비인간적 자연(하이데거의 "대지")이 있는 한에서만 인간도 있다는 사실이다.

그렇다면 우리는 이러한 위협에 어떻게 반응하는가? 잘 알려진 헌팅턴병 사례를 생각해보자. 그 병에 직접 책임이 있는 유전자가 발견되었고, 우리 개개인은 헌팅턴병에 걸릴 것인지의 여부만이 아니라, 언제 걸릴지도 정확히 알 수 있다. 그것은 유전자 전사 오류, 즉 이 유전자의 중앙에 있는 "단어" CAG의 이상반복에 달려 있다. 정신병 증상이 나타나는 나이는 정확하고도 가차없이 이 유전자의 어떤 한 자리에 있는 CAG의 반복 횟수에 달려 있다(만약 40회의 반복이 있으면, 59세에 최초로 증상이 나타날 것이며, 41회의 반복이 있으면 54세에, 50회의 반복이 있으면 27세에……). 안락한 생활, 육체적 건강, 최고의 약품, 건강식품, 그리고 가족의 사랑과 지지도 무용지물이다. "그것은 환경 변이에 영향을 받지 않는, 순수한 숙명이다."[19] 아직 치료책은 없다. 우리는 이에 대해 아무 것도 할 수 없다. 그렇다면, 검사를 받고 양성일 경우 언제 미쳐서 죽게 될지를 정확히 말해주는 지식을 얻을 수 있다는 것을 알게 될 때 우리는 어떻게 해야 할 것인가? 이보다 더 명백한 "환상을 가로지르기"의 상황을, 우리의 삶을 결정하는 우연성이라는 전적

---

19) Matt Ridley, *Genome* (New York: Perenial 2000), p. 64.

으로 무의미한 실재와 대면하는 상황을 상상할 수 있을까? (이 유전자를 확인한 과학자를 포함해서) 대부분의 사람들이 무지를 선택한다는 것은 놀랄 만한 일이 아니다. 이 무지는 단순히 부정적인 것이 아니다. 왜냐하면 무지의 공백은 환상을 위한 자리를 열어놓기 때문이다. 더욱이 게놈에 대한 접근에 의해 열린 유전공학적 개입의 전망과 더불어 종種은 **자기 자신을**, 자신의 좌표를 자유롭게 변화시킨다/재정의한다. 게놈에 대한 접근은 인류를 유한한 종의 제약으로부터, "이기적인 유전자"에 대한 예속으로부터 사실상 해방한다. 그렇지만 이러한 해방은 대가를 치러야 한다. 마르부르크에서의 대담에서 하버마스는 인간에 대한 유전공학적 조작에 대한 경고를 반복했다.

> 인간의 유전자적 유산에 대한 개입과 더불어 자연에 대한 지배는 자신에 대한 통제 행위로 역전된다. 이는 우리의 유적-윤리적 자기이해를 변화시키며, 자율적 생활 방식을 위한 그리고 도덕의 보편주의적 이해를 위한 필요조건들을 교란할 수 있다.[20]

하버마스는 여기에 두 가지 위협이 잠복해 있다고 본다. 첫째, 그러한 개입은 우리가 만든 것과 자생적으로 자라난 것 사이의 경계를 흐려놓으며, 이를 통해 개인의 자기이해에 영향을 미친다. 자신의 "자생적인"(가령 공격적이거나 평화적인) 소질들이 유전자 코드에 대한 타인의 의도적인 개입의 결과라는 것을 알게 된 사춘기

---

20) Thorsten Jantscheck, "Ein ausgezehrter Hase", *Die Zeit*, 5 July 2001, Feuilleton, p. 26에서 재인용.

아이는 이에 대해 어떻게 반응할 것인가? 이것은 인간으로서의 그의 정체성의 바로 그 핵심을, 즉 우리는 교양*Bildung*을 통해, 우리의 자연적 소질들을 형성/교육하는 고통스러운 투쟁을 통해 도덕적 정체성을 발달시킨다는 관념을 침식하지 않겠는가? 궁극적으로 직접적인 유전공학적 개입의 전망은 교육이라는 바로 그 개념을 무의미한 것으로 만든다. 둘째, 상호주체적 층위에서 말하자면, 그러한 유전공학적 개입은 "자생적으로" 인간인 사람들과 인위적으로 조작된 특성을 지닌 사람들 사이에 비대칭적 관계를 낳는다. 즉 어떤 사람들은 다른 사람들의 특권적 창조자로 등장할 것이다. 가장 기본적인 층위에서 이는 우리의 성적 정체성에 영향을 미친다. 여기 걸려 있는 것은, 단지 부모들이 자녀들의 성을 선택할 수 있는 가능성만이 아니라, 성전환수술의 지위이다. 지금까지는 우리의 생물학적 성정체성과 심리적 성정체성 사이의 간극을 상기시킴으로써 성전환수술을 정당화할 수 있었다. 어떤 생물학적 남자가 자신을 남자의 육체에 갇힌 여자로 경험한다면, 왜 그(녀)는 자신의 생물학적 성을 변화시키고 이를 통해 자신의 성적, 정서적 삶에 균형을 도입해서는 안 된다는 말인가? 하지만 유전공학적 조작의 전망은 심리적 정체성 그 자체를 조작할 수 있는 훨씬 더 근본적인 가능성을 열어놓는다.

이러한 논변은 그 간명함에 흠잡을 데가 없지만 그래도 한 가지 큰 문제가 있다. 유전공학적 개입의 가능성이라는 사실 그 자체가 "자연적" 존재라는 우리의 자기이해를 소급적으로 변화시키지는 않는가? 이제 우리는 우리의 "자연적" 소질 그 자체를 "매개된" 어떤 것으로, 단지 직접적으로 주어진 것으로서가 아니라 원칙적으로 조작가능한 (그리하여 단순히 우연적인) 어떤 것으로 경험한다는 의미에서 말이다. 여기서 요점은 이전의 소박한 직접성으로 결코 돌아갈 수 없다는 것이다. 우리의 자연적 소질이 맹목적인 유전자적 우연성에 의존하고 있다는 것을 우리가 일단 알게 되면, 이러한 소질에 완고하게 집착하는 것은 현대적 우주 속에서 낡은 "유기체적" 습속에 집착하는 것만큼이나 허구적이다. 그렇다면 기본적으로 하버마스가 말하고 있는 것은 다음과 같다. 비록 이제 우리는 우리의 소질들이 무의미한 유전자적 우연성에 의존하고 있다는 것을 알고 있지만, 존엄감과 자율감을 유지하기 위해 마치 그렇지 않은 것처럼 행동하자. 여기서 역설적인 것은, 자율이 우리를 결정하는 맹목적인 자연적 우연성에로의 접근을 금지함으로써만, 즉 궁극적으로 과학적 개입의 자율과 자유를 제한함으로써만 유지될 수 있다는 것이다. (하지만 어떤 근본적 층위에서 자율은 우연성과 연결되어 있다. 내가 정확히 언제 죽을지를 안다는 것에는 우리를 비참하게 만드는 무언가가 있다. 과거 1950년대로 돌아가보자. 미국에 사형수가 있었다. 그는 자기가 사용할 수 있는 몇 안 되는 재료들(침대의 금속관, 놀이 카드의 색깔에서 나온 화학물질 등등)을 가지고 총을 만들었고 매일 밤 그 총으로 머리를 겨누었다. 사형수는 정확히 언제 총이 격발되어 자신을 죽이게 될지 알지 못하도록 그 총을 고안했다. 그 일이 일어났을 때 그는 갑자기 그리고 자기 손으로 죽었으며, 그리하여 자신의 최소한의 자율을 단언한 것이다.) 이것은, 우리가 도덕적 존엄을 유지하려 한다면 어떤 것들에 대해서는 알지 못하는 편이 더 낫다고 하는 오래된 보수적 논변의 새로운 판본 아닌가? 여기서 우리는 하버마스의 논리를 다시 발견한다. 과학의 결과들은 우리의 자율과 자유(에 대한 지배적인 관념)를 위협하기 때문에 우리는 과학을 제한해야 한다. 이러한 해결책을 위해 우리가 치러야 하는 대가는 과학과 윤리 사이의 물신주의적 분열이다("나는 과학이 주장하는 바를 잘 알고 있다, 하지만 그럼에도 불구하고 나의 자율(의 외양)을 유지하기 위해 나는 그것을 무시하고 마치 내가 그것을 알지 못하는 것처럼 행동하는 쪽을 선택한다.) 이는 우리가 다음과 같은 진정한 물음과 직면하는 것을 가로막는다. 어떻게 이러한 새로운 조건들은 우리로 하여금 자유, 자율, 그리고 윤리적 책임이라는 개념들 그 자체를 변형시키고 재창조하도록 강제하는가?

하지만 가톨릭이 제기할 수 있을 반론은 어떤가? 진정한 위험은 우리가 비영적인 존재로 사실상 환원되는 데 있는 것이 아니라, 유전공학에서 우리—인간들—가 우리 자신을 그와 같은 것으로 취급한다는 바로 그 사실에 있다고 하는 반론 말이다. 달리 말하면 요점은 우리가 불사의 영혼을 가지고 있느냐의 여부 등등이 아니라—물론 우리는 가지고 있다—유전공학과 맞물림으로써 우리가 이러한 지위에 대한 자각을 상실하고 우리 자신을 한낱 생물학적 유기체에 불과한 것처럼 다룬다는 것이다. 하지만 이는 문제를 전치시킬 뿐이다. 만약 그것이 사실이라면 가톨릭 신자들은 오히려 유전공학적 조작에 전적으로 참여할 이상적인 주체가 되지 않겠는가? 왜냐하면 그들은 자신들이 인간 존재의 물질적 측면만을 다루고 있지 인간의 바로 그 영적 중핵을 다루고 있지는 않다는 것을 전적으로 자각하고 있을 테니 말이다. 요컨대 그들은 유전공학에서 그들이 원하는 무엇이건 할 수 있도록 허용되어야 할 것인데, 왜냐하면 인간의 영혼, 초월적인 영적 차원에 대한 그들의 신념은 인간을 과학적 조작의 대상으로 환원시키는 것을 막아줄 것이기 때문이다. 그리하여 우리의 물음은 앙갚음으로 되돌아온다. 만약 인간이 불사의 영혼 혹은 자율적인 영적 차원을 가지고 있다면, 왜 유전공학적 조작을 두려워하는가?

더 나올 수 있는 종교적 반론은 이렇다. 즉 영혼이 신체(뇌)와는 독립해 있는 상태에서, 우리의 신체는 신에 의해 창조된 영혼의 도구라는, 즉 신체는 영혼이 이 세상에서 자신을 표현하는 방법이라는 것이다. 그래서 만일 우리가 그것의 기본 구조에 너무 많이 개입하게 되면, 우리는 우리의 영혼을 위한 그릇으로서 신에 의해 창조된 정확한 구조를 교란시킬 수도 있으며, 그리하여 영혼의 표현을 흐려놓을 수도 있다(라디오는 단지 전파를 수신하고 그로써 전송된 메시지를 청취가능하게 해주는 도구에 불과하며, 만일 우리가 그것에 너무 많이 개입하면 전송이 더 이상 이루어지지 않게 되는 것과 마찬가지로 말이다). 하지만 이러한 반론 역시 애매하다. 우리가 도구가 작동하는 방식을 이해할 수 있다면 그것을 개선하는 일을 왜 그만두어야 하는가?

정신분석적 관점에서 보자면 문제의 핵심은 상징적 질서의 자율성에 있다. 내가 나의 상징적 우주에서의 어떤 해소되지 못한 봉쇄 때문에 성불능이 되었으며, 또한 나는 상징적 장애/억제를 해소하는 작업을 통해 나 자신을 "교육"하는 대신 비아그라를 먹는다고 해보자. 해결책은 효험을 본다. 나는 다시 성생활을 할 수 있다. 하지만 여전히 문제는 남는다. 이 해결책은 어떻게 상징적 봉쇄 그 자체에 영향을 줄 것인가? 해결책은 어떻게 "주체화"될 것인가? 여기에서 상황은 전적으로 결정불가능하다. 해결책은 봉쇄에 대한 상징적 돌파working-through로 경험되지 않을 것이다. 그 자체로 그것은 상징적 장애 자체를 봉쇄해제하여 나로 하여금 그것의 완전한 무의미를 받아들이도록 강제할 수도 있으며, 혹은 정신증적 뒤틀림을 초래하여 어떤 더 근본적인 정신증적 층위에서의 장애의 복귀를 야기할 수 있다(예를 들면 나는 편집증적 태도로 내몰리며, 개입을 통해 내 운명을 결정할 수 있는 어떤 지배자의 자의에 내 자신이 노출되어 있음을 경험한다). 이러한 "거저 얻은" 해결에는 치러야 할 상징적 대가가 항상 존재한다. 그리고 필요한 변경을 가한다면, 직접적인 생화학적 개입이나 유전공학적 개입을 통해 범죄와 싸우려는 시도들의 경우도 마찬가지다. 과도한 공격성을 억제시키는 약을 강제로 먹이는 생화학적 치료에 범죄자를 맡기는 방식으로 범죄와 싸울 때, 우리는 개개인 속에 있는 이러한 잠재성을 격발시킨 사회적 기제를 건드리지 않고 내버려 두는 것이다.

『마음의 종류』에서 데닛은 "카프그라 망상"[21]을 "가까운 잘 아는 사람(대개는 사랑하는 사람)이 진짜와 똑같이 생긴(그리고 목소리나 행동도 똑같은) 사칭자에 의해 대체되었고, 진짜는 불가사의하게 사라졌다고 하는 환자의 확신"이라고 말한다.[22] 때로 환자들은 그들이 사칭자로 간주하는 자신들의 배우자를 살해하기까지

---

21) [카프그라 망상은 가족 구성원이나 배우자와 같은 잘 아는 사람이 똑같이 생긴 사칭자로 대체되었다고 믿는 망상을 가리킨다. 이 장애의 사례를 처음 기술한 프랑스 정신의학자 조제프 카프그라(Joseph Capgras, 1873-1950)의 이름을 딴 것이다.]

22) Daniel Dennett, *Kinds of Minds* (London: Phoenix, 1996), p. 148.

한다. 데닛은 이 수수께끼 같은 질병의 해결책을, 앤드류 영이 "안면실인증"(익숙한 얼굴을 인지할 수 없는 사람들. 예컨대 안면실인증자들은 목소리를 듣기 전까지는 가장 가까운 친구도 알아보지 못한다)과 관련하여 세공한 가설에서 본다. 안면실인증자들에게 익명의 사람들, 유명 인사들, 그리고 가까운 친구들의 사진들을 보여줄 경우, 그들은 아는 사람을 보여줄 때 비록 그 사람이 누구인지 알겠다고 주장하지는 않더라도 고조된 피부 경련 반응을 나타낸다. 따라서 그들 속에 있는 무언가는 그럼에도 불구하고 그 사람을 인지했다. 영의 결론은 이렇다. 우리의 정신에는 (적어도) 두 개의 상이한 정체성 인지 시스템이 있음에 틀림이 없다. 하나는 명시적인 의식적 안면-인지 시스템이며 다른 하나는 은폐된 시스템인데, 이 후자는 대개 재확인의 동의 표시를 제공한다. 안면실인증의 경우 명시적 시스템은 손상된 반면에 은폐된 시스템은 계속 기능한다. 그렇다면 카프그라 망상의 경우 정반대의 기능이상이 있는 것이라면? 명시적 안면-인지 시스템은 정상적으로 기능하지만 은폐된 동의 표시를 결여하고 있다. 그리하여 논리적으로 그 결과는 "이 사람은 내 아내와 똑같이 보이고 행동하지만, **무언가가 빠져있다**, 그녀는 사칭자임에 틀림이 없다!"로서 경험된다. 여기서 우리는 일련의 실증적 속성들과 일체의 실증적 속성들 너머에서 개인의 자기-동일성을 설명해주는 불가사의한 "뭔지 모를 것"(라캉이 대상 a라고 부르는 것, "당신 안에 있는 당신 자신보다 더한" 어떤 것) 간의 간극과 조우하지 않는가? 그렇지만 데닛과 영의 설명에는 한 가지 문제가 있다. 이러한 편집증적 반응을 촉발하는 것은 **모든** 얼굴들이 아니라 단지 **한** 명의 가까운 잘 아는 사람, 대개는 사랑하는 사람이다. 내속적인 심리적 동역학에 대한 참조 없이 어떻게 우리는 일반적으로 중지되는 것이 아니라 단지 하나의 사랑하는 얼굴과 마주할 때에만 중지되는 은폐된 시스템의 이와 같은 선택적 기능이상을 설명할 것인가?

여기에서 정신분석학의 또 하나의 교훈은, 호기심은 인간에게 타고 난 것이며 생래적이라는 관념(우리들 각자의 내부 깊은 곳에는 앎충동*Wissenstrieb*, 알고자 하는 충동이 있다)과는 달리 인간 존재의 자생적 태도는 "나는 그것에 관해 알고 싶지 않다"의 태도라는 것이다. 근본적 욕망은 너무 많이 알지 않으려는 욕망이다. 지식에서의 모든 진정한 진보는 우리의 자생적 성향에 대항하는 고통스러운 투쟁을 통해 이루어져야 한다. 잠시 헌팅턴병으로 되돌아가자. 내 가계에 이 병의 병력이 있다고 해보자. 그렇다면 나는 내가 무참히 이 병에 걸리게 될지의 여부(와 걸린다면 그게 언제일지)를 말해줄 검사를 받아야 하는가? 만일 내가 언제 죽게 될지를 알게 될 가능성을 견딜 수 없다면 (현실적이라기보다는 환상적인) 이상적 해결책은 다음과 같아 보일 수도 있을 것이다. 나는 내가 전적으로 신뢰하는 다른 사람이나 기관에 권한을 주어 나를 검사하게 하고, 또한 그 결과를 나에게 말하지 말고 단지 (검사 결과가 양성이라면) 그 치명적인 병이 발발하기 직전에, 예고 없이 그리고 고통 없이 내가 자는 동안에 나를 죽이도록 한다. 그러나 이 해결책의 문제점은 (나의 병에 관한 진리를) 타자가 알고 있다는 것을 내가 안다는 것이다. 이것이 모든 것을 망치며, 마음을 갉아먹는 끔찍한 의심에 휩싸이게 한다. 그렇다면 이상적인 해결책은 정반대의 것인가? 즉 내 아이가 그 병에 걸렸을 가능성이 있다고 의심

할 때 나는 아이가 알지 못하는 상태에서 아이를 검사시키고, 발병하기 직전에 그를 고통없이 죽인다. 여기서 궁극적인 환상은 우리가 알지 못하는 상태에서 우리 모두를 위해 이를 행하는 어떤 익명의 국가 제도에 관한 환상이리라. 그러나 다시 한번 의문이 솟는다: 우리는 그것(타자가 안다는 것)에 대해 알고 있는가 없는가? 완벽한 전체주의 사회를 향한 길이 열린다. 여기서 잘못된 것은 저변에 깔린 다음과 같은 전제이다. 즉 **타자**를 고통으로부터 보호하고, 무지라는 보호막 속에 두는 것이 궁극적인 윤리적 의무라는 생각 말이다.

어떤 나쁜 소식을 안 후에 우리는 아마 그것을 알지 **못하는** 쪽을 더 바랄 것이다. 하지만 되돌아갈 수는 없다. 일단 우리가 그것을 안다는 것을 안다면, 순진한 무지의 상태로 되돌아갈 수는 없다. 이에 대한 가장 최근의 사례는 유전공학에서 제공된다. 우리의 정신적 속성들조차 조작하는 법을 알게 될 때 이는 물론 우리의 "인간 본성"에 대한 지각을 탈신비화시키며, 우리의 인격적 존엄감을 침식한다. 그렇지만 이전의 무지는 이러한 앎의 관점에서만 축복받은 것으로 보인다. 다시 말해서, 우리가 얼마나 축복받았던가를 알게 되는 것은 오로지 이 축복받은 무지를 상실한 이후이다. 타인의 선을 위한 희생적 행위를 보이지 않게, 타인이 알지 못하게 완수하는 고독한 영웅에 대한, 영화나 이야기 속에서의, 찬양도 이와 유사하다. 비록 영웅 주변의 사람들은 그를 무시하거나 심지어 조롱하기까지 해도 그 자신은 스스로에게 깊은 만족을 느낀다—혹은, 정말 그런가? 오히려 그는 그에게 주목할 그 어떤 "현실적" 타자도 없는 바로 이 지점에 나타나는 큰 타자를 위해 그것을 한 것 아닌가? 다시 말해서 그가 얻는 만족은 그를 바라보는 상상된 응시에서 출현하는 것 아닌가? 이 큰 타자는 궁극적으로 우리 관객에게서 체현된다. 마치 영웅은 자신이 어떤 영화의 일부(혹은, 적어도, 어떤 이야기의 일부)임을 알고 있는 양 말이다. (큰 타자 개념은, 그 애매한 잠재적 지위와 더불어, 그 자체로 하나의 타협이며, 우리와 마주하는 양자택일의 양쪽 항 모두에 대한 회피이다. 혹은 아서 클라크를 인용하자면 "우리는 우주 안에 [저 밖에 다른 그 어떤 지적인 존재도 없이] 홀로 있거나, 아니면 홀로 있지 않거나이다. 두 가능성 모두 똑같이 끔찍하다." 그리하여 큰 타자는 중간에 개재하는 어떤 것이며, 우리가 과자를 가지고 있으면서 또한 먹을 수도 있도록 해준다.[23] 저기 바깥에는 그 어떤 실재적 **타자**도 없다, 하지만 그럼에도 불구하고 우리로 하여금 홀로 있음의 공포를 피할 수 있게 해주는 큰 타자의 허구가 있다.) 또한 네 명의 대원으로 이루어진 특공대가 내려야만 하는 선택이라는 잘 알려진 역설을 상기해보자. 어떤 위험한 작전에 그들 모두 참가할 경우 그들이 죽을 확률은 50퍼센트이다. 만일 (뽑기로 선택된) 한 명만 작전을 수행할 경우 그는 틀림없이 죽게 될 것이고, 따라서 생존 확률은 75퍼센트이다. 이성적인 전략은 (첫 번째 것보다 생존 확률이 틀림없이 더 높은) 두 번째 선택지를 고르는 것이지만, 대부분의 사람들은 첫 번째를 선택할 것이다. 비록 내가 죽을 확률이 더 크다고 해도, 결과는 끝까지 열려 있다(즉 나는 내가 곧 죽게 될 것임을 확실히 아는 위치에 놓이게 될 위험을 결코 무릅쓰지

---

[23] [영어에는 "You cannot eat your cake and have it"이라는 속담이 있다. 먹은 과자는 손에 남지 않는다는, 즉 양쪽 다 좋을 수는 없다는 뜻이다.]

않고서 나의 희망을 끝까지 유지할 수가 있다). 이 세 가지 경우가 공유하고 있는 것은, 선택이 단지 상이한 가능성들 가운데서의 선택이지 않은 어떤 시간성이다. 선택의 행위는 선택 자체의 항을 변화시킨다.

따라서 우리의 기본 요점으로 되돌아가자. 유전공학과 더불어 우리는 우리의 자유와 존엄을 상실한다기보다는, 오히려 우리는 **처음부터 그것들을 결코 가지고 있지 않았다**는 것을 경험한다. 만일 오늘날 우리가 "우리 스스로 성취한 것과 뇌에 있는 다양한 화학물질의 층위들로 인해 우리가 성취한 것 사이의 경계를 흐려 놓는 치료법"24)을 이미 가지고 있다면, 이러한 치료법의 효력 그 자체는 "우리가 스스로 성취한 것" 역시 "뇌에 있는 다양한 화학물질의" **상이한** "층위들"에 의존하고 있다는 것을 함축하지 않는가? 그러므로 우리는 톰 울프의 유명한 책 제목처럼 "미안해, 하지만 너의 영혼은 방금 죽었어"라는 말을 듣는 것이 아니다. 사실상 우리가 듣는 것은, 우리는 처음부터 영혼을 전혀 가지고 있지 않았다는 것이다. 유전공학의 주장들이 유효하다면 오늘날 우리가 직면하고 있는 선택은, 인간적 존엄과 "탈인간적" 기술적 개체 생성 사이의 선택이 아니라, 존엄의 **환영**을 고수하는 것과 우리 존재의 **현실**을 받아들이는 것 사이의 선택이다. 그렇다면 프란시스 후쿠야마가 "인정에 대한 욕망은 생물학적 기반을 가지며, 그 기반은 뇌에 있는 세로토닌 층위와 연결되어 있다"25)라고 말할 때, 이러한 사실에 대한 우리의 자각 그 자체는 타자들에게 인정받음으로

---

24) Francis Fukuyama, *Our Posthuman Future* (London: Profile Books, 2002), p. 8.
25) Fukuyama, 앞의 책, p. 45.

부터 오는 존엄감을 침식하지 않는가? 우리는 그것을 두 층위 모두에서 동시에 가질 수는 없다. 우리는 물신주의적 부인이라는 대가를 치러야만 그것을 가질 수 있다: "나는 나의 자존감이 세로토닌에 의존하고 있다는 것을 매우 잘 알고 있다. 하지만 그럼에도 불구하고 나는 그것을 즐긴다." 그 다음 페이지에서 후쿠야마는 자존감을 성취하는 세 가지 층위의 모체를 배치하고 있다.

> 낮은 자존감을 극복하는 정상적이면서도 도덕적으로 수용가능한 방식은 자신과도 타인들과도 투쟁하고, 열심히 일하고, 때로는 고통스러운 희생들을 견뎌내고, 마침내 올라서서 그와 같은 것을 행한 사람으로서 보여지는 것이었다. 미국의 대중 심리학에서 이해되는 바로서의 자존감이 안고 있는 문제는 그것이 자격증이 된다는 데 있다. 즉 그만한 가치가 있든 없든 간에 모든 사람이 필요로 하는 어떤 것이 된다는 데 있다. 이는 자존감의 가치를 저하하며 그것에 대한 추구를 자기패배적인 것으로 만든다.
>
> 그러나 이제 미국의 제약 산업이 등장해 졸로프트나 프로작 같은 약을 통해 뇌의 세로토닌을 증가시킴으로써 약병에 담긴 자존감을 제공할 수 있다.[26]

두 번째 선택지와 세 번째 선택지의 차이는 처음에 보이는 것보다 훨씬 더 섬뜩하다. 그 둘은 동일한 방식으로 "위조"인 것이 아니다. 사회가 나에게 자격이 있다는 데 동의하고 내 동료들의 인정을

---

26) 같은 책, p. 46.

제공하기 때문에 내가 자존감을 얻을 때, 이것은 사실상 자기패배적인, 수행적 역설이다. 하지만 내가 약을 통해서 그것을 얻을 때, 나는 "진짜"를 얻는다. 다음의 시나리오를 상상해보자. 나는 퀴즈대회에 참가한다. 고된 공부 과정 대신에 나는 약으로 기억력을 증진시킨다. 하지만 경쟁에서 이김으로써 내가 얻는 자존감은 여전히 실재적 성취에 토대를 두고 있다. 즉 나는 퀴즈 주제와 관련된 모든 자료를 암기하려고 몇 날 밤을 보낸 동료들보다 실제로 더 잘 수행한 것이다. 이에 대한 명백한 직관적 반론은 이렇다. 진정으로 자부심을 가질 수 있는 권리를 가진 사람은 나의 경쟁자뿐이다. 왜냐하면 그의 결과는 고된 공부와 고통스러운 헌신의 성과이기 때문이다. 그러나 이러한 자세에는 본래 굴욕감을 주고 선심을 쓰는 척하는 무언가가 있지 않은가? 그 유명한 바구니 짜기에 성공한 정신 장애자에게 "너는 네가 한 일에 자부심을 가져야 한다"라고 말할 때처럼 말이다. 더욱이 예컨대 놀랄 만한 천부적 노래 재능이 있는 사람이 자신의 공연에 자부심을 느낄 때, 비록 우리는 그의 노래가 노력이나 훈련보다는 재능에 더 기반을 두고 있다는 것을 알고 있지만, 그럼에도 우리는 그것을 정당한 것으로 생각하지 않는가? (이는 해묵은 모차르트-살리에르 문제이기도 하다. 손쉽게 작곡하는 모차르트가 뼈를 깎는 노력과 헌신을 하는 살리에르보다 훨씬 우수한 작품을 만들어 내는 것을 보고 살리에르는 질투한다.) 하지만 약을 통해 내가 노래 실력을 향상시킨다면 나는 자부심을 갖지 못하게 될 것이다(내가 그러한 약을 발명하고 그것을 내 자신에게 시험해보는 노력을 한 경우를 제외하면 말이다). 따라서 문제는 노력과 분투냐 아니면 약의 도움이냐하는 것이 아니다. 오히려 요점은 자연적 재능과 노력 둘 다 "나의 부분", 나의 자기의 부분으로 간주되는 반면에 약을 통한 향상은 외적 조작으로부터 결과한다는 점이다. 그리고 다시금 이는 같은 문제로 우리를 이끌어간다: 나의 "천부적 재능"이 나의 뇌에 있는 어떤 화학물질에 의존하고 있다는 것을 우리가 일단 알고 있는 이상, 내가 그것을 "외부에서" 얻었는가 아니면 자연적으로 타고 났는가 하는 것이 도덕적으로 실제로 문제가 되겠는가? 다음의 질문은 문제를 더욱 복잡하게 만든다: 내적 분투, 훈련, 노력을 하고자 하는 나의 의지 자체가 어떤 화학물질에 의존하고 있다면? 그래서, 퀴즈 대회에서 이기기 위해 내가 기억력을 증진시키는 약을 직접 먹는 것이 아니라 "단지" 나의 결심과 헌신을 강화시키는 약만 먹는다면? 그것도 여전히 "속임수"인가? 그리고 마지막 (하지만 핵심적인) 비틀기로, "실재적" 성취를 통해 내가 획득하는 자존감은 정말로 선험적으로 가치가 있는 것인가? (단순히 사회적인 불의 때문만이 아니라) 실재적 성취의 층위와 상징적 공적 의례를 통한 그것의 인정 사이의 간극 때문에 인정은 "실재적 수행"에 **무언가를 덧붙이는** 것 아닌가? 오래 전에 라캉은, 우리가 어떻게 성공을 거두었는지를 알고 있을 때조차도 이러한 객관적인 앎과 우리에게 자격을 부여하는 수행적인 앎의 선포 사이에 왜 최소한의 간극이 있는지를 강조한 바 있다. 그리하여 약의 문제는 단순히 자격이 없는 자존감, 즉 "실재적 성취"에 근거하지 않은 자존감을 생성한다는 데 있는 것이 아니라, 좀더 역설적으로, **상호주체적인 상징적 의례**에 의해 제공되는 만족을 우리에게서 박탈한다는 데 있는 것이다.

그렇다면 왜 후쿠야마는 자유민주주의에 대한 "역사의 종말"식 방어로부터 뇌과학이 던지는 위협으로 나아갔는가? 얼핏 보기에 이에 대한 대답은 손쉬워 보인다. 즉 유전공학적 위협은 새롭고도 훨씬 더 근본적인 "역사의 종말" 판본이며, 자유민주주의의 토대 그 자체를 침식한다. 새로운 과학기술적 발달은 자유롭고 자율적인 자유민주주의적 주체들을 잠재적으로 폐물로 만든다. 그렇지만 뇌과학으로 후쿠야마가 선회한 것에는 더 깊은 이유, 그의 정치적 전망과 직접 관련되는 어떤 이유가 있다. 마치 유전공학적 조작의 전망이 후쿠야마로 하여금 자유민주주의에 대한 그의 이상화된 이미지의 어두운 이면을 주목하도록 강제한 것 같다. 갑자기 유전공학적 위협과 관련해 그는 그의 자유민주주의적 유토피아에서 마술처럼 사라진 모든 것들을 긍정할 수밖에 없다. 유전공학적 개입 및 다른 형태의 두뇌 조작의 전망은, 기업들이 자유 시장을 남용하여 사람들을 조작하고 끔찍한 의학적 실험에 관여한다거나, 부자들이 자기 자손을 우수한 정신적 신체적 능력을 가진 특수한 종족으로 키운다거나(그리하여 새로운 계급 전쟁을 부추긴다거나), 이와 유사한 악몽 같은 시나리오들의 어두운 전망들을 열어놓는다. 분명 후쿠야마가 보기에는 이러한 위험을 제한하는 유일한 길은 시장에 대한 강력한 국가 통제를 재단언하고 새로운 형태의 민주적인 정치적 의지를 발전시키는 것이다.

이 모든 것에 동의하지만 다음과 같이 덧붙이고 싶다. 우리는 유전공학적 위협과는 별도로, 다름 아닌 세계화된 시장경제의 끔찍한 잠재력을 통제하기 위해서도 이러한 조치들이 필요한 것 아닌가? 아마도 문제는 유전공학 그 자체가 아닐지도 모른다. 오히려 문제는 유전공학이 그 안에서 작동하고 있는 권력관계라는 사회적 맥락일 것이다. 유전공학을 위험한 것으로 만드는 것은, 유전공학의 사용이 기업적 자본의 이해관계와 국민에 대한 통제의 확대를 위해 유전공학에 의존하려는 유혹을 느끼는 국가 기관들의 이해관계에 의해서 결정되는 그 방식이다. 문제는 궁극적으로 "윤리적인" 것이 아니라 정치경제적이다. 그리하여 후쿠야마의 난관은 이중적이다. 즉 그의 주장은 너무 추상적인 동시에 너무 구체적이다. 그는 새로운 뇌과학과 이와 관련된 기술의 완전한 철학적 함축들에 대해 질문하는 데 실패하는 **동시에** 이러한 과학과 기술을 적대적인 사회경제적 맥락 속에 위치시키는 데 실패한다. 후쿠야마가 파악하지 못하는 (그리고 진정한 헤겔주의자라면 **마땅히** 파악했어야 하는) 것은 두 개의 "역사의 종말" 사이의 필연적인 연결, 즉 하나의 종말에서 다른 종말로의 필연적인 이행이다. 자유민주주의적인 "역사의 종말"은 직접적으로 그것의 대립물로 이행하는데, 왜냐하면 승리의 바로 그 시간에 그것은 자신의 바로 그 토대를, 자유민주주의적 주체 그 자체를 상실하기 시작하기 때문이다.

그렇다면 게놈 프로젝트와 유전공학적 개입에 대해 헤겔이라면 어떻게 말했겠는가? 그의 반응이 무엇이든 간에, 감행하기보다는 무지를 선호하여 두려움에 꽁무니를 **빼**는 것은 아니었을 것이다. 고유한 헤겔적 관점에서 말하자면, 우리는 이러한 철저한 자기객관화를 통과해야 하는데, 왜냐하면 그것을 통과해야만 순수한 형식으로서의 주체—주체의 순수한 형식—가 등장하며, 바로 그 **지점으로부터** 나는 "그것은 나다!"라는 저 유전공학적 공식을 공포 속에서 파악할 수 있기 때문이다. 요컨대 헤겔은 "당신은 게놈이다"에 대해, 예전의 "당신은 그것이다!"의 이 파열적인 새 판본에 대해, "정신은 뼈다"와 "자기Self는 돈이다"의 계열을 완성하는 무한 판단의 궁극적 사례라고 하면서 기뻐하지 않겠는가? 그리하여 게놈이라는 무의미한 실재와의 대면은, 내가 현실을 지각하는 환상-스크린을 지워버린다. 게놈 공식에서 나는 실재에 대한 직접적 접근을 강제당한다. 하버마스와는 반대로 우리는 완전한 게놈적 객관화를 떠맡아야 할 윤리적 필연성을 주장해야 한다. 즉 나의 실체적 존재가 무의미한 게놈 공식으로 이처럼 환원되는 것은 환상적인 자아의 재료*étoffe du moi*, 즉 우리의 자아가 만들어지는 재료를 지워버리고, 그로써 나를 순수한 주체로 환원시키는 것이다. 게놈과 직면하여 나는 아무것도 아니다. 그리고 이 아무것도 아닌 것이 주체 자신이다.

"탈주술화의 한계"를 정식화하려 하는 탈세속적 노력은, 계몽의 내속적 논리가 인간성에 대한 총체적인 과학적 자기객관화로 끝나고 만다는, 즉 인간을 과학적 조작의 가용 대상으로 변형시키는 것으로 끝나고 만다는 전제를 너무 빨리 받아들인다. 그리하여 인간의 존엄을 유지할 유일한 방법은 종교적 유산을 현대적 관용구로 번역함으로써 그 유산을 구하는 것뿐이라는 것이다. 이러한 유혹에 대항하여 계몽의 기획을 끝까지 주장하는 것이 중요하다. 계몽은 끝까지 밀고 가야 할 "끝나지 않은 기획"으로 남아있다. 그리고 이 끝은 총체적인 과학적 자기객관화가 아니라, 우리가 과학의 논리를 끝까지 따라갔을 때 출현하게 될 새로운 자유의 형상이다. 우리는 여기에 내기를 걸어야 하는 것이다.

인지적 폐쇄

우리는 이 "무한 판단"을 취할 준비가 되어 있는가? 2001년 5월 7일자 『뉴스위크』지의 커버스토리("종교와 뇌")는 강렬한 종교적 경험을 동반하는 뇌 과정들을 확인할 수 있는 "신경신학자"의 가장 최근의 성공들을 보도한다. 가령 어떤 주체가 자신의 **자기**의 제약으로부터 벗어나서 우주의 무시간적이고 무한한 부분으로서 자신을 경험할 때, 시간과 공간 및 공간 내에서의 신체의 방위에 관한 정보를 처리하는 뇌 영역은 "어두워진다." 강렬한 명상적 집중을 하는 동안 감각적 입력이 봉쇄될 때, 뇌는 자신을 모든 사람, 모든 사물과 밀접하게 얽어진 무한한 존재로 지각할 수밖에 없다. 시각도 마찬가지다. 시각은 측두엽 전기 활동의 비정상적 분출("측두엽 간질")에 명확히 상응한다. 그 기사는 좀더 개방적인 논조로 결론을 내리려고 한다. 물론 우리가 경험하는 모든 것은 또한 신경 활동으로서도 존재한다. 하지만 이것이 인과성의 문제를 해결하는 것은 아니다. 예를 들면 사과를 먹을 때 우리는 사과 맛의 만족을 또한 뉴런 활동으로서도 경험하지만, 그렇다고 이것이, 사과가 실제로 저기 바깥에 있었고 우리의 활동을 야기했다는 사실에 결코 영향을 주지 않는다. 마찬가지로 우리 뇌의 배선이 신(에 대한 우리의 경험)을 창조하는지 아니면 신이 우리 뇌의 배선을 창조했는지는 전적으로 결정불가능하다. 더욱이 종교는 어떤 내부의 심적(신비적이건 그 밖의 무엇이건) 경험으로 환원될 수 없다. 그것은 (또한) 어떤 (명제적) 진리에 대한 믿음의 문제이며, 우리의 윤리적 자세와 실천적 활동의 문제이다. 유대인에게 중요한 것은 율법을 따르는 것이지, 율법을 따르고 있을 때의 당신의 생각과 경험이 아니다.

하지만 이러한 손쉬운 출구는 더 깊은 곤궁을 은폐한다. 인과성의 문제는 해결하기가 상대적으로 쉬워 보인다. 우리(그 실험자 박사)가 직접 뇌의 적당한 부분에 개입해서 문제가 되는 그 활동을 야기한다면 어찌할 것인가? 만일 우리의 그러한 활동이 이루어지는 동안에 주체가 "신적 차원을 경험한다"면, 이는 결정적인 답을 제공하지 않는가? 그리고 두 번째의 반론에 대해서도 마찬가지가 아닌가? 만일 우리가 주체에게 종교적 교리를 퍼붓고 이에 덧붙여 그를 적절한 전기적 자극이나 화학적 자극에 종속시킴으로써 깊은 종교심을 가진 사람으로 행동하고 생각하고 느끼는 사람으로 만든다면, 이것 역시 딜레마를 해결해주지 않는가? 더욱이 사과와의 비교는 같은 이유에서 부적절하다. 오래 전에 헤겔은 칸트를 비판했는데, 칸트는 신에 대한 존재론적 증명을 비웃으면서 100탈러라는 개념은 우리 주머니에 실제로 100탈러를 가지고 있는 것과 같지 않다고 주장했던 것이다. 요점은 정확히, 우리가 사과나 탈러에 대해서가 아니라 신에 대해서, 즉 우리의 일상적 현실 외부에 존재한다고 가정되는 무한한 존재자에 대해서 이야기 하고 있다는 것이다. 그러나 여기서 문제는 좀더 복잡하다. 왜냐하면 맥긴이 올바로 지적했듯이 의식을 안다는 것은 뇌와 정신—(즉 사고/인식의 신체적 상응물, "우리가 생각하는 동안 뇌 속에서 진행되는 것"이 아니라) 곧바로 사고/인식"인" 물리적/생물학적 과정과 ("H_2O는 물이다"라는 의미에서) 곧바로 물리적 과정"인" 사고—의 교차를 안다는 것일 테니 말이다.

그리하여 의식이 뇌로부터 출현할 수 있도록 해주는 뇌의 알려져 있지 않은 속성들은 의식이 뇌 속에 체현될 수 있도록 해주는 의식의 은폐된 측면들과 중첩한다. 출현의 원리와 체현의 원리는 일치한다……. 의식을 설명하는 뇌의 알려져 있지 않은 속성들은 보이지 않게 은폐된 의식의 속성들이다. 이 두 무지의 영역은 서로 관련이 없다는 것이 아니다. 반대로 그것들은 무지의 **동일한** 영역이다.[27]

이것은 인지적 폐쇄라는 의미에서만이 아니라 더 나아가 인식 그 자체가 그것의 신체적 상응물에 대한 거리를 통해 정의된다(즉 주체는 /이다—주체는 대상으로서의 주체를 벗어나는 것이다)는 의미에서도 불가능하다면 어찌할 것인가? 만일 내가 신체로서의 나를 직접적으로, 객관적인 현실 속에서, "사고하는 사물"(칸트)로서 알게 된다면, 나는 더 이상 (우리가 접근할 수 있는 유일한 의미인) 인간적 의미에서 사고하고 있는 것이 아닐 것이다. 그리고 현실 그 자체는 더 이상 현실이 아닐 것이다. 그리하여 이러한 폐쇄는 단지 인지적인 것만은 아니다. 그것은 존재론적으로 사고-인식-의식을 구성한다.[28] 이러한 역설들은 오늘날 인지 과학에서의—아마도, 의식 자체는 대상의 지위를 갖는다는 라캉의 테제에 대한 최종적 증명일—그 악명 높은 좀비 문제로 우리를 이끈다.

---

27) Colin McGinn, *The Mysterious Flame* (New York: Basic Books, 1999), pp. 155-56.
28) 더구나, 맥긴은 송과선의 새로운 판본에 대한 데카르트적 탐색을 하고 있지 않은가? 불가사의한 "C" 성분이 우리가 알고 있듯이 뇌에 **부가되어질** 국부화된 특수한 성분인 것이 아니라 순전히 구조적이며, 어떤 위상학적 뒤틀림인 것이라면 어찌할 것인가?

좀비는 완벽하게 자연스럽고 기민하며 수다스럽고 생기있는 행동을 보여주지만 사실상 전혀 의식적이지 않고 오히려 일종의 자동기계인 인간이거나 그런 인간이 되려고 한다. 철학자의 좀비 개념이 지닌 요점 일체는 외적 행동에 대한 검토를 통해서는 좀비를 정상적인 사람과 구분할 수 없다는 것이다. 우리의 친구들과 이웃들에 대해 우리가 도대체 알 수 있는 전부가 그뿐이므로, 당신들의 가장 친한 친구들 중 몇몇은 좀비일지도 모른다.[29]

이러한 좀비 개념은 인간 정신의 행동주의적-환원주의적 구성들을 거부하기 위해 제안되었다. 그러한 구성들은 인간처럼 보이고 행동하는 어떤 존재자를, 인간의 모든 현상적 속성을 가지고 있지만 그럼에도 불구하고 우리가 직관적으로 "의식" 혹은 "자각"으로서 파악하는 그 무엇을 가지고 있지 않은 존재자를 구성할 수 있다. 물론 문제는 의식을 어떤 특정한 관찰가능한 경험적 속성으로 꼭 집어내는 것이 불가능하다는 점이다. 행동의 두 계열(인간의 것과 좀비의 것)은 실제로는 구분될 수 없을 것이지만, 그럼에도 불구하고 난포착적 차이는 핵심적이다(그 차이를 설명하는 난포착적 X는 라캉적 대상 a이다). 좀더 자세히 조사해보면 "내적 경험"을 지닌 "정상적" 인간과 좀비의 대립은 보기보다 훨씬 더 역설적이다. 좀비는 비록 무언가를 느끼는 것처럼 생각하고 행동한다고 할지라도 실제로는 아무것도 느끼지 못한다고(닮았다고 해서 그것일 수는 없는 것이라고) 우리가 주장할 때, 여기서 속는 것은

---

29) Daniel C. Dennett, *Consciousness Explained* (New York: Little, Brown and Company, 1991), p. 73.

누구인가? 외부적 관찰자인 우리인가, 아니면 좀비 자신인가? 좀비의 행동을 관찰할 때 그것을 인간의 행동과 구별할 수 없는 것은 관찰자라고 한다면, 왜 그렇다면 좀비는 내적인 삶을 흉내내면서 마치 그러한 삶을 가지고 있는 양 관찰자를 위해 행위하겠는가? 다른 한편 만약 좀비가 **스스로를** 속이고 있는 것이라면,

> 당신 자신의 현상적 상태의 "보임들seemings"이 그러한 상태에 대한 자기귀속적 판단, 믿음, 사고, 기억, 기대 등을 통해 구성되는 한에서(의심의 여지없이 그러한 보임들은 상당한 정도로 그렇게 구성된다), 다음과 같이 말하는 것은 정당할 것이다. 즉 일단 좀비가 되면 당신은 그 어떤 진정한 현상적 상태도 더 이상 가지지 못한다는 사실에도 불구하고, 당신의 내적 삶은 계속해서 당신에게 똑같아 보일seem 것이다. 달리 말하면, 좀비 가설에 따르면 당신은 이제 당신 자신의 현상학을 "환각幻覺하고" 있는 것이 될 것이다.[30]

하지만 그렇다면 우리는 어떻게 보임seeming을 보임의 보임seeming of seeming과 구별할 것인가? 한 상태는 보이는 것처럼 내게 보일 수 있는가?[31] 이러한 입장은, 사물이 (실제로) 내게 보이는 방식과 사물이 내게 보이는 것처럼 보이는 방식 간의 무의미한 구분에 관한 데닛의 고전적 비난을 받을 만도 한, 무의미한 입장이 아닌

---

30) Guven Guzeldere, "Introduction: The Many Faces of Consciousness", in *The Nature of Consciousness*, edited by Ned Block, Owen Flanagan, and Guven Guzeldere (Cambridge, Mass.: The MIT Press, 1997), p. 44.

31) [원문은 이렇다: "Can a state *seem to me to seem?*"]

가? 필연적 결론은 데닛의 결론—단지 단편적이고 이차적인 "보임들"만이 있으며, 너머에 있는 것은 단지 뉴런적 메커니즘이다—이지 않은가? 하지만 정반대의 근본적 결론, 즉 모든 보임은 보임의 보임이라는 결론은 어떠한가? 우리는 (단지 우리가 믿는다는 것을 믿을 뿐) 우리가 믿고 있다는 것을 결코 확신할 수는 없다고 키에르케고르가 주장했듯이, 보임은 바로 그 개념에 있어서 분열되어 있으며 반성적이라는 결론 말이다. 결국 보임의 출현에 의해 도입된 존재론적인 분열은 결코 단순히 외양과 현실 사이의 분열에 불과한 것이 아니라 또한 언제나 보임 그 자체에 내속하는 분열인 것 아닌가? 여기서의 헤겔적 테제는, 사물들이 외양하는 방식은 사물의 본성에 내속해 있다는 것, 외양 그 자체가 본질적이라는 것만이 아니다. 여기에, 본질 그 자체가 외양에 내속하며, 외양들의 분열 속에 반영되어 있다는 것을 덧붙여야 한다. 진정한 수수께끼는 사물들이 **실제로** 무엇인가가 아니라, 그것들이 내게 **실제로** 어떻게 보이는가이다. 이는 라캉적 환상 개념을 가리킨다. 따라서 결론은 명확하고도 애매하지 않은 것이다. 우리 모두는 좀비임을 알지 못하는, 스스로를 자각하고 있는 존재로 지각하도록 자기기만하고 있는, 좀비이다.

그렇다면, 곧바로 무의식으로 넘어갔기 때문에 프로이트는 의식 그 자체는 무엇인가에 대한 적절한 이론을 제공하는 데에 실패한다는, 정신분석학에 대한 표준적인 철학적 반론은 어떤가? 의식과 무의식은, 중간적인 수많은 상태(혼란스러운 반의식 상태, 등등)를 가진, 동일한 층위에 있는 혹은 동일한 개념적 장에 내재하는 반대되는 양극을 지칭하기는커녕, **철저하게 통약불가능한 것**

아닌가? 의식의 층위에서 우리는 프로이트적 무의식을 단순히 상상할 수 없는 것이다(우리가 상상할 수 있는 것은 심원한 "비합리적" 본능들의 생철학적 "무의식"이다). 그리고 무의식은 의식에 대해 외적이라기보다는 오히려 의식에 무관심하며, 다른 층위에서 기능하는 것이 아닌가? 그러나 이 점을 너무 성급하게 인정하기 전에 우리는 의식과 기억의 프로이트적 대립에 대해 면밀하게 검토해야 한다. 즉 의식적이 되지 않은 것은 기억 흔적 속으로 기입된다는 생각에 대해 말이다. 이러한 테제의 결론은, 의식은 근본적으로 방어-형성물이며, 억압의 한 양태라는 것 아니겠는가? 우리는 어떤 것을 곧바로 망각할 수 있기 위해 그것을 의식하는 것이며, 그래서 결국 그것은 기억 속으로 기입되지 않고 우리를 따라다니지 않는다는 것이다. 여기서의 과제는 이러한 프로이트적 테제를, 근본적으로 환원주의적인 의식의 기능에 대한 인지주의적인 "헤겔적" 통찰과 연결시키는 것이 될 것이다. 의식과 복합성 사이의 연결은, "사물들이 너무 복잡해지면 의식이 들어가야 한다"는 사실에 있는 것이 아니라, 오히려 반대로 의식은 복합성의 근본적 **단순화**를 위한 매개라는 사실에 있는 것이다. 의식은 "추상화"의 탁월한 매개이며, 그것의 대상을 한 쌍의 단순한 특질들로 환원시키는 매개이다.

   벤자민 리벳의 (마땅히도) 유명한 실험들은 같은 방향을 지시하고 있지 않은가? 그 실험들이 그토록 흥미로운 것은, 비록 결과는 명쾌하지만 무엇을 위한 실험인지 분명하지 않기 때문이다.[32] 그

---

32) Benjamin Libet, "Unconsciousness Cerebral Initiative and the Role of Conscious Will in Voluntary Action", *The Behavioral and Brain Sciences* 8 (1985): 529-39와 Benjamin Libet, "Do We Have Free

실험들은 어떻게 자유의지가 없는지를 증명하고 있다고 주장할 수도 있을 것이다. 즉 우리가 (가령 손가락을 움직이기로) 의식적으로 결정하기 전에 적절한 뉴런 과정이 이미 진행 중이며, 이는 우리의 의식적 결정이라는 것이 다만 (기정사실에 피상적 공인을 덧붙이면서) 이미 진행되고 있는 것에 주목하는 것에 불과하다는 것을 의미한다. 다른 한편으로 의식은 이미 진행 중인 이 과정을 멈추기 위해 실로 거부권을 행사할 수 있는 것처럼 보이며, 그리하여 적어도 우리의 자생적 결정들을 차단할 수 있는 자유는 최소한 있는 것처럼 보인다. 그러나 자동적 결정을 거부할 우리의 능력 그 자체가 다시금 어떤 "맹목적" 뉴런 과정에 의해 좌우된다면? 그렇지만 세 번째의 더욱 근본적인 대안이 있다. 우리의 의식적인 결정에 앞서 이미 "자동적" 뉴런 과정 그 자체를 격발시킨 **무의식적** 결정이 있었다면? 프로이트에 앞서 셸링은 우리가 내리는 기본적인 자유 결정이 무의식적이라는 생각을 전개했다. 그렇다면 리벳의 실험과 관련해 프로이트적 관점에서 본다면 근저에 놓여있는 기본적인 문제는 무의식의 지위의 문제이다. 단지 의식적 사고 (손가락을 움직이고자 하는 나의 뒤늦은 의식적 결정)와 "맹목적" 뉴런 과정들(이 손가락을 움직이는 뉴런 활동)만이 있는 것인가, 아니면 무의식적인 "정신적" 과정 또한 있는 것인가? 그리고 실로 무의식이 존재한다면 이 무의식의 존재론적 지위는 무엇인가? 그것은 순수하게 잠재적인 상징적 질서의 지위, 순수한 논리적 **전제** (결정은, 비록 실제 시간 속에서 사실상 결코 내려지지 않았지만,

---

Will?", *Journal of Consciousness Studies* 1 (1999): 47-57 참조.

내려져야만 했다)의 지위 아닌가?

바로 이와 같은 물음들과 관련해서 인지주의적 기획은 유물론적 대답을 제공할 수 없는 것처럼 보인다. 그것은 이 질문들을 부인하거나, 아니면 "이원론적" 관념론적 입장으로 도피한다. 다니엘 데닛이 거의 강박적으로 "다윈의 생각"이 얼마나 위험한가라는 주제를 변주할 때, 우리는 그의 주장이 정반대의 두려움을 은폐하고/드러내고 있다는 의혹을 제기하고 싶어진다. 다윈의 생각(진화의 근본적 우연성, 유전적 변이와 선택이라는 맹목적 과정으로부터 의도성과 정신의 출현)이 안도감을 주는 메시지(쉽게 생각해, 우리의 삶에는 아무런 의미나 의무도 없어……)라면 어찌할 것인가? 키에르케고르 식으로 진정한 "위험"은, 진정으로 견딜 수 없는 외상은, 우리가 진화적 적응의 결과물로 환원될 수 없다는 것을, 인지주의를 벗어나는 차원이 있다는 것을 받아들여야 하는 것이라면 어찌할 것인가? 그렇다면 인지주의에 관한 가장 간결한 정의가 내면화된 행동주의—(유대인과는 대조적으로 기독교인은 "내적인 할례"를 받아야 하는 것과 동일한 방식으로) 내면의 행동주의—라는 것은 놀랄 만한 일이 아니다. 다시 말해서 그것은 행동주의적 환원(관찰가능한 실증적 과정으로의 환원)을 내적인 과정에 (재)적용하지 않는가? 정신은 더 이상 블랙박스가 아니라 계산하는 기계라는 것이다.

바로 이러한 스스로 가하는 할례 때문에 (핀커에서 맥긴까지) 많은 인지주의자들은 (자기)의식의 역설을 설명하려는 노력으로 다음과 같은 주장을 한다. 즉 "스스로를 아는" 데 있어서의 그것의 무능력, 스스로를 세계 내의 대상으로서 설명할 수 없는 무능력은 의식 그 자체와, 의식의 내속적 성분과 공실체적이라는 주장을 한다. (핀커는 좀더 과학적인 진화론적 판본을 제시한다. 즉 의식은 스스로를 이해/설명하려는 목적을 가지고 출현한 것이 아니라 다른 진화적 기능을 가지고 출현한다는 것이다. 반면 맥긴은 왜 의식이 필연적으로 스스로에게 수수께끼인지에 대한 좀더 순수이론적인 판본을 제시한다.) 이는 형이상학의 출현에 관한 진화생물학적 설명에 다름 아니다. 그러나 『존재와 시간』의 틀로부터 나오는 하이데거적인 반대 질문이 즉시 여기서 떠오른다. 그럼에도 불구하고 의식은 **필연적으로** 스스로에게 자신이 선천적으로 답할 수 없는 수수께끼를 묻지 않는가? (하이데거 자신이 말했듯이 현존재는 자기 자신의 존재에 관해 질문하는 존재자이다.) 어떻게 이러한 속성이 진화론적 논리 내부에서 출현했는가? 요점은, 의식이 자신의 적응 기능들(주위 환경에서 길을 찾는 방법 등등)의 **정점**에서 아무런 진화적, 적응적 기능도 없는 수수께끼들(유머, 예술, 형이상학적 질문들)로 **또한** 괴롭힘을 당한다는 사실만은 아니다. (한발 더 나아간) 핵심적인 요점은, 이 무용한 보충물이, 선천적으로 해결될 수 없는 문제들에 대한 강박적 고착이, 소급적으로, 풍부한 생존적 가치를 지닌 절차들(기술, 통찰력)의 진정한 폭발을 가능하게 한다는 것이다. 마치 생존 투쟁에서 다른 생물들에 대한 우월성을 주장하기 위하여 인간 동물은 생존 투쟁 그 자체를 포기하고 다른 문제들에 집중해야 하는 것인 양 말이다. 생존 투쟁에서의 승리는 단지 부산물로서 얻을 수 있다. 즉 직접적으로 생존 투쟁에 집중하면 놓치고 만다. 불가능하거나 해결할 수 없는 문제들에 강박적으로 매달리는 존재만이 가능한 인식에서의 돌파를 이룰 수 있다. 이것이 의미하는 바는, 하이데거식으로 말하자면, 동물의 생존 투쟁과 달리 인간의 투쟁은 언제나-이미 그의 실존을 위한 의미의 지평으로서 경험된다는 것이다. 기술 발전과 권력 투쟁은 직접적인 "생명의 사실"이라기보다는 존재 내부에서 그리고 존재의 어떤 열림으로서 발생한다.[33]

어떻게 뇌가 의식을 산출하는가에는 실로 아무런 신비스러운 것이 없다(양자 역학을 이해하는 일이 원숭이의 인지적 능력을 벗어나 있는 것과 마찬가지로 우리 인간은 이러한 과정을 이해함에 있어 단지 영원히 인지적으로 폐쇄되어 있는 것이다)라고 맥긴이 주장할 때, 여기에는 이중의 아이러니가 있다. (양자 역학에 아무런 관심도 없는) 원숭이와는 분명 다르게 우리는 의식을 이해하기 위해 끊임없이 노력한다, 하지만 그뿐만 아니라 (원숭이만이 아닌) 인간 자신들도 실제로 양자 물리학을 (그것을 인간의 의미 지평으로 완전히 번역한다는 엄격한 의미에서) 이해할 수 없다. 이러한 곤궁은 스티븐 핀커의 『어떻게 정신은 일하는가?』[34]의 마지막 장인 "생명의 의미"에서, 즉 예술, 농담하기, 그리고 삶의 의미에 관한 질문(철학, 종교)처럼 인간 동물의 적응적 성공에 아무 기여도 하지 못하는 인간 활동들에 대한 진화론적 설명을 하고 있는 장에서 명백히 드러난다.

맥긴을 따라 핀커는, "우리의 정신은 철학의 주요 문제들을 해결할 장치를 결여한다"[35]고 결론 내리며, 이러한 "인지적 폐쇄"에

---

33) 생존 투쟁의 정점에서 인간은 또한 "더 높은" 존재자들 속에서 표현을 한다는 것만이 아니다. 생존 투쟁 그 자체는 인간에게 언제나 자신의 실존을 이해하는 한 가지 방식이다.
34) Steven Pinker, *How the Mind Works* (Harmondsworth, England: Penguin Books, 1998) 참조.

는 아무런 형이상학적인 것도 없음을 강조한다. 그것은 엄밀히 진화론적인 관점에서 설명될 수 있고 되어야 한다. "그것은 어느 한 종의 한 기관에 관한 관찰이다. 그것은 고양이는 색맹이라거나 혹은 원숭이는 장제법長除法을 배울 수 없다는 것을 관찰하는 것과 다를 바 없다. 그것은 종교적이거나 신비적인 믿음을 정당화하는 것이 아니라, 왜 그러한 믿음이 무용한가를 설명한다."36) 인류가 진화 과정에서 출현한 그 방식으로 인해 인류는 "종합적, 구성적, 조합적 능력 덕분에 힘을 갖는다." 그 자체로 인류는 "특히 전체론적인, 한번에 모든 곳에 있는, 아무 곳에도 전혀 있지 않은, 동시에 전부인"37) 현상들을 파악하도록 만들어지지 않았다. "오랜 세월의 신비들에 우리가 당황스러워 하는 것은 단어들과 문장들의 세계를 열어놓은 조합적 정신을 위해 우리가 지불한 대가였을지도 모른다."38) 핀커는 이러한 현상으로 직감sentience, "나", 그리고 지시하기라는 세 가지를 열거한다. 직감은 뇌의 사건들이나 계산적 상태들의 조합이 아니라 직접적인 경험이다. "나"는 신체 부분들이나 뇌의 상태들이나 정보의 편린들의 조합이 아니라, "시간 속에서의 자기성selfness의 통일, 구체적으로 어느 곳에도 없는 단일 장소이다. 자유의지는 정의상 사건들과 상태들의 인과사슬이 아니다."39) 그리고 이와 마찬가지로, 의미의 조합적 성격은 많이 탐구되었지만, "의미의 **중핵**—무언가를 지시하는 단순한 행위—은

---

35) 같은 책, pp. 562-563.
36) 같은 책, p. 563.
37) 같은 책, p. 564.
38) 같은 책, p. 565.
39) 같은 책, p. 564.

수수께끼로 남아있는데, 왜냐하면 그것은 지시되고 있는 사물과 지시하고 있는 사람 사이의 그 어떤 인과적 관계로부터도 이상하게 동떨어져 있기 때문이다."

그렇지만 우리가 여기서 "이러한 문제들의 본성 그 자체와 자연적 선택으로 인해 우리가 적응하게 된 계산 장치 사이의 부조화"[40]를 다루고 있다고 우리가 주장한다면, 진정한 수수께끼는 삶의 의미 그 자체가 아니라, 차라리 왜 우리의 정신은 우선적으로 삶의 의미를 집요하게 탐구하는가하는 것이다. 만일 종교와 철학이 (적어도 부분적으로라도) "정신적 도구들을 그것들이 해결할 수 있게 되어 있지 않은 문제들에 적용하는 것"[41]이라면, 어떻게 이러한 오적용이 발생했으며, 왜 이는 그토록 집요한가? 이러한 입장의 칸트적 배경에 주목하라. 이미 칸트는, 인간 정신은 선천적으로 해결할 수 없는 형이상학적 질문의 짐을 지고 있다고 주장한 바 있다. 이러한 질문들은 중지될 수 없다. 그것들은 우리의 인간 본성 그 자체의 일부이다. 그리고 헤겔은 칸트에 대한 정교한 비판을 제공했으므로, 오늘날의 인지주의의 이러한 칸트적 이율배반들을 헤겔적 렌즈를 통해 재독해하는 것도 흥미로울 것이다.

"한 모금의 향유"

핀커는 예술을 다루면서 이 "오적용"의 기본 공식을 제안한다.

---

40) 같은 책, p. 565.
41) 같은 책, p. 525.

정신의 일부는 우리에게 쾌감을 제공함으로써 쾌적함fitness의 증진의 달성을 등록한다. 다른 부분들은 목표를 이루기 위해 원인과 결과에 대한 지식을 이용한다. 그것들을 한 데 놓으면, 생물학적으로 무의미한 도전에 응하는 정신이라는 것을 얻게 된다. 거친 세계로부터 진실한 쾌적함의 증진을 억지로 짜내야 하는 불편함 없이 어떻게 두뇌의 쾌락 회로에 도달해서 한 모금의 향유를 전달할 것인지를 알아내는 정신 말이다.[42]

이러한 단락에 대한 핀커의 첫 번째 사례가 치명적 향유의 악순환에 사로잡힌 쥐라는 사실은 전혀 놀랍지 않다. "쥐의 전뇌 중앙에 심은 전극에 전기 자극을 보내는 레버에 접근하면 쥐는 먹고 마시고 섹스를 할 기회들을 포기한 채 탈진할 때까지 격렬하게 레버를 누른다."[43] 요컨대 그 불쌍한 쥐는 말 그대로 뇌가 거시기를 하도록 한 것이다. 약물은 바로 이렇게 작용한다. 즉 우리 두뇌에 직접 영향을 주는 방식으로 작용한다. 이는 "순수한" 최음제이며, 뇌에 쾌락을 제공하기 위한 도구인 감각 기관들을 자극하는 수단이 아니라 뇌 그 자체에 있는 쾌락 중추에 대한 직접적 자극이다. 그 다음의 좀더 매개된 단계는 "과거 세대에서 쾌적함으로 이끌었을 그런 환경에 있을 때 쾌락 회로를 자극하는 감각을 경유하여" 쾌락 회로에 도달하는 것이다. 과거 세대에 동물이 자신의 주변에서 생존을 위한(먹이를 얻고 위험을 피하는 등등의) 기회를 증진시키는 패턴을 인지했을 때, 이러한 인지는 쾌락의 경험을 통해 신호되

---

[42] 같은 책, p. 524.
[43] 같은 책, p. 524.

었고, 그러한 경험이 동반되었다. 이제 유기체는 그러한 패턴을 단지 쾌락을 얻기 위해 곧바로 산출해낸다. 이러한 모체는 먹을 것, 마실 것, 성적 쾌락을 설명한다. 그리고 심지어 예술까지도 말이다. 심미적 경험의 토대는 원래 우리의 주변 환경 속에서 방향을 잡을 수 있도록 해주었던 (대칭적인, 명료한, 등등의) 감각 패턴들에 대한 인지이다.

물론 여기서 수수께끼는 이렇다. 어떻게 이러한 단락이 발생하는가? 원래는 우리의 생존을 목적으로 하는 목표 지향적 활동의 부산물(즉 이 목표가 달성되었다는 신호)에 지나지 않았던 쾌락 경험이 어떻게 목적 그 자체로 변화될 수 있는가? 여기서 전형적인 사례는 물론 성이다. 원래 번식의 목표가 달성되었다는 것을 신호했던 성적 쾌락이 목적 그 자체가 되며, 그리하여 인간 동물은 많은 시간을 소비하여 이 목적을 추구하고, 이를 자세히 계획하고, 심지어 (피임을 통해) 원 목표를 직접적으로 가로막기도 한다. 성을 동물적 교미로 강등시키는 것은, 다름 아닌 번식의 목표를 위해서만 성을 허용하는 가톨릭의 태도이다.

여기서 근본적인 역설은 원래 단순한 부산물에 불과했던 것이 어떤 자율적 목적으로 고양된 바로 그 때 특별히 인간적인 차원이 출현한다는 사실이다. 즉 인간은 더 "반성적"이지 않다. 반대로 인간은 동물에게는 본질적 가치가 없는 것을 직접적 목표로 지각한다. 요컨대 "인간화"의 영도零度는 동물적 활동을 한층 더 "매개"하는 것, 그것을 더 높은 총체성의 종속된 계기로서 재기입하는 것(가령 우리는 더 높은 영적 잠재성을 발전시키기 위해 먹고 번식한다)이 아니라, 초점을 급격히 좁히는 것, 사소한 활동을 목적 그 자체로 고양시키는 것이다. 우리는 같은 몸짓을 반복하고 거기에서 만족을 얻을 때, 즉 폐쇄된 자기-추진적 원환고리에 사로잡힐 때 "인간"이 된다. 여러분 모두는 만화에 나오는 전형적인 장면들 중 하나를 기억할 것이다. 고양이가 춤을 추다가 공중으로 뛰어오르고 자신을 축으로 돈다. 그러나 정상적 중력의 법칙에 따라 땅의 표면으로 떨어지는 대신 고양이는 공중에 얼마간 떠 있고, 마치 시간의 원환고리에 붙잡힌 듯 공중에 뜬 자세로 돌면서 동일한 회전 운동을 반복한다. (슬랩스틱 요소들을 사용하는 몇몇 뮤지컬 코미디에서도 같은 장면을 발견할 수 있다. 무용수는 공중에서 빙빙 돌면서 조금은 너무 오랫동안 거기에 떠서 머물러 있다. 마치 잠시 동안 그/녀가 중력의 법칙을 정지시키는 데 성공한 듯 말이다. 그리고 사실상 그러한 효과는 무용이라는 예술의 궁극적 목표가 아니겠는가?) 그러한 순간에 "정상적인" 사물의 흐름들은, 물질적 현실의 우둔한 타성에 사로잡혀 있는 상태의 "정상적" 과정은 잠시 동안 중지된다. 우리는 떠 있는 움직임의 마술적 영역으로, 말하자면 자기 머리카락을 잡아 끌어올려 늪에서 탈출하는 뮌히하우젠 남작처럼 공중에 매달려 유지되고 있는 일종의 천상의 회전 같은 마술적 영역에 들어간다. 그 회전 운동은, 그 속에서 시간의 선형적 진행이 반복적 원환고리 속에서 중지되는바, 가장 근본적 차원에서의 **충동**이다. 다시금 이것은 영층위에서의 "인간화"이다. 선형적인 시간적 사슬을 중지/파열시키는 이 자기추진적 원환고리는 말이다.[44]

---

44) 이러한 장면에 대립되는 것은, 실수로 작은 흐름을 건드리게 되고 그 이후로 그것이 멈추지 않게 되는 악몽의 환상이다. 『이상한 나라의 엘리스』에서 엘리스가 울기 시작하자, 그녀의

스파이 소설과 영화의 교훈이 여기서 적실하다. 적을 함정에 빠트리기 위한 완벽한 "작전"이 어떻게 해서 실패하게 되는가? 보통은, 더 어둡고 더 비밀스러운 음모가 그 배후에서 일어나고 있다는 식으로, 예를 들면 이중 삼중의 스파이가 있다는 식으로 일이 꼬이게 된다. 하지만 더욱 비극적으로 꼬이기도 한다. 즉 "인간적 요소"의 예측할 수 없는 역할 말이다. 한 여자를(혹은, 그 문제라면, 한 남자를) 유혹하고, 이용하고, 그런 다음에 희생시키는 임무를 맡은 요원이 그녀에게 매혹되어 그녀를 배반하고 희생할 수 없다. 그래서 그는 그의 상관에게 단지 그 희생자를 이용하는 척만 한다. 실제로는 그녀를 구하기 위해 가능한 모든 일을 하면서 말이다. 다층적 속임수보다 훨씬 더, 이것은 특별히 "인간적인" 복잡화이다. 복잡한 음모에서 단지 수단으로 이용하고자 했던 것이 갑자기 절대적 목적으로, 궁극적 충실성의 대상으로 고양된다. 나는 모든 것이 산산조각 나더라도 그것을 고수할 준비가 되어 있다.

인간 존재의 첫 걸음은 사고, 반성적 거리가 아니라 부분적 계기를 자율적 목표로 "물신화"하는 것이다. 즉 쾌락을 향유—목표-그-자체로서의 즐김의 치명적 과잉—로 고양시키는 것. 데닛이 『다윈의 위험한 생각』에서 도킨스의 "밈" 개념을 정교화하면서 한 가지 사례를 들 때 그는 동일한 모티브에 접근한다. 이 사례는

눈물은 점차 방 전체로 흘러넘치게 된다. 『꿈의 해석』에서 프로이트는 작은 꼬마가 거리 모퉁이에서 오줌을 누기 시작하는 장면에 대해 들려준다. 그의 오줌은 강물이 되고, 그런 다음에는 커다란 배가 다니는 대양이 된다. 우리의 일상적인 경험에 더 가까운 예로서, 격렬한 호우를 목격할 때 그 비가 그냥 절대로 멈추지 않을 것이라는 "비합리적인" 두려움을 우리 가운데 그 누가 느끼지 않겠는가?

까닭 모르게 우리에게 붙어다니고, 우리의 의지나 성향에 반反하여 자꾸 흥얼거리게 되는 어떤 저속한 멜로디라는 사례이다.

> 요전날 나는 내가 어떤 멜로디를 흥얼거리며 걷고 있는 걸 깨닫고는 당혹스러웠다. 아니 경악스러웠다. (······) 나는 "탱고를 출 땐 둘이 필요하지"를 열심히 흥얼거리고 있었다. 언젠가 1950년대에 이상하게도 유행했던, 거북하고 구제불능인, 귀를 위한 껌 같은 멜로디를 말이다. 분명 나는 내 생애에 한 번도 이 멜로디를 선곡했다거나, 높이 평가했다거나, 혹은 침묵보다 더 좋다고 판단해본 적이 없었다. 하지만 거기 그 놈이 있었다. 적어도 나의 밈풀에서 내가 실제로 높이 평가했던 그 어떤 멜로디만큼이나 강고한, 끔찍한 음악 바이러스가 말이다.[45]

이러한 침투적 증환은, 바이러스처럼 퍼지는 외설적 향유의 산물은, 예컨대 마음을 떠나지 않는 어떤 지적으로 자극적인 이론적 통찰과 실로 동일한 층위에 있지 않은가? 이러한 침투적 증환은 밈의 영층위를, 밈의 기본적 모체를 제공한다고 주장할 수 있지 않겠는가? "아이들은 스스로에게 말하는 것을 즐긴다"는 사실, 즉 온전하고 분절화된 말이 아니라 흉내와 모방을 통해 부모에게서 어깨 너머로 들은 몇 가지 어구들을 반복하면서 일종의 "반쯤 이해된 자기논평" 같은 것을 즐긴다는 사실의 핵심적 중요성을 강조한 데넷은 다시금 옳다.

---

45) Daniel Dennett, *Darwin's Dangerous Idea* (New York: Simon and Schuster, 1995), p. 347.

실제 발화들은 처음에는 상당 분량의 "낙서"—단어처럼 들리는 음들로 구성된 무의미한 말—로 이루어지며, 또한 많은 감정이 실려 있으나 의미에 대한 음미는 거의 혹은 전혀 들어 있은 채 발화되는 실제 단어들과 몇몇 이해된 단어들이 섞여 있다.46)

이 중얼거림은 "친숙함의 닻"을, 실제 의미와는 무관하게 "동일한 것"으로 동일시/인지되는 잠재적 의미의 매듭을 제공한다. "단어는 이해되지 않더라도 친숙해질 수 있다."47) 이 중얼거림은 고유한 의미가 결여되어 있어야만 한다. 우선 기표들은 동일시 가능한 존재물로 결정화結晶化되어야 한다. 그러고 나서야 기표들은 고유한 의미를 획득할 수 있다. 그리고, 이 중얼거림은 라캉이 분절화된 언어에 선행하는 라랑그lalangue라고 부른 것 아닌가? **일자**들의 연쇄, 의미-향유jouis-sense의 기표들의 연쇄 말이다. 다시 말해서 데넷이 "아이들은 스스로에게 말하는 것을 **즐긴다**"라고 할 때, 그 "즐김"은 여기서 엄밀히 라캉적인 의미로 취해져야 한다. 그리고 이와 같은 중얼거림은 또한 탁월한 정치적 개입으로서 기능할 수 있다. 몇 십 년 전 슬로베니아에 인접한 오스트리아 남부 지역 캐른텐에서 독일 민족주의자들은 이른바 슬로베니아의 "위협"이라고 하는 것에 대항하는 캠페인을 "Kärnten bleibt Deutsch!(캐른텐은 독일로 남는다!)"라는 구호 아래 조직했다. 이에 대해 오스트리아 좌파는 완벽한 응답을 찾았다. 합리적 반론 대신에 그들은 단순히 주요 신문들에 민족주의자들의 구호를 외설적이고도 구역질나게

---

46) Daniel Dennett, *Kinds of Minds*, p. 197.
47) 같은 책, p. 198.

들리도록 변주시켜 광고를 실었다. "Kärnten deibt bleutsch! Kärnten leibt beutsch! Kärnten beibt dleutsch!" 이러한 방법은 채플린의 <위대한 독재자>에 나오는 히틀러 형상이 말하는 외설적인 "항문기적인" 무의미한 연설과도 같은 가치가 있지 않은가? 여기서 우리는 또한 인간은 쾌락을 자신의 활동의 목적으로 곧바로 정립할 수 있다는 핀커의 생각과의 연관성을 확립해야 한다. 여기서 언어는 최고의 사례이다. 다시 말해서 말하기라는 바로 그 행위가 제공하는 향유를 통해서만, 화자가 즐거운 자기촉발의 폐쇄 회로에 붙잡히는 것을 통해서만, 인간은 환경 속의 몰입에서 떨어져나올 수 있으며 그리하여 그에 대한 적절한 상징적 거리를 획득할 수 있는 것이다.

이러한 노선을 따라서 데닛은, "자유롭게 부유하는" 의도성에서 명시적 의도성으로의 이행(자각하지 못한 채 의도적으로 행위하는 정신에서 "완전히 의식적인", 명시적으로 목표를 설정하는, 의도적인 방식으로 맹목적으로 행위할 뿐 아니라 스스로에게 자신의 의도를 표상하는 정신으로의 이행—요컨대 즉자에서 대자로의, 암묵적 의도성에서 그 자체로서 정립된 의도성으로의 헤겔적 이행)을 논하면서, 상호연관된 두 가지 특질을 도입한다.[48] 첫째, 그와 같은 이행은 (나중에) "간주체성"(이 될 어떤 것) 안으로 삽입된다. 행위자는 타자(자신의 경쟁자들, 자신의 먹이감이나 포식자들)의 목표에 관한 수수께끼를 조사하지 않을 수 없을 때 자신의 목표를 스스로에게 표상하게 된다. 둘째, 자신의 행위의 목표를

---

48) 같은 책, pp. 164-74.

또 다른 행위자에게 명시적으로 소통할 능력("봐라, 나는 물고기를 잡으려고 한다!", "봐라, 나는 도망치려고 한다!" 등등을 의미하는 제스처들)은 속일 수 있는, 비밀을 유지할 수 있는(어떤 것을—예컨대 먹이감이 풍부하게 있는 장소를—알지 못하는 척할 수 있는, 혹은 반대로 실제로는 알지 못하는 어떤 것을 아는 척할 수 있는), 자신의 진짜 의도와 관련해 타자를 현혹시킬 수 있는 능력과 엄밀히 상관적이다. 의미를 풀 수 있는 능력은 자신이 실제로 의미하는 것을 은폐할 수 있는 능력과 **같다**. 혹은 (데넷이 인용하는) 탈레랑을 참조하자면: "언어는 사람들이 자신들의 생각을 서로에게서 은폐할 수 있도록 발명된 것이다."49) 그리고 이렇게 덧붙일 수 있을 것이다: 언어는 사람들이 자신들의 생각을 스스로에게 은폐하는 것을 돕는다. 혹은, 라캉의 말처럼, 상징적 표상은 **타자의 욕망의 심연의 출현과 엄밀히 상관적이다**: *"Che vuoi?"*, 당신은 나에게서 **정말로** 무엇을 원하지? 여기서 데넷은 여우에게 쫓기는 산토끼의 사례를 언급한다. 토끼는 이 여우가 사냥에 성공할 것 같지 않다는 결론에 이르자

> 이상하고도 놀라운 일을 한다. 토끼는 대담하게 뒷발로 서서 여우를 내려다본다. 여우에게 포기하라고 선언하고 있는 것이다. "난 이미 널 봤어. 그리고 난 두렵지 않아. 날 쫓느라고 귀중한 시간을, 그리고 그보다 더욱 더 귀중한 에너지를 허비하지 마. 포기해!" 그리고 대개 여우는 이와 동일한 결론을 내리며, 저녁거리를 찾으러

---

49) 같은 책, p. 168.

다른 곳으로 방향을 돌린다.50)

그 외양에도 불구하고 여기서 아직은 고유한 소통의 사례를 다루고 있는 것이 아님을 강조할 때 데넷은 옳다. 고유한 의미에서의 소통에서는 화자가 수신자에게 의미하려는-의도intention-to-signify를 표명한다. 즉 폴 그라이스의 고전적 분석을 따를 때 온전한 의미화 행위에 있어야만 하는 네 가지 층위를51) 그 토끼는 아직은 충족시키지 못하고 있다. 그래서 무엇을 더해야 하는가? 토끼에게 속일 수 있는 능력(가령, 여우가 자신을 잡기에 충분히 가까운 거리에 있다는 것을 "아주 잘 알고" 있음에도 불구하고 이러한 자세를 취할 수 있는 능력)을 귀속시키는 것으로는 충분치 않다. 여기서 우리는 라캉을 따라 이렇게 주장해야 한다. 즉 토끼의 제스처는, 상징적 소통으로 간주되기 위해서는, 진리의 가장 속에서 속이는 능력을 보여주어야 한다. 예컨대, 토끼는 다음과 같은 사실에 의거해서, 즉 여우는 토끼가 자신을 속이려 한다고 생각하겠지만 그럼에도 불구하고 토끼를 쫓기 시작할 것이라는 사실에 의거해서 이러한 자세를 취해야 하며, 그로써 자신의 진짜 목적(예컨대, 사실상 여우에게 붙잡힐 만큼 가까이 있는 사랑하는 짝인 또 다른 토끼에게서 여우의 관심을 돌리려는 목적)을 달성해야 한다.

시애틀에서 빌 클린턴이 엄중한 경호를 받는 궁전의 바깥 거리에 있는 항의자들을 발 빠르게 언급하면서, 궁전 안에 모인 지도자

---

50) 같은 책, p. 162.
51) Paul Grice, "Meaning", in *Studies in the Way of Words* (Cambridge, Mass.: Harvard University Press, 1989) 참조.

들에게 데모하는 사람들의 메시지(물론 이는 클린턴이 해석한 메시지인데, 그는 이 메시지에서 그 전복적 가시를 제거해버렸다. 그것을 대다수의 평화로운 항의자들을 무질서와 폭력으로 이끄는 위험한 극단주의자들에게 귀속시킴으로써 말이다)를 들을 수 있어야 한다는 점을 상기시켰을 때, 그는 진리의 가장 속에서 거짓말을 하는 동일한 전략에 호소했다. 결과적으로 여기서 우리는 진리 그 자체의 가장 속에서 자신의 여행의 진정한 목적지에 대해 친구에게 거짓말을 하는 유대인에 관한 옛 프로이트적 농담을 떠올리지 않을 수 없다. "왜 클린턴은 그들이 실로 항의자들에게 귀를 기울여야만 할 때, 그들이 항의자들에게 귀를 기울여야 한다고 말했는가?" 그리고 클린턴은 성적 기벽들로 유명하므로, 이와 같은 속임수의 리비도적 뿌리에 대해 알게 되어도 놀라지 말아야 할 것이다. 윌리엄 라이스는 인간 지능이 성적 적대의 도구로서 발전되었다는 혼란스러운 결론에 이르게 되었다. 그것의 주요한 추동력은 우리가 통상 배워왔듯이 우리 선조들이 불리한 자연 환경에서 살아남을 수 있도록 해준 도구들의 제작이 아니었다.

> 어떤 종이 더 사회적이고 소통적이 될수록, 그 종은 성적으로 적대적인 유전자들 때문에 괴로움을 겪을 가능성이 높아진다. 성들 사이의 소통은 성적으로 적대적인 유전자들이 번창할 수 있는 매개물을 제공하니까 말이다. 지구상에서 가장 사회적이고 소통적인 종은 인간이다. 갑자기 인간은 왜 인간의 성들 간의 관계가 그처럼 지뢰밭인지를 이해하기 시작하게 되고, 왜 남자들은 무엇이 성적 괴롭힘인지에 대해 여자들과는 그토록 다른 해석을 하는지를 이해하기

시작하게 된다. (……) 우리 두뇌가 도구를 제작하거나 대초원에서 불을 지피는 데 도움이 되기 위해 크기가 커졌다는 생각은 오래 전에 총애를 잃었다.52)

여기서의 기본적 아이디어는, 인간에게 성적 적대(유혹과 그에 대한 저항)는 "좌위간 경쟁 진화interlocus contest evolution(ICE)"로 외파한다는 것이다. 군비 경쟁의 자기추진적 소용돌이를 닮은 일종의 악순환 속에서, 한 성이 획득한 상대적 이점은 상대방 성으로 하여금 효과적인 대항조치를 창안하도록 자극한다. 수컷이 새롭고도 더 효과적인 구애와 유혹의 기술을 발전시킨 후에, 암컷은 수컷의 표현에 흥분되는 것이 아니라 흥분을 잃게 되는 쪽으로 진화를 하고, 이는 수컷으로 하여금 또 다른 기술을 창안하도록 자극한다. 그리고, 유성 동물에서 인간으로의 이행이 상징적 질서의 출현으로 표시되는 질적 도약을 내포하고 있는 한, 우리는 여기서 라캉의 "성관계는 없다"와의 연계를 확립하고만 싶다. 소통의 바로 그 매개물인 언어로의 이행은, 보편적 상징적 매개물 속에서의 적대의 완화를, 대립되는 성의 화해를 초래하기는커녕, 적대 그 자체를 절대적 수준으로 끌어올린다. 인간에게서, 이전에는(동물의 왕국에서는) 동일한 장 내부의 두 대립되는 힘들의 투쟁이었던 것이 보편적 매개물 자체를 내부로부터 절단하는 절대적 적대로 끌어올려진다. 보편성으로의 접근은 성들 간의 소통의, 성들 간의 공통척도의 전적인 불가능성이라는 대가를 치른다. 성의 보

---

52) Ridley, *Genome*, pp. 115-16. [국역본: 매트 리들리, 『게놈』(김영사, 2001), 142-143쪽.]

편화-상징화로 인해 치르는 대가는 상징적 보편성 그 자체의 성차화sexuation이다. 언어의 보편성 속에서의 성적 대립의 화해 대신에, 보편성 그 자체가 분열되며, 적대에 사로잡힌다. 속임수와 관련해서 이는 동물의 구애를 특징짓는 상상적 유혹이 고유하게 인간적인 속임수(진리 그 자체의 가장을 한 속임수)의 층위로 끌어올려진다("지양된다")는 것을 의미한다. 보편성과 (인간의) 성 간의 이와 같은 연계를 우리는 그 연계가 갖는 일체의 강고함 속에서 파악해야 한다. 성이 일단 상징적 질서에 붙잡히면 성적 극성을 근본적 적대의 층위로까지 끌어올리는 "능동적" 요소인 것이 상징화인 것만은 아니다. 반대 방향이 한층 더 핵심적이다. 성적 적대 외부에 그 어떤 (상징적) 보편성도 없다(보편성은 성적 적대를 통해서만 "대자"가 되며, "그 자체로서 정립된다"—혹은 좀더 생물학적-진화론적 용어로 말하자면, 상징적 질서는 성적 적대에 속하는 속임수의 매개물로서 출현한다).

2장 예술
말하는 머리들

 예술과 과학은 어떻게 승화와 관계를 맺는가? 둘 모두는 승화에 참여하고 있기는 한다(즉 둘 모두, 직접적인 현실 체험 속으로의 몰입에 대해 일정한 거리를 생성한다). 하지만 그 둘은 상이한 승화 양태에 각각 의존한다.[1] 과학은 승화하는 추상의 과정을 달성한다. 과학은 성화性化된 몸체의 체험된 현실을 완전히 증발시키고 현실을 순수한 연장延長으로, 즉 추상적 공간 내에 분배된 물질로 환원한다. 그러므로 과학의 경우 수식화 가능한 추상은 실재와의 유일한 접촉이다. 그 안에서 현실과 실재는 몸체의 구체적인 체험

---

1) 여기서의 논의는 Darian Leader, *Stealing the Mona Lisa: What Art Stops Us from Seeing* (London: Faber and Faber, 2002), pp. 103-105를 따르고 있다.

과 추상적인(궁극적으로 무의미한) 수식數式으로서 대립한다. 이에 반해 예술은 체험된 현실 안에 남아 있다. 예술은 그것으로부터 하나의 단편을, 하나의 대상을 잘라내며, 이를 "사물의 수준"으로 끌어올린다. (이러한 절차의 영-층위로서 뒤샹의 레디메이드 예술을 생각해보자. 그것은 소변기를 예술의 오브제로 전시함으로써 소변기의 물질성을 사물의 외양 양태로 "실체변환"시킨다.')[2] 그러므로 과학과 예술은 서로 완전히 다른 방식으로 사물과 관계한다. 예술은 사물을 직접적으로 환기시킨다(예술적 아름다움은 사물의 차원을 은폐/공표하는 마지막 베일이다). 반면,

> 과학은 그것을 환기시키기보다는 그것에 대해 아무것도 알고 싶지 않아 한다. 아마도 바로 그 때문에 사물은 과학을 통해 가장 끔찍하고 재앙적인 형태로 상습적으로 되돌아오고야 마는 것이다. 핵폭탄이나 생물학전이나 유전공학의 어떤 결과물 같은 형태로 말이다.[3]

---

[2] 어떤 의미에서 뒤샹의 변기가 창조성의 행위를 나타내는가? 물론 그 직접적인 물질적 내용의 수준에서는 아무것도 창조적이지 않다. 뒤샹은 그저 일상적이고 저속한 대상을 가져다가 예술작품으로 전시했을 뿐이다. 그의 진정한 창조 행위는 그 이전에 발생했다. 즉 소변기의 전시가 예술작품으로 간주될 수 있는 방식으로 예술작품의 공간을, 이 공간을 규정하는 규칙들을 암묵적으로 재정의할 때(혹은, 오히려, 관객인 우리로 하여금 소변기를 예술작품으로 지각할 수 있는 방식으로 예술의 공간을 재정의하도록 강제할 때) 말이다. 물론 이것은 우리가 (텅 빈) 공간 그 자체의 역할을 자각하게 된다는 것을 뜻한다. 예술의 대상이라는 속성은 대상의 직접적 속성이 아니라 대상의 "반성적 규정"(헤겔)이다. 동일한 논지에서 마르크스는, 어떤 사람이 그 자체로 왕이기 때문에 사람들이 그를 왕으로 대하는 것이 아니라, 사람들이 왕으로 대하기 때문에 그는 왕인 것이라고 말했다. 어떤 대상이 그 자체로 예술작품이기 때문에 사람들이 그것을 예술작품으로 대하는 것이 아니다. 사람들이 예술작품으로 대하기 때문에 그것은 예술작품이다.

[3] Leader, 앞의 책, p. 105.

리더가 열거하고 있는 이 모든 예들의 공통점은 무엇인가? 그것들은 과학적 지식의 결과로서 우리의 신체적 현실에서 출현한 새로운 "비자연적"(예전엔 알려지지 않았던) 대상들을 가리킨다. 그것들은 어떤 면에서 체현된 과학적 지식이다. 그러한 것으로서 그것들은 우리의 가장 기초적인 "현실감"을 침식하고 심지어 침해한다. 원자폭탄이 그토록 괴물 같은 것은 단지 파괴의 양 때문만이 아니라 우리 현실의 바로 그 직조물이 붕괴되는 것처럼 보인다는 한층 더 근본적이고도 불안한 사실 때문이다. 필요한 변경을 가한다면, 이는 유전공학의 결과로 출현할 수 있는 괴물들에도 적용된다. 어떤 의미에서 이 괴물들은 우리의 "평범한" 현실의 일부가 아닌 것이다.

그렇다면 예술과 과학 중 어느 것이 보다 "근본적"인가? 선택은 정확히 결정불가능하다. 과학은 승화에 있어서, 즉 "정념적" 경험적 현실을 배제함에 있어서 끝까지 간다. 그러나 바로 그 이유로 과학은 또한 사물을 배제한다. 예술에서 승화는 불완전하다. 예술가는 경험적 현실(의 한 조각)에 고착된다. 그러나 바로 이 불완전성 덕택에 예술가는 이 "정념적" 잔여를 "사물의 존엄"으로까지 고양시킴으로써 숭고의 효과를 발생시킬 수 있다. 여기서 우리는 예술을 "이념의 감성적 현시"로 보는 헤겔의 공식이 지닌 애매성과 조우하게 된다. 셸링이 이미 알았듯, 어떤 선재하는 개념적 진리에 감성적 옷을 입힐 수 있는 것인 양 이 공식을 읽어서는 안 된다. 구조는 보다 역설적이다. 여기서의 키워드는 "이념"인데, (칸트의 경우) 이 용어는, 정확히, 알 수 없는 것에 대한 지표다. 요는 예술이란 인식의 파악에 **저항하는** 어떤 것을 현시한다는 점이다. 예술적 "아름다움"은 실재적 사물, 상징화에 저항하는 사물의 심연이 외양하는 가면이다.[4] 한 가지는 확실하다. 최악의 접근은 과학과 예술의 일종의 "종합"을 목표하는 것이다. 그러한 노력들의 유일한 결과는 심미화된 지식이라는 뉴에이지 괴물의 일종이다.

따라서 예술 속의 승화를 살펴보자. 영화는 탁월한 들뢰즈적 예술이므로, 여기서 우선 연상되는 것은 히치콕의 <현기증> 아닌가? 숭고한 이미지의 매혹적인 힘에 대한 바로 그 영화 말이다. 2002년도『사이트 앤 사운드』에서 비평가와 감독을 대상으로 행한 최근 여론조사가 보여주듯, 변질된 괴짜들을 무시한다면 결국 영화를 사랑하는 두 종류의 기본 집단들이 있다. <시민 케인>을 지금까지 제작된 최고의 영화로 생각하는 이들과 <현기증>이야말로 그런 대접을 받을 만하다고 생각하는 이들 말이다. (그럼에도 불구하고 버나드 허먼이 두 편 모두의 영화음악을 작곡했다는 점에 주목해야 한다.) 이 글을 쓰고 있는 저자인 나는 <전함 포템킨>의 시대와 <시민 케인>의 시대 다음의 몇 십 년간은 <현기증>의 시대로 알려질 것이라고, <현기증>은 간단히 영화 그 자체를 직접적으로 대표하는 작품으로 인정될 것이라고(보다 정확하게 말하면, 상상할 수 있는 유일한 경쟁은 히치콕 자신의 걸작 두 편인 <현기증>과 <사이코>의 경쟁이라고) 생각하는 사람에 속한다.

들뢰즈의 영화 이론에서 히치콕은 운동-이미지에서 시간-이미

---

4) 이와 정반대로 예술의 교훈주의를 주장하는 것처럼 보이는 브레히트에게도 이 점은 유효하지 않은가?『조처』의 힘은 이 작품이 연극에서 상연되는 가르침을 벗어나는 과잉(혁명적 정치적 주체화의 역학)을 표명한다는 데 있지 않은가?

지로의 이행에서 중간 단계의 인물이라는 핵심적 위치를 차지한다. 어떤 역사적 순간에 주체는 실재의 충격에 과도하게 압도당한다. 실재의 이와 같은 침입은 작용/반작용의 통일성을, 즉 주체가 단지 연루된 행위자로서 (반)작용할 수 있을 뿐인 현실 속으로 직접 삽입되어 있는 상태를 교란시킨다. 실재에 압도당할 때 주체는 자신과 자신의 세계에 대한 무력한 관객으로 바뀐다. 따라서 들뢰즈가 강조하듯, 현대 영화에서 관객이 행위자 중 하나로 바뀌면서 행동으로 이끌린다고 주장하는 것으로는 불충분하다. 이러한 특징은 더 근본적인 특징에 의해, 즉 행위자 자신들(영화 속 등장인물들, 배우들)이 그들 자신의 행위에 대한 관객이 된다고 하는 특징에 의해 배가된다. 이런 이유로 들뢰즈는 히치콕의 <이창>이 고유하게 현대적인 시간-이미지를 지향한다고 간주한다. 이 작품에서 주요 행위자인 제임스 스튜어트는 수동적인/무기력한 관찰자로 환원된다.

영화-눈

히치콕의 두 편의 걸작과 관련해 해 볼 수 있는 가장 계발적인 일들 가운데 하나는 사고 실험 게임을 해보는 것이다. 만약 사태가 (실제로 그럴 뻔했듯이) 다른 경로를 취하게 된다면 어떻게 될 것인가? 예를 들어 버너드 허먼이 예정대로 <사이코>를 위해 색소폰 소리가 강렬한 프리재즈 스타일로 곡을 썼다면? <현기증>에는 이러한 "만약 ……라면 어떻게 될 것인가?"가 세 가지 있다.

만약 베라 마일즈가 임신을 하지 않아서 마들렌-주디를 연기할 수 있었다면 어떻게 될 것인가, 그것은 여전히 같은 영화일까? 만약—분명 터무니없는 생각이지만—히치콕이 파라마운트 스튜디오의 압력에 굴복하여 크레딧 시퀀스에 명콤비 리빙스톤-에반스가 이미 써놓은 「현기증」이라는 노래를 사용했다면? 그리고 만약 영화의 결말에 밋지의 아파트에서 스코티와 밋지가 라디오에서 부인 살해 혐의로 엘스터가 외국에서 체포되었다는 뉴스를 듣는 짧은 장면이 첨부되어 영화가 개봉되었다면?

이러한 사고 실험 게임은 히치콕 연구들이 보여주는 겉으로 보기엔 사소하지만 가장 의미심장한 양상들 가운데 하나인 어떤 것에서 종종 실현된다. 즉 (이미 느슨한) 영화 연구의 표준을 훨씬 넘어선 현저한 양의 사실적 오류들에서 말이다. 진정으로 위대한 히치콕 연구가인 레이몽 뒤르나를 상기하는 것만으로도 충분하다. 그는 『알프레드 히치콕이라는 이상한 경우』에서 <현기증>에 대해 사십 페이지 분량의 분석을 하며(백문이 불여일견이다) 영화 줄거리를 상세하게 서술하는 내내 영화의 배경을 샌프란시스코가 아닌 로스앤젤레스로 보고 있다. 사실 <현기증>의 샌프란시스코 배경은 너무나 압도적이어서 어떻게 이것을 망각할 수 있었는지 이상하게 느껴질 정도다. 그러나 히치콕의 경우에 나타나는 이 오류들의 바로 그 과잉이 증상적인 것이다. 그렇다면 그것은, 문제가 되는 분석들의 가치를 떨어뜨리기는커녕, 오히려 이론가들이 과도하게 주관적으로 히치콕의 영화들에 관여한다고 증언하는 것이다. 히치콕 영화의 어떤 주인공과 마찬가지로 이론가들은 실제로 화면에서 일어나는 일과 그들 자신이 그 안에 불어넣는 리비도적 투여를 분리시키는 선을 종종 흐려놓는다. 그리고 그와 같은 투여는 환각적 보충이나 왜곡에서 출구를 발견한다. 그러므로 진정한 프로이트적 정신에서 우리는 그러한 잘못된 재현에 대한 이론이 필요한 것일지도 모른다. 스탠리 카벨이 (영화 줄거리를 다시 말하는 과정에서 나타난 다수의 오류를 지적한) 비평가들에게 그는 여전히 전적으로 그의 오류들을 지지한다고 응수한 것은 옳았다.

이러한 오재현들이 가장 적실할 때는 그것들이 면밀한 형식적 분석을 떠받치고 있을 때이다. 주관적(시점) 숏과 객관적 숏의 교환 및 그것들 사이에서의 컷에 대한 세부묘사를 통하여 하나의 논점이 주장되고 있을 때, 이를 비디오나 DVD로 조심스레 확인해 보면 그 묘사들이 놀랍게도 단순히 거짓임을 알게 될 때가 얼마나 많은가. 그리고, 분석의 이론적 논점이 매우 명료할 때가 빈번하므로, 우리는 헤겔에게 (잘못) 귀속되는 다음과 같은 태도를 취하고만 싶어진다: "만약 사실들이 이론에 적합하지 않다면, 사실들에게 그만큼 더 나쁜 것이다!" 그러한 집요한 오재현의 가장 두드러진 사례 중 하나는 <현기증>의 가장 유명한 장면 중 하나인 어니즈 레스토랑에서 스코티가 마들렌을 처음 보는 마법적 순간에서 찾을 수 있다.[5] 좀더 정확히 말해, 오재현은 두 숏의 지위와 관련된다.

외부에서 어니즈 레스토랑의 입구를 본 후에, 장면은 컷되고 이제 스코티가 레스토랑 입구 쪽 룸에 있는 바 카운터에 앉아 칸막

---

5) 이 부분에서의 내 주장은 주로 다음의 책을 근거로 한다. Jean-Pierre Esquenazi, *Hitchcock et l'aventure de Vertigo* (Paris: CNRS Editions, 2001), pp. 123-12.

이를 통해 테이블과 손님들이 있는 넓은 룸 쪽을 보고 있다. 그러고 나서 (컷 없는) 긴 패닝 숏이 뒤쪽으로 그리고 왼쪽으로 이어지면서 카메라는 붐비는 룸의 전경을 분주한 레스토랑의 떠들썩함을 재생하는 사운드트랙과 함께 보여준다. 이 장면은 분명히 스코티의 시점이 아님을 염두에 두어야 한다. 갑자기 우리의(혹은, 오히려 카메라의) 주의는 어떤 매혹적인 초점에 사로잡힌다. 그 초점은 우리의 응시를 고정시키는 매력 *fascinum*으로, 이 휘황찬란한 얼룩은 곧 아름다운 여인의 노출된 등으로 확인된다. 곧 허먼의 정열적인 음악에 배경음이 잦아들면서 카메라는 서서히 그 매력을 향해 다가간다. 우리는 먼저 우리와 마주하고 있는 엘스터를 알아보고 이로부터 그 여자가 틀림없이 마들렌일 것이라고 추론한다. 이 롱 숏 후에 마들렌의 테이블을 엿보는 스코티로 되돌아가는 컷이 있는데, 이 컷은 마들렌에게 다가가는 앞서의 롱 숏과 다른 시점이다. 그리고는 스코티의 시점숏과 그가 보는 것(재킷으로 등을 감싸고 떠날 준비를 하는 마들렌)으로의 또 다른 컷이 나온다. 마들렌과 엘스터가 테이블을 떠나 출구로 향하며 스코티에게 접근하는 장면이 나오고 나서 우리는 또 하나의 유명한 장면을 보게 된다. 엘스터 부부가 가까이 오는 것을 본 스코티는 자신의 임무 수행이 탄로 나지 않도록 바의 칸막이 맞은편의 유리로 시선을 돌려 자신의 등 너머로 간신히 그들을 엿본다. 마들렌이 그에게 가까이 와서 잠시 멈추어 있어야 할 때(그녀의 남편이 웨이터와 계산을 마치는 동안) 우리는 그녀의 신비로운 옆모습을 본다(그리고 옆모습은 항상 신비롭다. 우리는 단지 반쪽만을 보게 되며 다른 반쪽은 역겹고 손상된 얼굴—혹은, 사실은, 주디의 "진정한" 평범한 얼굴—일 수 있는 것이다). 그리하여 이 매혹적인 숏은, 다시금, 스코티의 시점숏이 아니다. 엘스터가 마들렌과 다시 결합하고 그 커플이 스코티에게서 멀어져 레스토랑 출구를 향하는 이후에서야 우리는 바 뒤에 있는 스코티의 숏에 대한 역숏으로서 마들렌과 엘스터에 대한 스코티의 시점숏을 보게 된다.

여기서 주관적인 것과 객관적인 것의 애매성은 다시금 핵심적이다. 마들렌의 옆모습이 스코티의 시점이 정확히 아닌 한에서, 그녀의 옆모습 숏은 **전적으로** 주관화되어 있으며, 어떤 점에서는 스코티가 실제로 보는 것이 아니라 상상하는 것을, 즉 그의 환영적인 내부 비전을 묘사하고 있는 것이다(우리가 마들렌의 옆모습을 보는 동안 레스토랑 벽의 붉은 배경이 한층 더 강렬해져서 붉은 열기 속에 폭발하여 거의 노란 불꽃으로 화할 것처럼 위협적으로 보인다는 사실을 상기해보자. 마치 그의 정념이 직접적으로 배경에 새겨진 것인 양 말이다). 그렇다면 스코티가 마들렌의 옆모습을 본 것이 아니더라도 마치 그 옆모습에 신비롭게 사로잡힌 것처럼, 거기에 흠뻑 **빠진** 것처럼 행동하는 것은 결코 놀랄 일이 아니다. 이 두 과잉적 숏에서 우리는 가장 순수한 "영화-눈"과 조우하게 된다. 주체가 주어지지 않은 채 여하간 "주체화된" 숏으로서 말이다. 여기서 눈은 (디에게시스적) 주체가 취할 수 없는 강렬함의 정념을 직접적으로 등록하는 "신체 없는 기관"으로 기능한다. 주체에 귀속되지 않으면서도 주체화된 이 두 숏은 다름 아닌 **순수한, 전-주체적인 현상**이다. 마들렌의 옆모습은 과도한 리비도적 투여가 배어든—어떤 면에서, 주체가 떠맡기에는 정확히 너무 "주체적인", 너무 강렬한—그와 같은 순수 외관이 아닌가? 이것을 라캉의 언어로 다시 말하면, 마들렌의 이 옆모습 숏은, 주체의 바로 그 중핵에 자리잡고 있는 한 주체가 접근할 수 없는바, **다른 장면**에서 나타난다.

그러므로 우리는 "주체-행위자 없는 주체성"의 과잉으로부터 "봉합"이라는 표준적 절차(객관적 숏과 주관적 숏의 교환—처음에 바라보는 사람이 보여지고, 그 다음에 그가 보는 대상이 보여진다)의 동일한 이동을 두 번 얻게 된다. 그리하여 과잉은 "길들여지고", 객관적 숏과 이에 대한 역숏인 시점 숏의 교환이 예시하는 주체-객체의 거울관계에 붙잡히게 된다. 도널드 스포토와 로빈 우드를 비롯한 대다수의 이론가들이 어니즈 레스토랑에서의 장면을 상세하게 묘사하면서 그 두 과잉적 장면이 스코티의 시점을 표현한다는 기이한 주장을 하게 된 까닭은 일종의 무두적 정념을 전시하는 주체 없는 "주체적" 숏의 강렬함을 말소하기 위해서다. 이러한 방식으로 과잉은 봉합의 논리 안에 봉쇄되며, 객관적 숏과 주관적 숏의 표준적 교환의 층위로 환원된다. 우리가 이 과잉에서 마주치는 것은, 특정한 주체에게 묶어놓는 끈에서 자유롭게 풀려난, 대상으로서의 응시이다. 그렇다면 (혁명영화의 절정기 중 하나인) 1924년에 지가 베르토프가 제작한 소비에트 무성영화의 고전인 <영화-눈>에서 베르토프가 "자율적 기관"으로서 (카메라의) 눈을 영화의 표징으로 삼는 것은 놀랄 일이 아니다. 그 눈은 1920년대 초반을 어슬렁거리면서, 소련의 NEP("신경제정책") 현실의 단편들을 제시한다. "to cast an eye over something"이라는 관용구는 문자 그대로 해석하면 눈에서 안구를 뽑아 주위에 던진다는 뜻이다. 프랑스 동화에 나오는 유명한 백치 마르탱이 바로 그렇게 했다. 아들이 아내를 맞지 못할까 염려한 어머니는 아들에게 교회에 가서 그곳에 있는 여자들을 좀 살펴보고(cast an eye over the girls) 오라고 말했다. 그는 우선 푸줏간 주인에게 가서 돼지의 안구를 산다. 그리고 나서 그는 그것을 교회로 가져가 그곳에서 기도하고 있는 여자들에게 던진다—나중에 마르탱이 어머니에게 여자들이 자기 행동에 그리 좋은 인상을 받은 것 같지 않다고 보고하는 것도 결코 놀라운 일은 아니다. 바로 이것이 혁명영화가 하고 있어야 하는 것이다. 즉 카메라를 부분 대상으로, 즉 주체에게서 도려내어져 주위로 자유롭게 내던져진 "눈"으로 사용하는 것. 혹은 베르토프를 직접 인용하자면,

> 영화 카메라는 손에서 발로, 발에서 눈으로, 그리고 기타 등등으로, 가장 유리한 순서로 관객의 눈을 잡아끌고, 세부들을 규칙화된 몽타주의 활동으로 조직화한다.[6]

일상생활에서 경험하는 섬뜩한 순간들 중 하나는 자신의 이미지를 보고 있는데 그 이미지가 자신에게 시선을 되돌려 주지 않는 순간이다. 한 번은 거울 두 개로 머리 측면의 이상한 돌출부를 살펴보려 한 적이 있는데, 그때 갑자기 내 옆얼굴을 흘끗 보았다. 그 영상은 내 모든 몸짓을 본뜨고 있었으나, 이상하고도 부조화스러운 방식으로 본뜨고 있었다. 이러한 상황에서 "우리의 거울상은 우리로부터 떨어져 나온다. 그리고 결정적으로, 우리의 시선은 더

---

[6] Richard Taylor & Ian Christie, eds., *The Film Factory* (London: Routledge 1988), p. 92에서 인용.

이상 우리 자신을 보고 있지 않다."[7] 이 이상한 경험을 통해 우리는 라캉이 대상 a로서의 응시라고 부른 것, 즉 거울 같은 대칭적 관계를 벗어나는 우리 이미지의 한 부분을 보게 된다. 우리가 우리 자신을 "바깥으로부터", 이 불가능한 지점으로부터 볼 때의 외상적인 특징은 내가 대상화된다는, 내가 응시를 위한 외부의 대상으로 환원된다는 것이 아니라, 오히려 나의 응시 자체가 대상화된다는 것이다. 그것은 바깥으로부터 나를 관찰하는데, 이는 나의 응시가 더 이상 나의 것이 아님을, 내가 그것을 도둑맞았음을 뜻한다.

얼마 전 내 친구가 경험한 이상한 실제 사건은 이 섬뜩한 배치의 또 다른 면모를 명확하게 보여준다. 이 친구가 부인을 옆자리에 태우고 운전하고 있을 때 그의 휴대전화가 울렸다. 발신자 확인을 위해 액정화면을 보았는데 화면에 부인의 이름이 떴다. 잠시 동안 그는 도무지 어떻게 된 일인지 알 수 없었다. 어떻게 옆에 앉아서 그에게 말을 하고 있는 사람이 동시에 그에게 전화를 할 수 있단 말인가? 린치의 <로스트 하이웨이>에서 주인공이 집에 전화를 걸었는데 주인공 앞에 서 있는 악마적 존재인 미스터리 맨이 그 전화를 받는 그 유명한 장면처럼, 일종의 불가사의한 배가redoubling가 일어나고 있는 것일까? (사건의 진상은 부인이 전화를 도난당했다는 것이 아니라 그보다 조금 더 복잡하다. 그의 부인은 전화를 켜놓은 채 가방 안에 넣고 불안한 듯 그것을 손가락으로 만지작거리고 있었다. 그녀는 남편의 이름과 전화번호를 전화번호부 맨 앞에 등록했고 우연히 남편에게 자동으로 전화를 거는 단축키를

---

7) Leader, 앞의 책, p. 142.

눌렀던 것이다.) 이 짧은 순간의 동요는 물신주의적 분열을 가동시켰다. 오래된 농담에도 있듯이, 그는 세상에 귀신이란 없다는 것을 잘 알고 있었고 그의 부인의 유령 같은 분신이 그에게 전화를 거는 게 아니라는 것도 잘 알고 있었지만 그럼에도 불구하고 잠시 동안 실제로 그런 일들이 생기고 있는지 모른다는 공황에 사로잡혔다. 같은 논지에서 프리츠 랑은 <니벨룽>의 1924년 개봉에 대해 이렇게 썼다.

> 오늘날 지그프리트가 용과 싸운다는 얘기를 듣는 사람은 그것을 그대로 받아들여야만 하는 것이 아니라 오히려 그것을 눈으로 봄으로써 그것을 온전히 체험해야 한다. 불의 바다 한가운데 있는 영원한 북쪽의 빛 아래 있는 브륀힐데의 산의 불가사의한 마법은 눈으로 볼 수 있는 것으로 나타나야 한다. 지그프리트가 군터를 위해 신부를 얻어 오려고 사용하는 타른헬름의 마법은 관객 자신의 눈을 통해 믿을 수 있는 것이 되어야 한다.[8]

여기서 사실상 **누가** 믿는가? 물론 관객의 의식적 자아는 아니다. 우리 모두는 화면에서 보는 것이 잘 만들어진 트릭들의 결과임을 알고 있다. 그렇다면 누가? <현기증>으로 돌아가 보자. 스코티가 금문교 밑의 만에서 마들렌을 구한 다음에 나오는 그의 아파트의 세부 장면으로 말이다. 그 장면은 검열이 어떻게 작동하는가를(즉 어떻게 검열의 진정한 표적이 관람자 자신이 아니라 오히려 제3의

---

8) Fritz Lang, Tom Gunning, *The Films of Fritz Lang* (London: BFI Publishing, 2000), p. 38에서 인용.

순진무구한 관찰자인지를) 보여준다. 카메라가 스코티의 방을 패닝 촬영할 때 우리는 부엌 싱크대 위의 줄에 마들렌의 속옷이 걸려 있는 걸 본다(고 자동적으로 가정한다). 이는 그녀를 집으로 데려와서 옷을 벗겼다는 증거이다. 그러나 품위수호단9)은 화면속의 속옷은 스코티가 마들렌의 나체를 보았다는 것을 암시하므로 이를 화면에 담아서는 안 된다고 주장했다. 그들의 주장은 통했다. 비디오나 DVD에서 그 이미지를 정지시켜 관찰하면 줄에 매달려 있는 것은 단지 가운과 양말과 알 수 없는 두 세 장의 천 조각뿐이며 속옷은 없다는 것을 확인할 수 있다. 이러한 디테일은 검열의 "위선성"을 증언한다. 디테일에 유의하지 않을뿐더러 영상을 자세히 분석할 시간적 여유도 없는 우리 관객들은 당연히 장면의 엄연한 서사적 논리가 그러하므로 속옷을 보고 있다고 자동적으로 가정한다.10) 그렇다면 여기서 누가 사실상 속임을 당하는 것인가? 누구에게 여자 속옷이 걸려있지 않음을 확신시켜야 하는가? 물론 유일한 후보는 바로 모든 것을 보지만 순진무구하고 어리석은 관찰자라는 의미에서 "큰 타자" 그 자체다. 김열은 우리 관객들이 더러운 생각을 활성화하는지에는 관심이 없다. 요는 그저 큰 타자가 이를 눈치 채서는 안 된다는 것이다.

따라서 싱크대 위에 속옷이 걸려 있지 않다는 점이 어떤 응시에게 분명해야 하는가 하면 그것은, 여하한 주체에게 귀속된 응시가

---

9) [1934년 미국의 가톨릭 주교들이 만든 단체로 도덕성을 기준으로 영화의 등급을 매겼다.]
10) 우리가 이 장면 몇 분 뒤에 보는 것이 이러한 선입견을 확인시키지 않는가? 스코티가 전화를 받은 후 돌아와 보니 마들렌이 사라졌음을 알았을 때 그는 부엌 싱크대를 흘긋 보고는 이전에 걸려 있던 세탁물도 사라졌음을 알게 된다. 그게 그녀의 속옷이 아니었다면 왜 그녀가 그걸 가져갔겠는가?

아닌, 이름 없는 응시인 것이다.[11] 이와 동일한 작인은 또한 자기 부과된 검열이라는 전혀 다른 종류의 검열에서도 작동한다. 스탈린주의적인 역사 다시쓰기라는 고귀한 예술을 여전히 실천하는 유일한 국가인 오늘날 북한의 공적 담론에 나타나는 한 특징을 살펴보자. 현재의 지도자인 김정일은 1945년, 당시 시베리아 마을에서 망명 중이었던 아버지에게서 태어났다. 1950년대 후반 북한과 소련의 관계가 악화되었을 때, 소련에 대한 거리두기는 출생지의 변경을 통해 신호되었다. 책들은 갑자기 아무런 설명도 없이 다시 쓰였고, 김정일이 백두산 정상에서 태어났다고 주장했다. 이를 정확히 해독되어야 할("사실 이건 출생지에 대한 게 아니라 소련과의 달라진 관계에 대한 신호다!") 일종의 암호화된 메시지라고 금방 처리해버리기 전에 보다 소박한 질문을 던져봐야 한다. 왜 애당초 이 이상한 검열이 행해졌는가? 왜 북한 체제는 "수정주의적" 소련과 점점 거리를 두고 있다고 그냥 단순하게 직접적으로 진술하지 않았는가? 왜 북한 체제는 정치적 동맹의 이러한 변화를 어떤 단순한 실증적, 역사적 사실의 변경이라는 형태로 공식화할 필요를 느꼈는가?

---

11) 몇 십 년 전, 덩 샤오핑이 중국 공산당 서기장에서 이미 은퇴한 뒤에도 여전히 살아있을 때 최고고위관료위원 중 하나가 숙청당했다. 언론에 보도된 공식적 이유는 그 위원이 외국 언론과의 인터뷰에서 덩 샤오핑이 여전히 사실상의 결정들을 내리는 최고 권력이라는 국가 기밀을 누설했다는 것이었다. 이러한 사실이 상식이었다는 점이 아이러니였다. 덩 샤오핑이 실세라는 건 모두가 알고 있었던 것이다. 이는 항상 모든 매체에 알려졌기 때문이다. 차이가 있다면 큰 타자에 관한 것—이 사실은 결코 공적으로 진술되어선 안 된다는 것—일 뿐이었다.

반-플라톤으로서의 히치콕

여기서 아마도 독자는 다음과 같은 반응을 보일 것이다: 물론, 그 대립은 단순히 플라톤적인 대립, 즉 필멸의 존재인 인간의 제한된 시각과 모든 것을 보는 큰 타자의 시각 사이의 대립이다! 사실 일찍이 1950년대 말, 즉 <현기증>이 개봉된 직후에 에릭 로메르는 영화가 플라톤적인 문제들에 깊이 몰입하고 있다고 지적했다.12) 그러나 그 연결은 부정적인 것이다. 즉 <현기증>은 어떤 의미에서 궁극적인 반-플라톤적 영화로서 플라톤적 기획을 체계적으로 유물론적으로 침식하고 있다. 들뢰즈가 『의미의 논리』의 부록에서 한 것과 유사하게 말이다. 스코티는 결국 그가 마들렌으로 만들려고 하던 주디가 마들렌(으로 알고 있던 여자)이라는 사실을 발견하게 된다. 이때 그를 사로잡은 살인적 분노는 완벽한 사본을 통해 다시 만들려고 했던 원본 그 자체가 이미 사본임을 인식하게 되는 현혹당한 플라톤주의자의 분노이다. 이때의 충격은 원본이 단지 사본에 지나지 않았다(플라톤주의가 줄곧 경고의 대상으로 삼은 표준적인 현혹)는 것이 아니라, **사본(으로 여겼던 것)이 원본으로 밝혀지는** 것이다. 아마도 <현기증>은 로셀리니의 후기 걸작 <델라 로베레 장군>과 더불어 읽는 것이 좋을 것이다. 이 영화에서 (비토리오 데시카가 탁월하게 연기했던) 좀도둑이자 사기꾼인 한 남자는 1944/45년 겨울에 제노바에서 독일군에 체포된다. 독일군은 그에게 협상을 제안한다. 그를 감옥에서 레지스탕스

---
12) Eric Rohmer, "L'helice et l'idée", *Cahiers du cinéma* 93 (March 1959) 참조.

영웅인 전설적인 델라 로베레 장군으로 통하게 하여 다른 정치범들이 그에게 비밀을, 특히 핵심적인 레지스탕스 지도자 "파브리지오"의 진짜 정체를 털어놓게 하라는 것이다. 그러나 그 좀도둑은 자신의 역할에 너무나 깊게 빠져든 나머지 결국은 그 역할을 완전히 떠맡고 델라 로베레 장군으로서 총살당하기를 원하게 된다. <델라 로베레 장군>과 관련하여 성취될 수 있는 반-플라톤적 반전은 <현기증>의 반전과 동일하다. "진짜" 마들렌이 이미 마들렌인 체 가장한 주디였던 것과 마찬가지로 "진짜" 델라 로베레가 이미 가짜였다면 어찌할 것인가? 다시 말해, 그 또한 사적인 인간으로서는, "델라 로베레 장군"이라는 인물의 가면을 쓰고 그로 행세하는, 시시한 사기꾼이라면 어찌할 것인가? (나아가 한층 더 심란한 질문은 다음과 같다: 가짜 역할과의 그런 감상적인 동일시가 윤리적 경험의 궁극적 지평이란 말인가?[13] 그 반대의 상황을 상상해볼 수 있는가? "진짜" 델라 로베레가 체포되고, 레지스탕스는 그에게 레지스탕스에 마지막으로 크게 공헌하기 위해서는 처참한 변절자로서 죽음을 맞아 자신의 이미지를 더럽혀야 한다고 알려주는 상황을 말이다.)

이러한 인지의 순간에 스코티가 받은 충격은 카프카적인 것이기도 하다. 『심판』에 나오는 법의 문에 대한 우화의 결말에서 시골에서 상경한 남자가 문이 오직 그를 위해서만 그곳에 있었다는 것(장려한 문의 스펙터클은 그의 응시를 위해 무대화되었고, 그가

---

[13] 그와 같은 "소외의 절대적 윤리"에 해당하는 행위는, 극단적으로는, 아우슈비츠에서조차도 단식의 규칙에 복종하고 그 시절 동안 빈약한 일일급식조차도 거부했던 랍비의 행위가 아니겠는가?

그 스펙터클을 조금이라도 엿볼 수 있었던 우연한 목격자라고 스스로를 인식하는 그 장면은 전적으로 그를 매료시키기 위해 설정되었다는 것)을 알게 되는 것과 마찬가지로, <현기증>에서 스코티는 그가 은밀하게 쫓던 마들렌의 매혹적인 스펙터클이 오직 그의 응시만을 위해 무대화되었으며 그의 응시가 처음부터 그 스펙터클 안에 포함되어 있었다는 것을 받아들여야 한다.[14]

마들렌의 목걸이가 주디의 목에 걸려있는 것을 스코티가 보았을 때 이 대상은 하나의 기호이다—무엇의 기호? 만약 스코티가 최소한이나마 주디에게 개방적이었다면 그는 그것을 그에 대한 주디의 사랑의 기호로 읽을 수도 있었을 것이다. 즉 그녀는 그를 너무나 사랑했기에 그들의 관계에 대한 기념품을 간직하기를 원했다고 말이다. 하지만 그 대신 그는 플라톤적 독해를 택한다. 이를 불쑥 말하자면, **목걸이는 마들렌이 존재하지 않음을 증명한다.**[15] 이미 마지막 반전(주디와 마들렌의 동일성에 대한 스코티의 간파) 훨씬 이전에, 미지가 그에게 보여준 유명한 가짜 초상화는 그의 플라톤적 감수성에 대한 모욕이다. 그 그림은 카를로타 초상화를 복제한 초상화로, 원래 두상이 안경 쓴 미지의 두상으로 대체되어 있다(그가 완전히 기분이 잡친 채 그 자리를 떠나는 것은 놀랄 일이 아니다.) 다시금, 이 장면이 그토록 외상적인 까닭은 그것이 원본을 배반하기/위조하기 때문이 아니라 안으로부터 원본을 와

---

14) 숭고한 것과 우스꽝스러운 것 사이의 거리는 때로 작은 한 걸음도 채 안 된다. <현기증>은 분명 숭고한 이야기지 비웃자고 하는 이야기가 아니다. 그러나 마르크스 브라더스의 오래된 농담에 대한 변주는 그 비틀림을 가장 잘 압축하고 있다. "이 여자(주디)는 마들렌처럼 보이고 마들렌처럼 행세하지. 하지만 속지 말게나. 그녀는 마들렌이야!"

15) Esquenazi, 앞의 책, p. 193.

해시키기 때문이다. 이 장면의 주 숏에서 우리는 (스코티의 시점으로) 미지의 얼굴로 그려진 카를로타 초상화와 "실제" 미지 자신이 나란히 동일한 자세를 취하고 있는 것을 본다. 우리는 이 숏을 오토 프레밍거의 <로라>에 나오는 이와 유사한 숏과 분리시키는 틈새에 대해 성찰해 보아야 한다. <로라>에서의 숏은 로라가 자신의 초상화와 나란히 있는 숏이다. 이 영화에서 로라와 이미 사랑에 빠진 주인공 수사관(그는 로라가 죽었다고 생각하고 그녀의 초상화에 매혹된다)의 (그리고 결과적으로 우리 관객의) 충격은 "실제" 로라가 살아나서 자신의 초상화 옆에 나란히 나타나는 것을 보는 것이다. 여기서 로라의 매혹적인 힘은 와해된다기 보다는 오히려 유지되고 있다.

만약 우리가 유사한 반-플라톤적 제스처를 찾고 있다면, <현기증>의 이야기를 어떤 면에서 전도시키는 빌리 와일더의 과소평가된 작품 <페도라>에서 이를 볼 수 있다. 이 영화의 마지막 놀라움은, X처럼 보이는 사람이 실제로 X이다는 데 있는 것이 아니라, 반대로 그 X가 자기 자신이 아니다는 데 있다. 영화는 젊은 시절 외모의 아름다움을 신비롭게 유지하고 있는 어떤 노년의 할리우드 스타의 이야기이다. 그녀와 사랑에 빠지는 젊은 배우는 결국 그녀의 영원한 젊음의 비밀을 알게 된다. 진짜 페도라는 고립된 빌라에서 격리된 삶을 사는 반면 페도라로서 나타났던 여자는 사실 어느 순간 그녀를 대체한 그녀를 닮은 딸이었던 것이다. 페도라는 자신의 스타로서의 명성이 자기 자신보다 오래 지속되어 자신이 육체적으로 노쇠한 이후에도 계속 빛나게 하기 위해 (그녀의 딸을 어머니의 이미지와 완전히 동일시하도록 운명지운) 이러한 대체를 꾸몄다. 그러므로 어머니와 딸은 모두 철저히 소외된다. 어머니는 자신의 공적 자아가 딸을 통해 체현되기 때문에 공적 공간으로부터 배제된다. 딸은 공적 공간에 나타날 수는 있지만 자신의 상징적 정체성을 박탈당한다. 영화의 매우 불쾌하고 불편한 분위기는 그것이 환상에 너무 가까이 접근하기 때문이 아닌가? <현기증>으로 돌아가자: 영화의 반-플라톤적 취지에 결정적인 것은 영화에서 기만적으로 "죽어 있는" 10분이다. 이 장면은 스코티가 주디를 만난 다음부터 그가 폭력적으로 그녀를 마들렌으로 변신시키기 위해 몰두하기 이전까지의 10분으로, 가짜 자살극 장면에 대한 주디의 유명한 회상 장면과 변신의 시작을 나타내는 고급 옷가게 방문 사이에 있다. 여기서 보이는 세 개의 주요 장면들은 스코티가 주디와 관계맺는 방식들을 나타내고, 반-여성주의적인 플라톤적 좌표의 체계적 와해를 무대화한다.

(1) 첫 번째 장면: (또 다시 어니즈 레스토랑에서) 첫 저녁 데이트를 하는 스코티와 주디는 테이블의 반대편에서 서로 마주보고 앉아 있다. 그들은 의미 있는 대화를 나누고 있지 못하다는 것이 분명하다. 갑자기 스코티의 응시는 주디 뒤의 한 곳에 멈추고 우리는 그것이 마들렌을 조금 닮은 것 같은 동일한 회색 가운 차림의 한 여인임을 본다. 주디는 무엇이 스코티의 주의를 끌었는지 알아차리고는 물론 깊이 상처 받는다. 여기서 결정적인 순간은 우리가 스코티의 시점으로 그 둘을 동일한 숏 안에서 볼 때이다. 주디는 스코티 가까이 오른쪽에 있고, 회색 옷의 여자는 왼쪽 후경에 있다. 다시금 우리에게는 비속한 현실과 이상적인 것의 영묘한 환영이 나란히 주어진다. 미지와 카를로타의 초상화 숏에 나타난 분열

이 여기서는 두 명의 다른 사람, 즉 바로 앞에 있는 주디와 찰나적이고 유령적인 마들렌의 환영으로 외면화되었다. 스코티가 자신이 보는 것이 마들렌이라고 착각하는 짧은 순간이 절대자가 나타나는 순간이다: 그것이 "그 자체"로서 나타나는 것은 초-감성적 차원이 우리의 평범한 현실 속에서 "빛을 발하는" 그러한 숭고한 순간들에서, 바로 그 외양의 영역에서이다. 플라톤이 예술을 "사본의 사본"으로서 기각할 때, 세 존재론적 층위(이념[이데아], 이념의 물질적 사본들, 그리고 이러한 사본들의 사본들)을 도입할 때 상실되는 것은 이념이란 오직 우리의 평범한 물질적 현실(두 번째 층위)을 그것의 사본으로부터 분리시키는 거리 속에서만 출현할 수 있다는 사실이다. 우리가 물질적 대상을 복사할 때 우리가 사실상 복사하는 그 무엇, 우리의 모사물이 지시하는 그 무엇은 절대이 특수한 대상 그 자체가 아니라 그것의 이념이다. 이는 가면의 경우와 유사한데, 가면은 가면 뒤에 감추어진 얼굴이 아닌 가면 안의 유령이라는 제3의 현실을 낳는다. 정확히 이런 의미에서 이념은 (헤겔과 라캉이 말하듯) 외양으로서의 외양이다: 이념은 현실(이념에 대한 첫 번째 층위의 사본/모방) 자체가 복사될 때 나타나는 그 무엇이다. 이념은 사본 안에 있는 원본 그 자체 이상의 그 무엇이다. 플라톤이 예술의 위협에 대해 그토록 당혹스럽게 반응한 것은 놀랄 일이 아니다: 라캉이 『세미나 11』에서 지적했듯이, (사본의 사본으로서의) 예술은 이념의 "직접적인" 첫 번째 층위의 사본인 물질적 대상과 경쟁하는 것이 아니라 오히려 초-감성적 이념 자체와 경쟁하는 것이다.[16]

 (2) 두 번째 장면: 커플이 어니즈 레스토랑에서 식사를 한 후에

돌아온 주디의 엠파이어 호텔방에서의 저녁 장면을 보자. 이 장면에서는 어니즈 레스토랑 장면에서 외면화되었던 분열이 말하자면 다시 주디에게 투사된다. 우리는 (어니즈 레스토랑에서의 마들렌의 휘황찬란한 옆얼굴과 대조적으로) 완전히 어두운 주디의 옆얼굴을 본다. 우리는 이 숏으로부터 그녀의 얼굴 전면을 보여주는 숏으로 이동하는데 왼쪽 반은 완전히 어둡고 오른쪽 반은 (방 밖의 네온 불빛 때문에) 이상한 녹색이다. 우리는 이 숏을 단순히 주디의 내적 갈등이나 내적 분열을 가리키는 것이라고 읽기보다는 그것에 그 완전한 존재론적 애매성을 부여해야 한다. 영지주의의 몇몇 판본들에서처럼, 여기서 주디는 아직 존재론적으로 완전히 구성되지 않은(녹색 빛의 원형질 더하기 암흑) 원존재자protoentity로 묘사된다. 그것은 마치 완전히 존재하기 위해서 그녀의 어두운 반이 마들렌이라는 영묘한 이미지로 채워지기를 기다리고 있는 것과도 같다. 다시 말하면, 우리는 문자 그대로 어니즈에서 보았던 마들렌의 장려한 옆얼굴 숏의 이면, 즉 음화陰畵를 보게 되는 것이다. 이것은 (주디의 고뇌에 찬 녹색 얼굴이라는) 이전에는 보이지 않은 마들렌의 어두운 반쪽과 마들렌의 눈부신 옆얼굴에 의해 채워져야 하는 어두운 반쪽의 합이다. 그리고 주디가 대상 이하의 것으로, 무형의 전-존재론적 얼룩으로 환원된 바로 이 순간에 그녀는 **주체화된다**. 전혀 스스로에 대해 확신하지 못하는 이 고뇌에 찬 반쪽 얼굴이 주체의 탄생을 가리킨다. 무한 분할가능성이라는 제논의 역설에 대한 전설적인 상상적 해결책을 떠올려 보라: 우리

---

16) Jacques Lacan, *Four Fundamental Concepts of Psycho-Analysis* (New York: Norton, 1977), 2장 참조.

가 충분히 오래 계속 나누어 가면 결국 부분이 더 이상 더 작은 부분들로 나뉘지 않고 (더 작은) 부분과 무로 나뉘는 지점과 마주치게 된다. 이 무가 주체"이다".17) 그리고 이것이 정확히 위에서 언급된 숏에서 나타나는 주디의 분리가 아닌가? 우리는 그녀의 얼굴을 반만 보며 다른 반쪽은 어두운 공백이다.

(3) 세 번째 장면: 무도장 장면은 (마들렌의 영묘한 현존과는 대조적으로) 주디의 육체와 그녀의 육체적 근접성에 대한 스코티의 혐오감을 완벽하게 표현한다. 그들이 춤추는 동안 고통스럽게도 명백한 사실은 주디는 스코티와의 밀접한 접촉을 원하고 있는 반면 스코티는 그녀의 육체적 근접성을 메스껍다고 느낀다는 것이다. 그렇다면 사랑과 성적 향유는 어떤 관계에 있는 것일까? 성적 향유는 내속적으로 자위행위적이고 백치 같은 것으로서 나를—내 주체성의 중핵을—내 파트너로부터 소외시키고 내 파트너를 (내 향유의) 도구로 환원하기는 하지만, 그렇다고 해서 그것이 타인에 대한 내 사랑을 단언하기 위해서는 성적 향유를 포기해야 한다는 것을 의미하지는 않는다. 반대로, 그러한 포기는 보통 거짓이며 어떤 승인되지 않은 향유를 은폐하기 위한 계략이다 (타인을 위한 자신의 희생을 통해 쾌락을 포기함으로써 얻어지는 향유보다 더 근본적인 것은 없다). 이러한 이유로 타인에 대한 사랑의 궁극적 증거는 내가 나의 자위적이고 백치 같은 향유의 바로 그 핵심을 타자와 공유할 준비가 되어 있다는 것일 터이다. 그러므로

---

17) 분할 작업의 그러한 귀결이 우리의 유한성에 의존하고 있다는 비난에 대해, 우리는 거기에 존재론적 차이의 요점이 있다고 대답해야 한다. 그것은 인간의 유한성과 긴밀하게 연결되어 있다.

이 남근적인 자위행위의 영역 안에서는 프로이트가 인용한 칼 크라우스의 반어적 경구가 정곡을 찌른다. "성교는 자위행위의 불충분한 대체에 불과하다!(*Koitus ist nur ein ungenugendes Surrogat fur die Onanie!*)" 스코티는 주디-마들렌과 진정 사랑을 나누고 싶어 하지는 않는다. 그는 문자 그대로 그녀의 실제 육체를 이용해 자위행위를 하고 싶은 것이다. 또한 이 남근적인 영역은 우리가 성적 소유를 정확히 정의할 수 있게 해준다. 성적 소유의 궁극적 공식은 파트너를 성적 대상으로써 착취하는 것이 아니라 그러한 사용을 포기하는 것, 즉 "나는 당신에게서 아무것도 바라지 않아요, 그 어떤 성적 호의도, 단 당신 또한 다른 사람들과 성관계를 갖지 않는다는 조건하에 말이에요!"라는 태도이다. 성적 향유를 공유하지 않겠다는 이러한 거부가 절대적 소유이다.

이 세 장면들은 일종의 헤겔적 삼단논법―첫 번째 전제(스코티가 주디 안에서 마들렌을 찾는다), 두 번째 전제(주디 자신이 원-존재자, 불완전하고 무형인 점액, 일종의 플라톤적 코라, 마들렌이라는 숭고한 이념에 대한 순수한 수용체로 환원된다), 그리고 불가피한 결론(주디의 육체적 현존은 스코티에게 혐오의 대상이 될 뿐이다)―을 형성하고 있지 않은가? 그렇다면 사랑하는 여인에 관한 불가사의한 진실을 찾으려는 스코티의 노력이 어째서 거짓인가? <보디우먼>[18)]이라는 안토니오니의 영화와 관련하여 알랭 바디우는 단순하지만 결정적이면서 어려운 질문을 던졌다: 사랑에 빠진 여자를 식별identification하는 것이 어떻게 가능한가?[19)] 그의 답

---
18) [영어 제목은 "Identification of a Woman"이다.]
19) Alain Badiou, *Petit manuel d'inesthétique* (Paris: Editions du Seuil 1998) 참조.

은 다음과 같다. 그녀의 육체를 통해서도 아니고(그러한 포르노적인 식별은 간음과의 모호한 혼란으로 귀결될 뿐이다), 그녀의 페르소나에 대한 심원한 심리학적 지식(이는 반계몽주의obscurantism로 귀결된다)을 통해서도 아니다. 이 관점에서는 여자가 신비로서 출현한다. 그렇지만 사랑에 있어서의 식별을 인식론적인 것으로, 앎의 문제로 파악하는 것이 바로 잘못이다. (그리고 우리가 모두 아는 바와 같이 간음을 가리키는 성서의 용어는 "(육체적) 지식"이다). 식별은 **결단**이라는 사실에 있다. 그것은 여인을 사랑하겠다는 심연의 결단에 의존하며, 이 결단은 그녀의 실정적 특성들에 기초할 수 없다. 우리가 식별을 앎으로서 공식화하는 순간, 여자는 물러나 신비로서 나타난다. 그러므로 이 관계는 표준적인 남성적 반계몽주의가 주장하는 바와는 반대이다. 여자는 알 수 없는, 불가해한 신비이기 때문에 식별할 수 없는 것이 아니다. 반대로 남성 주체가 결단 **행위**에서 물러나 앎의 태도를 채택하는 순간 여자는 신비로서 나타난다. (이것은 오토 바이닝거에 대한 일종의 전도가 아닌가? 신비로서의 여자는 남성의 윤리적 철회와 우유부단의 객관화일 뿐이다.)

<현기증>은 세 부분(과 프롤로그)으로 구성된 영화인데 각 부분은 거의 40분가량 지속되고, 여주인공의 투신자살(처음에는 샌프란시스코 만에서, 그 다음 두 번은 후앙 바티스타 교회 탑에서)로 종결된다. 각 부분이 주디-마들렌 형상에 초점을 맞추고 있기는 하지만 모두 그 나름의 경제를 따르고 있다. 각 부분에서 주디-마들렌은 특정한 자리를 차지한다. 첫 부분에서 그녀는 실재의 현장에 있는 상상적 현존인 파이Phi이다. 두 번째 부분에서 그녀는

빗금친 **타자**의 기표(즉, 어떤 신비의 기표)인 S(a)다. 세 번째 부분에서 그녀는 배설물적인 비천한 잔여물인 a이다. 물론 이 세 형상 모두는 스코티를 삼키려고 위협하는 중심의 심연에 대항한 방어의 형태들이다. <현기증>은 고소공포증이 사실은 심연공포증이라는 것을 명확히 한다. "부르고 있는 것은 바로 사물*das Ding*과 같은 심연이다. 현기증에 시달리는 주체는 그/녀 자신을 공백 안으로 내던지면서 이제 막 그/녀가 응답하려고 하는 어떤 부름을 지각한다."20) 우리는 이 사물을 욕망의 대상-원인과 구별해야 한다. 사물은 스코티를 삼키려고 위협하는 이 심연인 반면, "대상 *a*"는 곡선의 순전한 **형태**, 서로에게 반향되는 다양한 모습 속에서 식별 가능한 이 증환이다—크레디트 시퀀스의 기괴한 곡선 모양들, (초상화에 나온 카를로타 발데스의 머리 곡선을 똑같이 복사한) 마들렌의 머리 곡선, 스코티가 마들렌을 미행하는 샌프란시스코의 구불구불한 거리들, 후앙 바티스타 교회 탑에서 내려오는 계단의 나선, 그리고 포옹하는 마들렌과 스코티를 둘러싸고 완전한 원(360도)을 그리는 카메라의 움직임.

이러한 이유로 <현기증>은 단순히 궁정식 사랑의 현대적 사례

---

20) Roberto Harari, *Lacan's Seminar "On Anxiety": An Introduction* (New York: Other Press, 2001), p. 74. 여기서 기억해야 할 것은 일상적 현실에 속한 세 명의 등장인물(스코티, 미지, 엘스터) 모두가 영화 처음부터 좌절하고 실패한 인격체라는 점이다. 스코티는 형사로서의 경력 추구를 가로막은 현기증으로 인해 유예된 공간에 거주하도록 남겨진 불구다. 그의 전 약혼자인 미지(안경 쓴 "너무 많이 아는 여자")는 성적인 깨달음과 성숙성을 손쉽게 조롱하는 태도로 다루면서 그것들을 소유한 체하지만(그녀가 새 브래지어 모델에 대한 자신의 스케치에 관해 스코티와 토론하는 부분을 상기해 보라), 사실은 스코티에 흠뻑 **빠진** 자신을 극복할 수 없는 성적으로 깊이 좌절한 캐릭터다. 이 작품의 악당인 엘스터는 자신이 옛 샌프란시스코의 남성 거주자들처럼 충만한 "권력과 자유"를 즐길 수 없다는 사실에 좌절한다.

에 대한 영화가 아니라 궁정식 사랑의 교착상태를, 두 파트너 모두가 그것에 치러야 하는 가혹한 대가를 명시하는 영화이다. 라캉의 세미나 7 『정신분석의 윤리』에 의하면 궁중 연애 시가詩歌에서 여인Lady은 공백으로 환원되며 그녀에게 귀속되는 술어들(아름다움, 지혜 등등)은 실제 묘사로 읽혀질 수 없다. 그렇기에 모든 시인들이 동일한 텅 빈 추상물에게 구애하고 있는 것처럼 보인다는 것이다.21) 라캉의 이 말에 걸려 있는 것은, 시인이 여인의 실정적 자질들과 무관하게 그녀를 사랑한다는 주장, 즉 그는 그녀의 모든 실정적 특성들 너머에 있는 그녀의 존재의 중핵, 그녀의 주체성의 공백을 목표로 삼는다는 주장이 아니다. 궁중 연애 시가는, 사실상, 사랑하는 여인의 **죽임**mortification을 내포한다. 궁중 연애에는 불완전의 표지가, 나를 사랑에 빠지게 하는 원인인 최소한의 "정념적" 얼룩이 누락되어 있다. 또는 바디우의 용어로 표현하자면, 궁중 연애는 정화의 열정에서 끝까지 간다. 즉 그것의 대상에서 모든 실정적 자질들을 추상하고, 그 대상을 공백으로 환원시킨다. 이와 반대로 진정한 사랑은 감산subtraction의 열정을 따른다. 사랑하는 이의 모든 실정적 자질들의 무게를 유예시키는 가운데 이러한 열정은 사랑하는 **타자**를 단지 공백으로 환원하기만 하는 것이 아니라, 또한 공백과 이 공백을 유지시키는 실재의 잔여인 정념적 얼룩 사이의 "최소 차이"를 가시화한다. 그러나 심연적 사물로서의 여인이 지닌 치명적 매력을 적절히 파악하기 위해서는 응시라는 주제를 통해 접근하는 것이 중요하다. 응시는 단순히 과도하고 참을

---

21) Jacques Lacan, *The Ethics of Psychoanalysis* (London: Routledge 1992), p. 150 참조.

수 없는 사물의 출현에 의해 고정되는 것이 아니다. 오히려 응시가 그 자신을 현실 속에 각인하는 지점이, 주체가 그 자신을 응시로서 마주치는 지점이 바로 사물(현실의 공간 속에서 우리가 매력의 알기 어렵고 외상적인 지점으로 인식하는 것)이다.

응시의 절단

히치콕의 <의혹의 그림자>의 삼분의 일 정도에서 관객은 히치콕의 천재성을 충분히 입증하는 짧은 장면을 보게 된다. 엉클 찰리를 조사하는 젊은 FBI 수사관은 그의 조카딸 찰리를 데이트를 위해 데리고 나간다. 관객은 이들이 거리를 걸으며 활발하게 웃고 이야기하는 두 개의 숏을 보게 된다. 그러고 나서 예기치 않게도 카메라는 찰리가 충격 상태에 빠진 모습을 잡은 아메리칸 숏American shot 으로 빠르게 페이드아웃한다. 이 숏에서 찰리는 화면에 나오지 않는 탐정에게 응시가 고정된 채 신경질적으로 "난 당신의 진짜 정체를 알아요. 당신은 수사관이죠!"라고 내뱉는다. 물론 관객은 수사관이 이 기회를 이용해서 그녀에게 엉클 찰리의 어두운 면을 알려줄 것이라고 실로 기대한다. 그렇지만 우리가 기대하는 것은 점진적 이행이다. 수사관은 먼저 그 즐거운 분위기를 깨뜨려야 하고, 심각한 문제를 말해야 한다. 그렇게 되면 그녀는 자신이 조종당하고 있었다는 것을(탐정은 그녀를 좋아해서가 아니라 직업적 일의 일부로서 그녀에게 데이트를 신청했다는 것을) 알아차리고 격분하게 될 것이다. 기대된 이와 같은 점진적 이행 대신 우리는 외상에 휩싸인 찰리와 직접 맞닥뜨리게 된다. (우리는 찰리의 충격에 휩싸인 응시를 근거로 그녀가 탐정의 어떤 이전의 말들에 반응하지 않는다고 주장할 수도 있을 것이다. 즉 시시한 대화를 하던 도중에 그녀가 갑자기 연애 장난 이상의 그 무엇이 일어나고 있음을 갑자기 알아차리는 상황이 벌어진 것일 수도 있다. 그러나 이런 경우조차도, 표준적 절차에 따라 영화화되었다면 이 장면은 그 커플이 즐겁게 이야기하다가 갑자기 찰리에게 치명적인 통찰이 떠오르는 것을 보여주었을 것이다. 그리고 그렇게 되면 충격 받은 응시로의 직접적 도약이라는 중요한 히치콕적 효과가 누락되게 될 것이다.) 이러한 충격적인 불연속성 이후에야 그 수사관은 엉클 찰리의 살인자로서의 과거에 대한 의혹을 발설한다. 시간적 용어로 다시 말한다면, 이 장면은 마치 결과가 그 원인에 선행하는 것처럼, 즉 우리가 처음에 결과(외상 입은 응시)를 먼저 보고 뒤이어 그 외상적 충격을 초래한 맥락을 얻게 되는 것처럼 보인다. 혹은, 정말 그런가? 원인과 결과의 관계는 여기서 실로 역전되어 있는가? 여기서 응시가 단지 사건의 수용체에 불과하지 않다면 어찌할 것인가? 그 응시가, 여하간 신비하게도, 지각된 사건을 생성한다면 어찌할 것인가? 만일 이어지는 대화가 궁극적으로 이 외상적인 사건을 상징화하고자/길들이고자 하는 시도라면 어찌할 것인가? 현실의 연속적인 결 내의 그와 같은 단절은, 고유한 시간 순서의 그와 같은 역전은 실재의 개입을 암시한다. 만약 그 장면이 (원인이 선행하고 결과가 뒤따르는) 선형적 순서로 촬영되었다면, 현실의 결은 손상되지 않고 보존되었을 것이다. 다시 말하면 실재는 겁에 질린 응시의 진정한 원인과 나중에 그 원인으로서 우리가 보게 되는 것 간의 간극에서 식별할 수 있다. 겁에 질린 응시의 진정한 원인은 나중에 우리가 보게 되거나 듣게 되는 것이 아니라, 지각된 현실 속으로 응시를 통해 "투사되는" 환상화된 외상적인 과잉이다.

동일한 과정의 한층 복잡한 예는, 반복되는 핵심적인 히치콕적 모티브 가운데 하나로서, 작은 언덕에서 다투는 연인의 모티브이다. 언덕은 나무와 덤불이 조금 있는 반 불모지이며, 통상 바람이 불며, 무지한 일군의 관찰자들이 있는 공적인 장소의 영역 바로 바깥에 위치한다. 알랭 베르갈라에 따르면 이 장면은 선악과를 맛보다 추방되기 직전 에덴동산에 있는 아담과 이브를 무대화한 것이다.[22] 몇 개의 부차적인 참조물이나 변이들(<오명>과 <토파즈>)을 제외하면, 이에 대한 세 가지 주요 판본이 있다: <의혹>, <새>, 그리고 <찢겨진 커튼>. <의혹>에서는 캐리 그랜트와 조운 폰테인이 교회 인근의 바람 부는 언덕에서 싸우는 짧은 숏으로, 폰테인의 친구가 교회 입구에서 이들을 관찰한다. <새>에서는 아이들에 대한 새들의 첫 번째 공격 직전, 미치와 멜라니가 아이들이 생일 축하 파티를 하고 있는 소풍장소 위의 작은 언덕으로 물러나는 장면이다. 마지막으로 <찢겨진 커튼>에서는 폴 뉴먼과 줄리 앤드루스가 작은 언덕으로 물러나는 장면이다. 그곳에서 뉴먼은 그의 약혼녀에게 그의 임무의 진실을 밝히는데, 동독 비밀경찰 요원들은 이들의 목소리를 들을 수 없을 정도로 멀리 떨어져 있고

---

22) Alain Bergala, "Alfred, Adam and Eve", in *Hitchcock and Art: Fatal Coincidence* (퐁피두센터의 전시에 맞춰 발간된 책자), edited by Dominique Paini and Guy Cogeval (Paris and Milano: Centre Pompidou and Mazotta 2001), pp. 111-125.

단지 이들을 관찰할 수 있을 뿐이다.

핵심적 특징은 이 세 경우 모두 언덕 위의 연인들을 언덕 아래에 있는 순진한-위협적인-무지한 관찰자(교회 인근의 친구들, 미치의 옛 연인과 어머니, 동독 비밀경찰)가 주시한다는 것인데, 이들은 단지 그 장면을 보기만 할 뿐 관찰된 연인들의 강렬한 소통의 의미를 알아차릴 수는 없다. 장면의 외상적인 특성, 이 장면에 속하는 실재의 과잉은 이 응시에 달려 있다. 오직 이 응시의 시점에서만 장면은 외상적이다. 이후에 카메라가 연인들 가까이로 건너뛰면 상황은 다시 "정상화"된다. 이 장면이 어떻게 아이의 원초적인 성적 조우—자기가 보는 장면이 무엇인지(폭력인지 아니면 사랑인지)를 결정할 수 없는 상태로 부모의 성행위를 목격하는 것—의 기본 좌표를 재생하고 있는가를 강조한 베르갈라는 옳다. 그의 설명의 문제점은 단지 그것이 표준적인 "원형적" 독해에 너무나 가까워 보인다는 데 있다. 즉 장면을 무의미한 중환으로 파악하는 대신, 그것의 의미의 중핵을 확인하려고 애쓰고 있는 것이다. 이 과정의 근본적 교훈은 "객관적인" 참된 사태보다는 부분적 응시에 의한 이와 같은 오지각 속에 더 많은 진리가 있다는 것이다. 이 간극은 1939년의 고전적인 할리우드 모험 멜로드라마 <보 게스티>(윌리엄 웰먼)의 환상적 오프닝 장면에서 명확하게 드러난다. 신비한 사막의 요새에는 살아있는 사람이란 아무도 없고 죽은 병사들만이 성벽 위에 널려 있는데 이는 선원 없이 떠내려가는 유령선에 대한 진정한 사막의 대응물이다. 거의 마지막 부분에서 이 영화는 요새 내부로부터 동일한 시퀀스를 묘사한다. 즉 사망한 병사들로 가득한 요새의 을씨년스러운 이미지가 어떻게 생성되었는가를 묘사한다. 여기서 핵심은 환영적 외양의 이 장면이 지닌 과잉이다. 그것의 리비도적인 힘은 나중에 나오는 그에 대한 이성적 설명을 압도한다.

라캉주의 정신분석과 통상 연관되는 희생이라는 개념은 큰 타자의 무능함에 대한 부인을 상연하는 제스처라는 것이다. 희생의 가장 기본적인 차원에서, 주체는 스스로 이득을 얻기 위해서가 아니라 **타자** 안의 결여를 채우기 위해, **타자**의 전능함—혹은 적어도 일관성—의 외양을 유지하기 위해 희생을 제공하는 것이다. <보 게스티>에서 인정 많은 이모와 함께 사는 삼형제 중 장남(게리 쿠퍼)은 이모 일가의 자부심을 상징하는 매우 값비싼 다이아몬드 목걸이를 훔친다. 이는 지나치면서도 배은망덕한 잔인한 제스처로 보인다. 그는 그 목걸이를 가지고 사라진다. 자신의 평판이 몰락했다는 것을 알면서, 은혜를 베푼 이를 무참하게 이용해 먹은 이로 영원히 기억될 것임을 알면서 말이다. 그렇다면 왜 그는 그런 짓을 했는가? 영화의 결말에서 우리는 목걸이가 가짜라는 당혹스러운 사실이 폭로되는 것을 막기 위해 그렇게 했음을 알게 된다. 다른 모두가 모르고 있었지만 그는 이모가 예전에 가족을 파산에서 구해내기 위해 목걸이를 한 부유한 왕에게 팔아야 했고 이를 무가치한 모조품으로 대체했음을 알게 되었다. 그는 "도둑질"하기 바로 직전, 그 목걸이를 공동 소유한 먼 친척이 돈 때문에 그걸 팔기를 원한다는 것을 알게 되었다. 만약 목걸이가 팔린다면 그것이 가짜라는 사실이 틀림없이 들통이 날 것이다. 결국 이모의 (그리고 가족의) 명예를 유지할 유일한 방법은 목걸이의 도둑질을 무대화하는 것이다. 이것은 그 절도 범죄 고유의 기만이다. 즉 궁극적으로 **훔칠** 것이라고는 아무것도 **없다는** 사실을 차폐하는 것. 이렇게 해서 **타자**의 구성적 결여는 은폐된다(즉 **타자**가 도둑맞은 그 무엇을 소유하고 있었다는 환영이 유지된다). 사랑에서 주체가 자신이 소유하지 않은 것을 준다면, 사랑의 범죄에서 주체는 사랑하는 **타자**에게서 그 **타자**가 소유하지 않은 것을 훔친다—영화 제목인 "beau geste(훌륭한 행동)"은 바로 이점을 암시한다. 그리고 바로 여기에 또한 희생의 의미가 있다. 주체는 **타자**의 명예의 외양을 유지하기 위해, 사랑하는 **타자**를 수치에서 구하기 위해 스스로를(정중한 사회 내에서의 자신의 명예와 미래를) 희생한다.

영화에서 우리는 두 거짓 외양들 사이의 이상한 공명에 주목하지 않을 수 없다. 하나는 병사들이 죽어 있는(즉 방어해줄 사람이 아무도 없는) 요새이다. 그리고 다른 하나는 영국의 가정이라는 요새인데, 그 가정을 지탱할 실제 재산은 전혀 없으며, 가족의 운명이 달려 있는 보석은 가짜다. 이로써 우리는 그 두 공동체의 대립에 이르게 된다. 즉 **여성**이 지배하는 따뜻한 영국 상층 계급 가정 대 가학적이지만 군인으로서는 매우 유능한 러시아군 부사관 마르코프라는 매력적인 인물이 지배하는 남성들만의 외인부대 공동체의 대립 말이다(마르코프는 영화의 원작인 P. C. 렌[23])의 소설에서는 르주네라는 이름의 프랑스인에 해당한다. 1930년대 후반의 전형적 관행으로 악역의 이름은 러시아풍으로 바뀌었다. 비록 정치적으로 흥미롭게도 이 영화에서는 마르코프가 틀림없이

---

23) [영국 소설가로 영국 기병대와 프랑스 외인부대에서 복무했으며 그 경험을 바탕으로 소설을 썼다. 1924년 발표한 『훌륭한 행동』은 지금 언급되는 윌리엄 웰먼의 작품을 비롯해 세 번(1926년, 1966년)이나 극장용 영화로 각색되었다.]

백러시아 반혁명 망명자라는 것이 암시되긴 하지만 말이다). 물론 두 공동체는 등가적이며, 중지된 "정상적" 아버지 권위라는 동일한 동전의 두 측면이다. 심지어는 착한 패트리샤 이모의 나쁜 남편인 헥터 브랜든 경(그는 이국적 나라에서의 모험을 찾아 항상 집을 떠나 있다)이 사악한 마르코프와 리비도적으로 등가적이라고 주장하고 싶을 정도다.24)

그리고 이는 히치콕의 <현기증>에도 적용되지 않는가? <보게스티>에서와 마찬가지로 <현기증>의 초점은 완벽한 유사물을 창조하는 데 있는데, 그런 다음에 그것은 설명되어 버리고 만다. 더구나 전체 요점은, 우리가 "진짜 이야기"를 알게 될 때 영화의 첫 부분(마들렌의 자살까지)이 단순히 가짜로서 설명되어 버리지만은 **않는**다는 것이다―외양 이면의 진짜 이야기보다 외양 안에 더 많은 진리가 있다. 진리는 허구의 구조를 가지고 있는데, 바로 그렇기 때문에 우리는 종종 가짜 외양에 철저하게 연루되는 것에 죽음으로 대가를 치르게 된다. 외양과 장난하는 것은 불과 장난하는 것이다. 그러므로 <현기증>의 핵심적 물음은 "하지만 엘스터는 얼마나 현실적인가?"이다. 엘스터는, 그의 리비도적 지위를 고려해 볼 때, 키에슬로프스키의 <레드>에 나오는 판사처럼 주인공의 상상의 환상 생산물이 아닌가? 이는 <현기증>을 두 개의 등록소에 작용하고 있는 영화로 독해하는 것과 잘 부합한다.

---

24) 이로써 우리는 실패한 성관계에 이르게 된다. 소설은 패트리샤 이모를 깊이 사랑하는 육군 장교(이자 소설의 내레이터) 조지 로렌스에게서 끝난다. 그는 그녀를 수십 년 동안 참을성 있게 기다리고 마침내 그녀와 결혼한다. 따라서 균형은 회복되고 악의 원천(비틀어진 모성적 욕망, 즉 남편으로 잘못된 남자를 선택하는 젊은 패트리샤)은 폐기된다.

한편으로 그것은 세심하게 만들어진 "방직물yarn"이다. 세부적이고 인지가능한 캘리포니아 배경 속에 배치된, 스코티라는 인물과 그에게 일어나는 일과 그의 반응 방식에 관한 이야기. 다른 한편으로 그것은 그 짜임새나 이야기와 주인공을 도입하는 방식에서나 꿈과도 같은 것으로 유명하다. 로빈 우드의 말을 되풀이하면서 제임스 맥스필드는 이렇게 주장한다. "오프닝 시퀀스 이후의 모든 것은 …… 꿈이거나 환상이다."[25]

두 번째 독해에서 그 구조는 앰브로스 비어스의 유명한 단편 소설 「올빼미하천 다리에서 생긴 일」[26]의 구조와 동일하다. 여기서 이야기 도입부의 한 남자의 교수형 이후에 나오는 모든 것은 결국 죽어가는 그 남자의 환상으로 밝혀진다. 이 구조는 또한 <포인트 블랭크> 같은 영화들에서도 볼 수 있는데, 이 영화는 종종 치명상을 입은 리 마빈의 환상을 묘사하는 것으로 독해되곤 한다. 여기서 핵심적 요점은 들뢰즈가 "어두운 전조들"이라고 불렀을 그 무엇을 확인하는 것이다. 그것은 오로지 하나의 층위에만 속하는 한에서 두 층위의 다리, 매개자, 혹은 이행점으로서 복무하는 반복되지 않는 유일무이한 요소들이다. 요점은 (<바닐라 스카이>에서 주인공에게 경고를 하기 위해 주인공의 디지털 세계에 나타나는 현실 세계의 의사 같은) 환상 내부에 있는 현실의 대역을 확인하는 것이 아니라 오히려 "현실" 자체의 내부에서 "환영적인" 정신세계

---

25) Charles Barr, *Vertigo* (London: BFI Classics 2002), p. 77.
26) [이 소설의 번역본은 다음 책에 실려 있다. 가브리엘 가르시아 마르케스 외, 『사랑은 오류—포스트모더니즘 걸작 선집 1』 (김성곤 옮김, 웅진, 1995), 317-326쪽.]

의 대역을 확인하는 것이다. 두 층위의 간극인 동시에 연결고리인 그 무엇은 제3의 작인이 침입해 들어오는 완벽한 타이밍의 불가사의한 계기들 속에서 분명해진다.

- 영화의 주축이면서 가장 아름답다고도 할 수 있는 장면을 보자. 스코티가 금문교 아래에서 익사할 뻔한 마들렌을 구한 다음 그들이 스코티의 아파트에 있는 장면이다. "그들의 대화가 더욱 친밀해지자 스코티는 그녀에게 커피를 더 가져다주겠다고 하고 그녀의 컵에 손을 뻗는다. 그들의 손이 닿는다. 두 숏으로 된 한 장면에서 우리는 이것이 둘 모두에게 성애적인 긴장과 가능성의 순간임을 볼 수 있다. 곧 전화가 울리고 긴장이 깨어지며 스코티는 전화를 받기 위해 방을 떠난다. 그가 돌아왔을 때 그녀는 가고 없다. (……) 그 전화는 물론 엘스터로부터 온 것이다. 그리고 그 타이밍은 섬뜩하리만큼 초까지 정확한 것이어서, 그들이 거기까지 이르는 것은 허용하지만 더 나아가는 것을 허용하지는 않는다."27)
- 영화의 결말부에서 스코티가 주디의 현실을 받아들이기로 하고서 주디와 화해의 포옹을 하는 그 순간 한 수녀가 탑에 나타난다. "그들이 처음으로 서로 완전하게 마음을 열고 정직해지는 바로 그 순간에 수녀가 나타나지 않았다면 어떻게 되었을까?"28) 그들은 이후로 계속 행복하게 살 것인가?29)

---

27) Barr, 앞의 책, p. 59.
28) Barr, 앞의 책, p. 76.
29) 1960년대 베스트셀러였던 어윈 쇼의 『부자와 빈자』에는 여주인공이 약혼자(이자 미래의

환상이 붕괴될 때

여기서 우리는 환상의 붕괴를 향해 결정적으로 한 걸음 더 나아가야 한다. 데이빗 린치의 <멀홀랜드 드라이브>는 이 점진적 붕괴를 완벽하게 묘사한다. 이 과정의 주요 두 단계는 우선 오디션 장면의 과도하게 강렬한 연기이고, 그 다음은 자율적 부분 대상("신체 없는 기관")이 실렌시오라는 나이트 클럽 장면에서 출현할 때이다. 여기서의 이동은 (이미 현실을 교란하고 있으며 현실로부터 돌출해 있기는 하지만 아직은 현실 속에 포함되어 있는) 과잉으로부터 (현실 자체의 붕괴를 초래하는) 과잉의 완전한 자율화로의 이동이다. 가령, 입의 병리적 비틀림으로부터 신체를 떠나 유령적 부분 대상으로 떠돌아다니는 입으로의 이동(이는 지버베르크의 <파르지팔>에서 신체에 난 상처가 신체 밖의 신체 없는 자율적 기관으로서의 상처로 변하는 것과 마찬가지다.) 라캉은 이 잉여를 라멜르라고 부르는데 이는 하나의 매체에서 다른 매체로—과잉적인 (초-의미적) 외침으로부터 얼룩(또는 왜상적인 시각적 왜곡)으로—자신을 이항시킬 수 있는 무한한 가소성을 지닌 대상이다.

남편)에게 우연히 붙잡히는 기억할 만한 장면이 있다. 그녀는 일군의 젊은 흑인들이 기다리고 있는 교외의 한 집으로 가는 길에 붙잡힌 것이다. 그녀는 그들의 아파트에 와서 오후 내내 그들의 반복적인 집단 성행위에 참여하도록 그들에게 몸을 맡기면 400달러를 주겠다는 그들의 제의를 받아들였었다. 이 장면의 충격은 그 장면의 애매성에 기인한다. 여주인공은 물론 단지 재정적 이유만으로 그 제안을 받아들인 것은 아니다. 오히려 그녀는 일종의 반인종주의적인 정치-성적 유토피아의 유혹(전형적인 마초 남자들이 아닌, 그녀에게 존경을 표하는 유순한 흑인들은 그들의 일터에서 그들 모두가 아는 다른 사람들과는 달리 그녀가 그들을 따뜻하고 친밀하게 대했다는 이유로 과감하게 그녀를 초대했다)에 굴복했던 것이다. 하지만 이 장면은, 정확한 순간에 기성의 도덕의 작인으로서 개입하는 우연한 조우의 또 다른(그리고 아마 궁극적인) 사례이다.

이것이 뭉크의 <절규>에서 일어나는 것 아닌가? 그 외침은 소리 없는 외침, 목구멍에 걸려 있는 뼈, 목소리가 될 수 없는 막힘, 소리치는 주체의 주변 공간을 만곡시킴으로써 소리 없는 시각적 왜곡의 모습으로만 표현될 수 있는 막힘이다.

베티와 리타가 성공적으로 사랑을 나눈 후 가는 실렌시오에서, 한 가수가 로이 오비슨의 「크라잉」을 스페인어로 부른다. 가수가 쓰러지나 노래는 계속된다. 이 지점에서 환상도 또한 무너진다. "안개가 걷히고 우리가 온건한 현실로 돌아온다"는 뜻에서가 아니라, 오히려 말하자면 내부로부터 환상이 현실에서의 정박을 잃고 신체 없는 "죽지-않은" 목소리의 순수한 유령적 환영으로서 자율화된다는 의미에서 말이다(이는 세르지오 레오네의 <원스 어폰 어 타임 인 아메리카>의 도입부에 나오는 목소리의 실재에 대한 묘사와 유사하다. 거기서 우리는 전화가 시끄럽게 울리고 있는 것을 보지만, 손이 수화기를 든 후에도 전화는 계속 울린다). 신체적 지탱물이 무너진 후에도 계속해서 노래하는 목소리의 숏은 웨번이 작곡한 짧은 곡을 무대화하는 유명한 발란신 발레의 전도이다. 이 상연에서는 음악이 멈춘 후에도 춤이 계속된다. 그러므로 한 경우에는 그 신체적 지탱물을 박탈당해도 계속되는 목소리가 있고, 다른 경우에는 목소리라는 (음악적) 지탱물을 박탈당해도 계속되는 신체적 동작들이 있다. 그 효과는 단순히 대칭적이지만은 않은데 왜냐하면 첫 번째 경우에는 죽지-않은 목소리 충동, 불멸의 생명이 지속되는 반면 두 번째 경우 계속해서 춤추는 형상들은 "춤추는 죽은 자들"이며, 생명-실체를 박탈당한 그림자들이기 때문이다. 그러나 두 경우 모두에서 우리가 목격하는 것은 현실과 실재의 분리이다. 두 경우 모두 실재는 현실이 붕괴될 때에도 지속된다. 물론 이 실재는 가장 순수한 환상적 실재이다. 그리고 들뢰즈의 용어로 말하자면 부분 대상의 이러한 "자율화"가 바로 현행적인 것에서 잠재적인 것이 추출되는 순간이 아닌가? "신체 없는 기관"의 지위는 잠재적인 것이다. 다시 말해서 잠재적인 것과 현행적인 것의 대립에서 라캉적 실재는 잠재적인 것의 편에 있다.

물론 이 모든 경우에서 충격 효과 후 이를 일상적 현실 안에 재배치시키는 설명이 뒤따른다. <멀홀랜드 드라이브>의 나이트 클럽 장면에서 바로 그 처음부터 우리는 미리 녹음된 음악을 듣고 있으며 가수들은 단지 노래부르는 행위를 흉내내고 있을 뿐이라는 주의를 받는다. 레오네의 경우 수화기가 들린 다음에도 우리에게 계속 벨 소리가 들리는 전화기는 또 다른 전화기다. 기타 등등. 그러나 그럼에도 불구하고 중요한 것은 잠시 동안 현실의 일부가 악몽적 환영으로 (오)지각되었다는 것이다. 그리고 어떤 면에서 이 환영은 "현실 자체보다 더 실재적"이었는데, 왜냐하면 그 안에서 실재가 빛을 발하고 있었기 때문이다. 요컨대 우리는 현실의 어떤 부분이 환상을 통해 "초기능화"되어 현실의 일부이긴 하지만 허구적 양태로 지각되는가를 식별해야 한다. 현실(로 보이는 것)의 허구성을 고발하는/드러내는 것보다 훨씬 어려운 것은 "실재적" 현실 속에서 허구 부분을 인지하는 것이다. 이것이 전이에서 일어나는 것 아닌가? 전이에서 우리는 앞에 있는 "실재적 인간"과 관계하면서도 사실상 예컨대 우리의 아버지라는 허구와 관계한다. 또한 <나홀로 집에>를, 특히 2편을 떠올려보자. 두 편 모두 영화의 삼분의 이 지점에 단절이 있다. 비록 이야기가 하나의 연속적인 디에게시스적 장소에서 일어나는 듯 보이지만, 작은 꼬마와 두 도둑의 마지막 대결에서 분명 우리는 어떤 다른 존재론적 영역, 즉 죽음이 없는 가소성의 만화 공간, 내 머리가 폭발할 수도 있지만 그 다음 장면에서는 내가 다시 멀쩡하게 돌아다니는 공간 속으로 들어가게 된다. 다시금 현실의 일부가 허구화된다.

바로 그러한 허구화된 부분 대상이 또한 목소리의 지탱물 역할을 하기도 한다. 젊은 작곡가들을 위한 조언에서 리하르트 바그너는 일단 작곡하고 싶은 곡의 윤곽을 세공한 후에는 모든 것을 지우고 정신을 오직 어두운 허공 속에서 자유롭게 부유하는 고독한 머리에 집중하고 이 백색 환영이 입술을 움직여 노래하기 시작하는 순간을 기다려야 한다고 썼다. 이 음악이 작곡되어야 할 작품의 씨앗이 되어야 하는 것이다. 이러한 절차는 바로 부분 대상이 노래하게 만드는 절차 아닌가? 인격체(주체)가 아니라, 대상 그 자체가 노래하기 시작해야 한다.

"나, 진리가 말하고 있다"

몬테베르디의 <오르페오>의 도입부에 음악의 여신은 이런 말로 자신을 소개한다. "나는 음악이다." 이것은 곧이어 "심리적" 주체들이 무대에 침입하게 되었을 때 더 이상 생각할 수 없거나 재현할 수 없는 것이 되어버린 어떤 것이지 않은가? 이러한 이상한 피조물들이 무대 위에 다시 나타나려면 1930년대까지 기다려야 했다. 베르톨트 브레히트의 "교육극"에서 배우는 무대에 등장해 관중에게 말한다. "저는 자본가입니다. 이제 노동자에게 접근해서 자본주의의 공평함에 대한 제 이야기로 그를 속여 보겠습니다." 이러한 절차의 매력은 한 명의 동일한 배우에게 두 가지 별개의 역할이 심리적으로 "불가능한" 방식으로 결합되어 있는 데 있다. 마치 연극의 디에게시스적 현실에 나오는 인물이 또한 가끔씩 자기 자신을 벗어나 자신의 행위와 태도에 관한 "객관적" 해설을 할 수 있는 것인 양 말이다. 이 두 번째 역할은 **프롤로그**의 후예다. **프롤로그**라는 이 독특한 형상—도입부나 장 사이에서나 종결부에서 관중에게 직접 설명적 해설, 연극의 교훈적이거나 반어적인 요점 등을 들려주는 배우—은 셰익스피어에서 종종 나오지만 나중에 심리-사실주의적 연극의 도래와 함께 사라진다. 그리하여 **프롤로그**는 사실상 프로이트적인 "표상-대리물*Vorstellungs-Repräsentanz*"로 기능한다. 즉 무대 위에서, 무대의 디에게시스적인 표상적 현실 내에서, 표상의 기제 그 자체의 자리를 차지하며, 그로써 거리, 해석, 반어적 해설의 계기를 도입하는 요소로서 말이다. 그리고 바로 그렇기 때문에 그것은 심리적 사실주의의 승리와 더불어 사라져야만 했다. 여기서 문제는 소박한 브레히트 판본에서보다 훨씬 더 복잡하다. **프롤로그**의 섬뜩한 효과는 그가 "무대 환영을 교란시킨다"는 사실에 달려 있는 것이 아니며, 반대로 그것을 교란시키지 **않는**다는 사실에 달려 있다. 그의 해설들과 그 해설들의 "낯설게 하기" 효과에도 불구하고 우리 관객들은 여전히 무대 환영에 참여할 수 있다. 그리고 우리는 라캉의 「프로이트적 사물」에 나오는 "나, 진리가 말합니다(*C'est moi, la vérité, qui parle*)"[30]를 바로 이렇게, 즉 예상치 못할 곳에서 어떤 말이 동일하게 충격적으로 출현하는 것으로 배치해야 한다. 바로 여기에 그러한 변동의 외상적 효과가 있다: **타자**와 **사물** 사이의 거리는 순간적으로 중지되며, 말하기 시작하는 것은 바로 **사물** 자체다. 여기서 우리는 라캉의 "나, 진리가 말합니다"에 대한 마르크스의 판본을, 즉『자본』에 나오는 그의 유명한 "상품이 말하기 시작한다고 상상해보자"를 떠올리지 않을 수 없다. 여기서도 상품 물신주의 논리에 대한 열쇠는 말하기 시작하는 대상이라는 허구적 "마술"에 의해 제공된다.31)

말하기 시작하는 부분 대상이라는 이 개념은 강력한 이데올로기적 투여의 현장이기도 하다. 특히 남성적 응시가 여성적 말의 근본적 히스테리성(거짓말, 언표행위의 확고한 자리의 결여)에 대항하려고 애쓰는 방식과 관련해서 말이다. 비범한 철학적 소설인『무분별한 보석들』(1748)에서 드니 디드로는 궁극적인 환상적 답변을 제시한다.32) 여자는 **두 개의** 목소리로 말한다. 첫 번째 목소리인 그녀의 영혼(정신과 가슴)의 목소리는 구성적으로 거짓말하고, 기만하고, 그녀의 문란함을 은폐한다. 두 번째 목소리인 그녀의 "보석"(물론 여성의 질 자체를 가리키는, 진주)의 목소리만이 정의상 언제나 진리를 말한다. 그것은 지루하고 반복적이며 자동적인 "기계적" 진리이지만, 그럼에도 불구하고 진리이며, 그녀의

---

30) Jacques Lacan, *Ecrits*, Paris: Editions du Seuil 1966, p. 409 참조.
31) 물론 상품들이 서로 말하는 이 장면은 허구다. 하지만 필연적인 허구다. 라캉에 따르면 진리는 허구의 구조를 가지고 있다는 것을 우리는 염두에 두어야 한다.
32) Denis Diderot, *Les Bijoux indiscrets*, vol. 3, in *Oeuvres complètes* (Paris: Hermann, 1978). 나는 여기서 Miran Božovič의 "Diderot and l'âme-machine", *Filozofski vestni* 3 (2001)에 의존하고 있다.

제약되지 않은 관능에 관한 진리이다. 이 "말하는 질"이라는 개념은 은유로 의도된 것이 아니라 매우 축어적이다. 디드로는 소리를 발산할 수 있는 "현과 관의 악기(instrument à corde et à vent)"라는 질에 대한 해부학적 묘사를 제공한다. (그는 심지어 의학적 실험에 관해 보고한다: 몸에서 질 전체를 도려낸 후 의사들은 그것에 바람을 불어 넣고 현으로 이용하여 "그것이 말하도록 만들려고" 노력했다.) 그렇다면 이것이 바로 라캉의 "여자는 존재하지 않는다"의 의미 가운데 하나일 것이다. 즉 직접적으로 진리를 이야기하는 그 어떤 말하는 질도 존재하지 않는다. 난포착적이고 거짓말하는 히스테리적 주체가 있을 뿐이다.

그러나 이는 말하는 질이라는 개념이 무용지물이며 단지 성적-이데올로기적 환상이라는 뜻일까? 여기서 디드로를 더 자세히 읽을 필요가 있다. 그의 주장은 단순히 여자가 두 개의 영혼을 가진다는, 즉 그녀의 입을 통해 자신을 표현하는—피상적이고 기만적인—영혼과 그녀의 질을 통해 자신을 표현하는 영혼을 가진다는 것이 아니다. 여자의 입을 통해 말하는 것은 그녀의 신체 기관들을 지배하기 위해 안간힘을 쓰는 그녀의 영혼이다. 그리고 디드로가 분명히 밝히듯이 그녀의 질을 통해 말하는 것은 신체 자체가 아니라, 정확히 말해서 기관으로서의 질, 주체 없는 부분 대상으로서의 질이다. 그리하여 말하는 질은 <파이트 클럽>과 <미 마이셀프 앤 아이린>에 나오는 자율화된 손과 동일한 계열에 넣어야 한다. 바로 이러한 의미에서 말하는 질의 경우 여자나 여성적 주체가 그녀 자신에 관한 진리를 강박적으로 이야기하는 것이 아니다. 오히려 그녀의 질이 말하기 시작할 때 말하는 것은 바로 진리 자체다. "나, 진리가 여기서 말한다(It's me, the truth, which speaks here)." 즉 "I"가 아니라 "me". 질을 통해 말하는 것은 충동이며, 이 비주체적 *moi*이다.

궁극적인 **도착적** 비전은 머리를 포함하여 인간 신체 전체가 이와 같은 부분 대상들의 조합에 불과하다는 비전일 것이다. 머리 그 자체는 단지 또 하나의 향유의 부분 대상으로 환원된다. 하드코어 포르노의 저 유일무이한 유토피아적 순간에서처럼 말이다. 그 순간 신체적 자기 체험의 바로 그 통일성은 마법처럼 해체되며 그리하여 관람자는 배우들의 신체들을 통합된 전체로서가 아니라 부분 대상들을 모호하게 종합한 덩어리 같은 것으로 지각한다. 이쪽에는 입이, 저쪽에는 가슴이, 저기 저쪽에는 항문이, 그 가까이에는 질의 구멍이. 클로즈업의 효과와 배우들의 이상하게 뒤틀리고 꼬인 신체들의 효과는 이 신체들에서 그 통일성을 박탈한다. 서커스 광대의 몸과도 같이 말이다. 광대는 자기 자신을 스스로가 완전히 조율하는 데 실패하는 부분 대상들의 합성물로 지각하며, 따라서 그의 신체의 어떤 부분은 그 부분만의 특수한 삶을 영위하는 것처럼 보인다(전형적인 무대 공연을 생각해보는 것으로 족하다. 어릿광대는 팔을 올리지만 윗부분이 그의 의지를 따르지 않고 느슨하게 계속 대롱대롱 매달려 있다). 신체가 이처럼 부분 대상들의 탈주체화된 다양으로 바뀌는 일은 예컨대 다음과 같은 경우에 성취된다. 한 여자가 침대에 두 남자와 있고 그중 한 명에게 펠라치오를 한다. 페니스를 빠는 전형적인 방식으로 하는 것이 아니다. 그녀는 침대 위에 누워 있고 침대 모서리 밖으로 머리를 아래로 젖히고 있다. 남자의 성기가 그녀의 입 속에 삽입될 때 그녀의 입은 그녀의 눈보다 위쪽에 있고 얼굴은 위아래가 거꾸로다. 그 효과는 주체성의 자리인 인간 얼굴이 남자의 페니스로 펌프질되고 있는 일종의 비인격적인 빨기 기계로 섬뜩하게 변형되는 효과이다. 그러는 동안 나머지 남자는 그녀의 질을 애무하고 있는데, 이 질 또한 그녀의 머리보다 더 위쪽에 있고 그리하여 머리에 종속되지 않은 향유의 자율적 중심으로서 단언된다. 그리하여 여자의 신체는 "신체 없는 기관들"의 다양으로, 향유의 기계들로 변형되며, 그러는 동안 그녀의 신체를 애무하고 있는 남자들 역시 탈주체화되고, 도구화되고, 이 상이한 부분 대상들에 봉사하고 있는 일꾼들로 환원된다. 이와 같은 장면에서, 질이 말할 때조차도, 그것은 단지 "말하는 머리"이다. 여하한 다른 기관들이 단지 그 향유의 기능을 발휘하고 있는 것과 마찬가지로 말이다. (그렇지만 부분 충동들의 다양한 현장들로서의 신체라는 이러한 도착적 비전은 실패할 수밖에 없는데, 왜냐하면 거세를 부인하기 때문이다.)

물론 말하는 질에 관한 방대한 현대 문학 및 예술 전통이 있다. 1975년의 프랑스 컬트 영화인 <말하는 성기>(프레데릭 랑삭과 프랑시스 르루아)에서부터 최근 에바 엘스너의 악명높은 모노드라마인 <버자이너 모놀로그>에 이르기까지 말이다. 그러나 여기서 발생하는 것은, 정확히, 잘못된 발걸음이다. 질이 주체화되고, 여자의 진정한 주체성의 현장으로 변형된다. 엘스너의 경우 때로는 반어적이며 때로는 절박하게도 …… 그녀의 질을 통해 말하는 것은, 말하는 **질-진리** 자체가 아니라 **여자**_The_ Woman이다. 바로 이러한 이유로 <버자이너 모놀로그>는 부르주아 주체성의 논리에 붙잡혀 있다. 말하기 시작하는 대상의 전복적 잠재력이 해방되는 장소를 찾으려 한다면 우리는 다른 곳으로 눈을 돌려야 한다.
데이빗 핀처의 <파이트 클럽>(1999)의 중간 부분에 가장 기괴한 데이빗 린치적 순간들이라고 할 만한 거의 견디기 힘든 고통스러운 장면이 있는데, 이는 영화 결말의 놀라운 반전을 위한 일종의 실마리로 기능한다. 일을 그만 둔 후에도 계속 보수를 지급하도록 사장에게 공갈을 가하기 위해서 주인공은 건물 경비가 도착하기 전에 그 남자의 사무실에서 자기 자신을 이리저리 내동댕이치며 피범벅이 되도록 스스로를 구타한다. 즉 당혹한 사장 앞에서 그 내레이터는 그를 향한 사장의 공격성을 자기 자신에게 실행하는 것이다. 이와 유사한 자기구타의 유일한 사례를 <미 마이셀프 앤 아이렌>에서 발견할 수 있다. 이 영화에서 짐케리는 자기 자신을 구타한다. 물론 여기서는 (비록 고통스럽게 과장되었기는 하지만) 희극적 방식으로, 분열된 인격의 한 부분이 다른 부분을 두드려 패는 방식으로 말이다. 두 영화 모두에서 자기구타는 주인공의 주먹이 그 자체의 생명을 획득하고 주인공의 통제를 벗어날 때 시작된다. 요컨대 부분대상이 될 때 말이다. 들뢰즈식 용어로 표현하자면 신체 없는 기관(기관 없는 신체의 역)이 되는 것이다. 이는 두 영화 모두에서 주인공이 대적하고 있는 분신의 형상에 대한 열쇠를 제공한다. 그 분신은, 주인공의 이상적 자아는, 유령 같은/비가시적인 환각적 존재자는 단순히 주인공에게 외부적인 것만이 아니다. 그것의 효과는 주인공의 신체의 기관 가운데 하나(손)의 자율화로서 주인공의 신체 자체에 각인되어 있다. 스스로 움직이는 손은 주체의 욕망의 변증법을 무시하는 충동이다: 충동은 근본적으로 죽지-않은 "신체 없는 기관"의 주장insistence이며, 라캉의 라멜르처럼 주체가 성적차이의 상징적 공간 속에서 자신을 주체화하기 위해 상실해야만 했던 것을 나타낸다.[33]

그렇다면 <파이트 클럽>에서 자기구타는 무엇을 나타내는가? 파농을 따라 우리가 정치적 폭력을 노동의 반대로 규정하지 않고 정확히 "부정의 노동"—헤겔적인 *Bildung*의 과정, 교육적 자기형성의 과정—의 궁극적인 정치적 판본으로 규정한다면, 이때 폭력은 일차적으로는 자기폭력으로서, 주체의 존재의 바로 그 실체의 폭력적 재형성으로 파악되어야 한다. 여기에 <파이트 클럽>의 교훈이 있는 것이다.

> 우선은, 자신의 사슬들로부터 스스로를 해방시키는 일에서의 어려움이 있다. 그리고, 궁극적으로, 이러한 해방으로부터도 스스로를 해방시켜야 한다! 우리들 각자는, 매우 상이한 방식들로이기는 하지만, 사슬을 끊어버린 후에도 사슬병을 겪어야 한다.[34]

실업 상태의 노동계급 인구가 많은 미국의 여러 소도시들에서 최근 "파이트 클럽"을 섬뜩하게 닮은 어떤 것이 출현했다. "터프맨 격투기"라는 것이 그것인데, 여기서는 오직 아마추어 남자들(또는 여자들)만이 얼굴이 피범벅이 되도록 자신들의 한계를 시험하면서 폭력적 권투시합에 참여한다. 핵심은 이기는 것이 아니라(종종

---

33) 요즘 유행하는 여성잡지들에서 우리는 종종 진동기와의 섹스가 실제 남자와의 섹스보다 더 "실재적인 것"이라는 관념을 접하게 된다. 정확히 왜인가? 왜냐하면 진동기는 환상적인 / 죽지-않은 "신체 없는 기관"으로서 기능하기 때문이다.

34) Friedrich Nietzsche, 친구에게 보낸 편지(1882, 7월부터)에서. Bryan Magge, *The Tristan Chord* (New York: Henry Holt, 2000), p. 333에서 인용.

패자가 승자보다 더 유명해지기도 한다), 오히려 견디는 것, 두 발로 계속 서 있는 것, 바닥에 누운 상태로 있지 않는 것이다. 이 싸움이 "신이여 미국을 축복하소서"라는 문구 아래 진행되고 (대부분의) 참가자들 자신들에 의해 "테러와의 전쟁"의 일부로 간주되기는 하지만, 우리는 이를 단순히 가난한 노동자들의 "원-파시스트적" 경향의 징후로 처리해버려서는 안 된다. 그것은 잠재적으로 구원적인 훈육적 충동의 일부이다. 따라서 <파이트 클럽>에서 피비린내 나는 격투 끝에 주인공이 "그것은 삶에 가까운 경험이었다!"라고 이야기할 때(그로써 "죽음에 가까운 경험"이라는 표준적 문구를 뒤집을 때), 이는 그 싸움이 참가자들을 단순한 삶의 여로를 넘어선 삶의 과잉으로 가까이 이끈다는 암시가 아닌가? 즉 바울적 의미에서 그들이 *살아있다는.*

그렇다면 (부분) 대상 스스로가 말하기 시작한다는 것은 정확히 무엇을 의미하는가? 이 대상이 무주체적이라는 뜻이 아니라, 이 대상이 주체화 이전의 "순수" 주체의 상관물이라는 뜻이다. 주체화는 신체의 상관물로서의 "전체적 인격체"를 가리킨다. 반면에 "순수" 주체는 부분 대상만을 가리킨다.[35] 대상이 말하기 시작할 때, 우리가 듣는 것은 아직 주체화(경험된 의미의 우주를 떠맡음)를 내포하지 않은 기괴하고 비인격적인 텅 빈 기계적 주체의 목소리이다. 여기서 우리는 주체-대상과 인격체-사물이라는 두 쌍이 그레마스적인 기호학적 사각형을 형성한다는 데 유념해야 한다.

---

[35] "부분 대상"으로서의 신체 없는 기관은 클라인적인 부분 대상이 아니라, 라캉이 『세미나 11』에서 충동의 대상으로 이론화하는 것이다. 즉 신체 전체와는 통약불가능하며, 그로부터 돌출해 나오며, 신체적 전체 속으로의 통합에 저항하는, 성애화된(리비도 투여된) 신체의 일부.

다시 말해서 "주체"를 출발점으로 삼는다면, 이에 대한 두 가지 대립항이 있다. 그것의 상반항(상대항)은 물론 "대상"이지만, 그것의 "모순항"은 "인격체"(순수한 주체성의 공백에 대립되는 바로서의, 내적 삶의 "정념적" 자산)이다. 대칭적 방식에서, "인격체"에 대립하는 상대항은 "사물"이고 그 "모순항"은 주체이다. "사물"은 구체적 생활세계에 삽입된 어떤 것인데, 그 세계에서 생활세계의 의미의 전 자산이 메아리친다. 반면에 "대상"은 하나의 "추상"이며, 생활세계에 삽입되어 있는 데서 뽑아낸 어떤 것이다.

여기서의 핵심적 요점은 주체가 "사물"(혹은 더 정확하게는 "신체")의 상관항이 아니라는 것이다. 인격체는 신체 속에 거주하지만, 주체는 a(부분 대상)의, 신체 없는 기관의 상관항이다. 그리고, 주체-대상이라는 쌍이 그로부터 도출되는 생활세계적 총체로서의 인격체-사물이라는 표준적 개념에 대항해서 우리는 주체-대상이라는 쌍(라캉식으로는: $\$-a$, 즉 빗금쳐진 주체와 "대상 a"라는 쌍)을 원초적인 것으로서—그리고 사람-사물이라는 쌍을 그것의 "길들임"으로서—단언해야 한다. 주체-대상에서 인격체-사물로의 이행에서 상실되는 것은 뫼비우스띠의 꼬인 관계이다. "인격체들"과 "사물들"은 동일한 현실의 일부인 반면에 대상은 주체 그 자체의 불가능한 등치물이다. 우리는 뫼비우스띠에서 주체의(그것의 의미작용적 표상의) 편에서 끝까지 추적할 때 대상에 도달하며, 동일한 장소이지만 우리가 출발했던 곳과는 다른 편에 있는 우리 자신을 발견한다. 그리하여 우리는 물화-소외의 과정 속에서 사지절단되는 유기적 전체로서의 인격, 정신-신체의 통합이라는 주제를 거부해야 한다. 주체는 인격체의 신체를 부분 대상으로 폭력적으로 환원한 결과물로서 인격체로부터 출현한다.

우리는 여기서 "부분 대상"이라는 프로이트적 개념이 신체의 한 요소이거나 구성성분이 아니라 신체 전체 속에 편입되기를 거부하는 기관이라는 것을 명심해야 한다. 주체의 상관물인 이 대상은 객관성의 질서 안에 있는 주체의 대역이다. 그것은 저 유명한 "살 한 조각"이며, 주체가 스스로를 주체화하기 위해, 주체로 출현하기 위해 포기해야 했던 부분이다. 이것은 마르크스가 프롤레타리아트의 계급의식의 고양에 대해 쓰면서 겨냥했던 바가 아닌가? 이것은 또한 시장에서 교환의 대상으로 환원되는 "노동력"이라는 상품이 말하기 시작한다는 것을 의미하지 않는가? 다음은 야콥 그림과 빌헬름 그림의 가장 짧은 동화인 「고집 센 아이」이다:

> 옛날에 한 아이가 살았는데 그 아이는 고집 센 아이였고 어머니가 원하시는 것을 하지 않았다. 이 때문에 하느님께서는 그에게 화가 나셔서 아이를 아프게 만드셨는데 어떤 의사도 아이를 치료할 수 없었기에 얼마 안돼 죽게 되었다. 그는 무덤 속에 안치되어 흙으로 덮였는데 갑자기 그의 작은 팔이 위로 튀어나왔고 그들이 그것을 다시 넣고 그 위에 새 흙을 덮어도 소용없이 그 작은 팔은 항상 다시 튀어나왔다. 그래서 어머니는 스스로 무덤에 가서 나뭇가지로 작은 팔을 때렸고 그녀가 그렇게 하자마자 그것은 수그러들었고 아이는 마침내 땅 밑에서 잠들게 되었다.[36]

---

[36] 독일어 제목인 "Das eigensinnige Kind"는 또한 "외고집 아이," "말 안 듣는 아이" 또는 "못된 아이"로도 번역된다.

죽음 너머에서도 존속하는 이 완고한 고집은 가장 기본적인 차원에서의 자유—죽음 충동—이지 않은가? 이를 비난하기 보다는 오히려 우리의 저항의 궁극적 지평으로서 그것을 축복해야 하지 않을까? 1930년대의 옛 독일 공산주의의 한 노래에 나오는 후렴구는 *Die Freiheit hat Soldaten!*(자유에게는 병사들이 있다!)이다. 어떤 특정한 단위unit를 자유 자체의 군사적 도구와 동일화하는 것은 "전체주의적" 유혹의 바로 그 공식처럼 보일 수도 있다: 우리는 단지 자유(라고 이해하고 있는 것)를 위해 싸우지 않으며, 단지 자유에 복무하지 않으며, 자유 자체가 직접 우리를 이용한다. 이 길은 공포로 이어지는 것처럼 보인다. 누가 자유 그 자체에 반대할 수 있겠는가? 그렇지만 혁명적 군사적 단위를 자유의 직접적 기관organ과 동일화하는 것은 단순히 물신주의적 단락으로 처리해버릴 수만은 없다. 즉 이는, 감상적 방식에서, 진정한 혁명적 외파의 경우에도 참이다. 그와 같은 "황홀한" 경험 속에서 발생하는 일인 바, 행위하는 주체는 더 이상 인격체인 것이 아니라 정확히 대상이다.

단지 "초월적" 라캉(예지적인 모성적 사물에 대한 접근을 금지하는 것을 통해 인간적 욕망을 구성하는 상징적 법의 라캉)만이 민주주의적 정치를 불러낸다고 말할 수 있다. 즉 욕망의 모든 실정적 대상들이 절대적인-불가능한 사물의 공백에 미치지 못하는 것과 동일한 방식으로, 모든 실정적 정치적 작인은 권력의 중앙에 있는 공백을 메울 뿐이라고 주장하는 민주주의적 정치를 말이다. 충동들의 라캉으로 이행하는 순간, 대상의 자리를—혹은, 또 다른 방향에서 본다면, 말하기 시작하는, 스스로를 주체화하는 대상의 자리를—떠맡는 무두적 주체는 더 이상 도착적인 단락의 결과물로서 처리해버릴 수 없다.

도덕을 넘어서

이와 같은 투쟁하는 주체성의 층위에서 출현하는 집단성은 "어떻게 타자에게 다가갈 것인가"라는 상호주체적 토픽과는 전적으로 대립된다. 타자에게 손을 내미는 대강 세 가지의 방법이 있는데, 이는 ISR 삼항조에 들어맞는다: 상상적("인간적 접촉"), 상징적("정중함", "예의바름"), 실재적(외설성의 공유). 이 세 가지 각각에는 그것만의 위험이 있다. "인간적 접촉"(자신이 하고 있는 공식적 역할 배후에서 "인간적 온정"을 내보이는 것)과 관련해서는 2003년 1월 이스라엘 방위군이 "테러리스트" 용의자의 가족이 사는 집을 파괴하면서 어떻게 친절함을 부각시켰는가를 상기해보는 것으로 족하다. 불도저로 집을 파괴하기 전에 가족들이 가구를 밖으로 옮기는 것을 도와주기까지 했던 것이다. 유사한 일이 이스라엘 언론에 보도되었다. 한 이스라엘 병사가 용의자를 찾기 위해 한 팔레스타인 집을 수색하고 있었다. 그때 그 가족의 어머니는 딸을 진정시키기 위해 딸의 이름을 불렀다. 놀란 병사는 겁먹은 소녀의 이름이 자기 딸의 이름과 같다는 것을 알게 되었다. 감상적 솟구침에서 그는 지갑을 열어 자기 딸 사진을 팔레스타인 어머니에게 보여주었다. 이와 같은 감정이입의 제스처의 허위성을 식별하는 것은 손쉬운 일이다. 정치적 차이에도 불구하고 우리 모두는 똑같이 사랑도 하고 걱정도 하는 인간 존재라는 생각은 그 병사가 그 순간 실제로 하고 있는 일의 충격을 중화시킨다. 따라서 어머니가 할 수 있는 유일하게 온당한 응답은 다음과 같아야 한다. "당신이 정말 나와 같은 인간이라면, 왜 당신은 당신이 지금 하고 있는 일을 하고 있는 거지요?" 그리하여 그 병사는 오로지 물화된 의무 속에서만 피난처를 찾을 수 있는 것이다. "난 그 일이 좋지 않아요 하지만 그건 내 의무입니다……." 그리고 이로써 그는 자신의 의무에 대한 주체적 떠맡음을 회피하고 있는 것이다.

인간적 온정에 관해 말하자면, 빅토르 클렘페러의 전시 일기인 『나는 끝까지 증언할 것이다, 1942-45』[37]에 나오는 가장 침울한 모티브 중 하나는 유대인을 동정하고 때로는 도움을 주기도 하는 어떤 "선량한" 보통의 독일인이 등장하는 자주 반복되는 장면이다. 그 독일인은 "인간적 온정"의 순간에 유대인인 클렘페러에게 전쟁에 대한 자신의 견해를 마음을 터놓고 들려준다. 상황은 어렵지만 당신은 걱정하지 않아도 되요, 우리(클렘페리도 포함해서!)는 승리할 겁니다! "마음을 터놓는" 바로 그 순간 "선량한" 독일인은 그 유대인을 그 유대인의 파멸에 책임이 있는 바로 그 기획에 끌어들인다. 그가 "인간적 동정"을 제공하는 대가는 그 유대인—궁극적 희생양—이 자신을 파멸시키는 데 열중하고 있는 그 체계의 생존과 동일시해야 한다는 것이다. 정중함과 기본적 예의(보호조치 중인 사람들이나 심문을 받고 있는 용의자에 대한 온당한 처우)에 관해 말하자면, 그것 또한 거짓일 수 있다. "예의바름"(조심스

---

37) Victor Klemperer, *To the Bitter End (1942-45)* (London: Phoenix, 2000) 참조.

러움)이라는 것이 타인에 대한 나의 냉정한 거리를 은폐하기 위한 궁극적 방폐일 수 있음을 강조한 것은 이미 아도르노였다. 외설성의 공유에 관해 말하자면, 외설적인 것의 제안 또한 극히 위험한 조치이다. 그것은 타인의 사생활에 대한 잔인한 침입으로서 역작용할 수 있다. 기저의 권력 관계를 은폐하는 거짓 연대로서 기능할 수 있다는 사실은 말할 것도 없고 말이다.

그렇지만 여기서 피해야 할 함정은 "거짓보다는 진정한 잔인한 권력관계가 더 낫다"는 식으로 외양들을 물리치는 것이다. 마치 서안지구에서의 선택은 단순히 "예의바른 점령이거나 아니면 점령하지 않는 것" 말고는 없는 것인 양 말이다. 최소한의 "친절"과 잔인한 점령 사이에서의 선택은 없는 것인 양 말이다. 이와 같은 "겉보기에 명백한" 제안들을 거짓으로 물리치는 것 역시 그 한계를 갖는다. 이러한 논리를 끝까지 따를 때 우리는 이스라엘 병역거부자들의 행동을 이미 이스라엘 공식 이데올로기에 "흡수된" 것으로 손쉽게 물리칠 수 있게 된다. 그들은 "객관적으로" 이스라엘 국가에 봉사하고 있지 않은가? 광신도적인 아랍과 비교하여 이스라엘이 문명화되고 도덕적인 사회임을 보여주는 데 일조하지 않는가? 더 나아가, 병역거부자들이 선택적 거부를 통해 행동한다면, 그들은 그로써 이스라엘 방위군의 기본적 권리를 인정하고 정당화시켜주는 것 아닌가? 여기서 우리가 유지해야 하는 것은 외양들의 잠재력에 대한 신뢰이다. 바로 그 외양들이 주관적으로 거짓이더라도 말이다. 슬픈 사실은, 예의바름과 양심의 부름 사이에 있는 긴장에서 진리는 겉치레 예의 편에 있을 수 있다는 것이다. 마크 트웨인의 소설에서 허클베리펀이 흑인 노예와 도망중일 때 그는 그 노예를 예의바름 때문에 친절하게 대한다. 그의 양심은 이에 대해 죄책감을 느끼게 만들고, 도주한 노예를 법적 소유자에게 돌려주어야 한다고 그에게 말하지만 말이다.38)

그리하여 진리는 결코 자동적으로, 내밀한 확신의 층위에 있지 않다. 『미니마 모랄리아』에서 아도르노는 어떤 부인의 사례를 언급한다. 그녀는 남편을 위해 외투를 들어주면서 주변 사람들에게 아이러니한 미소를 보낸다. "저 불쌍한 사내는 내가 자기에게 봉사하고 있다고 생각하지. 내버려 둬, 그가 자신만의 그 작은 기쁨을 누리도록. 하지만 진정한 주인은 나지."39) 이는 근본적인 여성적 전략이지 않은가? 순종적인 주체화subjectivization를 가장하는 전략 말이다. 그렇지만 진리는 반대편에 있다면 어찌할 것인가? 그 아내의 아이러니한 거리두기가 거짓이라면 어찌할 것인가? 가부장적 지배는 이러한 거리두기를 고려에 넣고 있으며, 그것을 용인할 뿐 아니라 여성적 주체를 주체화하기 위한 방법으로 이를 유인하기까지 한다면 어찌할 것인가? 많은 서구의 대학인들은 자신들의 존재의 그 중핵에서 그들이 한낱 냉소적인 출세 지향적 개인들에 불과한 것이 아니라 타인들을 소박하고도 진지하게 도와주려 하는 인간 존재라는 것을 입증해 주는 증거로서 어떤 인간주의적 의례(가난한 아이들의 교육을 도와주는 것, 등등)에 달라붙는다. 그렇지만, 다시금, 이러한 인간주의적 활동이 물신fetish이며, 권력투쟁과 야망을 추구하면서도 자신들이 실제로는 "저렇지" 않다는, 그들의 심장은 "어떤 다른 곳"에 있다는 맑은 양심을 유지할

---

38) 이러한 참조는 이스라엘 병역거부자 중 한 명이 이샤이 메누친(예루살렘) 덕분이다.
39) [테오도르 아도르노, 『미니마 모랄리아』 (김유동 옮김, 길, 2005), 228-9쪽 참조.]

수 있게 해주는 거짓 거리두기라면 어찌할 것인가? 다시 말해서, 냉소적인 서구의 대학인이 자신의 인간주의적 활동을 어떤 다른 곳에서 일어나는 일이라고 할 때, 단지 우리는 이 "어떤 다른 곳"이 여기 이곳에서 일어나는 일과 관련하여 아무런 의미도 없다고 응수해주기만 하면 된다. 여기 이곳에서의 그/녀의 활동은 이 어떤 다른 곳을 통해 결코 "속죄되지" 않는다. 빌 게이츠의 어마어마한 자선 활동이, 비록 그 자체로 기특하기는 하지만, 결코 그의 경제적 추구를 속죄해주지 못하는 것과 마찬가지로 말이다. 좀더 일반적으로 말해서, 오늘날 자선은 기저의 경제적 착취를 은폐하는 인간주의적 가면으로서 게임의 일부인 것이다. 어마어마한 초자아-공감과 더불어 선진국은 후진국을 (원조와 대부 등을 통해서) 계속해서 "도와주고" 있으며, 그로써 핵심적 쟁점을, 즉 후진국의 비참한 상황에 그들이 공모하고 있으며 공동책임이 있다는 사실을 회피하고 있다.

상호수동성interpassivity을 이데올로기적 호명을 피하기 위한 방법으로 보고도 싶다. 내가 기도를 하는 대신에 교회에서 초가 나 대신 타고 있도록 해놓는다면, 그리고 그렇게 해서 얻는 시간을 좀더 쾌락적인 활동에 소비한다면, 이로써 나는 종교적 호명(속에서의 인지)에 대한 최소한의 거리를 획득하는 것 아니겠는가?[40] 그렇지만, 호명을 피하기는커녕 그와 같은 거리두기가 사실상 이를 지탱한다면 어찌할 것인가? 이상적인 종교적 주체는 신자로서의 자신의 정체성과 완전히 동일화하는(그렇게 하면 정신증적 단

---

40) 이러한 생각은 로베르트 팔러Robert Pfaller가 그의 *Illusionen der Anderen* (Frankfurt: Suhrkamp Verlag, 2002)에서 전개한 바 있다.

락으로 끝을 맺을 수밖에 없다)—라캉을 말바꿈해본다면, 이 경우 그는 "자신이 실제로 신자라고 생각하는 신자"이다—대신에 그에 대해 최소한의 거리를 유지하는 자 아닌가? 이와 같은 거리 속에서만 고유의 주체화subjectivization가 일어날 수 있다. 나를 "인간 주체"로 만드는 것은 내가 나의 상징적 정체성으로 환원될 수 없다는, 내가 내 개인 특유의 특질들을 풍부하게 드러낸다는 바로 그 사실이다. 책 표지에 나오는 저자를 소개하는 짧은 문구들을 생각해보자. 저자의 생애와 저작에 대한 간략한 기술은 언제나 어떤 사적인 세부사항으로 보충된다. "시간이 나면 X는 새를 돌보는 일에 열중하고, 아마추어 오페라 모임에 적극적으로 참여하고 있다." 바로 이와 같은 보충이 저자를 주체화한다. 그것이 없다면 그는 괴물 같은 기계처럼 보였을 것이다. 사실상 단지 두 가지 종류의 신자들이 있을 뿐이다. 의례에 대해 거리를 두는 "가톨릭 교도"와, 자신들의 신앙에 완전히 몰두하며 그렇기 때문에 자신이 누구인지에 대한 외적인 실존적 의심을 유지해야만 하는 "신교도" 말이다.

그레이엄 그린의 『조용한 미국인』은 공적인 것과 사적인 것의 이 변증법적 긴장의 역설들을 완전하게 배치한다. 2001년 나온 영화 판본의 운명은 왜 단순한 억압으로는 효험이 없는지에 대한, 어떻게 억압된 것이 언제나 회귀하는지에 대한 증거이다. 영화는 2001년 가을에 개봉될 예정이었다. 하지만 9.11 사건 때문에 개봉이 연기되었다. 주된 두려움은 그 이야기의 핵심적 아이디어—즉 공산주의 지지자들의 소행이라고 알려진, 무고한 수백 명의 베트남 민간인을 죽이는 테러리즘적 폭발들이 사실은 미국인들 스스로가 돈을 대고 조직한 용병들의 작품이라는 내용—는 9.11의 원인과 관련하여 받아들일 수 없는 평행관계를 함축하게 될 것이라는 데 있었을 것이다. 그렇지만 2003년 초, 예상되었던 미국의 대이라크 공격이 있고 나서 영화가 마침내 개봉되었을 때, 그것의 메시지는 한층 더 시의적절하게 나타났다. 조지 부시의 "자유를 선사하는" 개입은, 영화 속의 "조용한 미국인"의 그것과도 같이, 유사한 재앙적 오산으로서 스스로의 가면을 벗지 않겠는가? 영화의 영국인 주인공이 지치고 퇴폐한 "낡은 유럽"을 체현한다는 사실조차도, "낡은 유럽"에 대한 도널드 럼스펠드의 그 악명높은 비난 이후에 새롭고도 예기치 못한 현실성을 획득하는 것처럼 보인다.

이는 영화가 예술적으로만이 아니라 정치적으로도 궁극적으로 실패가 아니라는 것을 의미하지 않는다. 이러한 실패를 정위할 수 있는 가장 좋은 방법은 이 영화와 1955년에 같은 제목으로 나온 그레이엄 그린의 소설 간의 차이에서 시작하는 것이다. 영화에서 베트남 사람들을 위한 의료 지원을 조직하는 소박하고도 인정 많은 사람으로 행세하는 "조용한 미국인"은 점차 그 진짜 정체가 밝혀진다. 즉 공산주의자들의 권력 장악을 막기 위해 민간인을 향한 대규모 테러의 자금을 지원하는 무자비한 진짜 정치꾼이라는 것이 말이다. 영화와 분명하게 대조되는바, 소설의 주된 요점은 "조용한 미국인"이 베트남 사람들에게 정말로 민주주의와 서구적 자유를 선사하려고 하는 진정으로 인정 많은 자라는 것이다. 단지 그의 의도가 전적으로 빗나간 것뿐이다: "나는 자신이 야기한 그 모든 말썽에 대해 더 선량한 동기를 가지고 있는 사람을 알지 못합니다." 따라서 소설에서 영화로의 이행은 본연의 비극(주체는 최선의 의도로 개입하지만 예기치 못한 재앙을 초래한다)에서 통속극(그 선량한 사내는 궁극적 악인이었음이 드러난다)으로의 이행이다.

영화는 파울러의 이야기를 들려준다. 중년의 나이인 그는 체념한 채 아편에 중독된, 1952년 사이공에서 런던타임즈 특파원으로 있는 영국인이다. 그는 아름다운 젊은 베트남 여인 풍과 함께 산다. 그는 그녀와 결혼하고 싶어 하지만, 영국에 있는 아내가 이혼을 허락하지 않을 것이기 때문에 그렇게 할 수가 없다. 모닝커피를 마시는 카페에서 그는 파일을 만난다. 파일은 눈병 치료를 위한 의료 지원 일을 하는 젊고 이상주의적인 미국인이다. 또한 새로운 "제3의 길"(친공산주의도 친프랑스도 아닌) 반대 운동이 형성되고, 대량 살육이 계속해서 보도되는데, 대부분 공산주의자들의 소행인 것으로 보도된다. 점차로 파울러는 그 "조용한 미국인" 파일의 배후에 있는 진리를 알게 된다. 그의 의료 봉사는 은폐물에 불과하다. "제3의 세력" 배후에 있는 것이 바로 파일이다. 그는 베트남을 공산주의의 승리로부터 구출하기 위한 무자비한 계획의 일환으로 대규모 폭탄테러를 지원하고 조종한다. 또한 파울러와 친해지면서 파일은 풍과 사랑에 빠지고 프로포즈를 한다. 그녀는 파울러를 떠나 파일에게로 간다. 그녀는 결혼을 해서 미국에 갈 수 있기를 원하고 있는 것이다. 이때 파일의 역할을 역시 알고 있는 은밀한 공산주의자인, 파울러를 돕고 있는 베트남인은 투쟁에서 분명하게 편을 들어 달라고 요청한다. 그래서 파일을 어떤 식당에 불러내 공산주의자들이 그를 없앨 수 있도록 해달라고 한다. 파울러는 그렇게 하며, 그 결과 풍 또한 그에게 돌아온다.

영화의 용기는 릴리안 헬만의 『라인강의 감시』 같은 옛 고전들의 노선을 따라서 자유주의적 금기를 깬다는 데 있다. 정치적 투쟁에서 우리는 관찰자로 남아 있을 수 없다. 우리는 편을 들어야만 하는데, 이는 한쪽 편에 대한 막연한 공감만을 의미하는 것이 아니라 훨씬 더 불안한 것을, 자신의 손을 피로 더럽혀야 한다는 것을 의미한다. 요컨대 여기서 우리는 몇몇 가톨릭 비평가들이 결혼과 성을 다루는 그린의 핵심적인 "가톨릭" 소설인 『사랑의 종말』의 기본적 교훈임을 알고는 소름이 돋았던 그 무엇—예수가 제자들에게 "나를 사랑한다면, 내 계명들을 깨뜨려라"라고 말한 것의 교훈—의 정치적 판본을 발견한다. 그렇다면 우리는 어떻게 영화의 섬뜩한 이중적 "해피엔딩"을 읽을 것인가? 주인공인 정치적으로 올바른 일을 하며 또한 바로 이 제스처를 통해 사랑하는 여자를 되찾는다는 것을 말이다. "유식한" 관객의 즉각적 반응은 물론 그것이 최악의 싸구려 키치라는 반응이다. "진지한" 예술작품이라면 주인공의 곤경을 비극적인 것으로, 강제된 선택(올바른 일을 하는 것과 여자를 얻는[41] 것은 상호 배제적이다)의 곤경으로 묘사했어야 한다는 것이다. 그렇지만 이와 같은 "비극" 개념은 너무 협소하고 너무 "부르주아적"(이 말이 오늘날 여하간 의미가 있다면)이지 않은가?[42]

---

41) [원문에는 "잃는"으로 되어 있지만, 저자의 동의하에 "얻는"으로 수정한다. 또한 바로 아래의 각주에서 "풍"은 원문에 "그"로 되어 있었으나, 마찬가지로 저자의 동의하에 "풍"으로 수정한다.]
42) 게다가, 2003년인 오늘날 제3세계의 아름다운 젊은 여자를 (백인) 남자들 간의 교환 대상으로 그처럼 뻔뻔하게 환원시키는 일이 어떻게 여전히 발견될 수 있는 것인지 놀라지 않을 수

이 영화를 읽을 한 가지 방법은 그 정치적 차원을 개인 간의 사랑의 역학을 위한 알레고리적 배경으로 해석하는 것일 수도 있었을 것이다. 주인공은 미국인을 배신하여 공산주의자들에게 넘겨 죽게 함으로써 또한 그 미국인 때문에 자신을 떠났던 사랑하는 베트남 미녀를 되찾게 되는 응보적 상황에 놓인 자신을 발견한다. 이런 방식으로 읽을 경우 사실상 영화는 최악의 기회주의적 자기탐닉에 참여하는 것이다. 그렇지만 관점을 근본적으로 바꾼다면, 그래서 영화의 사적인 사랑의 역학이 지닌 이 가망없이 가부장적인-인종주의적인 경제를 전적으로 승인하면서 단지 초점을 핵심적이고 결정적인 차원으로서의 공적 정치적 투쟁으로 이동시킨다면 어떤가? (할리우드식으로) 공적 정치적 층위를 진정한 도덕적 중심으로서의 사적 차원을 위한 한낱 배경적 알레고리로 읽는 대신에, 우리는 사적인 것의 궁극적 무관성에 대한 단언 속에서 영화의 기저에 놓인 통찰을 보아야 한다. 그래서 사적 층위에서 주인공은 "감정적으로 기만하는" 것이라면 어찌할 것인가? 그래서 주관적 자기경험의 층위에서 미국인은 진지하고 소박하게 열정적인 것이라면 어찌할 것인가? 개인적 층위에서 갈등은 소박한-정직한 미국인과 냉소적으로 위선적인 영국인 간의 갈등이라면 어찌할 것인가? 내밀한 선함과 악함이 어떤 사람이 은총을 입었는지의 여부에 관한 사실과는 아무런 상관도 없는 라신의 얀센주의적 비

없다는 것이 사실이다. 영화의 바로 그 종결부(풍이 주인공에게 그녀가 그를 용서해주어야 할 일은 아무것도 없다고 말해주는 때)의 (애매한) 예외 말고는, 그녀는 한번도 주체화되지 않으며, 자신만의 내적 삶을 가진 행위자로서 묘사되지 않는다. 그렇지만 우리는 또한 바로 이러한 주체화의 부재를 더 진실한 것으로, 여자의 객관적 위치, 주체화를 허락하지 않는 위치의 표지로 읽을 수도 있을 것이다.

극들에서처럼, 여기서도 개인적 자질들은 자신의 행위의 정치적, "객관적-윤리적" 의미와 그 어떤 관련도 없는 것이라면 어찌할 것인가? 진리는 내밀한 진지함이나 위선성의 층위에 있는 것이 아니라 행위의 정치적 의미의 층위에 있는 것이라면 어찌할 것인가? 이러한 의미에서 우리는 T. S. 엘리어트의 『대성당의 살인』에 나오는 유명한 구절을, 즉 배반의 최고 형태는 "잘못된 이유에서 올바른 행동을 하는 것"이라는 구절을 철저히 거부해야 한다면 어찌할 것인가? 불행히도, 자비로운 가면 배후에 있는 사악한 조종자라고 하는 미국인에 대한 통속극적 묘사에 빠져 영화는 이 기회를 놓치고 만다. 미국인의 그와 같은 이미지는 관객들에게 도덕적 분개를 불러일으키지 않을 수 없으며, 그로써 주인공의 배반을 미국인의 진짜 색깔을 알게 된 후의 도덕적 분개에 근거하고 있는 전적으로 정당한 행위로 구원해준다.

그리고 바로 여기서 영화는 기회를 놓친다. 주인공이 직면하고 있는 고유하게 키에르케고르적인 딜레마에 초점을 맞출 기회를 말이다. 주인공의 곤궁은 "이점에 주목해야 하는바, 윤리적인 것이 유혹인 그런 종류의 시련이다."[43] 다시 말해서 주인공은 "잘못된 이유에서 올바른 행동을 하는" 끔찍한 가능성으로, 즉 미국인을 고발하는 것에서 이득을 얻고 그리하여 그의 어려운 정치윤리적 결정이 사적 동기에 근거하고 있었다는 의혹을 열어놓는 끔찍한 가능성으로 **교란당했어야** 했다. 바로 이러한 의미에서 주인공에게 "윤리적인 것은 유혹이다." 주된 딜레마는 정치적인 것(분명

---

43) Søren Kierkegaard, *Fear and Trembling* (Princeton, N. J.: Princeton University Press, 1983), p. 115.

하게 편을 들고 미국인을 제거하는 것을 도와줄 용기를 낼 것인가?)이며, 사적 윤리의 층위는 정확히 하나의 유혹으로 이러한 딜레마에 작용한다—미덕의 유혹에 굴복하여 미국인을 배반하기를 거부할 것인가, 아니면 사적 감정을 극복하고 이득을 얻게 될 것이라는 사실에도 **불구하고** 행위를 성취할 용기를 낼 것인가?

3장 정치
문화혁명을 위한 항변

들뢰즈를 읽는 여피족

 탄복할 만한 글인 「철학의 교육학」에서 장-자크 르세르클은 한 여피족이 파리 지하철에서 들뢰즈와 가타리의 『철학이란 무엇인가?』를 읽고 있는 장면을 이렇게 묘사했다.

> 그 장면의 부조화는 미소를 유발한다. 결국 그것은 명시적으로 여피족들에 반대해서 씌어진 책인 것이다⋯⋯. 계몽을 추구하는 이 여피족이 제목 때문에 그 책을 구입했다는 것을 상상할 때 여러분의 미소는 이죽거림으로 변한다⋯⋯. 이미 여러분은 유서 깊은

들뢰즈의 한 페이지 한 페이지를 읽고 있는 그 여피의 얼굴에서
곤혹스러운 표정을 본다.[1]

그렇지만 그 어떤 곤혹스러운 표정도 없고 단지 열정만이 있다면
어찌할 것인가? 그러니까 그 여피족이 정서의 비인격적 모방에
관해, 의미의 층위 밑에서의 정서적 강도들의 교통에 관해 읽을
때("그래, 바로 이렇게 나는 내 광고물들을 디자인하지!"), 혹은
자기완결적 주체성의 한계를 외파시키고 인간을 곧바로 기계와
연결하는 것에 관해 읽을 때("이걸 읽으니 내 아들이 좋아하는
장난감이 생각나는군. 자동차로 변신하는 액션맨 말이야!"), 혹은
우리를 극한까지 밀어대는 욕망들의 다양에 자기 자신을 열어놓
은 채 스스로를 영구히 재창안해야 할 필요성에 관해 읽을 때("이
게 바로 내가 지금 하고 있는 가상 섹스 비디오 게임의 목적 아닌
가? 그건 더 이상 성적인 육체 접촉을 재생하는 문제가 아니라
기존 현실의 제약들을 외파시키고 전대미문의 새로운 강렬한 양
태의 성적 쾌락들을 상상하는 문제인 것이지!") 말이다. 실로 들뢰
즈를 후기 자본주의의 이데올로그라고 부르는 것을 정당화해주는
자질들이 있다. 칭송이 자자한 스피노자의 *imitatio afecti*(정서의 모
방), 즉 개인들을 건너뛰는 정서의 비인격적 유통은 제품에 대한
메시지가 문제되는 것이 아니라 오히려 전달되는 정서와 지각의
강도가 문제되는 광고물들이나 비디오 클립 등의 바로 그 논리이
지 않은가? 게다가, 하드코어 포르노 장면을 다시금 상기해보자.

---

[1] Jean-Jacques Lecercle, "The Pedagogy of Philosophy", *Radical Philosophy* 75 (January–February 1996): 44.

거기서 신체적 자기 체험의 바로 그 통일성은 마법처럼 해체되며 그리하여 관람자는 신체들을 부분 대상들을 모호하게 종합한 덩어리 같은 것으로 지각한다. 우리가 더 이상 상호작용하는 개인들을 다루고 있는 것이 아니라 강도들의, 향유의 장소들의 다양과 더불어 집합적인/비인격적인 욕망하는 기계로서의 신체를 다루고 있는 이 논리는 현저히 들뢰즈적이지 않은가?

그리고 한 발 더 나아가, 주먹삽입[2] 행위는 들뢰즈가 "개념의 확장"이라고 부른 것의 전형적 사례이지 않은가? 주먹에 새로운 용도가 부여된다. 삽입이라는 개념은 손과 성적 삽입의 결합으로, 몸 안쪽의 탐색으로 확장된다. 들뢰즈의 **타자**인 푸코가 주먹삽입을 행했다는 것은 전혀 놀랍지 않다. 주먹삽입은 20세기의 바로 그 성적 발명품이며, 포스트섹슈얼한 에로티시즘과 쾌락의 첫 모델이지 않은가? 그것은 더 이상 생식기를 중심으로 하고 있지 않으며, 단지 표면의 침투에 초점을 맞추며, 남근의 역할은 자율화된 탁월한 부분 대상인 손에 의해 접수된다. 그리고, 이른바 변신로봇이나 애니모프 장난감은 어떤가? 휴머노이드 로봇으로 변신할 수 있는 자동차나 비행기, 인간이나 로봇으로 변신할 수 있는 동물 같은 것 말이다. 이는 들뢰즈적이지 않은가? 여기엔 그 어떤 "은유"도 없다. 요점은 기계 형태나 동물 형태가 인간 형태를 포함하고 있는 가면으로서 드러난다는 것이 아니라 인간의 "기계-되기"나 "동물-되기"로서, 계속적인 변신으로서 드러난다는 것이다. 여

---

2) ["fist-fucking". 손 전체를, 그리고 때로는 팔뚝의 일부를, 종종 고무장갑을 낀 상태로, 상대방의 항문 속으로 집어넣는 행위를 가리킨다. 삽입하기 위해서 손 모양을 원뿔 모양으로 유지하게 되므로, 말 그대로 "주먹" 삽입인 것은 아니다.]

기서 흐려지는 것은 또한 기계/생명체의 경계이다. 자동차는 휴머노이드/사이보그 유기체로 변형된다. 그리고 궁극적 아이러니는 들뢰즈의 바로 그 스포츠가 서핑이었다는 것 아니겠는가? 캘리포니아 스포츠라는 것이 하나 있다고 한다면 그것이 바로 그 탁월한 캘리포니아 스포츠인 서핑 말이다. 더 이상 어떤 목표를 향한 자기 통제나 지배의 스포츠가 아니라 단지 파도 속에 들어가 자기 자신을 파도가 가는대로 내맡기는 행위 말이다. 브라이언 마수미는 이러한 곤궁을 분명하게 정식화했다. 그것은 오늘날의 자본주의가 총체화하는 정상성의 논리를 이미 극복했으며 변칙적 과잉의 논리를 채택했다는 사실에 기반하고 있는 곤궁이다.

더 다채롭고 변칙적일수록 더 좋다. 정상성은 장악력을 잃기 시작한다. 규칙성은 느슨해지기 시작한다. 정상성의 이 느슨해짐은 자본주의 동력의 일부이다. 그것은 단순한 해방이 아니다. 그것은 자본주의 자체의 권력 형태이다. 그것은 더 이상 모든 것을 규정하는 훈육적 제도적 권력이 아니다. 그것은 변종을 산출하는 자본주의의 권력이다. 시장은 포화상태가 되었으니 말이다. 변종을 생산하라, 그러면 틈새시장이 생길 것이다. 가장 기이한 정서적 경향들도 좋다. 이익만 낳는다면 말이다. 자본주의는 정서를 강렬하게 하거나 다채롭게 하기 시작한다. 하지만 오직 잉여가치를 뽑아내기 위해서. 자본주의는 이윤 잠재력을 강화하기 위해 정서를 강탈한다. 말 그대로 그것은 정서를 가치화한다. 잉여가치 생산의 자본주의적 논리는 정치적 생태학의 영역이기도 한 관계적 장을, 동일성과 예상 가능한 경로에 대한 윤리적 저항의 장을 접수하기 시작한다. 그것은 매우 성가시고 혼동스러운 것이다. 왜냐하면 내게는 자본주의 권력의 동력학과 저항의 동력학 사이에 어떤 종류의 수렴이 있어온 것처럼 보이기 때문이다.[3]

따라서 나오미 클라인이 "신자유주의 경제는 모든 층위에서 집중화와 합병과 균질화에 치우쳐 있다. 이건 다양성을 건 전쟁이다"[4]라고 말할 때, 그녀는 며칠 남지 않은 자본주의 형상에 초점을 맞추고 있는 것 아닌가? 그녀는 동시대의 자본주의를 현대화하려는 자들에게 갈채를 받지 않겠는가? 기업 경영의 최근 추세 그 자체는 "권력을 다양화하고 양도하며, 지역적 창조성과 자기조직화를 동원하려는" 것 아니겠는가? 반집중화란 "새로운" 디지털화된 자본주의의 바로 그 토픽이지 않은가? 여기서 문제는 겉보기보다 훨씬 더 "성가시고 혼동스러운" 것이다. 잉여가치와 잉여향유 사이의 구조적 상동성을 배치하면서 라캉이 지적했듯이, 잉여가치가 단순히 기존의 관계적 정서 영역을 "강탈"하는 것에 불과하지 않다면 어찌할 것인가? 장애물처럼 보이는 것이 실은 가능성의 긍정적 조건이라면, 정서적 생산성의 외파를 격발하고 추진하는 요소라면 어찌할 것인가? 결과적으로 정확히 우리가 "더러운 목욕물과 함께 아기도 버려야" 하는 것이라면, 혁명적 활동의 리비도적 지탱물로서의 변칙적인 정서적 생산성이라는 바로 그 개념을

---

3) Brian Massumi, "Navigating Movements", in *Hope*, edited by Mary Zournazi (New York: Routledge, 2002), p. 224.
4) Naomi Klein, *Fences and Windows: Dispatches from the Frontlines of the Globalization Debate* (London: Flamingo, 2002), p. 245.

포기해야 하는 것이라면 어찌할 것인가?

그 어느 때보다도 자본은 우리의 역사적 시기의 "구체적 보편성"이다. 다시 말해서 그것은 어떤 특수한 구성체로 남아 있으면서 사회적 삶의 모든 비경제적 지층들뿐만 아니라 모든 대안적 구성체들을 과잉결정한다. 20세기 공산주의 운동은 스스로를 자본주의의 반대자로서 규정하면서 출현했으며 자본주의에 의해 패퇴당했다. 그리고 파시즘은 자본주의의 과잉들을 통제하고 일종의 "자본주의 없는 자본주의"를 건설하려는 시도로서 출현했다. 그 때문에 하이데거적 논조로 자본주의를 "힘에의 의지"와 기술적 지배라는 보다 근본적인 존재론적 태도의 존재적 실현물들 가운데 하나로 환원시키는 (그리고 그에 대한 대안들은 이와 동일한 존재론적 지평 내부에 여전히 붙잡혀 있다고 주장하는) 것 또한 너무 단순하다. 근대적 기술 지배는 자본의 사회적 형태와 풀어낼 수 없이 뒤엉켜있다. 그것은 오로지 이 형태 내부에서만 발생할 수 있다. 그리고 대안적 사회 구성체들이 동일한 존재론적 태도를 보여주는 한, 이는 단지 다음을 확증할 따름이다. 즉 그것들이 가장 내밀한 중핵에서 그것들의 구체적 보편성으로서의—대안들의 전 영역을 물들이는 특수한 구성체, 즉 다른 모든 특수한 구성체들을 매개하는 포괄적인 총체성으로서 기능하는 특수한 구성체로서의—자본에 의해 매개된다는 것을 말이다. 근대성을 다루는 새로운 저작에서 프레드릭 제임슨은 최근 유행하는 "대안적 근대성들"의 이론들에 대한 간명한 비판을 제공하고 있다.

그렇다면 현재 유행하는 의미에서의 "근대성"의 이데올로그들은 어떻게, 탈근대성 개념으로 인해 피할 수 없게 되어버린 심각한 정치적, 경제적인 체계적 물음들을 던져야 하는 상황에 스스로 연루되지 않으면서, 자신들의 산물—정보 혁명과 세계화된 자유시장의 근대성—을 혐오스러운 낡은 유형과 구별해낼 수 있는가? 답은 간단하다: 당신은 이제 "대체적" 혹은 "대안적" 근대성들에 대해 이야기하는 것이다. 이제는 모두가 그 공식을 알고 있다. 그리고 이는 표준적인 혹은 헤게모니적인 앵글로색슨 모델과는 다른 어떤 근대성이 모두에게 있을 수 있다는 것을 의미한다. 당신을 하위적 위치에 놓이게 하는 것을 비롯해서 전자의 근대성에서 마음에 들지 않는 그 무엇이건 지워버릴 수 있다. 당신 자신의 근대성을 다르게 꾸며낼 수 있으며 따라서 라틴아메리카 유형이나 인도 유형이나 아프리카 유형 등등이 있을 수 있다고 하는 위안을 주는 "문화적" 생각을 통해서 말이다. 하지만 이는, 전 세계적 자본주의 그 자체의 것인, 근대성의 다른 근본적인 의미를 간과하는 것이다.[5]

제임슨도 잘 알고 있지만 이러한 노선은 서구의 세계 자본주의가 지니고 있는 파괴적 측면들을 마법적으로 건너뛸 수 있는 어떤 특별한 아랍적 근대성에 대해 꿈꾸는 저 무슬림에 이르기까지 계속해서 나아간다. 이 비판의 중요성은 근대성의 경우 너머로 한층 더 확장된다. 즉 그것은 명목론적 역사화의 근본적 한계와 관련이 있다. 다양성에 대한 호소("고정된 본질을 가진 하나의 근대성이 있는 것이 아니다. 다른 것으로 환원될 수 없는 다양한 근대성들이

---

5) Fredric Jameson, *A Singular Modernity* (London: Verso Books, 2002), p. 12.

있다……")는 근대성의 고정된 "본질"을 인지하지 못하기 때문에 거짓이 아니라 다양화[증식]multiplication라는 것이 근대성 개념 그 자체에 내속된 적대에 대한 부인으로서 기능하기 때문에 거짓이다. 다양화의 허위성은 그것이 근대성이라는 보편적 개념에서 근대성의 적대를—근대성이 자본주의 체계 속에 삽입되어지는 방식을—제거한다는 사실에 있다. 즉 이러한 측면을 한낱 근대성의 역사적 하위종들 가운데 하나로 격하시키는 것이다. 이러한 내속적 적대가 "거세적" 차원으로서 지칭될 수 있는 한에서, 그리고 프로이트에 따르자면 거세의 부인이 남근-대리물들의 다양화로 나타나는(다양한 남근들이 거세를, 그 하나의 결여를 나타내는) 한에서, 그와 같은 근대성들의 다양화를 물신주의적 부인의 한 형태로 파악하는 것은 어렵지 않은 일이다. 이러한 논리는 또한 다른 이데올로기적 개념들에도, 특히 오늘날 민주주의에도 해당된다. 기존의 민주주의 형식으로부터 또 다른 ("근본적") 민주주의를 구별해 내고 그로써 민주주의가 자본주의와 맺고 있는 연계를 끊어내려는 자들은 동일한 범주 오류를 범하지 않는가?

이반 일리치를 따라서 장-피에르 뒤퓌이가, 해결하겠다고 하는 바로 그 문제들을 증식시키는 자본주의적 생산성의 악순환으로서 집어낸 것[6]의 궁극적 사례는 사이버공간 아니겠는가? 사이버공간이 지구상 누구와든 "실시간"으로 소통할 수 있게 해주면서 우리를 더 묶어놓을수록, 사이버공간은 더욱더 우리를 고립시키며, 컴퓨터 스크린만 바라보는 개인들로 환원시킨다. 더 나아가 뒤퓌는

---

[6] Jean-Pierre Dupuy, *Pour un catastrophisme éclairé* (Paris: Editions du Seuil, 2002), pp. 58-59 참조.

소박하지만 결정적인 질문을 던진다: 우연적인 장애물을 고통의 필연적 형식으로 고양시키는("여자는 태어날 때부터 고통을 겪어야만 한다") 이데올로기에 대한 정당화된 비판은 어느 지점에서 못지않게 이데올로기적인 지각으로, 즉 우리의 유한성(죽음, 우리의 신체에 대한 제약)의 바로 그 한계들을 극복되어야 할 우연적 한계로서 보는 지각으로 화하는가? 여기서 다시금 전형적인 경우는 사이버공간이라는 사례 아니겠는가? 우리 자신을 "소프트웨어"로 변형시키는, 자연적 신체와의 연결고리를 끊고 하나의 가상적 체현물에서 또 다른 체현물로 자유롭게 부유할 수 있는 가상적 존재로 우리 자신을 변형시키는 사이버공간의 영지적 꿈이라는 사례 말이다. 이러한 영지적 비전 속에서 상실되는 것은 우리의 성취에 대한 장애물(우리의 유한성)이 (제한된) 성취의 긍정적 조건이라는 사실이다. 성취의 장애물을 제거한다면 성취 자체를 잃게 된다(혹은, 의미를 가지고 말하자면: 무의미의 환원불가능한 중핵을 제거하면, 의미 그 자체를 잃게 된다).

미시파시즘들

자본주의에 대한 들뢰즈적 태도의 이와 같은 애매성의 역전된 거울상 혹은 대응물은 파시즘에 대한 들뢰즈의 이론이 지닌 애매성이다. 이 이론의 기본적 통찰은 파시즘이 이데올로기나 이해관계 등의 층위에서 주체를 장악하는 것이 아니라 신체적 투여, 리비도적 제스처 등의 층위에서 곧바로 장악한다는 것이다. 파시즘은 신체들의 어떤 배치를 규정하며, 따라서 우리는 (마찬가지로) 바로 이 층위에서, 비인격적 대항전략들을 가지고서 그것과 싸워야 한다. 이와 동시에, 미시와 거시의, 분자적인 것과 몰적인 것의 대립이 있다. 파시즘은 생을 부인하는 견해, 포기의 견해이며, 더 높은 목표들에 희생적으로 복종하는 견해이다. 그것은 비인격적 미시-전략들에, 강도들의 조작에 의존하는데, 이는 생에 대한 부인으로서 기능한다. 그렇지만 여기서 문제가 복잡해진다. 파시즘적 포기는—최선의 들뢰즈적 방식으로—(초자아의 외설적 향유 가운데 하나인) 파시즘의 현실적인 이데올로기적 작동의 **실정성**으로부터 우리 관심을 돌려놓는 기만적인 가면이며, 미끼이지 않은가? 요컨대 파시즘은 여기서 거짓 희생이라는 오래된 위선적 게임을 하고 있는 것 아닌가? 큰 타자를 기만하기 위한, 우리가 정말로 즐기고 있으며 심지어 과도하게 즐기고 있다는 사실을 큰 타자에게 숨기기 위한 표면적인 향유의 포기라는 게임 말이다. "신은 세계의 질서 안에 있는 영혼들을 위한 정상적 실존 양태로서 항구적 향유를 요구한다. 그에게 그것을 제공하는 것은 나의 의무이다"[7]—다니엘 폴 슈레버의 이 말은 극단적인 정신증적 차원에서의 초자아에 대한 최선의 묘사를 제공하지 않는가?

파시즘에 대한 들뢰즈의 설명은 이렇다. 즉 개인으로서의 주체는 파시즘을 추종하는 것이 자신들의 이해관계에 반한다는 것을 이성적으로는 지각할 수 있지만, 그럼에도 불구하고 바로 그 비인격적인 순수 강도들—"추상적인" 신체적 움직임들, 리비도 투여

---

[7] Daniel Paul Schreber, *Memoirs of My Nervous Illness* (New York: New York Review Books, 2000), p. 250.

된 집합적인 율동적 운동들, 그 어떤 특정한 개인에게도 귀속될 수 없는 증오와 열정의 정서들—의 층위에서 파시즘은 그들을 사로잡는다. 그리하여 파시즘을 지탱하는 것은 순수한 정서들의 비인격적 층위이며, 표상되고 구성된 현실의 층위가 아니다. 여기서 아마 궁극적 사례를 제공하는 것은 <사운드 오브 뮤직>일 것이다. 이 영화의 "공식적" 줄거리는 반파시즘적이지만 영화의 강도들의 짜임새는 정반대의 메시지를 생성한다. 다시 말해서 좀더 면밀하게 들여다볼 때 명백하게 드러나는바, 나치에 저항하는 오스트리아인들은 "선량한 파시스트들"로서 그려지고 있으며(그들은 지역적인 가부장적 생활세계에 뿌리박고 있음을 드러내고 있으며, 요들 문화의 아둔함을 즐기고 있으며, 기타 등등이다), 반면에 나치에 대한 영화에서의 묘사는, 세계 권력을 추구하는 뿌리를 상실한 정치적 조종자들이라고 하는 유대인에 대한 나치의 묘사를 섬뜩하게 반향하고 있다. 파시즘에 대항한 투쟁은—(단지) 합리적 비판이라는 층위에서가 아니라—바로 이 비인격적 강도들의 층위에서 이루어져야 한다. 파시스트적 리비도 경제를 한층 더 근본적인 경제를 가지고서 침식함으로써 말이다.

현실 사회주의는 종종 "기능하지 않기 때문에 기능했던" 체계로 지칭되곤 한다(우연히도 이는 또한 프로이트적 증상에 대한 우아할 만큼 단순한 정의이다). 체계는 바로 명시적 규칙들을 위반하는 예외들(암시장 등등)을 통해 생존했다. 요컨대 체제가 위협으로 기각했던 것이 사실상 체제의 생존을 가능하게 했으며, 바로 그렇기 때문에 불법적 경제, 부패, 알코올 중독 등을 막으려는 그 모든 대규모 캠페인들은 자기파멸적이었다. 체계는 자신의 존재

조건들을 침식하고 있었던 것이다. 그리고, 명시적 규칙들을 위반하는 일단의 불문율에 역시 의존해야만 하는 모든 이데올로기 역시 마찬가지 아닌가? 오늘날 사람들은 종종 "관념들의 시장"에 대해 이야기하곤 한다(새로운 관념들은 스스로를 내세우기 위해서 자유로운 토론이라는 시장 같은 경쟁 속에서 시험되어야 한다는 것이다). 이 "관념들의 시장"에도 필연적으로 관념들의 암시장이, 이데올로기적 건축물이 유효성을 유지하기 위해서 의존해야만 하는 부인된 외설적인 성차별적, 인종주의적 관념들(및 그와 유사한 성격을 갖는 여타의 관념들)이 동반한다고 말할 수 없겠는가?

2002년 11월 조지 부시는 이슬람에 대한 너무 온화한 자세로 지각된 어떤 것 때문에 자기 당 우파로부터 공격을 받았다. 네타냐후 및 여타 강경론자들처럼 그는 테러리즘이 이슬람과는, 이 위대하고 관용적인 종교와는 아무 상관도 없다는 주문만을 반복하고 있다는 비난을 받았다. <월스트리트저널>의 한 칼럼이 말하고 있는 것처럼 미국의 진짜 적은 테러리즘이 아니라 전투적 이슬람이다. 이 비평가들의 생각은 이런 것이다. 즉 이슬람에는 폭력과 불관용의 깊은 혈통이 있다는—거칠게 말해서, 이슬람 속에 있는 무언가가 자유주의-자본주의적 세계 질서의 수용에 저항한다는—정치적으로 올바르지 않은(하지만 그럼에도 명백한) 사실을 용기를 내어 주장해야 한다는 것이다. 바로 여기서 진정으로 근본적인 분석은 표준적인 자유주의적 태도와 단절을 이루어야 한다. 아니다, 여기서 부시를 옹호해서는 안 된다. 그의 태도는 궁극적으로 코언, 뷰캐넌, 팻 로버트슨 및 여타의 반이슬람주의자들의 입장보다 나을 것이 전혀 없다. 이 동전의 양면 모두가 똑같이 틀렸다. 그리고 바로 이를 배경으로 해서 우리는 오리아나 팔라치의 『분노와 자긍심』8)에—즉 무슬림의 위협에 대항하는 서구에 대한 이 열정적인 옹호에, 서구의 우월성에 대한 이 공공연한 단언에, 이슬람을 다른 문화로도 아니고 야만으로 보는(우리가 문화 충돌을 다루고 있는 것조차 아니며 우리 문화와 무슬림 야만의 충돌을 다루고 있는 것임을 함축하는) 이슬람에 대한 이 모욕에—접근해야 한다. 이 책은 엄밀한 의미에서 정치적으로 올바른 관용의 이면이다. 그것의 살아 있는 열정은 생기 없는 PC적 관용의 진리이다.

이민자를 폭행하는 스킨헤드의 경우를 보자. 인터뷰에서 그는 기자를 빈정대듯 쳐다보면서 자신의 비행들에 대한 완벽한 사회심리학적 설명(부성적 권위와 모성적 보살핌의 결핍, 우리 사회의 가치관의 위기 등등)을 기자에게 제공한다. 그리고 능가할 수 없는 그의 모델은 아직도 레너드 번스타인의 <웨스트 사이드 스토리>에 나오는 삽입곡 "크럽키 경사님"이다. 이 인물은 냉소적 이성의 최고 사례로서, 오늘날의 이데올로기의 현실적 작용을 구현하고 있다고 간단히 처리해버릴 수만은 없다. 그는 피설명항의 위치에서 말하고 있으므로, 그의 언급들은 또한 그의 행위에 대해 지배 이데올로기와 그 이데올로기의 지식이 설명을 하는 방식에 내재된 허위와 거짓을 효과적으로 고발한다. "당신은 나를 바로 그렇게 생각하지요. 당신은 당신의 박식한 개입과 보도를 통해 바로 그렇게 나를 특징짓고 처리해버리지요. 하지만 잘 봐요, 난 게임을

---

8) Oriana Fallaci, *The Rage and the Pride* (New York: Rizzoli, 2002) 참조. [국역본: 오리아나 팔라치, 『나의 분노 나의 자긍심』 (박범수 옮김, 명상, 2005).]

할 수도 있어요. 그리고 그건 나를 전혀 건드리지 못하지요!" 이것은 "모든 것을 이해하는" 인간주의적인 사회복지사나 심리학자 자신들의 숨겨진 냉소주의를 고발하는 행위 아닌가? 이러한 상황에서 그들이야말로 진짜 냉소주의자라면 어찌할 것인가?

   동일한 긴장을 내포한 또 다른 사례. 2002년 10월 워싱턴은 공황 상태에 빠졌다. 미지의 저격자가 2주도 안 걸려서 (무작위로 선택된) 10여명을 저격했으며, 그로써 루이 뷔뉘엘의 <자유의 환영>에 나오는 것과도 같은 영화 사례들을 모방했다. 이 영화에서는 한 남자가 파리의 고층건물 꼭대기로 올라가 아무것도 모르고 걷고 있는 보행자들을 저격한다. 게임 플레이어가 저격자 역할을 맡을 수 있는 비디오 게임이 곧 등장할 것이라고 내기를 걸 수도 있을 것이다. 왜일까? 그 저격자의 행위가, 심지어는 알카에다가 직접 그들 배후에 있었을지도 모른다는 단서들과 더불어, "테러리즘" 영역에 재기입되기는 했지만, 그의 행위의 주체적 논리는 전적으로 후기 자본주의적이다. 즉 비사회적이지만 훌륭하게 훈육되었으며 완벽하게 교육받은, "사회"에 대한 적의를 품고 있는 외로운 정신질환적 개인. 그리하여, 게임 플레이어가 저격자와 동일시하는 것에 의존하게 될 앞서 제안된 비디오 게임은 오늘날의 주체성의 한 가지 근본적 특징을, 즉 "비사회적인" 유아독존론적 개인의 출현을 보여준다. 다시금, 배제된 외부자는 "정상적" 내부자의 숨겨진 모델인 것으로 그 가면이 벗겨진다.

   두 가지 중요하고도 상호연계된 결론이 이와 같은 들뢰즈적인 분석들로부터 도출될 수 있다. 첫째로, 사실을 참조함으로써, 즉 일체의 숨겨진 자료를 공개함으로써 여하한 이데올로기적 건축물을 무너뜨리려는 시도들을 역병처럼 따라다니는 한계가 있다. 들뢰즈에 따르면 <히틀러, 한 편의 독일 영화>에서 "지버베르그가 보여주는 강렬한 생각은, 어떤 정보도, 그것이 무엇이든 간에 히틀러를 무찌르기에는 충분치 않다는 것이다. 모든 자료들을 보여주고 모든 증언들을 듣게 해도 소용없을 것이다."9) 이는 정반대(단지 모든 사실을 알기만 하면 된다)에 내기를 거는 촘스키 같은 사람들에 대항한 심원한 통찰로서 기여한다. 두 번째, 보충적 결론은 해방을 위한 투쟁이 "서술할 권리"를 위한 투쟁으로, 즉 박탈된 주변적 집단들이 자신들의 입장을 자유롭게 표명하기 위한 투쟁으로 환원될 수 없다는 것이다. 혹은 들뢰즈가 한 대담자의 질문에 답하면서 말하기를, "당신은 통제 혹은 소통 사회가 '자유로운 개인들의 횡적 조직'으로 인식되는 공산주의에 새로운 기회를 주게 될 저항의 형태들을 불러일으키지 않겠는가라고 질문하셨는데, 글쎄요, 그럴 수도 있겠지요. 하지만 그것이 소수가 다시 말을 하게 되는 것과 상관있는 일은 아닐 것입니다. 말, 전달 같은 것이 부패되어 있다고 할까요······. 창조란 언제나 전달과는 다른 것이었습니다."10)

하지만 들뢰즈의 접근이 비록 생산적이라 하더라도, 이제 그것을 문제화할 때이며, 그와 더불어 (특히 서구의) 마르크스주의자들과 포스트마르크스주의자들 사이에 유행하는 일반적 경향을 문제

---

9) Gilles Deleuze, *The Time-Image* (Minneapolis: University of Minnesota Press, 1989), p. 269. [국역본: 질 들뢰즈, 『시네마 II: 시간-이미지』 (이정하 옮김, 시각과 언어, 2002), 527쪽.]

10) Gilles Deleuze, *Pourparlers* (Paris: Editions de Minuit, 1990), p. 237. [국역본: 질 들뢰즈, 『대담 1972~1990』 (김종호 옮김, 솔, 1994), 195쪽.]

화할 때이다. 그들은 파시즘의 승리에 대한(혹은, 오늘날에는, 좌파의 위기에 대한) 매우 단순한 일군의 단서들에 의존하고 있다. 마치 좌파가 리비도적인 미시정치의 층위에서 파시즘과 싸우기만 했어도, 혹은 오늘날 좌파가 "계급 본질주의"를 포기하고 다양한 "포스트정치적" 투쟁들을 온당한 실천 지형으로 받아들이기만 했어도, 그 결과는 전적으로 달랐을 것인 양 말이다. 오만한 좌파 지식인의 어리석음을 보여주는 대표적인 사례가 하나 있다면, 이것이 바로 그것이다.

들뢰즈와 가타리의 파시즘 이론에는 두 가지 문제가 있다. 좌파가 자기 고유의 "열정의 정치"를 가지고서 파시즘에 반격하기만 했어도 파시즘은 패퇴될 수 있었을 것이라는 생각은, 에른스트 블로흐와 빌헬름 라이히가 옹호한 적이 있는 오래된 생각인데, 너무 소박해 보인다. 게다가 들뢰즈가 자신의 가장 대단한 통찰로서 제시하는 것은—비록 다른 양태로이긴 하지만—이미 (파시즘은 합리적인 논쟁을 멸시하며 사람들의 저열하고 비합리적인 본능을 이용해 먹는다고 되풀이하곤 했던) 가장 전통적인 마르크시즘에 의해 주장되지 않았던가? 더 일반적으로 말해서, 이러한 들뢰즈적 접근은 너무나도 추상적이다. 모든 "나쁜" 정치는 "파시즘적"인 것으로 선언되며, 그리하여 "파시즘"은 범용 용기로, 만능 주머니로, 생성의 자유로운 흐름에 거스르는 일체의 것에 대한 포괄적인 용어로 고양된다. 그것은

> 점에서 점으로, 상호작용하면서 우글거리며 도약하는 분자적 초점들과 불가분의 관계에 놓여 있는데, 이것은 국가사회주의(나치) 국

가에서 분자적인 초점들이 다함께 공명하기 이전에 일어난다. 농촌의 파시즘과 도시의 파시즘 또는 도시 구역의 파시즘, 젊은이의 파시즘과 퇴역 군인들의 파시즘, 좌익의 파시즘과 우익의 파시즘, 커플, 가족, 학교나 사무실의 파시즘.[11]

여기에 이렇게 추가하고만 싶다: 그리고 들뢰즈 그 자신의 비합리주의적 생기론의 파시즘(초기의 논박에서 바디우는 들뢰즈가 파시즘적 경향들을 은닉하고 있다고 효과적으로 비판했다!). 들뢰즈와 가타리(특히 가타리)는 여기서 종종 성급한 일반화의 진정한 해석적 착란에 빠져있다. 단 하나의 거대한 원호로 그들은 초창기 기독교의 고백 절차에서 시작해서 낭만적 주체성의 자기-조사와 정신분석 치료(자신의 은밀하고 도착적인 욕망에 대한 고백)를 거쳐서 스탈린주의적인 허식 재판들(가타리는 이 재판들을 곧바로 집단적 정신분석의 실행으로 특징지은 적이 있었다. 이에 대해서 우리는 어떻게 스탈린주의 재판들이 명백히 "생산적"이었는지를 지적함으로써 응답하고만 싶어진다. 그 재판들의 실제 목표는 진리를 발견하는 것이 아니라 새로운 진리를 창조하는, 그것을 구성/생성하는 것이었다)에 이르기까지 이어지는 연속적인 선을 그렸다. 바로 여기서, 이와 같은 일반화에 반대해서 우리는 라클라우의 헤게모니적 절합hegemonic articulation이라는 개념의 가르침을 불러내야 한다: 파시즘은 **오로지** 흩어진 요소들이 "다함께 공명하

---

11) Gilles Deleuze and Felix Guattari, *A Thousand Plateaus* (Minneapolis: University of Minnesota Press, 1987), p. 214. [국역본: 질 들뢰즈와 펠릭스 가타리, 『천 개의 고원』 (김재인 옮김, 새물결, 2001), 408쪽.]

기" 시작할 때에만 출현한다. 사실상 그것은 단지 요소들(전적으로 상이한 헤게모니적 절합 사슬들 속으로 삽입될 수도 있는 요소들)의 이러한 공명의 한 가지 특별한 양태이다.[12] 바로 이러한 점에서 우리는 또한 빌헬름 라이히에 대한 들뢰즈의 공감이 지닌 문제적 성격을 강조해야 한다. 부르주아 핵가족은 파시즘적인 권위주의적 인격을 생성하는 기본 세포라는 라이히의 테제는 (이미 1930년대의 아도르노와 호르크하이머의 분석들이 입증했듯이) 뻔하게 틀린 것 아닌가?

네트사회?

들뢰즈와 가타리의 "친자본주의적" 측면은 알렉산더 바드와 잔 소더비스트에 의해 『네트사회』[13)]에서 온전히 전개되었다. 그것은 (사이버-코뮤니즘이 아니라) 사이버-스탈린주의라고 부르고만 싶은 것의 최고 사례다. 마르크스주의를 한물 간 것으로, 낡은 산업사회의 일부인 것으로 무자비하게 비판하면서 그것은 스탈린주의적 마르크스주의로부터 핵심적 특징들의 전 계열을 취한다. 조야한 경제결정론과 선형적 역사진화주의(생산력의 발전—산업에서 정보운용으로의 강조점의 이동—은 새로운 사회관계를 요구하며, 자본가와 프롤레타리아트의 계급적대가 "네토크래트"와 "컨숨타

---

12) Ernesto Laclau, *Politics and Ideology in Marxist Theory* (London: Verso Books, 1977) 참조.
13) Alexander Bard and Jan Soderqvist, *Netocracy: The New Power Elite and Life after Capitalism* (London: Reuters, 2002) 참조.

리아트"의 새로운 계급적대로 대체될 것을 요구한다)에서 시작해서 극단적으로 조악한 이데올로기 개념(최선의 순진한 계몽적 방식으로, 전통 종교에서 부르주아 인간주의에 이르기까지 이데올로기는 지배계급과 그에 고용된 지식인들이 하층계급을 저지하기 위해 이용하는 도구로서 반복해서 처리되고 있다)에 이르기까지 말이다. 그렇다면 여기에 "네트사회"라는 새로운 생산양식의 기본적 전망이 있다(이 용어는 부적합한데, 왜냐하면 거기서 생산은 바로 그 핵심적 역할을 상실하기 때문이다). 봉건주의에서 사회권력의 열쇠는 (종교적 이데올로기에 의해 정당화된) 토지의 소유였다. 그리고 자본주의에서 권력의 열쇠는 (화폐가 사회적 지위의 척도가 되면서) 자본의 소유인바, 사유재산은 근본적인 법적 범주가 되고 시장은 사회적 교환의 지배적 장이 된다(이 모두는 자율적인 자유로운 행위자로서의 인간이라는 인간주의 이데올로기를 통해 정당화된다). 이에 반해서 새롭게 출현하는 "네트사회"에서 권력과 사회적 지위의 척도는 핵심 정보에 대한 접근이다. 화폐와 물질적 소유는 부차적 역할로 격하된다. 지배받는 계급은 더 이상 노동계급이 아니라 소비계급("컨숨타리아트"), 즉 네트사회 엘리트가 준비하고 조작한 정보를 소비할 수밖에 없는 자들이다. 이러한 권력 이동은 전적으로 새로운 사회적 논리와 이데올로기를 낳는다. 정보는 항상 순환하고 변하기 때문에, 더 이상 안정적인 장기적 위계는 없으며 영구히 변화하는 권력관계의 네트워크가 있을 뿐이다. 개인들individuals은 "유목적"이며 "가분자들dividuals"이어서, 끊임없이 스스로를 재창안하고 다양한 역할들을 채택한다. 사회 그 자체는 더 이상 위계적 전체가 아니라 복합적이고 개방적인 네트워크들의 네트워크이다.

『네트사회』는 새로운 정보 엘리트들의 국소 집단들을 소외되지 않은 유토피아적 공동체의 섬으로 제시한다. 이 책은 새로운 "상징적 계급"의 삶을 묘사하는데, 이 계급에게는 돈보다는 라이프스타일이나 배타적 정보접근이나 사교서클이 더 중요하다(일급의 학자, 저널리스트, 디자이너, 프로그래머 등은 실제로 이러한 방식으로 산다). 여기서 첫 번째 문제는 **인정**의 문제다. 네토크래트들은 타인들에 대해 **정말로** 관심을 두지 않는가, 아니면 그들의 무시는 가장된 것이고, 타인의 눈에 자신들의 엘리트주의를 단언할 방법인 것인가? (그들이 돈에 관심이 없다는 것은 분명한데, 이는 충분히 있기 때문이다.) 덧붙여서, 어느 정도로 그리고 좀더 정확한 어떠한 의미에서 그들은 자신들의 부와는 별개로 "권력을 잡고" 있는 것인가? 『네트사회』의 저자들은 전통적, 위계적 사유에 대립되는 바로서의 "유목적" 주체들과 사유라는 자신들의 개념이 지닌 궁극적 아이러니를 온전히 자각하고 있는가? 그들이 실제로 주장하고 있는 것은 오늘날의 엘리트인 네토크래트들이 어제의 주변적 철학자들과 추방된 예술가들(스피노자에서 니체와 들뢰즈까지)의 꿈을 실현한다는 것이다. 요컨대, 한층 더 신랄하게 진술하자면, 저항의—헤게모니적 권력 네트워크에 의해 짓밟힌 주변적 위치의—궁극적 철학자들인 푸코와 들뢰즈와 가타리의 사유는 사실상 새롭게 출현하고 있는 지배 계급의 이데올로기이다.[14]

---

14) 그렇지만, 정말로 헤겔은 "주변적"이며 유목적인 스피노자-니체 계열에 대립되는 국가 철학자였던가? 헤겔이 이러한 역할을 맡을 만도 했던 짧은 두 시기가 있다. 말년의 헤겔 자신이 그러하며, 헤겔을 우스꽝스럽게 오독한 보수적인 영국 헤겔주의자(브레들리 등등)가 그러하다. 하지만 바쿠닌에서 시작해서, 헤겔에 대한 수많은 폭발적이고도 혁명적인 전유들은 어떤가?

『네트사회』의 문제는 너무 빠른 동시에 충분히 빠르지 않게 움직인다는 점이다. 바로 그렇게 그것은 새로운 무언가를 자본주의의 계승자나 그 밖의 후보들(후산업 사회, 정보 사회)로 너무 빨리 끌어올린 다른 모든 시도들의 잘못을 공유하고 있다. 이러한 유혹에 대항하여 우리는 "정보 사회"라는 것이 "봉건주의"나 "자본주의"와 같은 층위에 있는 개념이 아니라고 주장해야 한다. 따라서 네트사회의 지배가 완성된 그림은, 저자들이 새로운 계급 적대를 강조함에도 불구하고, 유토피아다. 즉 자력으로는 생존할 수도 스스로를 재생산할 수도 없는 일관성 없는 혼성물이다. 새로운 네토크래트 계급의 너무도 많은 특징들은 자본주의 체제 내에서만 유지될 수 있는 것이다. 바로 여기에 『네트사회』의 약점이 있다. 이데올로기적 신비화의 기본적 논리를 따르면서 이 책은 사실상 정보 사회가 기능하는 실질적 조건들인 그 무엇을 "(자본주의적이고 국가주의적인) 과거의 잔재"로 처리해 버린다.

핵심적 문제는 자본주의의 문제, "네트사회"가 자본주의와 관계하는 방식의 문제다. 한 편으로 특허권, 저작권 등등이, 즉 정보 그 자체가 시장에서 "지적 재산"으로, 또 하나의 상품으로 제공되

헤겔의 사망 10년 후에 프리드리히 빌헬름 4세가 헤겔의 혁명적 영향력과 싸우기 위해 1840년 베를린으로 말년의 셸링을 부른 것은 어떤가? 그리고 독일 국가 철학자로서의 니체는 어떤가? 19세기말 독일에서 헤겔에 대항한 원-국가-철학자였던 것은 오히려 니체였다. 네덜란드 국가의 데비트 형제 파벌의 철학자였던 스피노자는 말할 것도 없고 말이다. 물을 탄 철학 판본이라면 사실상 "국가 철학"으로서 기능할 수 있는 철학자는 칸트다. 한 세기 전의 신칸트주의자들에서 시작해서 현재 프랑스 교육부 장관인 뤽 페리와 어느 정도까지는 독일의 하버마스까지 말이다. 그 이유를 말하자면, 칸트는 실증 과학에 대한 존경을 과학적 앎의 범위에 대한 제한과 이상적으로 결합시켰다(그리하여 종교와 도덕성을 위한 여지를 만들었다). 이는 정확히 국가 이데올로기가 필요로 하는 그 무엇인 것이다.

고 팔리는 일체의 다양한 양태들이 있다. (그리고 이 저자들은, 네트사회의 진정한 엘리트의 특권은 더 이상 정보의 소유에 근거하고 있는 것이 아니라 어지러운 대규모 정보 가운데 적실한 자료를 식별해낼 수 있는 능력에 근거하고 있기 때문에 그들은 특허권 등등을 초월해 있는 것이라고 주장할 때, 이상하게도 요점을 놓친다. 정말로 중요한 자료를 식별할 수 있는 이 능력, 불필요한 짐을 버릴 수 있는 능력은 어째서 판매되어야 할 또 다른—어쩌면 핵심적인—정보여서는 안 된다는 말인가? 다시 말해서 저자들은 오늘날의 인지과학의 기본적 가르침을 망각한 것 같다. 즉 이미 의식의 가장 기본적인 층위에서 정보는 "추상할" 수 있는 능력, 우리에게 끊임없이 퍼부어지는 어지러운 다양 속에서 적실한 부분을 식별할 수 있는 능력이라는 것을 말이다.) 다른 한 편으로 자본주의를 특징짓는 소유 관계 너머에서의 정보교환 가능성이 있다. 이 내적 적대는, 새로운 네토크래트 계급 내부에서, 자본주의 지지자들(빌 게이츠 같은 유형)과 후자본주의적 유토피아 지지자들 간의 기본적 긴장에서 실현된다(그리고 저자들이 미래의 "계급투쟁"은 후자본주의적 네토크래트와 혜택받지 못하는 "컨숨타리아트" 사이에 있을 수 있는 연합과 관련하여 결정될 것임을 강조한 것은 옳다). 이러한 연합이 없다면, 네트사회 내부로부터의 지지가 없다면, "컨숨타리아트" 단독으로는 그 어떤 긍정적, 미래지향적 프로그램도 결여된 폭력적인 부정적 행동을 통해 항의를 표명할 수밖에 없다. 따라서 핵심적 요점은 그 어떤 "중립적" 네트사회도 없다는 것이다. 그 자체로 후기 자본주의의 일부인 자본주의편의 네트사회가 있거나, 아니면 다른 생산양식의 일부인 후자본주의적 네트사회가 있거나이다. 문제를 더 복잡하게 하자면, 이 후자본주의적 전망은 그 자체로 애매하다. 그것은 좀더 개방된 "민주적" 체계를 의미할 수도 있고, 새로운 위계의 출현을, 일종의 정보적/유전공학적 신봉건주의의 출현을 의미할 수도 있다.

  이러한 투쟁은 이미 일어나고 있다. 2001년 마이크로소프트사는 사용자들에게 자신들의 정보를 보호하고 통제할 수 있도록 해줄 별도의 보안칩을 지닌 근본적으로 새로운 윈도우 버전인 팔라디움을 계획하고 있다고 공표했다. "당신의 허락 없이는 그 어떤 것도 당신의 PC를 떠날 수 없습니다." 팔라디움은, 암호화를 통해, 어느 누구도 당신을 엿볼 수 없고, 모든 수신 메일이 여과되고, 송신된 당신의 메시지들이 당신이 인가한 사람에게만 개봉될 수 있고, 누가 개봉했는지를 추적할 수 있는 등등을 보장해준다. 팔라디움은 "보안과 사생활과 지적재산권을 지킬 수 있도록 개인용 컴퓨터를 개조하는 계획"이다.[15] 이는 정보의 세계를 사적 소유의 자본주의적 논리 안에 기입하려는 바로 그 거대한 시도 아닌가? 이러한 경향에 대립하여, 모든 사람이 자유롭게 접근할 수 있을 뿐 아니라 자유로운 사회적 상호작용을 통해 발전될(이전 버전들은 신제품이 시장에 공개되는 마법의 순간을 기다리면서 몰래 숨겨지는 것이 아니다. 반대로 이들 버전들은 사용자로부터의 피드백을 이끌어내기 위해 이미 자유롭게 유통된다) 새로운 사이버공간 언어를, 윈도우에 대한 대안을 개발하려는 노력들이 있다. AOL이 자신의 경쟁자에게 타격을 가하기 위해 그와 같은 대안을 후원

---

15) 『뉴스위크』 2002년 7월 8일, 50-52면에 실린 기사 "The Big Secret" 참조.

하고 있다는 사실이 알려주는 바가 있다. 진보 세력들이 왜 이러한 후원을 전략적으로 이용해서는 안 된다는 말인가?

제국에 대항한 타격들

오늘날의 세계 자본주의는 더 이상 민주적 대표성과 결합될 수 없다. 국제통화기금(IMF)이나 세계무역기구(WTO) 같은 기구들의 핵심적인 경제적 결정들은 아무런 민주적 절차에 의해서도 적법화되지 않으며, 이와 같은 민주적 대표성의 결여는 경험적인 것이 아니라 구조적인 것이다. 그렇기 때문에, IMF나 WTO나 그 밖의 기구들을 어떤 유형의 민주주의적 통제에 종속시킬 어떤 범역적 (대의) 민주주의에 대한 요청(독일에서 하버마스, 벡, 라폰테인 등이 제기한 요청)은 환영에 불과하다. IMF 이사회 구성을 위한 전 세계적 투표를 실제로 상상해볼 수나 있는 것인가? 우리는 의회 민주주의가 "형식적"이라는 통상적 불평 이상의 것을 다루고 있다. 여기서는 심지어 그 형식조차도 없다.

하트와 네그리의 『제국』16)은 이러한 곤궁에 해결책을 제공하려고 한다. 그들의 내기는 마르크스를 반복하는 것이다. 마르크스가 보기에 고도로 조직화된 법인 자본주의는 이미 자본주의 내부에 있는 사회주의의 한 형태(부재한 소유주들은 불필요해지는 일종의 자본주의의 사회화)였으며, 따라서 명목상의 머리만 잘라내면

---

16) Michael Hardt and Toni Negri, *Empire* (Cambridge, Mass.: Harvard University Press, 2000). [국역본: 안토니오 네그리·마이클 하트, 『제국』 (윤수종 옮김, 이학사, 2001).]

사회주의를 얻게 되는 것이다. 동일한 방식으로 하트와 네그리는 비물질적 노동의 헤게모니적 역할의 출현에서 동일한 잠재력을 본다. 마르크스가 19세기 자본주의의 대규모 산업 생산은 자신만의 색조를 총체성에 부여하는 특별한 색깔로서 헤게모니적이었다고 선언했던 바로 그 의미에서, 오늘날 비물질적 노동은 "헤게모니적"이다. 즉 양적으로 그렇다는 것이 아니라, 핵심적이고 표징적인 구조적 역할을 한다는 점에서 말이다. 그렇다면 이는, (보수적인 문화비평가들이 우리가 그렇게 믿었으면 하는 것처럼) 민주주의에 대한 치명적 위협을 제기하기는커녕, "절대적 민주주의"를 위한 유일무이한 기회를 열어놓는다. 왜일까?

비물질적 생산에서 생산물은 더 이상 물질적 대상이 아니라 새로운 사회적인 (사람들 사이의) 관계들 그 자체이다. 물질적 생산은 언제나 그것이 발생하는 사회적 관계들의 (재)생산이기도 하다는 것을 강조한 것은 이미 마르크스였다. 그렇지만 오늘날의 자본주의에서 사회적 관계들의 생산은 생산의 직접적 종착점/목표이다. 하트와 네그리의 내기는 이처럼 직접적으로 사회화된 비물질적 생산이 점차로 소유주들을 불필요하게 만든다(생산이 형식적으로나 그 내용에 있어서나 직접적으로 사회적일 때 누가 그들을 필요로 하겠는가?)는 것만이 아니라, 또한 생산자들이 사회적 공간의 제어를 지배한다는 것인데, 왜냐하면 사회적 관계들(정치)은 그들의 작업의 재료이기 때문이다. 그리하여 "절대적 민주주의"를 위한 길이, 즉 생산자들이 심지어 민주주의적 대의라는 우회로를 거치지 않고서도 사회적 관계들을 직접 제어하는 길이 열린다.

여기서 문제는 최소한 3중적이다. 첫째, 비물질적 노동의 헤게모니적 역할을 향한 이러한 움직임을 생산으로부터 소통으로의, 사회적 상호작용으로의(즉 아리스토텔레스적 용어로 하자면, 포에시스로서의 테크네로부터 프락시스로의) 움직임으로 실로 해석할 수 있는 것인가? 정말로 그것은 생산과 활동적 삶$vis\ activa$이라는 아렌트적 구분이나 도구적 이성과 소통적 이성이라는 하버마스적 구분의 극복을 가리키는가? 둘째, 생산이 (새로운) 사회적 관계들을 직접적으로 산출하는 이러한 생산의 "정치화"는 어떻게 정치라는 바로 그 개념에 작용하는가? (이윤의 논리에 종속된) 이와 같은 "인민의 관리"는 여전히 정치인가, 아니면 가장 근본적인 유형의 탈정치화, "포스트-정치"로의 진입인가? 그리고 마지막으로, 하지만 그렇다고 하찮은 것은 아닌 것으로, 민주주의는 필연적으로, 바로 그 개념과 관련하여, 비절대적이지 않은가? 어떤 은폐된, 전제된 엘리트주의가 없는 민주주의는 없다. 민주주의는 정의상 "범역적"이지 않다. 민주주의는 우리가 "민주적으로" 선택할 수 없는 가치들이나 진리들에 기반해야만 한다. 민주주의에서 우리는 진리를 위해 싸울 수 있다, 하지만 무엇이 진리인지를 결정할 수는 없다. 클로드 르포르 및 여타의 사람들이 충분히 입증했듯이, 민주주의는 단순히 기존하는 이익들, 의견들 등등을 적합하게 재-현(표현)한다는 의미에서 대표적이지 않은데, 왜냐하면 이러한 이익들과 의견들은 오로지 그와 같은 대표를 통해서만 구성되기 때문이다. 다시 말해서 이익에 대한 민주주의적 표명은 언제나 최소한으로 수행적이다. 사람들은 민주적 대표들을 통해서 그들의 이익과 의견이 무엇인지를 확립한다. 헤겔이 이미 알았듯이, "절대적 민주주의"는 그것의 "대립적 규정"이라는 가장 속에서만, **공포정치**로서만 스스로를 실현할 수 있을 것이다. 그리하여 여기엔 선택이 놓여 있다. 우리는 민주주의의 구조적인, 한낱 우연적이지만은 않은, 불완전성을 받아들이는가, 아니면 그것의 공포적 차원 또한 승인하는가?

하트와 네그리의 슬로건―제국에 대항한 저항의 현장으로서의 다중―은 추가적인 일련의 문제들을 열어놓는다. 그중 우선적인 것은 다중이 기능하는 층위에 관한 문제다. 즉 다중들의 어떤 주어진 장이 배제하는 그 무엇, 그것이 기능하기 위해서는 배제해야만 하는 그 무엇에 관한 문제다. 그렇기 때문에 언제나 다중들에 대한 비다중적 과잉이 있는 것이다. 다문화주의적 정체성 정치를 생각해보자. 낡아빠진 "계급 환원주의와 본질주의"라는 유령에 대항하여 주장되는, 다양한―종교적, 종족적, 성적, 문화적―정체성들의 번창이라는 것도 좋다. 그렇지만 오래전에 수많은 총명한 관찰자들이 주목했던바, "계급, 젠더, 종족"이라는 주문呪文에서 "계급"은 빠져나오며, 결코 온전하게 주제화되지 않는다. 다중들의 이와 같은 균질화의 또 다른 사례는 자본 그 자체다. 자본주의는 원칙적으로 다양체이다(전적으로 독점적인 자본이란 개념적 넌센스다), 하지만 정확히 그러한 것으로서 그것은 그것의 다양성이 번영할 수 있는 유일한 영역으로서의 보편적 매개물을, 계약이 존중되고 계약위반이 처벌되는 등의 법적으로 규제되는 시장의 매개를 필요로 한다. 고유하게 변증법적이라고 부를 수 있는 방식으로, 어네스토 라클라우는 다음과 같은 지적을 한다. "왕에서 인민에게로 주권이 이전됨을 통해 단일한 다중이 출현할 수 있었던 것은 오로지 [근대 초기에] 집중화 과정이 어떤 지점 너머로까지 진전되었을 때였다."17) 다시 말해서 우리는 단순히 전복적 내재적 다중을 집중화하는 초월적 국가권력에 대립시킬 수 없다. 즉 근대적인 정치적 다중의 출현을 위한 공간을 창출한 것은 17세기와 18세기의 중앙집중적 국가권력의 바로 그 확립이었다.

따라서 소박한 물음을 던져보자면, (단지 저항으로서가 아닌) "권력을 잡은 다중"이란 무엇이겠는가? 어떻게 그것은 기능할 것인가? 하트와 네그리는 세계자본주의적 제국에 반대할 두 가지 길을 구분한다. 강한 민족국가로의 복귀에 대한 "보호주의적" 옹호냐, 아니면 한층 더 유연한 다중 형태들의 배치. 이러한 노선들을 따르면서 하트는 포르토 알레그로 반세계화 모임에 대한 분석에서, 거기서 작동하는 정치적 공간의 새로운 논리를 강조한다. 그것은 더 이상 확고하고 단일한 당 노선에 대한 레닌주의적 요청을 담은 "우리 대 그들"이라는 낡은 이원적 논리가 아니라, 이데올로기적이거나 강령적 강조점에서 서로 양립할 수 없는(자신들의 지역적 전통과 세습의 운명에 대해 걱정하는 "보수적" 농부나 생태론자들에서 이민자들의 이익을 대표하고 세계적 이동성을 옹호하는 인권 그룹이나 대변자들에 이르는) 다중적인 정치적 작인과 입장들의 공존이었다. 자본주의 동력학의 내속적으로 적대적인 성격(새로운 양태의 재영토화를 생성하는 탈영토화의 강력한 기계)에 대한 들뢰즈의 주장과 관계지어 볼 때 일종의 부정적 거울상을 제공하는 것처럼 보이는 것은 실로 세계자본에 대한 오늘날의

---

17) Ernesto Laclau, "Can immanence explain social struggle?", 미출간 원고.

반대 그 자체다. 자본주의에 대한 오늘날의 저항은 동일한 적대를 재생한다. 세계적 동력학에 의해 위협을 받고 있는 특수한(문화적, 종족적) 정체성들을 방어해야 한다는 요청은 (무엇보다도 개인들의 자유로운 이동과 관련하여 자본주의가 부과하는 새로운 장벽들에 대항한) 더 많은 세계적 이동성에 대한 요구들과 공존한다. 그렇다면, 이러한 경향들(들뢰즈의 표현으로는, 이러한 도주선들 *lignes de fuite*)이 비적대적 방식으로, 동일한 세계적 저항 네트워크의 일부로서 공존할 수 있다는 것이 사실인가? 우리는 등가연쇄라는 라클라우의 개념을 이러한 주장에 적용함으로써 그 주장에 응답하고 싶다. 물론, 이 다중의 논리는, 우리가 여전히 저항을 다루고 있는 것이기 때문에, 기능한다. 그렇지만 "우리가 그것을 넘겨받을" 때는—이것이 실로 이러한 운동들의 욕망이자 의지인 한에서—어떤가? "권력을 잡은 다중"은 무엇과 같을 것인가?

몰락해가는 현실 사회주의의 마지막 몇 년에도 유사한 배치가 있었다. 즉 대립적 장 내부에, (자유주의적 인권 집단으로부터, "자유주의적" 사업지향적 집단, 보수적 종교 집단, 좌파적인 노동자의 요구에까지 이르는) 다양한 이데올로기-정치적 경향들이 비적대적으로 공존하고 있었다. 이와 같은 다중성은 "그들"에 대한, 즉 당 헤게모니에 대한 반대에서 통일되어 있는 한 잘 기능했다. 일단 그들 자신이 권력을 쥐게 되자, 게임은 끝났다. 행동하는 다중의 또 다른 사례는 베네수엘라에서 우고 차베스에게 권력을 돌려준 군중들이다. 그렇지만 차베스가 라틴아메리카의 카우디요 *caudillo*로서, 즉 자신을 지지하는 자들의 대립하는 이해관계를 마법처럼 해결해주는 기능을 하는 유일무이한 **지도자**로서 기능한다는 명백한 사실을 망각할 수 있겠는가? 그리하여 "권력을 잡은 다중"은, 필연적으로, 다양한 이익들을 담을 수 있는 "텅 빈 기표"로서 봉사할 수 있는 카리스마를 지닌 권위주의적 지도자의 가장 속에서 스스로를 실현한다(군대한테는 군국주의적 애국자였고, 교회한테는 독실한 기독교인이었고, 노동자 편에서는 독재정치에 대항한 가난한 자들의 지지자였던 인물은 이미 페론이었다). 새롭고도 산포된 다중적 대항권력의 지지자들(과 실천가들)이 좋아하는 사례는 물론 멕시코 치아파스의 사파티스타 운동이다. 그 운동을 이끌고 있는 인물인 부사령관 마르코스가 어떻게 기능하는가에 대한 나오미 클라인의 묘사가 여기 있다.

> 그는 명령을 짖어대는 사령관이 아니라 부사령관이었고, 평의회의 의지를 위한 도관導管이었다. 새로운 페르소나를 취한 그의 첫 번째 말은 "나를 통해 사파티스타 민족해방군의 의지가 말한다"였다. 자신을 한층 더 예속시키면서 마르코스는 그를 좇는 사람들에게 자신은 지도자가 아니라고, 그의 검은 복면은 그들 자신의 매 투쟁들을 반영하는 거울이라고, 사파티스타는 불의와 싸우는 어느 곳의 누구건 될 수 있다고, "우리는 당신이다"라고 말한다. 가장 유명한 일화로, 그는 한 기자에게 "마르코스는 샌프란시스코의 게이이고, 남아프리카의 흑인이고, 유럽의 아시아인이고, 샌이시드로의 치카노이고, 스페인의 아나키스트고, 아스라엘의 팔레스타인이고, …… 밤 10시에 지하철에 탄 독신 여성이고, 땅 없는 농부이고, 슬럼가의 갱단 멤버이고, ……"라고 말한 적이 있다. 그러면서 (자기 자신이 아니며, 도관이며, 거울인 것으로 가정된) 마르코스 자신

은 그토록 개인적이고 시적인 어투로 글을 쓴다. 너무나도 완벽하고도 틀림없이 자기 자신만의 것인 어투로 말이다.[18]

이와 같은 구조가 기존의 실정적 국가권력 구조의 윤리-시적인 그림자 분신으로서만 기능할 수 있다는 것은 명백하다. 마르코스가 자신의 얼굴을 보여줄 수 없다는 것은 놀랄 일이 아니다. 운동이 목표를 달성한다면/달성할 때 복면을 벗어던지고 다시 익명의 인물로 사라지는 것이 그의 생각이라는 것도 놀랄 일이 아니다. 만일 사파티스타들이 사실상 권력을 잡게 된다면, "나를 통해 ……의 의지가 말한다"와 같은 진술들은 즉각 훨씬 더 불길한 차원을 획득하게 될 것이다. 즉 그러한 진술들의 외관상의 겸양은 극단적 오만함으로, 자신의 주체성이 보편적 의지를 표현하는 직접적 매개로서 봉사하는 어떤 특정한 개인의 주제넘음으로 드러나게 될 것이다. "나 자신은 아무것도 아닙니다. 나의 모든 힘은 당신들의 것입니다. 나는 단지 여러분들의 의지의 표현에 불과합니다"와 같은 말들이 어떻게 자신들의 어두운 함의―"…… 따라서, 나를 개인적으로 공격하는 모든 사람들은 사실상 여러분 모두를, 전 인민을, 자유와 정의에 대한 여러분의 사랑을 공격하고 있는 것입니다!"―를 조작하는 법 또한 아주 잘 알고 있었던 "전체주의적" 지도자들의 전형적 상투어였는가를 우리는 아직 기억하고 있는가? 가상적 항의의 비판적 목소리로서 마르코스의 시적 잠재력이 대항 활동에서 커지면 커질수록, 현실적 지도자로서의 마르

---

18) Naomi Klein, *Fences and Windows* (London: Flamingo, 2002), pp. 211-12.

코스의 공포는 더 커질 것이다. 사파티스타 운동의 정치적 효과에 관해 우리는 여기서 최종적 아이러니에 주목해야 한다. 클라인이 사파티스타의 주된 정치적 업적으로서 이 운동이 "제도혁명당의 부패한 71년간의 통치를 무너뜨리는 데 일조했다"[19])는 것을 꼽을 때, 이는 다음과 같은 것에 해당하는 것이다. 즉 사파티스타의 도움으로 멕시코는 최초의 혁명 이후 정부를, 사파타의 역사적 유산과의 마지막 연결고리를 잘라낸 정부를 얻게 되었다(두 대통령이, 코카콜라 멕시코 지사의 전 사장인 폭스와 부시가 개인적으로 친구라는 것도 놀랄 일은 아니다).

그렇지만, 사파티스타가 최소한의 적극적 정치 강령을, 지역적 자기결정의 강령, 국가권력이 실패한 곳에 들어가 사람들로 하여금 지역 공동체 민주주의의 새로운 공간을 구성할 수 있도록 해주는 강령을 실로 발전시킨 것 아닌가? "사파티스타와 당신들 평균적인 마르크스주의 게릴라 반란자들이 다른 것은 그들의 목표가 지배권을 쟁취하는 데 있는 것이 아니라 '민주주의와 자유와 정의'가 번창할 수 있는 자율적 공간을 탈취하고 건설하는 데 있다는 점이다……. 마르코스는, 개간된 땅과 공동 경작과 사유화에 대한 저항으로부터 탄생한 이 자유로운 공간들이 단순히 대안으로 존재하는 것으로써도 궁극적으로 국가에 대한 대항권력을 창출하게 될 것임을 확신한다."[20]) 하지만 여기서 우리는 동일한 애매성과 조우한다. 이 자율적 공간들은 사회 전체의 도래할 조직화의 씨앗인가 아니면 사회적 질서의 균열과 틈새에서 출현하는 현상에 불

---

19) 같은 책, p. 214.
20) 같은 책, p. 228.

과한가? 사파티스타는 **혁명**에 관심이 있는 것이 아니라 오히려 "혁명을 가능하게 하는 혁명"에 관심이 있다는 마르코스의 정식화는 전적으로 참이지만, 그럼에도 불구하고 매우 애매하다. 이는 사파티스타가 현실적인 정치 혁명을 위한 토대를 놓는 "문화혁명"(1960년으로 거슬러 올라가, 마르쿠제가 "해방의 조건으로서의 자유"라고 불렀던 것)이라는 것을 의미하는가, 아니면 한낱 "저항의 현장"으로, 기존의 국가권력의 교정책으로 (그것을 대체하려는 목적뿐만 아니라 이 권력이 사라질 조건들을 조직하려는 목적도 없이) 남아 있어야 한다는 것을 의미하는가?

마르코스가 "사파티스타"라는 기표가 포괄하는 모든 자들, 신자유주의 세계화를 통해 비가시화된 모든 자들, 그 배제된 자들을 열거할 때("토착민, 젊은이, 여자, 동성애자, 레즈비언, 유색인, 이민자, 노동자, 농부, ……"), 이는 사실상 라클라우의 "등가연쇄"처럼 보이지 않는가? 그렇지만 이 연쇄가 특권적인 중심 기표를, 신자유주의적 세계 자본주의라는 기표를 분명하게 지칭한다는 뒤틀림과 더불어 말이다. 그래서, 클라인 자신이 사파티스타 운동이 "말과 상징의 힘을 예민하게 자각하고"[21] 있다는 데 주목해야만 했을 때, 마르코스가 말은 자신의 무기라고 공언할 때, 우리는 진정으로 포스트모던한 "기표의 정치"를 다루고 있는 것이라고 기쁘게 단언해서도 안 되며, 또한 (나오미의 베스트셀러가 초점을 맞추는 것처럼) 사파티스타가 로고스의 물신화하는 힘을 동원하는 데 능숙하다고 냉소적으로 빈정거려서도 안 된다. 오히려 우리

---

21) 같은 책, p. 213.

는 어떻게 이와 같은 신화적-시적 주인-기표의 사용이 운동의 현실적인 정치적 충격에 작용하는지에 대해 숙고해야 한다. 만일 여기서 사파티스타의 옹호자들이, 이 경우 중심적 주인-기표는 총체화하는-헤게모니화하는 힘이 아니라 단지 일종의 텅 빈 용기, 환원불가능한 복수성의 번창을 위한 공간을 열어놓는 명칭에 불과하다고 응답한다면, 우리는 거기에 다음을 덧붙여야 한다. 바로 그와 같은 방식으로 주인-기표는 이미 파시즘과 포퓰리즘에서 기능했다. 거기서 카리스마적 지도자에 대한 지칭은 이데올로기적 지칭들의 비일관적 다중성을 중립화하는 데 이바지한다.

물론 네그리와 하트의 열성적 지지자들은 그러한 비판이 새로운 상황을 계속해서 낡은 틀 속에서 지각하고 있다고 응수한다. 현대의 정보 사회에서 "권력을 잡는" 문제는 점점 더 유관성을 상실해가고 있다. 즉 사실상의 결정적 역할을 하는 그 어떤 중심적 권력 작인도 더 이상 없다. 권력 그 자체는 변동하며, 탈중심화되어 있고, "프로테우스 같은"22) 것이다. 그렇다면 어쩌면 오늘날 호모 사케르의 시대에 우리가 선택할 수 있는 것 가운데 하나는 법 바깥에 있는 영역에서 자기조직화된 집단들의 흐름을 추구하는 것일지도 모른다.23) 라틴 아메리카의 거대도시에 있는 오늘날

---

22) [프로테우스는 그리스 신화에 나오는 변장술이 뛰어난 늙은 해신이다. 즉 여기서 "프로테우스 같은"이란 "변화무쌍한"을 뜻한다.]
23) 어쩌면 그와 같은 유토피아의 가장 위대한 문학적 기념비는 마리오 바르가스 요사의 『세계 종말 전쟁』(1981)이라는 예치치 않은 원천에서 나오는 것일지도 모른다. 이 소설은 카누도스에 관한 소설이다. 카누도스는 브라질의 오지 깊숙한 곳에 있는 법 바깥의 공동체로서, 매춘부, 마약중독자, 거지, 강도를 비롯해 가난한 자들 가운데서도 가장 비천한 자들의 안식처였다. 한 묵시록적 선지자가 이끄는 카누도스는 돈도 재산도 세금도 결혼도 없는 유토피아적 공간이었다. 1987년에 그곳은 브라질 정부군에 의해 파괴되었다.

의 파벨라에서의 삶을 생각해보자. 그곳들은 어떤 의미에서 최초의 "해방된 영토", 미래의 자기조직화된 사회의 세포이지 않은가? 공동 취사장 같은 제도들은 "사회화된" 코뮌적인 지역적 삶의 모델이지 않은가? (그리고 이러한 견지에서 볼 때 우리는 "약물의 정치"를 새로운 방식으로 접근해 볼 수 있을 것이다. 법 바깥에 있는 자들의 강력한 자기조직화된 집단이 출현할 때마다 그 집단이 곧 마약으로 타락하게 되었다는 것은 실로 우연이었을까? 1960년대의 폭동 이후의 아프리카계 미국인 게토에서 시작해서 1970년대의 노동자 이후의 이탈리아 도시들과 오늘날의 파벨라에 이르기까지 말이다. 이는 야루젤스키의 1980년 쿠데타 이후의 폴라드에도 적용된다. 포르노와 알콜과 동양의 지혜를 알려주는 책자들과 더불어 갑자기 마약이 손쉽게 구할 수 있게 되었다. 자기조직화된 시민사회를 망쳐놓기 위해서 말이다. 권력자들은 자기조직화된 저항에 대한 무기로 약물을 언제 사용할지 아주 잘 알고 있었다.)

그렇지만 정보적 "다중"이 기능하기 위해 유지되어야 하는 물질적, 법적, 제도적 및 여타의 조건들의 복합적 네트워크는 어떤가? 나오미 클라인은 이렇게 쓰고 있다. "권력의 탈중심화는 보건, 교육, 저렴한 주택 및 환경 보호를 위한 강력한 국가적, 국제적 기준들을—그리고 안정적이고 공정한 재원 조달을—포기하는 것을 의미하지 않는다. 하지만 좌파의 기도문이 '재원을 늘려라'에서 '풀뿌리에게 권력을'로 바뀔 필요가 있다는 것은 실로 의미한다." 그래서 우리는 "어떻게?"라는 소박한 물음을 던져야 한다. 이 강력한 기준들과 재원 조달—요컨대, 복지국가의 주요 요인들—은 어떻게 유지될 수 있는가? "이성의 간지" 특유의 반어법적 비틀기 같은 것을 통해 하트와 네그리가 그들의 『제국』을 세 가지 요구를 담은 최소한의 적극적 정치 강령으로 끝맺고 있는 것은 놀랄 일이 아니다: 세계 시민권(현재의 자본주의 조건들하에서의 노동력의 이동성이 인정되도록), 사회적 임금권(모두에게 보장된 최소 임금), 재전유권(생산의 핵심적 수단들, 특히 새로운 정보 매체의 수단들이 사회적으로 소유되도록). 여기서 아이러니는 단지 이 요구들의 내용(이에 대해, 추상적으로는, 모든 급진적 자유주의자나 사회민주주의가 동의할 것이다)만이 아니라 그것들의 바로 그 형식—권리, 요구—인데, 이는 예기치 않게도 그 책 전체가 대항해 싸우고 있었던 그 무엇을 그림 속에 되돌려 놓는다. 정치적 행위자들은 갑자기 보편적 권리들의 주체들로서 나타나고, 그것들의 실현을 요구한다(법적인 국가권력의 어떤 보편적 형태에게 요구하는 것이 아니라면 누구에게 요구하는 것이겠는가?). 요컨대 (정신분석적 용어로), 법 바깥에 있는 유목적 분열증자가 불가능한 요구를 퍼부으면서 주인을 자극하려 하는 히스테리적 주체로 바뀐다. 브라이언 마수미는 이렇게 쓴다.

> 희망 같은 개념이 유용해질 수 있는 것은 그것이 예기된 성공과 연계되지 않을 때이다. 즉 그것이 낙관주의와는 다른 어떤 것이기 시작할 때. 왜냐하면 현재의 관점에서 미래를 미리 생각하려고 하기 시작한다면, 합리적으로 보아 희망을 위한 여지가 실제로 많지 않기 때문이다. 세계적으로, 그건 매우 비관적인 일이다. 경제적 불평등은 여러 지역에서 증가하고 있고, 국가나 국민 간의 갈등은 분명 점점 다루기 힘들어지며 노동자와 난민의 대규모 이동으로

이어지고 있다. (……) 너무나도 엉망 같아서 우리를 무력화시킬 정도라고 나는 생각한다. (……) 다른 한편, 희망이 낙관주의와 비관주의 개념들로부터 분리된다면, 희망에 찬 성공의 투영으로부터 혹은 심지어 결과에 대한 일종의 합리적 계산으로부터 분리된다면, 그것이 흥미로워지기 시작한다고 나는 생각한다. 왜냐하면 그로써 그것은 현재 안에 놓이기 때문이다.24)

우리는 이러한 입장의 근본적 애매성을 염두에 두어야 한다. 목적론적 차원의 중지, "지금"으로의 몰입, 해방의 과정이 이미 자유를 실천해야만 한다는 사실, 이 모두는 여전히 어떤 의혹으로 얼룩져 있다. "지금"에 초점을 맞추는 것은 상황에 대한 좀더 세계적인 "인지적 지도그리기"에 근거한 그 어떤 접근도 희망 없다는 사실로부터의 필사적인 전략적 후퇴라는 의혹 말이다.

마오쩌둥 주석의 "프롤레타리아 문화대혁명이여 영원하라"라는 슬로건의, 혁명적 문화정치를 위한, 영구적 현실성에 대하여

혁명적 과정은 장기적 결과를 고려하지 않고 "지금"에 완전히 몰입하기 위한 자리가 전혀 없는 철저하게 계획된 전략적 활동이 아니다. 오히려 그 반대다. 더 나은 미래에 대한 희망에 근거를

---
24) Brian Massumi, in *Hope*, p. 211.

둔 모든 전략적 고려들의 중지, *on attaque, et puis, on le verra*[25])의 자세(레닌은 종종 나폴레옹의 이 슬로건을 언급했다)는 모든 혁명적 과정의 핵심 부분이다. 10월 혁명 3주년(1920년 11월 7일)에 페트로그라드에서 무대에 오른 공연 <겨울궁전의 폭풍>을 생각해보자.[26] 수천의 노동자, 병사, 학생, 예술가들이 카샤(맛없는 메밀죽)와 차와 언 사과로 끼니를 때우면서 24시간 내내 작업했다. 3년 전 그 사건이 "실제로 발생했던" 바로 그 장소에서 공연 준비를 하면서 말이다. 그들의 작업은 말레비치에서 메이어홀드에 이르는 아방가르드 미술가, 음악가, 연출가뿐만 아니라 장교들에 의해서도 지휘되었다. "현실"이 아니라 연기였지만 병사들과 수병들은 스스로를 연기하고 있었다. 그들 중 다수는 1917년의 사건에 실제로 참가했을 뿐 아니라, 포위되어 심각한 식량난을 겪고 있는 도시 페트로그라드 부근에서 몰아치고 있는 내전의 실제 전투에 동시에 가담하고 있기도 했다. 한 동시대인은 공연에 대해 이렇게 논평했다. "미래의 역사가는 가장 피비린내 나고 가장 잔혹한 혁명들 가운데 하나에서 시종일관 모든 러시아인들이 연기하고 있었다는 것을 기록하게 될 것이다."[27] 그리고 형식주의 이론가 빅

---

25) ["우리는 공격하고 나서 알게 될 것이다."]
26) (1925년 프랑스로 이민을 간 니콜라이 에브레이노프가 연출했던) 이 행사에는 8천명이 직접 참가했으며 관객은 10만(폭우에도 불구하고, 도시 인구의 4분의 1에 해당하는 숫자)이었다. 기본적인 아이디어는 인민 계몽 위원이었던 아나톨리 루나차르스키에 의해 1920년 봄에 정식화되었다: "대중들은 자기감각을 획득하기 위해 바깥으로 자신들을 표출해야만 하며, 이는 로베스피에르의 말처럼 그들이 스스로에게 하나의 스펙터클이 될 때에만 가능하다"(Richard Taylor, *October* [London: BFI, 2002]에서 인용).
27) Susan Buck-Morss, *Dreamworld and Catastrophe* (Cambridge, Mass: Harvard University Press, 2001), p. 144에서 인용.

토르 쉬클로프스키는 "생의 살아 있는 직조물이 연극적인 것으로 변형되고 있는 곳에서 일종의 기본적 과정이 발생하고 있다"고 기록했다.[28] 스탈린주의적 체제들을 인지하는 최고의 표지들 가운데 하나였던 악명 높은 노동절 자축 행렬을 우리 모두 기억하고 있다. 어떻게 레닌주의는 전적으로 다른 방식으로 작동했는가에 대한 증거가 필요하다면, 바로 이와 같은 공연들이야말로 10월 혁명이 분명 볼셰비키 소집단에 의한 단순한 쿠데타가 아니었으며 엄청난 해방적 잠재력을 풀어놓은 사건이었다는 데 대한 최고의 증거이지 않은가? <겨울궁전의 폭풍>의 상연은 신성한(이교도적인?) 야외극의 힘을, 새로운 공동체를 정초하는 마법적 행위의 힘을 전시하지 않는가? 진리의 사건으로서의 국가의 정초에 대해 썼을 때 하이데거는 (나치 의례들이 아니라) 바로 여기를 보아야 했던 것이다. 유일하게 유의미한 "신성한 것의 회귀"가 발생한 것은 바로 여기일 것이다. 요컨대 바로 여기서 아마도 우리는 바그너의 *Gesamtkunstwerk*(총체예술)의 실현을, 즉 그가 <파르지팔>을 *Bühnenweihfestspiel*(신성한 축제극)이라고 불렀을 때 의도했던 것의 실현을 찾아보아야 한다. 그렇다면 고대 그리스보다는 오히려 1919년의 페트로그라드에서 훨씬 더 "자신의 역사와의 내밀한 연관 속에서 인민 그 자신은 예술 작품 속에서 스스로를 대면하면서 서 있었다. 인민은 자신을 의식하게 되었고 몇 시간 사이에 말하자면 자기 자신의 본질을 열광적으로 집어삼켰다." 인민이 말 그대로 "스스로를 연기하는" 이와 같은 심미화는 벤야민이 파시즘적

---

28) 같은 곳에서 인용.

인 "정치적인 것의 심미화"라고 고발하는 대상이 되지 않는다. 이러한 심미화를 정치적 우익에게 넘겨주는 대신에, 대규모의 정치적 스펙터클 일체를 총괄적으로 거부하는 대신에, 우리는 인민과 인민 그 자신 사이의 이 최소한의 순수하게 형식적인 차이 속에서 비가시적인 형식적 틈새 이상의 그 어떤 것도 아닌 것에 의해 예술과 구별되는 "실제 삶"의 유일무이한 사례를 지각해야 한다. 역사적 다큐멘터리들에서, 겨울궁전의 폭풍에 대한 (에인젠슈타인의 1927년작 <시월>에 나오는 영화 숏뿐 아니라) 이와 같은 재구성에서 나오는 영화 숏들이 종종 다큐멘터리 숏으로 제시된다는 바로 그 사실은 스스로를 연기하는 인민의 이와 같은 더 심층적인 정체성에 대한 표지로 간주되어야 한다.

혁명적인 파괴적 폭력의 열광적 난장을 묘사하는 원형적인 에이젠슈테인적 영화 장면(에이젠슈테인 자신이 "진정한 파괴의 주신제"라고 불렀던 것)은 동일한 계열에 속한다. <시월>에서 승리에 찬 혁명가들은 겨울궁전의 포도주 저장실에 들어가 값비싼 포도주 수천 병을 깨뜨리는 무아지경의 난장에 몰입한다. <베진초원>에서 마을의 개척자 군대는 지역 교회에 밀고 들어가서 교회를 모독하고, 교회의 유물을 강탈하고, 성상을 훼손하고, 조롱하듯 제의를 입어보고, 이교도처럼 조각상을 비웃는다. 목표지향적인 도구적 행동의 이와 같은 중지 속에서 우리는 사실상 일종의 바타이유적인 "무제약적 소모"를 발견한다. 혁명에서 이러한 과잉을 박탈하려는 욕망은 단순히 혁명 없는 혁명을 하려는 욕망이다. 그렇지만 이 "무제약적 소모"로는 충분하지 않다. 고유의 혁명 속에서, 헤겔이 "추상적 부정성"이라 불렀을 그 무엇의 이와 같은 전시는 단지 이를테면 두 번째 행위를 위해, 새로운 질서의 부과를 위해, 서판을 깨끗하게 청소할 뿐이다.

이것이 의미하는 바는 이렇다. 즉 진정으로 근본적인 정치적 행위에서는 "미친" 파괴적 제스처와 전략적인 정치적 결정의 대립이 일시적으로 무너진다는 것이다. 바로 그렇기 때문에 전략적인 정치적 행위를—그 행위가 얼마나 위험한가를 떠나서—안티고네 식의 근본적인 "자살적" 저스처들과, 겉보기에 그 어떤 정치적 목표도 없는 순수한 자기파괴적 윤리적 고집의 제스처들과 대립시키는 것은 이론적으로나 정치적으로나 잘못된 것이다. 요점은 단지, 정치적 기획에 일단 투신하게 되면 우리의 생명을 포함해서 그것을 위해 모든 것을 무릅쓸 준비가 된다는 것이 아니다. 오히려 더 정확하게는, 그와 같은 순수 소모의 "불가능한" 제스처만이 어떤 역사적 배치 내부에서 전략적으로 가능한 것의 바로 그 좌표들을 바꿀 수 있다는 것이다. 이러한 과잉에 대한 또 다른 표현은 모든 폭동의 예기치 않는 특징이다. 몇 년 전에 관타나모 기지에 억류된 쿠바 난민들의 폭동이 있었다. 직접적 원인은 한 그룹의 피난민들이 다른 그룹보다 질이 떨어지는 오렌지 주스를 받았다는 것이었다. 폭력적 봉기를 격발하는 것의 바로 그 사소한 특성은 표징적이다. 그것은 커다란 부당함이나 대규모의 고난이 아니라, 그것도 심각한 식량난을 겪는 나라인 쿠바에서 방금 온 사람들에게서의 최소한의 우스꽝스러운 차이였다. 이로써 반란을 직접적으로 격발하는 원인은 정의상 사소하다는 것이, 즉 거기 걸려 있는 것이 타자와의 관계임을 신호하는 유사 원인이라는 것이 명백해지지 않는가?

(트로츠키가 처음 제안한) 표준적인 좌파적 시대구분에 따르면, 10월 혁명의 "테르미도르"는 1920년대 중반에 일어났다. 요컨대 트로츠키가 권력을 잃었을 때, 혁명적 열기가 "일국 사회주의"의 건설에 열심인 새로운 노멘클라투라의 지배로 변했을 때 말이다. 우리는 이를 두 가지 다른 대안들과 대립시키고 싶다. 고유한 혁명적 시기는 볼셰비키가 국가 권력을 장악하고 그로써 국가 당으로서 기능하기 시작했던 1917년 10월에 끝났다는 (프랑스에서 알랭 바디우와 실뱅 라자뤼스가 지지한) 주장이다. 그리고 다른 하나는 1920년대의 집단화와 급속한 산업화는 10월 혁명의 내속적 동학의 일부였으며 따라서 고유의 혁명적 시기는 1937년에야 끝났다는 (쉴라 피츠패트릭이 정교화하고 옹호했던) 주장이다. 즉 진정한 "테르미도르"는 게티와 나우모프가 완전한 "당의 자살"이라 불렀던[29] 것을 방지하기 위해 대숙청이 중단되고 당 노멘클라투라가 "신계급"으로 안정화된 때에야 일어났다는 것이다. 그리고 사실상, 러시아 사회의 바로 그 몸체가 사실상 근본적 변형을 겪은 것은 바로 1928-1933년의 끔찍한 사건들이 있었던 동안이었다. 1917-1921년의 어렵지만 열정적이었던 기간에는 전 사회가 출현하는 상태에 있었다. 신경제정책(네프)의 기간은 퇴행을 표시했고, 사회체의 바탕(대다수의 농민, 숙련공, 지식인 등등)을 기본적으로 건드리지 않은 채 소비에트 국가 권력을 공고히 하는 기간을 표시했다. 농민을 개인 소유자 계급으로 처리하고 옛 지식 계급(교사, 노동자, 과학자, 공학자, 기술자)을 새로운 것으로 교체하는 등 사

---

29) J. Arch Getty and Oleg V. Naumov의 탁월한 저술인 *The Road to Terror: Stalin and the Self-Destruction of the Bolsheviks, 1932-39* (New Haven, Conn.: Yale University Press, 1999) 참조.

회체의 바로 그 구성에 대한 변형을 직접적이고도 잔혹하게 목표한 것은 오로지 1928년의 진격이었다. 쉴라 피츠패트릭이 조형적 용어로 말하고 있듯이, 1914년 모스크바를 떠난 이민자가 1924년에 돌아온다면 그는 가게, 사무실, 극장 등이 동일하게 배열되어 있고 대부분의 경우 같은 사람이 일을 맡고 있는 여전히 동일한 도시를 볼 것이다. 하지만 그가 10년이 더 지난 1934년에 돌아온다면, 그는 동일한 도시를 보지 못할 것이고, 그만큼이나 사회생활의 전체적 직조는 바뀌어 있을 것이다.30) 1929년 이후의 끔찍한 몇 년, 거대한 전진의 그 몇 년과 관련하여 포착하기가 어려운 것은 다음과 같은 사실이었다. 즉 인정할 수 있는 수준을 넘어선 그 모든 전율들 속에서 사회체의 총체적인 혁명적 봉기를 향한, 새로운 국가와 지식 계급과 법적 체계 등의 창조를 향한 무자비하지만 진지하고 열정적인 의지를 식별할 수 있다는 사실 말이다.31) 역사 편찬의 차원에서 "테르미도르"는 러시아 민족주의에 대한 강력한 재단언과 더불어, 과거 러시아의 (차르였던 폭군 이반과 표트르 대제, 그리고 차이코프스키 같은 보수적 작곡가들을 포함한) 위대한 인물들을 "진보적"인 것으로 재해석한 것과 더불어, 역사 집필의 초점을 익명적인 대중의 흐름에서 위대한 개인들과 그들의 영웅적 행위로 지시에 따라 변경한 것과 더불어 일어났다. 문학적

---

30) Sheila Fizpatrick, *The Russian Revolution* (Oxford: Oxford University Press, 1994), p. 148.
31) 10월 혁명 본연의 비극을 경험하고자 한다면, 그것을 J. B. 프리스틀리의 『시간과 콘웨이』 같이 구조화된 3막으로 된 극이라고 상상하기만 하면 된다. 제1막에서는 1920년이 공연된다. 제2막에는 20년 뒤의 스탈린주의적 행렬이 있다. 그리고 제3막에서 다시 1920년의 공연으로 되돌아오며, 이를 끝까지 보게 된다. 10월 혁명이 20년 뒤에 무엇으로 변했는지에 대한 견딜 수 없는 자각과 더불어서 말이다.

이데올로기와 실천에서 "테르미도르"는 "사회주의 리얼리즘"의 부과와 일치한다. 그리고 바로 여기서 우리는 이러한 부과의 양태를 놓치지 말아야 한다. 사회주의 리얼리즘이라는 교의가 양식과 유파의 번창하는 다양성을 억압했다는 것이 아니다. 반대로 사회주의 리얼리즘은 "프롤레타리아 분파주의" 라프("러시아 프롤레타리아 작가동맹"의 약자)의 지배에 반대하여 부과되었는데, 라프는 "2차 혁명" 시기(1928-1932)에 "소규모의 독립적인 작가 조직들을 하나씩 집어삼키는 것처럼 보이는 일종의 괴물"[32]이 되었다. 바로 그렇기 때문에 사회주의 리얼리즘이 "공식적" 교의로 격상된 것에 다수의 작가들은 안도의 한숨과 더불어 환영했던 것이다. 그것은 "프롤레타리아 분파주의"의 패배로서, 과거의 "진보적" 인물들의 거대한 집성체를 참조할 작가들의 권리에 대한 그리고 계급 분파주의보다는 폭넓은 "인간주의"가 우선한다는 데 대한 단언으로서 지각되었다(그리고 또한 그러한 것으로서 의도되었다!).

스탈린주의 현상과의 체계적이고 철저한 대결의 결여는 프랑크푸르트학파의 절대적 **추문**이다.[33] 마르크스주의적인 해방적 기

---

32) Katerina Clark, *The Soviet Novel* (Chicago: University of Chicago Press, 1981), p. 32.
33) 이 규칙에 대한 바로 그 예외들은 내막을 드러내준다. 국가사회주의에 대한 연구인 프란츠 노이만의 『거대한 짐승』은, 1930년대 말과 1940년대에 유행했던 전형적 방식으로, 세 개의 거대한 세계 체계들—출현하고 있는 뉴딜 자본주의, 파시즘, 스탈린주의—이 똑같이 관료주의적인, 세계적으로 조직화된, "관리되는" 사회를 지향하고 있다고 제안한다. 마르쿠제의 『소비에트 마르크스주의』는, 그의 책 가운데 가장 열정적이지 않고 아마 최악의 책일 것인바, 소비에트 이데올로기에 대한 그 어떤 분명한 관여도 보이지 않는 이상하게도 중립적인 분석이다. 그리고 끝으로, 1980년대에 몇몇 하버마스주의자들의 시도들이 있는데, 그들은 출현하는 불찬성의 현상들을 숙고하면서 시민사회라는 개념을 공산주의 체제에 대한 저항의 현장으로 세공하려고 노력했다. 이는 정치적으로 흥미롭지만, 스탈린주의적 "전체주의"의 특이성에 대한 만족스러운 일반 이론을 제공하는 것과는 거리가 멀다.

획의 실패 조건들에 초점을 맞추겠다고 한 마르크스주의적 사상이 어떻게 "현실 사회주의"의 악몽에 대한 분석을 꺼릴 수 있었던가? 이 학파가 파시즘에 초점을 맞추었다는 사실 또한 진정한 외상과 대결하지 못한 그 실패의 전치, 암묵적인 인정이지 않았던가? 조금 단순화된 방식으로 말해보자면, 나치즘은 아주 나쁜 일을 하기를 원했던 사람들의 집단에 의해 공연되었고, 또한 그들은 이를 행했다. 반면에 스탈린주의는 근본적인 해방적 시도의 결과로 출현했다. 스탈린주의 국가가 그 분명한 윤곽을 얻기 시작했던 역사적 순간을 찾는다면 그것은 1918-20년의 전시공산주의가 아니라 네프가 실시된 이완의 시기였는데, 이는 1921년에 시작되었다. 그때 볼셰비키는 경제와 문화 영역에서의 후퇴에 대한 대응조치로 그들의 정치권력을 강화하고자 했다. 혹은, 레닌 스스로가 능가할 수 없는 스타일로 이를 표현했듯이,

> 군대가 퇴각할 때는, 전진하고 있을 때보다 백배는 더 많은 훈련이 요구된다. (……) 한 멘셰비키가 "이제 당신은 퇴각하고 있다. 나는 내내 퇴각을 지지해왔다. 나는 당신에게 동의한다. 나는 당신의 사람이다. 함께 퇴각하자"라고 말할 때 우리의 응답은 이렇다. "멘셰비즘의 공공연한 현시를 위해 우리의 혁명 법정은 사형 선고를 내려야만 한다. 그렇지 않으면 그건 우리의 법정이 아니라 정체 모를 법정이다."[34]

---

34) V. I. Lenin, *Collected Works*, vol. 33 (Moscow: Progress Publishers, 1966), p. 282.

에인젠슈타인의 유일무이한 위대함은 그가 <이반 대제>에서 "테르미도르"의 리비도 경제를 묘사한 데 있었다. 영화의 제2부에서 컬러로 된 유일한 릴(끝에서 두 번째인 릴)은 카니발적인 난장이 일어나는 홀에 한정되어 있다. 그것은 바흐친적인 환상적 공간을 나타내는데, 이 공간에서 "정상적" 권력 관계는 뒤바뀌며 차르는 그가 새로운 차르라고 선포하는 백치의 노예가 된다. 이반은 우둔한 블라디미르에게 황제의 모든 휘장을 제공하며, 그러고 나서 그 앞에 겸손하게 무릎을 꿇고 그의 손에 입을 맞춘다. 홀 장면은, 전적으로 "비현실적인"—할리우드와 일본 극장이 기묘하게 뒤섞여 있고, 노래는 기묘한 이야기(이반의 적들의 머리를 자른 도끼를 칭송하는 이야기)를 들려준다—방식으로 상연되는, 오프리치니키(이반의 친위병)의 외설적인 합창과 춤으로 시작한다. 노래는 처음에 풍요로운 식사를 하는 귀족들을 묘사한다. "가운데로…… 금으로 만든 술잔이 지나갑니다……. 손에서 손으로." 그러고 나서 합창대는 유쾌하고 흥분한 기대감으로 질문한다. "자 어서, 자 어서. 다음에는 뭐죠? 자, 더 말해 봐요!" 그리고 솔로 오프리치니키는 고개를 내밀고 휘파람을 불고는, 큰 소리로 응답한다. "도끼로 치세요!" 여기서 우리는 음악적 향유가 정치적 숙청과 만나는 외설적 현장에 있다. 그리고 이 영화가 1944년에 촬영되었다는 사실을 고려할 때, 이는 스탈린주의적 숙청의 카니발적 성격을 증언하지 않는가? 이와 유사한 야밤의 난장을 <이반 대제>의 제3부(촬영되지는 않았다. 시나리오를 볼 것)35)에서도 만난다. 거기서 신성모독

---

35) Sergei Eisenstein, *Ivan the Terrible* (London: Faber and Faber, 1989), pp. 225-64 참조.

적 외설성은 명시적이다. 이반과 오프리치니키는 자신들의 평상복 위에 검은 수도사의 의복을 입은 채로, 자신들의 야밤의 술잔치를 검은 미사로서 수행한다. 바로 여기에 에이젠슈테인의 진정한 위대함이 있다. 즉 그가 정치적 폭력의 지위에서의 근본적 이동을, 파괴적 에너지의 "레닌주의적인" 해방적 폭발에서 "스탈린주의적인" 법의 외설적 이면으로의 이동을 식별했다는(그리고 묘사했다는) 점에 말이다.

흥미롭게도 영화의 두 부 모두에서 이반의 주된 반대자는 남자가 아니라 여자다. 즉 이반의 숙모인, 늙고도 강한 에프로시냐 스타리츠카야. 그녀는 이반을 그녀의 우둔한 아들 블라디미르로 대체하여 사실상 그녀 자신이 통치를 하고자 한다. 절대적 권력을 원하지만 목적(위대하고 강력한 러시아 국가의 건설)을 위한 수단으로서 행사함에 있어 그것을 "무거운 짐"이라고 생각하는 이반과는 대조적으로 에프로시냐는 병적인 열정의 주체이다. 그녀에게 권력은 목적 그 자체이다. 『정신현상학』에서 헤겔은 "공동세계의 영원한 아이러니"라고 하는 그의 악명높은 여성 개념을 끌어들인다. 여성은 "음모를 획책하여 정부의 보편적인 목적을 사적인 목적으로 변질시키고 보편적인 활동을 특정한 개인의 용무로 화하게 하여 국가의 공유재산을 가족의 소유물이나 장식품이 되게 한다."36) 이러한 구절은 바그너의 <로엔그린>에 나오는 오르트루트라는 인물에 완벽하게 들어맞는다. 바그너에게는, 권력에 대한 욕망으로 추동되는 정치적 삶에 개입하는 여자보다 더 끔찍하

---

36) G. W. F. Hegel, *Phenomenology of Spirit* (Oxford: Oxford University Press, 1977), p. 288. [국역본: 헤겔, 『정신현상학2』 (임석진 옮김, 한길사, 2005, 54쪽).]

고 역겨운 것도 없다. 남자의 야망과는 달리 여자는, 국가 정치의 보편적 차원에 대한 지각 능력을 결여한 채로, 자신의 협소한 가족 이익을 위해, 혹은 더 나쁘게는 자신의 개인적 변덕을 위해 권력을 원한다. 어떻게 셸링의 다음과 같은 주장을 떠올리지 않을 수 있겠는가: "우리를 그 유효성에서 소진시키고 파괴할 수도 있을 바로 그 동일한 원리가 우리를 그 비유효성에서 지탱하고 유지시킨다."37) 적절한 장소에 있을 때는 자비롭고 안도감을 제공할 수 있는 힘이 더 높은 층위에, 자신의 것이 아닌 층위에 개입하는 순간 그 정반대로, 가장 파괴적인 격분으로 화한다. 가족생활이라는 좁은 테두리 내에서는 보호해주는 사랑의 바로 그 힘인 **동일한** 여성성이 공적 국가적 사무의 층위에서 발휘될 때는 외설적 광포함으로 화한다. 그리고 <이반 대제>의 경우도 마찬가지 아닌가? 에프로시냐는 독살당한 이반의 신부, 남편에게 전적으로 헌신적이며 복종하는 온화한 여인의 필수적 대위점이지 않은가?

이반의 전형적 제스처는 다음과 같다. 그는 자신이 명령해야만 했던 학살에 대한 전율과 회개의 모습을 보이다가 별안간의 반성적 제스처 속에서 자신의 잔인함을 전적으로 용인하고 한층 더한 것을 요구한다. 제3부에 나오는 한 전형적인 장면에서, 그는 그의 오프리치니키들이 죽인 귀족들의 사체를 들여다보면서 겸허하게 십자를 긋는다. 갑자기 그는 멈추고, 광기어린 격분의 눈빛을 하고서는 땅을 가리키며 거칠게 말한다. "너무 적어!" 이 갑작스러운 변화를 가장 잘 예증하는 것은 이반의 행동의 기본 세포라고 할

---

37) F. W. J. Schelling, ed. Manfred Schroeter, *Die Weltalter. Fragmente. In den Urfassungen von 1811 und 1813* (Munich: Biederstein, 1946), p. 13.

수 있는 어떤 것이다. 반복해서 우리는 이반이 고상한 사명에 열정적으로 심취하고 있는 듯 애처로운 얼굴 표정을 하고서 앞을 응시하는 모습을 본다. 그러다 갑자기 그는 머리를 움츠리고, 편집증적 광기에 가까운 의혹을 가지고서 주변을 둘러본다. 이러한 변화의 한 가지 변종은 제1부에서 그가 병에 걸렸을 때를 다루는 유명한 장면이다. 사제들은 죽어가는 사람을 위한 의식을, 이미 그리고 너무나도 열심히, 수행하기 시작한다. 그들은 그의 머리를 커다란 신성한 책으로 덮는다. 가슴 위에 불타는 양초를 쥔 채로 이반은 기도를 중얼거리면서 의식에 참여한다. 하지만 갑자기 그는 성경에서 머리를 들어올리려 분투하며, 방안 전체를 둘러본다. 필사적으로 상황을 파악하려는 듯 말이다. 그리고 나서 그는 지쳐서 다시 책 아래 베개 위로 머리를 떨군다.

이는 에이젠슈테인이 3부작 전체의 *donnée*(극적이고 정서적인 추축점)라고 불렀던 그 무엇으로서 계획되었던 어떤 장면으로 우리를 이끌고 간다. 제3부의 중간, 이반의 통치에 반대해 반란을 일으킨 도시 노브고로드를 포위하여 파괴한 이후에, 내적인 의심과 불안에 시달린 이반은 한 사제에게 고백성사를 청한다. 고백신부의 십자가 목걸이가 이반 옆에 늘어뜨려져 있는 동안 이반은 사제에게 그가 조국을 위해 수행하지 않을 수 없었던 끔찍한 행위들을 열거한다. 갑자기 고백신부 에우스타체는 살해당한 자들의 이름에 너무나도 관심을 갖게 되며(이는 그의 십자가의 떨림을 통해 교묘하게 표현되고 있다), 죽은 자들 가운데 다른 이름도 들어 있는지를 열심히 물어본다: "필립? …… 티모페이? 미하일?" 그를 안심시킨 후에("우리는 그를 붙잡을 겁니다.") 이반은 갑자기

뜻밖의 행동을 한다. 에우스타체의 십자가를 붙잡고는 고백신부와 얼굴을 마주할 때까지 끌어내린다. 그러고 나서 두 손으로 그 목걸이를 고백신부의 목까지 들어올리며 그를 위협적으로 비난한다. "당신도 이 고발된 자들의 목록에 속하지 않을까?" 마침내 그는 폭발한다. "저자를 체포하라! 그를 심문하라! 그가 실토하게 하라!"38)

  3부에 있는 한층 더 절정인 순간, 이반은 이러한 변증법 안에 신 그 자신을 연루시킨다. 교회에서 수사가 노브고로드에서 살해당한 모든 사람들의 이름을 천천히 읽어갈 때, 이반은 커다란 최후의 심판 그림 밑에 엎드려 있다. 그 그림에서, 격노로 가득한 무서운 얼굴을 한 천상의 심판관의 눈으로부터 섬광이 번뜩인다. 이반은 자신의 잔인한 행동들에 대해 곰곰이 생각해보고 그에 대해 변명하려 한다. "그건 사악한 행동이 아닙니다. 분노도 아니지요. 그건 반역에 대한 처벌입니다. 공동의 대의에 대한 반역 말입니다." 그리고 나서 고뇌 속에서 그는 신에게 직접 이야기한다.

    "왜 아무 말 없나요, 천상의 차르여?"
    (그는 기다린다. 대답이 없다. 화가 나서 도전이라도 하듯 지상의 차르는 천상의 차르에게 협박조로 반복한다.)
    "왜 아무 말 없나요, 천상의 차르여?"
    (지상의 차르는, 갑작스러운 격렬한 제스처로, 보석으로 장식된 제왕의 권장을 천상의 차르를 향해 집어던진다. 권장은 평평한 벽에

---

38) Eisenstein, 앞의 책, pp. 240-41.

부딪혀 박살이 난다.)[39]

이 이상한 뒤틀림의 리비도적 경제는 정확히 어디에 놓여 있는가? 이반이 단순히 그의 개인적인 윤리적 가책과 자기 나라를 위해 잔인한 행위를 수행해야만 하는 지배자의 의무 사이에서 발생하는 내적 갈등으로 찢겨져 있다는 것이 아니다. 또한 이반이 단순히 허세를 부리고 있다는 것도, 단지 위선적으로 도덕적 고뇌를 가장하고 있다는 것도 아니다. 회개하려는 그의 의지는 절대적으로 진지한 반면에, 그는 그것과 주체적으로 동일화하지 않는다. 그는 상징적 질서에 의해 도입된 주체적 분열 내부에 머물고 있다. 그는 고백 의식이 본연의 외형화된 의식으로 수행되기를 원하며, 전적으로 진지한 방식으로 고백의 게임을 한다. 반면에 그는 경각심을 놓지 않고 등 뒤에서의 일격을 경계하면서 그 전 광경에 대한 의심 많은 외부 관찰자의 위치를 유지한다. 그가 원하는 전부는 그가 말을 건네고 있으며 용서를 베풀기를 기대하고 있는 작인이 정치에 참견하지 않으면서 자기 일을 온당하게 행하는 것이다. 요컨대 이반의 편집증은 그가 자신의 죄를 고백할 준비가 되어 있는 그 작인을 신뢰할 수 없다는 데 있다. 그는 이 작인(궁극적으로 신 그 자신) 또한 이반의 것에 거스르는 자신만의 숨겨진 정치적 일정을 품고 있다고 의심한다.

많은 해설가들은 소련 공산주의자들의 책이나 논문의 제목이 보여주는 명백한 스타일상의 서투름을 비꼬는 논평을 해왔다. 예

---

39) 같은 책, p. 237.

를 들어—동일한 단어를 반복해서 사용한다(가령 "러시아 혁명 초기 단계에서의 혁명적 역학"이라든가 "소비에트 경제 발전에서의 경제적 모순들")는 의미에서—동어반복적 특성 같은 것이 그렇다는 것이다. 그렇지만 이 동어반복이 당통주의적 기회주의자들에 대한 로베스피에르의 고전적 비판("당신이 원하는 것은 혁명 없는 혁명이다")으로 가장 잘 묘사되는 배반의 논리에 대한 자각을 가리키고 있다면 어찌할 것인가? 따라서 동어반복적 반복은 부정을 반복하려는, 부정을 그것 자체에 관계시키려는 촉구를 표시한다. 즉 진정한 혁명은 "혁명에 대한 혁명", 그 과정 속에서 그것 자체의 시초적 전제들을 혁명하는 혁명이다. 헤겔은 이러한 필요성에 대한 예감을 가지고 있었으며, 다음과 같이 썼다. "종교를 변화시키지 않으면서 어떤 부패한 윤리 체계, 그것의 구성과 입법을 변경하는 것은, 재형성 없는 혁명을 하려는 것은 현대의 어리석음이다."40) 이로써 헤겔은 마오쩌둥이 성공적인 사회 혁명의 조건으로서 "문화 혁명"이라고 불렀던 것의 필요성을 공언했다. 이는 정확히 무엇을 의미하는가? 지금까지의 혁명적 시도들에서의 문제는 그러한 시도들이 "너무 극단적"이었다는 데 있는 것이 아니라 **충분히 근본적이지 않았다**는 데, 자기 자체의 전제를 의문시하지 않았다는 데 있다. (강제 집단화 직전인) 1927년과 1928년에 집필된 플라토노프의 위대한 농민 유토피아인 『체벤구르』를 다룬 뛰어난 글에서 프레드릭 제임슨은 혁명 과정의 두 계기를 기술하고 있다. 그 과정은 근본적 부정성의 제스처에서 시작한다.

---

40) G. W. F. Hegel, *Enzyklopaedie der philosophischen Wissenschaften* (Hamburg: 1959), p. 436.

이 첫 번째 세계-환원의 계기, 우상들을 파괴하고 폭력과 고통 속의 낡은 세계를 쓸어버리는 이 계기 자체는 다른 어떤 것의 재구성을 위한 전제조건이다. 새롭고도 꿈꿔보지 못한 감각들과 감정들이 존재하게 될 수 있기 전에, 절대적 내재성의 첫 계기가 필요하다. 즉 절대적인 농민적 내재성/무지의 백지상태가 필요하다.[41]

그런 다음에 새로운 삶의 발명이라는 두 번째 단계가 뒤따른다. 우리의 유토피아적 꿈들이 실현될 새로운 사회적 현실의 구성에 불과한 것이 아니라, 이러한 꿈들 자체의 (재)구성인 단계 말이다. 그것은

> 재구성이라든가 유토피아적 구성이라고 부를 경우 너무 단순하고도 오도적으로 부르는 것이 될 어떤 과정[인데], 왜냐하면 사실상 그것은 우선적으로 유토피아를 상상하기 시작하는 방법을 발견하려는 바로 그 노력이기 때문이다. 아마도 보다 서구적인 유형의 정신분석적 언어로 (……) 우리는 유토피아적 과정의 새로운 개시를 일종의 욕망하기를 욕망하기로서, 욕망하기를 배우기로서, 우선적으로 유토피아라 불리는 욕망의 발명으로서 생각해 볼 수 있을 것이다. 그러한 것에 대한 환상이나 백일몽을 꿈꾸기 위한 새로운 규칙들(우리의 이전의 문학적 제도에서 전례가 없었던 일단의 서사적 규약들)과 더불어서 말이다.[42]

---

41) Fredric Jameson, *The Seeds of Time* (New York: Columbia University Press, 1994), p. 89.
42) Jameson, 앞의 책, p. 90.

정신분석에 대한 참조는 핵심적이며 또한 매우 정확하다. 근본적 혁명에서 사람들은 "자신들의 오래된 (해방적인, 그리고 여타의) 꿈들을 실현하는" 것에 불과한 것이 아니다. 오히려 그들은 그들의 꿈꾸는 양태 그 자체를 재발명해야만 한다. 이는 죽음충동과 승화의 연계에 대한 정확한 공식이지 않은가? 혁명 **이후**에 발생하는 것에 대한, "다음날 아침"에 대한 **오로지** 이와 같은 참조만이 자유주의적인 감상적 폭발과 진정한 혁명적 봉기를 구분할 수 있게 해준다. 이러한 봉기들은 사회적 재구축의 무미건조한 작업에 접근해야만 할 때 그 에너지를 잃는다. 이 지점에서 무기력이 들어앉는다. 이와는 대조적으로, 몰락하기 직전의 자코뱅파의 엄청난 창조성을 상기해보자. 새로운 시민 종교에 관한, 나이든 사람들의 존엄을 어떻게 유지할 것인지에 관한, 그리고 기타 등등에 관한 수많은 제안들 말이다. 바로 여기에 또한 1920년대 초 소련에서의 일상적 삶에 관한 보도들을 읽는 것이 흥미로운 것이다. 거기서 우리는 일상적 실존을 위한 새로운 규칙들을 창안하려는 열정적인 충동을 발견한다. 어떻게 결혼을 하는가? 구애의 새로운 규칙은 무엇일까? 생일 축하는 어떻게 하는가? 장례는? ……43) 바로 이러한 차원과 관련하여 고유의 혁명은 일시적 유예로서의 카니발적 역전, 권력의 지배력을 안정화시키는 예외에 대립되는 것이다.

---

43) 1965년에 세계 혁명에 헌신하기 위해 체 게바라가 모든 공직에서 물러난 것은, 심지어 쿠바 시민권조차 포기한 것은—제도적 우주와의 연결고리를 잘라내는 이와 같은 자살적 제스처는—실제로 하나의 **행위**인가? 혹은 그것은 사회주의 실질적 구축이라는 불가능한 과제로부터의, 혁명의 결과에 충실하게 남아 있는 것으로부터의 탈출—즉, 실패에 대한 암묵적 인정—이었는가?

중세 유럽에서는 대귀족의 가문들이 "무질서의 지배자"를 발탁하는 것이 관례였다. 선정된 사람은 연회를 주재하면서 잠깐 동안 기존의 사회·경제적 위계를 뒤집거나 풍자할 수 있었다. (……) 잠깐 동안의 무질서의 지배가 끝나고 나면 기존의 질서가 다시 회복되었다. 무질서의 지배자는 원래의 낮은 신분으로 되돌아갔고, 그의 윗사람들은 일상의 지위를 되찾았다. (……) 간혹 무질서의 지배자라는 관념은 연회의 영역에서 벗어나 정치의 영역으로 흘러드는 경우가 있었다. (……) 하루 이틀 동안 도제가 장인 역할을 떠맡는다든지, 하루 동안 성(性) 역할이 바뀌어 여성이 남성의 일을 하고 남성처럼 처신하는 경우도 있었다. 중국의 철학자들도 신분역전의 역설을 즐겼는데, 거기서 비롯되는 지혜와 수치심이 허식을 막아주고 직관적 깨달음을 주기 때문이었다. (……) 마오쩌둥은 고대 중국 철학자들의 그런 통찰들을 완벽하게 소화하여 서구의 사회주의 사상에서 끌어낸 요소들과 결합시키고, 그렇게 결합시킨 두 요소를 이용해 "무질서"라는 한정된 개념을 크게 확장한 뒤 그것을 장구한 격변의 모험 속에 끌어들였다. 그것은 가공할 업적이었다. 그가 보기에 예전의 군주들은 결코 부활해서는 안 될 존재였다. 그는 그들이 자기보다 나은 존재라고 여기지 않았으며, 그들을 제거함으로써 중국 사회가 해방되었다고 믿었다. 또한 그는 전통적인 질서가 다시 들어서서는 안 된다고 생각했다.[44]

---

44) Jonathan Spence, *Mao* (London: Weidenfeld and Nicolson, 1999), pp. xii–xiv. [국역본: 조너선 D. 스펜스, 『무질서의 지배자 마오쩌둥』(남경태 옮김, 푸른숲, 2003), 7-9쪽.] 예수 자신이 그와 같은 "무질서의 지배자"이지 않았는가? 그는 십자가형 의식에서 조롱당하는 비참한 거지왕이었는데, 이 의식은 (사람들이 망각하는 경향이 있지만) 단지 비극적 사건에 불과했던 것이 아니라, 야유하는 관중들이 보기에는 왕을 거짓 참칭하는 자에게 조롱하듯 가시 면류관을

그렇지만 그와 같은 "가공할 업적"은 모든 진정한 혁명의 기본적 제스처이지 않은가? "전통적인 질서가 다시 들어서서는 안 된다"고 생각하지 않는다면 도대체 왜 혁명인가? 마오쩌둥이 행하는 것은 위반을 진지하게 취함으로써 그것의 의례화된 익살맞은 성격을 박탈하는 것이다. 혁명은 한낱 일시적인 배출구가 아니며, 술이 깨는 다음날 아침이 뒤따르게 되어 있는 카니발적 외파가 아니다. 그것은 바로 여기 머물러야 할 것이다. 더구나 이와 같은 카니발적 중지의 논리는 전통적인 위계적 사회에 한정된다. 자본주의의 완전한 배치와 더불어, 특히 오늘날의 "후기 자본주의"와 더불어, 지배적인 "정상적" 삶 그 자체가 어떤 면에서는 항구적인 자기혁명과 함께, 역전, 위기, 재창안과 함께 "카니발화"되며, 따라서 "안정된" 윤리적 입장에서의 자본주의 비판이야말로 오늘날 점점 더 예외처럼 보인다.

그렇다면 항구적 자기혁명이라는 바로 그 원리를 가진 어떤 질서를 어떻게 혁명할 것인가? 아마도 이것이 오늘날의 바로 그 문제일 것이다.

쒸우는("여기 자신을 이스라엘 왕이라 부르는 자가 있다!") 진짜 카니발이었다. 그는 또한 사회적 위계의 중지 혹은 역전을 설교하지 않았던가? 더 나아가, "무질서의 지배자"는 또한 어쩌면 분석가를 위한 적절한 이름들 가운데 하나이지 않은가?

옮긴이 후기

우선 우리는 궁금해 할 수도 있을 것이다. 지젝은 이미 칸트에서 헤겔에 이르는 독일관념론을 철학사의 정점이라고 진술했으며, 칸트와 헤겔과 셸링을 심도있게 다루는 저술들을 이미 여러 권 출간했다. 학자적 연구의 양태로 개별 철학자들을 다루어야 했을 때 지금까지 그의 초점은 언제나 그들이었다. 반면에 그는 수없이 많은 동시대의 철학적 논쟁에 그때그때 개입했는데, 이는 논쟁적이고 정치적인 동시에 단편적인 것이었다. 그래서 그가 들뢰즈를 철학적으로 다루는 단일 저술(『신체 없는 기관』)을 출간했다는 사실은 우리에게 우선은 의외의 일로 다가온다.

하지만 이로부터 우리는 우선 그가 현대의 철학자들 가운데 들뢰즈를 특별하게 취급하고 있다는 사실에 주목해야 한다. 다시 말해서 이 책의 출간은 우선은 바로 이러한 사실을 의미하는 것으로서 읽혀야 한다. 예컨대 왜 데리다는 아닌가? 왜 푸코는? ……. 왜 들뢰즈는 특별하게 취급되어야 하는가?

라캉과 들뢰즈의 저 악명높은 관계를 고려했을 때 『신체 없는 기관』의 첫 번째 특징은 그것이 통상적으로 예견될 수 있는 것과는 달리 들뢰즈에 대해—일부분 비판적일지언정—적대적이지 않다는 데 있다. 심지어 호의적이기까지 하다. 우리는 정신분석의 비평적 차분함과 권위를 이 책에서 우선은 음미할 수 있다. 주인담론이 쇠퇴한 오늘날, 대학에서도 더 이상 고전적 스승을 점점 더 발견하기 힘들어지는 오늘날, 정신분석적 저술은 또 다른 새로운 유형의 권위가 담론에 내속할 수 있음을 보여준다.

지젝이 들뢰즈에게 적대적이지 않은 이유는 우선은 그가 철학자로서의 들뢰즈를 사랑하는 것이 가능하다고 말하기 때문이다. 그는 이점을 처음부터 말한다. "한 철학자에 대한 참된 사랑의 척도는 우리의 일상생활 도처에서 그의 개념들의 흔적을 알아보는 데 있다." 여기서 그가 예시하는 것은 들뢰즈의 "잠재적인 것"이라는 개념이다. 그것의 실재성, 즉 라캉이 "실재"라고 불렀던, 현대성의 바로 그 핵심 속에서 포착되어야 할 바로 그것 말이다. 따라서 지젝의 저 말을 "오늘날 우리는 일상생활에서조차 들뢰즈를 피해가는 것은 불가능하다"로 해석하기 위해 우리는 각고의 노력을 기울여야 하는 것이 아니다. 들뢰즈는 현대의 **바로 그** 철학자다.

지젝이 들뢰즈에게 적대적이지 않은 또 다른 이유는 그가 다음과 같이 언급하는 곳에서 식별할 수 있다. "들뢰즈 자신의 텍스트

중 단 한 가지도 직접적으로 정치적이지 않다는 점을 지적하는 것이 중요하다. 들뢰즈 '자신'은 정치에 무관심한 고도로 엘리트 적인 작가다." 이 말 자체는 결코 들뢰즈에 대한 폄하적 언급이 아니다. 지젝은 들뢰즈의 고도로 추상적인 철학적 사유의 노선을 추적하고 있다. 그곳에서 우선은 어떤 긴장이 발견될 수 있는지를 확인할 수 있도록 말이다. 초기의 연구 논문(『차이와 반복』, 『의미의 논리』)에서 시작해서 후기 저작(『안티-오이디푸스』, 『천 개의 고원』)까지를 망라해서 언급하면서 지젝은 들뢰즈 철학에서의 두 가지 대립을 추출해낸다. 첫째는 잠재적인 것과 현행적인 것의 대립이며, 둘째는 생산과 재현이라는 (전통적) 대립이다. "그리하여 들뢰즈는 생성과 존재의 대립이라는 표제하에 이 두 논리를 동일시하고 있는 것처럼 보인다. 비록 그 둘이 근본적으로 양립불가능하지만 말이다." 따라서 지젝에 따르면 들뢰즈의 생성과 존재에 대한 논의를 읽을 때 우리는 그곳에서 어떤 긴장이나 동요를 발견하게 될 것이다.

그런데 지젝에 따르면 이러한 동요는 어떤 심오한 철학적 곤궁의 결과로서 읽혀야 한다. 우리를 이와 같은 곤궁에 직면케 하는 과제를 스스로 떠맡으면서 지젝은 들뢰즈의 바로 그 곤궁을 구성하는 두 개의 생성의 논리를 들뢰즈로부터 추출한다. 그 하나는 "의미의 논리"이다. 그것은 신체적/물질적 과정들/원인들의 효과 (의미-사건)로서의 비물질적 생성의 논리이다. 다른 하나는 잠재성으로부터 신체들이 현행화되어 나오는 것을 다루는 생성의 논리, 즉 존재들의 생성의 논리이다. 사실상 지젝은 들뢰즈에 대한 온전한 독해가 바로 이러한 곤궁을 읽어내는 데서 시작해야만 한다고 주장하고 있다. 이로부터 들뢰즈의 어떤 "다른" 정치적 노선을 추출해낼 수 있기 위해서 말이다. 요컨대 지젝은 우선은 생성의 논리와 관련된 들뢰즈의 철학적 곤궁과 동요를 읽어내며, 그 다음으로는 이를 상이한 두 개의 정치적 논리로 번역해낸다.

우선 생산적 생성의 존재론이 있는데 이는 "총체화하는 몰적인 권력 체계에 저항하고 그것을 와해시키는 다수적인 분자적 집단들의 자기조직화라는 좌파적 논제로 분명히 이어진다." 잘 알려진 것처럼 이와 같은 노선은 가타리나 네그리의 작업을 통해 세공되었으며, 또한 미국의 학자 마이클 하트와 만나면서 결정적으로 "국제화"되었다. 관념론적 주관주의의 냄새를 짙게 풍기고 있는 이러한 노선은 "들뢰즈의 사유의 정치화를 보여주는 유일하게 이용가능한 모델"이었다. 이와 관련하여 지젝의 내기는 "비정치적인" 것처럼 보이는 또 다른 들뢰즈의 존재론이, 즉 의미-사건의 존재론이 그 자체의 정치적 논리와 실천을 내포하고 있다는 것이며, 이를 들뢰즈의 사유로부터 추출할 수 있는 유일무이한 유물론적 정치 노선으로 제시하는 것이다. 그의 말을 직접 들어보자: "그렇다면 우리는, 혁명적 실천을 새롭게 정초하기 위해 헤겔로—헤겔의 직접적으로 정치적인 저술들이 아니라, 우선적으로『논리학』으로—되돌아갔던 1915년의 레닌처럼 나아가야 하지 않겠는가? 이미 언급된 **물체적 원인/생성의 비물질적 흐름**이라는 쌍과 마르크스의 오래된 하부구조/상부구조라는 쌍 사이의 평행관계는 이러한 방향으로 첫 번째 단서가 될 수 있을 것이다. 이와 같은 정치는 현실에서 발생하는 '객관적인' 물질적/사회경제적 과정과 본연의 정치적 논리인 혁명적 사건의 폭발이라는 환원불가능한 이원성을 고려할 것이다. 정치의 영역은 본래부터 '불모적'이고 유사-원인들의 영역이며 그림자 극장이라면, 하지만 그럼에도 불구하고 현실을 변형시키는 데 결정적이라면 어찌할 것인가?"

아마도 우리는 들뢰즈가 가타리와 함께 저술한 책들을 그의 "직접적으로 정치적인 저술들"이라고 불러야 할 것이다. 이와 관련한 지젝의 평가는 매우 혹독하다. 그에 따르면 가타리는 고유한 철학적 곤궁에 직면한 들뢰즈에게 알기 쉬운 도피처를, 일종의 알리바이를 제공했으며, 그것이 그가 가타리를 향하게 된 이유이다. 요컨대 『안티-오이디푸스』나 『천 개의 고원』에서 "들뢰즈적 정치"를 끌어내는 작업은 손쉬운 작업이다. 그것은 어렵지 않은 정치적 번역이다. 어려운 것은 어떻게 겉보기에 그 어떤 정치적 번역도 허용하지 않는 듯한 들뢰즈의 "철학적" 저술들 속에서 고유한 들뢰즈적, 유물론적, 그리고 그 문제라면 "헤겔적" 정치를 추출할 수 있을 것인가 하는 것이다.

끝으로 아직 답하지 않은 물음으로 돌아와 보자? 왜 들뢰즈는 특별하게 취급되어야 하는가? 흥미롭게도 지젝은 "어떤 면에서 스피노자-칸트-헤겔 삼항조는 **진정으로** 철학 전체를 포괄한다"고 말한다. 그리고 그에 따르면 근대 철학의 역사에서 이와 같은 삼항조는 또한 "들뢰즈-데리다-라캉"으로서 반복되었다. 따라서 우리는 지젝이 다음번에 "데리다"를 다루는 책을 집필한다는 소식을 듣더라도 다시 놀랄 필요는 없을지도 모른다. 하지만 그가 한편으로 칸트-헤겔이라는 이항조에 그동안 집중했다는 점을 고려한다면, 스피노자-들뢰즈의 쌍이 이번만큼은 특별한 이유가 없지 않아 보인다.

요컨대 근대적 우주 그 자체의 특성을 철학적으로 사유한 한 명의 철학자가 있었다면 그것은 다름 아닌 스피노자다. 하지만 우리가 포스트모던을 정확히 "일반화된 모던"으로 읽어야 하는 한, 그것은 또한 들뢰즈이기도 한다. 들뢰즈가 "잠재적인 것"이라고 부르는 바로 그것이 사실은 근대적/현대적 삶의 바로 그 질료라면 어찌할 것인가? 그리하여 지젝이 들뢰즈적 개념들의 흔적을 일상생활에서조차 발견한다고 말했을 때 그것이 전혀 과장일 수 없었던 것이라면 어찌할 것인가? 그리고 바로 그만큼 들뢰즈를 놓고 건 지젝의 내기는 지적으로 흥미롭다.

색 인

(ㄱ)
거세 168-172
게놈 154-155
과학 237
구조주의
  구조주의와 들뢰즈 163-164
그리스도 123

(ㄴ)
남근
  거세의 기표로서의 남근 172-178
『네트사회』 Netocracy (알렉산더 바드와 잔 소더비스트) 362-368

(ㄷ)
다중 371-373
<닥터 지바고> Doctor Zhivago (데이빗 린) 12
데넷, 다니엘 Dennett, Daniel 244-245, 272-277
데리다, 자크 Derrida, Jacques 99-100
도덕 332-343
도킨스, 리처드 Dawkins, Richard 232-233

뒤퓌이, 장-피에르 Dupuy, Jean-Pierre 352
드란다, 마누엘 DeLanda, Manuel 51, 59
디드로, 드니 Diderot, Denis
  디드로의 "말하는 질" 개념 322-323

(ㄹ)
라이스, 윌리엄 Rice, William 278-279
라캉, 자크 Lacan, Jacques 133, 194, 220, 232, 307, 321, 326
  반철학자로서의 라캉 10
라클라우, 어네스토 Laclau, Ernesto 131, 371
라플랑슈, 장 Laplanche, Jaen 190
랑, 프리츠 Lang, Fritz 293
럼스펠드, 도널드 Rumsfeld, Donald 187
레닌, Lenin, V. I. 52, 389
레비나스, 엠마누엘 Levinas, Emmanuel 207
르세르클, 장-자크 Lecercle, Jean-Jacques 345
리더, 다리안 Leader, Darian 281
리벳, 벤자민 Libet, Benjamin 262
린치, 데이빗 Lynch, David 317-319

(ㅁ)

마르코스 Marcos (부사령관) 374-375
마르크스, 칼 Marx, Karl 68, 185
마수미, 브라이언 Massumi, Brian 348, 380
마오쩌둥 Mao Ze Dong 396
맥긴, 콜린 McGinn, Colin 257-358
민주주의 370
밈 234-235

(ㅂ)

바그너, 리하르트 Wagner, Richard 84, 151, 191
바디우, 알랭 Badiou, Alain 65, 202-210
바렐라, 프란시스코 Varela, Francisco 223-225, 230
바타이유, 조르쥬 Bataille, Georges 112
반복 34-37
번지, 마리오 Bunge, Mario 213-214
베르토프, 지가 Vertov, Dziga 290
부정성 76-77, 108

(ㅅ)

사이버공간 352-353
삶/생 221-224
상호수동성 336
생산
  비물질적 생산 369
생성[되기] 50-51, 63-64, 100
  생성 대 역사 29-40
  "기계-되기" 41-46

성性 280
『세계 종말 전쟁』The War of the End of the World (마리오 바르가스 요사) 378
셸링 Schelling, W. F. J. 54-55, 149-151
스피노자 Spinoza, Baruch de 72-88
승화
  예술과 과학에서의 승화 282-285
신체 없는 기관 66-67, 324-329
실재(라캉적) 112, 284
  실재-상상계-상징계 199-202
실체 75

(ㅇ)

알트만, 로버트 Altman, Robert 22-23
앎/인식/지식 87, 246-247, 257
양자물리학 55
에스크나치, 장-피에르 Esquenazi, Jean-Pierre 297
에이젠슈테인, 세르게이 Eisenstein, Sergei
여성주의 27-28, 192
여피 345-346
영원 31-32
예술
  예술과 승화 281-285
「오르페오」 Orfeo (몬테베르디) 320
오이디푸스
  오이디푸스와 들뢰즈 160-172
외양 160-161
위반 112
유물론 217

변증법적 유물론 69
유물론 대 관념론 55-59
유전공학 237-255
윤리
  "하이픈-윤리" 236
응시 48, 294-295, 308-311
의미-사건 50-52
이데올로기
  이데올로기적 호명 24-26
인과성 61-63
"인지적 폐쇄" 266

(ㅈ)

자가생산 213-226
자기 225
자기-의식 230
자본 350
자본주의 365
자유 90-93, 106, 119, 216, 241, 263
잠재성 17-19, 49, 167-168
적대 135-136
정서의 모방 imitatio afecti 76, 346
정신분석 189-190, 246
정의
  환상으로서의 정의 80
『제국』 Empire (마이클 하트와 토니 네그리) 368
제임슨, 프레드릭 Jameson, Fredric 104, 142, 214, 350, 396
『조용한 미국인』 The Quiet American (그레이엄 그린) 337-343
좀비 258-260
종교 256
주먹삽입
  들뢰즈적 개념으로서의 주먹-삽입 347
주인-기표 87, 113
주체 137
주체성 233
죽음 충동 56
준-원인 61-63
증환 27, 199, 273
지버베르그, 한스-위르겐 Syberberg, Hans-Jürgen 317
진리 128-130

(ㅊ)

철학
  분과로서의 철학 8-9
초월적 19-20, 92-95
초자아 26
칸트, 임마누엘 Kant, Immanuel 82, 88-95
클라인, 나오미 Klein, Naomi 349, 377
탈영토화
  탈영토화의 작용소로서의 오이디푸스 165

(ㅍ)

파스칼 Pascal, Blaise 79, 109
파시즘 353-362
<파이트 클럽> Fight Club (데이빗 린치)

326-328
폴록, 잭슨 Pollock, Jackson 20
푸코, 미셸 Foucault, Michel 29-30
　푸코 대 들뢰즈 143-144
프로이트, 지그문트 Freud, Sigmund 193
플라톤
　반-플라톤으로서의 히치콕 296-308
　플라톤의 대화편 7
플리저, 제리 앨린 Flieger, Jerry Aline 161
피츠패트릭, 쉴라 Fitzpatrick, Sheila 387
피히테 Fichte, J. G. 20, 228
핀커, 스티븐 Pinker, Steven 266-269

(ㅎ)

하버마스, 위르겐 Habermas, Jürgen 239-241
하부구조/상부구조 68
하이데거, 마르틴 Heidegger, Martin 65, 237
해스커, 윌리엄 Hasker, William 70, 218
헤겔 Hegel, G. W. F 97-147, 254, 296
　들뢰즈의 헤겔 독해 141-143
혁명 396-400
　혁명의 심미화 383-384
　10월 혁명 382, 386
현상
　전-주체적 현상 289
환상 80, 184-194
　환상의 붕괴 317-320
후쿠야마, 프란시스 Fukuyama, Francis 249-254

희극 대 비극 121-123
희생 312
히치콕, 알프레드 Hitchcock, Alfred 285-316

한국어판 ⓒ 도서출판 b, 2006

슬로베니아학파 총서 [7]
신체 없는 기관

초판 1쇄 발행•2006년 6월 25일
　2쇄 발행•2008년 11월 15일
　3쇄 발행•2013년 1월 20일

지은이•슬라보예 지젝
옮긴이•김지훈/박제철/이성민

기획•이성민 조영일
편집•백은주
표지디자인•미라클인애드
인쇄•상지사P&P
펴낸이•조기조
펴낸곳•도서출판 b

등록•2003년 2월 24일 제12–348호
주소•151–899 서울특별시 관악구 신림11동 1567–1 남진빌딩 4층

전화•02–6293–7070(대)
팩시밀리•02–6293–8080
홈페이지•b-book.co.kr
이메일•bbooks@naver.com

정가•20,000원

ISBN 89-91706-03-7   03100

* 이 책 내용의 일부 또는 전부를 재사용하려면 저작권자와 도서출판 b 양측의 동의를 얻어야 합니다.
* 잘못된 책은 교환해 드립니다.

도서출판 b의 책들

■ 언어와 비극 - 바리에테 신서 1
가라타니 고진 / 조영일 옮김. 양장본 527쪽.

세계적인 일본 사상가 가라타니 고진의 강연과 대담들을 모은 책 『언어와 비극(言語と悲劇)』 완역본이다. 이 책은 고진이 후기에서 밝히고 있는 것처럼 『탐구』 연작을 쓰고 있을 시기 행해진 강연들로서 그의 사상적 역정의 중기에 해당하는 내용을 담고 있다. 말하자면 이 책은 고진이 말하는 고진 사상 해설서이다.

■ 끝낼 수 있는 분석과 끝낼 수 없는 분석 - 바리에테 신서 2
지그문트 프로이트 / 이덕하 옮김. 양장본 445쪽.

프로이트의 정신분석 치료 기법에 관한 논문들을 모았다. 이 논문들은 한국어로는 처음 번역되었다. 이 책은 정신분석의 실천이 어떤 발전 과정을 거쳤는가를 이해하는 데 도움을 준다. 정신분석에 관심을 가지고 있는 사람이라면 그 수준이 초보적이건 전문적이건 필독을 요하는 책이라 할 수 있다.

■ 성관계는 없다 - 바리에테 신서 3
슬라보예 지젝 외 / 김영찬 외 옮김. 반양장본 304쪽.

슬라보예 지젝, 브루스 핑크, 조운 콥젝, 레나타 살레츨, 알렌카 주판치치 등 탁월한 라캉 연구자들의 성적 차이에 관한 라캉 이론의 해명과 예시. 이 책에는 라캉의 성 구분 공식의 철학적 함의를 상세하고도 새롭게 해석하면서 현대의 이론적 지형에 논쟁적으로 개입하는 동시에 정치, 철학, 신학, 소설, 영화, 페미니즘 이론 등에 창조적으로 응용하고 있는 가장 탁월한 글들이 묶여 있다.

■ 규방철학 - 바리에테 신서 4
D.A.F 사드 / 이충훈 옮김. 양장본 304쪽.

사디즘이라는 용어를 탄생시킨 사드의 대표작 『규방철학』 완역본. 『규방철학』을 잔혹하고 기괴하며 부도덕하기만 한 작품으로만 평가되어오던 편협한 이해를 넘어서기 위해 혁명적 분위기가 넘쳐나던 18세기 프랑스의 정치적, 사회적, 문화적 배경, 그리고 사드의 이론과 철학적 배경에 대해서 보다 잘 이해할 수 있도록 상세하고 꼼꼼하게 주석을 곁들여 '비평판'으로 옮겨 놓았다.

■ 근대문학의 종언 - 바리에테 신서 5
가라타니 고진 / 조영일 옮김. 양장본. 380쪽.

가라타니 고진은 한국문학의 쇠퇴를 보며 근대문학의 종언을 선언한다. 또 30년 넘게 펼쳐온 기존의 작업을 총체적으로 검토하고, 이후의 방향에 대해 보다 진전된 논의를 전개하고 있다. 특히 비평+대담(좌담)이라는 형식으로 구성된 이 책은 다른 어떤 책보다 쉽게 가라타니 고진에게 접근할 수 있을 것이다.

■ 사랑과 증오의 도착들 - 슬로베니아학파 총서 1
레나타 살레클 / 이성민 옮김. 양장본 292쪽. 16,000원.

지독한 사랑에 빠져 있을 때 우리는 왜 우리의 사랑 대상과의 결합을 끊임없이 가로막는 것인가? 왜 우리는 종종 우리가 가장 사랑하는 것을 파멸시키는가? 왜 우리는 불가능한 대상을 추구하는가? 우리가 사물을 욕망하는 것은 그것을 손에 넣을 수 없기 때문인 것인가? 따라서 욕망을 살아 있게 하려면 욕망의 실현을 막을 필요가 있는 것인가?

■ 암흑지점 - 슬로베니아학파 총서 2
미란 보조비치 / 이성민 옮김. 양장본 222쪽. 14,000원.

『암흑지점』은 응시와 신체의 다양한 조우와, 초기 근대 철학에서 포착하기 힘든 신체의 지위를 검토하고 있다. 이 책이 다루고 있는 범위는 아리스토텔레스, 플라톤, 히포크라테스적 의사와 같은 그리스 철학자와 신체 이론가들, 또 스피노자, 라이프니츠, 말브랑슈, 데카르트, 벤섬과 같은 초기 근대 철학자들, 그리고 라캉, 알튀세르, 히치콕, 굴드와 같은 현대적 인물들을 망라하고 있다.

■ 이라크: 빌려온 항아리 - 슬로베니아학파 총서 3
슬라보예 지젝 / 박대진 외 옮김. 양장본 240쪽. 15,000원.

이라크 파병 저지 실패 경험을 가지고 있는 한국에서 가장 먼저 출간하는 지젝의 『이라크』. 민주주의 수호라는 이름으로 세계 제국에서 발송하는 이라크 공격이라는 메시지의 진정한 수신자는 이라크가 아니라 미국의 이라크 공격을 지켜보는 모든 사람(국가)이라는 지젝의 설득력 있게 주장. 그들은 이라크를 통제한다. 하지만 자기 자신을 통제하고 있는가?

■ 실재의 윤리 - 슬로베니아학파 총서 4
알렌카 주판치치 / 이성민 옮김. 양장본 398쪽. 18,000원.

난해한 라캉 이론의 핵심에 해당하는 윤리학적 차원을 해명한 라캉주의적 윤리학 교과서! 이 책은 칸트의 『실천이성비판』을 비롯한 칸트의 윤리학적 텍스트들에 대한 상세한 주석을 제공하고 있다. 주판치치는 칸트의 윤리학에 오늘날의 탈근대적 분위기가 회피하고 싶어 하는 어떤 핵심적 통찰을 담고 있었음을 보여주고 있다.

■ 까다로운 주체 - 슬로베니아학파 총서 5
슬라보예 지젝 / 이성민 옮김. 양장본 670쪽. 28,000원.

하나의 유령이 서구의 학계를 배회하고 있다. 데카르트적 주체라는 유령이. 지젝의 『까다로운 주체』는 해체주의자, 하버마스주의자, 인지과학자, 하이데거주의자, 페미니스트, 뉴에이지 반계몽주의자와 대결하면서, 이 난포착적 유령의 전복적 핵심을 발굴해내며, 거기서 진정한 해방적 정치를 위해 필요한 철학적 참조점을 찾아낸다. 슬라보예 지젝의 대표작.

■ 정오의 그림자 - 슬로베니아학파 총서 6
알렌카 주판치치 / 조창호 옮김. 양장본 270쪽. 15,000원.

알렌카 주판치치가 두 번째로 내놓은 야심작이다. 이 책에서 그녀가 다루는 것은 다름아닌 니체다. 그녀는 이 책에서 니체를 고스란히 본래의 니체로 되살려 놓는다. 칸트를 다루는 그녀의 첫 책인 『실재의 윤리』를 읽은 독자라면, 과연 그녀가 어떻게 니체를 다룰 것인가를 미리부터 기대할 것이다. 들뢰즈의 『니체와 철학』에 비견할만한 책이다.